PETER KOLLER

Neue Theorien des Sozialkontrakts

D1730192

Schriften zur Rechtstheorie

Heft 124

Neue Theorien
des Sozialkontrakts

Von

Peter Koller

DUNCKER & HUMBLOT / BERLIN

CIP-Kurztitelaufnahme der Deutschen Bibliothek

Koller, Peter:

Neue Theorien des Sozialkontrakts / von Peter Koller. –
Berlin: Duncker u. Humblot, 1987.

  (Schriften zur Rechtstheorie; H. 124)
  ISBN 3-428-06208-6

NE: GT

Alle Rechte vorbehalten
© 1987 Duncker & Humblot GmbH, Berlin 41
Satz: Klaus-Dieter Voigt, Berlin 61
Druck: Berliner Buchdruckerei Union GmbH, Berlin 61
Printed in Germany
ISBN 3-428-06208-6

Vorwort

Dieses Buch handelt von Theorien der politischen Legitimation, die im Verlauf der vergangenen zwanzig Jahre entwickelt wurden und die seither die Diskussion innerhalb der politischen Philosophie in hohem Maße geprägt und beeinflußt haben. Es sind dies die Theorien der amerikanischen Philosophen John Rawls und Robert Nozick sowie des Ökonomen James M. Buchanan, die als die Hauptvertreter der Richtung gelten dürfen, für die sich inzwischen die griffige Bezeichnung „New Contractarianism" eingebürgert hat. Diese Etikettierung hat zwar sicherlich insoweit Berechtigung, als alle die genannten Theorien in irgendeiner Form auf die alte Tradition der Sozialvertragstheorie zurückgreifen und sie in einer den heutigen Ansprüchen entsprechenden Weise für die Rechtfertigung und Kritik sozialer Ordnungen wieder fruchtbar zu machen suchen. Allerdings birgt diese Etikettierung zugleich auch die Gefahr in sich, eine Gemeinsamkeit der durch sie bezeichneten theoretischen Konzeptionen vorzutäuschen, die tatsächlich keineswegs besteht. Denn abgesehen von der eher oberflächlichen Ähnlichkeit, die zwischen den Theorien von Rawls, Nozick und Buchanan durch ihren gemeinsamen Rückgriff auf Argumentationsmuster der Sozialkontraktstradition besteht, weichen sie sowohl in ihren theoretischen Prämissen wie auch in ihren politischen Schlußfolgerungen weitgehend, in manchen Punkten sogar diametral voneinander ab.

Immerhin könnte man eine weitere Gemeinsamkeit zwischen diesen Theorien darin sehen, daß sie allesamt *liberale* politische Konzeptionen im weitesten Sinne vorstellen. Gewiß, die Theorien von Rawls, Nozick und Buchanan stehen ganz unverkennbar im Traditionszusammenhang liberalen politischen Denkens und jede von ihnen zielt darauf ab, eine liberale politische Ordnung zu begründen. Doch auch diese Ähnlichkeit erweist sich bei genauerer Betrachtung als ziemlich peripher, und sie besteht auch nur deswegen, weil das Kennzeichen „liberal" seinen ehemals enger begrenzten Gehalt heute weitgehend eingebüßt und eine so weite Bedeutung angenommen hat, daß es auf ganz unterschiedliche politische Vorstellungen Anwendung finden kann. Während Rawls' Theorie der Gerechtigkeit den Versuch darstellt, durch eine Verbindung der Ideen politischer Freiheit und sozialer Gerechtigkeit eine philosophische Rechtfertigung des freiheitlichen, demokratischen und sozialen Wohlfahrtsstaates zu liefern, treten Nozick und Buchanan gerade dieser Gesellschaftskonzeption mit aller Vehemenz entgegen, und sie machen sich zu Anwälten einer extremen wirtschaftsliberalen

Auffassung, die den ungezügelten Kapitalismus für die beste aller möglichen Welten hält. Um diese Auffassung, die von den Vereinigten Staaten ausgehend in den letzten Jahren wieder zunehmend von sich reden macht, von anderen liberalen Positionen abzugrenzen, empfiehlt es sich, dem Sprachgebrauch ihrer Anhänger zu folgen und sie in Anlehnung an den englischen Ausdruck „libertarian" als „libertär" zu bezeichnen.

Die Theorien von Rawls, Nozick und Buchanan gehören sowohl vom Gesichtspunkt ihrer theoretischen Bedeutsamkeit als auch im Hinblick auf ihre politische Wirksamkeit sicherlich zu den bemerkenswertesten und interessantesten Konzeptionen gegenwärtiger Rechts- und Sozialphilosophie. Ihr Erscheinen hat eine wahre Flutwelle von fachwissenschaftlichen Beiträgen nicht nur im Rahmen von Philosophie und Jurisprudenz, sondern auch von Politikwissenschaft, Soziologie und Ökonomie ausgelöst. Darüber hinaus haben sie auch starke Resonanz im Umkreis des politisch interessierten Publikums gefunden. Diese Tatsache läßt eine eingehende systematische Darstellung und kritische Würdigung dieser Theorien und der an sie anknüpfenden Diskussionen als hinreichend gerechtfertigt erscheinen. In diesem Sinne stellt sich die vorliegende Schrift die Aufgabe, jede der genannten Theorien vor dem Hintergrund ihres geistigen Traditionszusammenhangs im Detail zu erörtern und auf ihre Haltbarkeit hin kritisch zu überprüfen. Dies bedingt, daß dieses Buch über weite Strecken hin deskriptiven Charakter hat und zu einem großen Teil damit befaßt ist, die Auffassungen anderer Autoren zusammenzufassen und zu diskutieren. Obwohl diese Aufgabe sinnvoll nur von einem die Untersuchung leitenden eigenen Standpunkt aus durchzuführen ist (den ich dort, wo es mir erforderlich schien, auch stets deutlich zu machen versucht habe), erhebt diese Schrift nicht den Anspruch, eine eigenständige Konzeption der politischen Rechtfertigung anzubieten. Dieses Unterfangen bleibt einer anderen Schrift vorbehalten, die ich gerade fertigstelle und in Kürze unter dem Titel „Politische Freiheit und soziale Gerechtigkeit" publizieren zu können hoffe.

Doch auch wenn das vorliegende Buch nicht im eigentlichen Sinne Neues und Originelles bietet, so hoffe ich doch, daß es *nützlich* ist. Es steckt eine Menge Arbeit darin. Ich habe mich nicht nur bemüht, die zur Debatte stehenden Theorien in möglichst verständlicher und nicht allzu verkürzter Weise darzustellen, sondern ich habe auch den mir zugänglichen Teil der kaum mehr überblickbaren Sekundärliteratur nach Maßgabe ihrer Relevanz soweit wie möglich systematisch zu verarbeiten versucht. Ich hoffe daher, daß das Ergebnis geeignet ist, den Lesern, die sich für die darin behandelten Theorien interessieren, eine brauchbare Einführung in deren Grundzüge und einen informativen Überblick über die mit ihnen verbundenen Probleme und Schwierigkeiten zu verschaffen. Dieser Zielsetzung kommt der Aufbau des Buches entgegen, der es gestattet, einzelne seiner Teile unabhängig von den anderen zu lesen. Der Leser zum Beispiel, der mit Rawls' Theorie der Gerechtigkeit bereits einigermaßen vertraut ist und sich über die umfangreiche Auseinandersetzung mit dieser Theorie informieren möchte, kann sich damit begnügen, den der Kritik von Rawls' Theorie gewidmeten Abschnitt (Kap. I.2.) zu studieren. Wer sich umgekehrt nur einen kurzen Überblick über Nozicks Anspruchstheorie der Gerechtigkeit verschaffen will, mag sich darauf beschränken, die Zusammenfassung dieser Theorie in Kap. II.1. zu überfliegen.

In diese Schrift sind mehrere Vorarbeiten eingegangen, die ich bereits vorher in Aufsatzform veröffentlicht habe und von denen ich manche Passage – meist in mehr oder minder veränderter Gestalt – übernommen habe. Ich führe diese Aufsätze im folgenden an und weise auf die Abschnitte dieses Buches hin, in die sie Eingang gefunden haben: Die Konzeption des Überlegungs-Gleichgewichts als Methode der moralischen Rechtfertigung (1981b), Kap. I.2.1.; Zur Kritik der libertären Eigentumskonzeption. Am Beispiel der Theorie von Robert Nozick (1981c), Kap. II.2.1.; Rawls' Differenzprinzip und seine Deutungen (1983a), Kap. I.2.4.; Theorien des Sozialkontrakts als Rechtfertigungsmodelle politischer Institutionen (1984b), Einleitung; J. M. Buchanans Versuch einer ökonomischen Begründung rechtlicher Institutionen (1984c), Kap. III.2.

Es bleibt zu erwähnen, daß diese Schrift aus einer größeren Arbeit über Freiheit und Gerechtigkeit hervorgegangen ist, mit der ich mich im Jahre 1985 an der Rechtswissenschaftlichen Fakultät der Karl-Franzens-Universität Graz habilitiert habe. Und ich möchte die Gelegenheit benützen, um all denjenigen zu danken, die mir im Zuge meiner Arbeit und im Rahmen des Habilitationsverfahrens ihre Hilfe und Unterstützung haben angedeihen lassen. Mein Dank gilt zuallererst meinem Chef, Prof. *Ota Weinberger,* der mich stets mit Nachdruck gefördert hat, obwohl er sehen mußte, daß ich mich von seinen philosophischen Auffassungen zunehmend entfernt habe, weiters meinen lieben Institutskollegen *Peter Strasser, Alfred Schramm* und *Herlinde Studer,* die mich durch vielfältige Diskussionen ebenso zur Arbeit angeregt wie von ihr abgelenkt haben, und schließlich den Professoren *Wolfgang Mantl, Karl Acham* und *Bernd-Christian Funk,* die mir geholfen haben, die Habilitationshürde mit Anstand zu passieren. Aber wie stünde ich da, gäbe es nicht *Gabriela Taucher,* die meine Manuskripte mit unermüdlichem Eifer in eine ordentliche Form gebracht hat. Nicht zuletzt habe ich Herrn Prof. *Werner Krawietz* für Rat und Unterstützung sowie Herrn *Ernst Thamm* für die großzügige Bereitschaft zu danken, meine Arbeit in das Programm des Verlags Duncker & Humblot aufzunehmen.

Graz, Juli 1986

Peter Koller

Inhaltsverzeichnis

Einleitung

Die Konzeption des Sozialkontrakts als politisches Legitimationsmodell

I. Rawls' Theorie der Gerechtigkeit

II. Nozicks libertäre Konzeption der Gerechtigkeit

Einleitung

Die Konzeption des Sozialkontrakts als politisches Legitimationsmodell

Die Idee des Sozialkontrakts als eines Vertrags, durch den alle Mitglieder einer Gesellschaft in einem vorpolitischen Zustand ursprünglicher Freiheit und Gleichberechtigung die Verfassung ihres künftigen Zusammenlebens einmütig beschließen, war über Jahrhunderte hinweg die vorherrschende Leitvorstellung, deren man sich zur normativen Rechtfertigung oder Kritik politischer Institutionen bediente, bis sie im 19. Jahrhundert durch utilitaristische, sozialistische und sozialdarwinistische Vorstellungen immer mehr verdrängt wurde und nach und nach in Vergessenheit geriet. Doch es scheint, daß die Idee des Sozialkontrags nach einer Periode der Stagnation nun wieder zunehmend an Boden gewinnt und neuerlich – wenn auch in aktualisierter Gestalt – als Legitimationsmodell politischen Handelns ernst genommen wird[1].

Der entscheidende Anstoß für diese neue Entwicklung ist sicherlich von John Rawls' grandiosem Werk „A Theory of Justice" (1971) ausgegangen, das den Versuch darstellt, auf der Grundlage einer an Rousseau und Kant orientierten Vorstellung des Sozialkontrakts eine umfassende Theorie der sozialen Gerechtigkeit zu entwickeln. Dennoch muß, als Rawls' Buch erschien, bereits ein intellektuelles Klima bestanden haben, in dem die Wiederbelebung der Idee des Sozialkontrakts gleichsam in der Luft lag. Dafür spricht nicht nur die gewaltige Resonanz, die das Werk von Rawls ausgelöst hat, sondern auch der Umstand, daß ihm bald eine wahre Flut weiterer Konzeptionen der politischen Rechtfertigung folgte, die das Modell des Gesellschaftsvertrags in irgendeiner Form als Grundlage ihrer Argumentation verwenden. Inzwischen gibt es jedenfalls eine respektable Reihe neuer vertragstheoretischer Ansätze, die – gemessen an theoretischer Radikalität, an

---

[1] Einen vorzüglichen Überblick über die Geschichte der klassischen Theorien des Gesellschaftsvertrages bietet *Gough,* The Social Contract (1936); eine Sammlung der wichtigsten Texte vertragstheoretischen Denkens von der Antike bis zur Neuzeit enthält *Voigt,* Der Herrschaftsvertrag (1965). Zur Renaissance der Kontrakttheorie in der gegenwärtigen politischen Philosophie siehe vor allem: *Gordon,* The New Contractarians (1976); *Nielsen / Shiner,* New Essays on Contract Theory (1977); *Birnbaum / Lively / Parry,* Democracy, Consensus & Social Contract (1978), darin vor allem die Aufsätze von *Gray, Nurmi* und *Lehning; Kern,* Neue Vertragstheorie (1980a); *Pettit,* Judging Justice (1980); *Maluschke,* Philosophische Grundlagen des demokratischen Verfassungsstaates (1982), S. 146ff.

argumentativer Schärfe und systematischer Reichweite – den herkömmlichen Konzeptionen politischer Philosophie, insbesondere aber dem Utilitarismus, ohne weiteres das Wasser reichen können. Wie es um die Annehmbarkeit ihrer Prämissen und um die Schlüssigkeit ihrer Ergebnisse bestellt ist, mag dabei einstweilen dahingestellt bleiben. Zu den sowohl in systematischer als auch in historischer Hinsicht beachtlichsten Ansätzen unter den neueren Versuchen einer vertragstheoretischen Legitimation politischer Institutionen gehören neben Rawls' imposanter Theorie der Gerechtigkeit zweifellos vor allem die beiden folgenden: die am Locke'schen Gesellschaftsvertragsmodell orientierte Konzeption von Robert Nozick, enthalten in seinem Buch „Anarchy, State, and Utopia" (1974), und die Theorie, die James M. Buchanan in Anlehnung an das Vertragsmodell von Hobbes in seinem Werk „The Limits of Liberty" (1975) entwickelt hat.

Die Theorien von Rawls, Nozick und Buchanan sind nicht nur die elaboriertesten und umfassendsten der rezenten Ansätze vertragstheoretischen Musters, sondern sie stellen zugleich auch die historische Kontinuität zur Tradition der klassischen Gesellschaftsvertragsdoktrin her, da jede dieser Theorien jeweils an eines der typischen Vertragsmodelle der klassischen Doktrin anknüpft und es in einer den heutigen Ansprüchen angepaßten Form auszubauen und zu erneuern versucht. Bevor ich in den folgenden Kapiteln die Vertragskonzeptionen von Rawls, Nozick und Buchanan im einzelnen bespreche, will ich zunächst versuchen, die Grundidee der Vorstellung des Gesellschaftsvertrags in aller Kürze herauszuarbeiten. Um ferner den geistesgeschichtlichen Hintergrund zu erhellen, in dem die neueren Vertragskonzeptionen stehen, möchte ich die wichtigsten klassischen Modelle des Sozialkontrakts kurz skizzieren und sie im Hinblick auf die ihnen zugrundeliegenden Annahmen daraufhin prüfen, ob und inwieweit sie als Ausgangspunkt einer moralisch vertretbaren Rechtfertigung politischer Grundsätze überhaupt geeignet erscheinen.

1. Die Idee des Gesellschaftsvertrags

Die Vorstellung, von der alle Konzeptionen des Gesellschaftsvertrags ausgehen, wie sehr sie sich sonst auch unterscheiden mögen, ist offenbar die folgende: Wenn jemand eine vertragliche Vereinbarung mit anderen trifft, so gibt er seine Zustimmung zu den Rechten und Pflichten, die ihm aus dieser Vereinbarung erwachsen. Sofern seine Zustimmung *freiwillig* und unter der Bedingung seiner gleichberechtigten Beteiligung an den Vertragsverhandlungen erfolgt, hat er kein Recht, sich über die aus der Vereinbarung resultierenden Rechte und Pflichten zu beklagen, und muß sie als für sich verbindlich akzeptieren, nach dem Motto: *Volenti non fit iniuria!* Dieser Art der Rechtfertigung von Rechten und Pflichten durch vertragliche Zustimmung liegt die Annahme zugrunde, daß jemand, der freiwillig eine vertragliche

Übereinkunft eingeht, seine wohlerwogenen Interessen wahrt und sich nicht auf etwas einläßt, was ihm zum Schaden gereicht. Voraussetzung hierfür ist, daß die Vertragspartner einander als gleichberechtigte Personen gegenüberstehen und ihre Übereinkunft unter fairen Bedingungen herbeiführen, so daß eine Übervorteilung des einen durch den anderen ausgeschlossen ist.

Die Idee des Gesellschaftsvertrags besteht nun darin, diese Vorstellung der vertraglichen Begründung von Rechten und Pflichten auf die gesamte Gesellschaft zu übertragen und diese gleichsam als ein Vertragsverhältnis aller ihrer Mitglieder zu deuten. Ebenso wie eine vertragliche Übereinkunft zweier Personen unter der Bedingung ihrer beiderseitigen Freiheit und Gleichberechtigung die wechselseitige Verbindlichkeit der vereinbarten Rechte und Pflichten begründet, könnte eine vertragliche Vereinbarung, worin sich alle Mitglieder einer Gesellschaft unter der Voraussetzung ihrer Freiheit und Gleichberechtigung einmütig auf die institutionelle Verfassung ihres gesellschaftlichen Zusammenlebens einigen, die allgemeine Verbindlichkeit dieser Verfassung begründen. Denn über eine institutionelle Ordnung der Gesellschaft, die gleichsam durch einen Vertrag aller ihrer Mitglieder zustandekäme, der also jedermann freiwillig und in seinem wohlerwogenen Interesse zustimmen würde, könnte sich niemand beklagen. Eine solche gesellschaftliche Ordnung könnte somit zurecht den Anspruch erheben, für alle verbindlich zu sein.

Die Attraktivität dieser Idee für das Unterfangen einer rationalen Rechtfertigung politischer Institutionen liegt auf der Hand: Da die Vorstellung des Gesellschaftsvertrags die Legitimität der sozialen Ordnung durch die autonome Zustimmung *aller* ihrer Mitglieder zu begründen versucht, trägt sie einem Erfordernis Rechnung, mit dem sich jede Rechtfertigung von Grundsätzen des sozialen Zusammenlebens, die sich nicht mehr auf die gesetzgebende Autorität Gottes berufen kann, konfrontiert sieht: dem Erfordernis der *moralischen Autonomie* jeder Person. Moralische Autonomie bedeutet, daß jede Person letztlich frei ist, selbst zu bestimmen, welche Normen sie als die obersten Standards ihres Handelns annehmen will. Denn wenn es eine oberste gesetzgebende Autorität, deren Geboten die Menschen von Natur aus und unabhängig von ihrer Zustimmung zu Gehorsam verpflichtet sind, nicht gibt, so muß es jedem Einzelnen anheimgestellt bleiben, für sich selbst zu entscheiden, welche Normen ihm als verbindliche Richtlinien seines Handelns gelten sollen. Eine annehmbare Rechtfertigung von Grundsätzen des Verhaltens kann daher in Ermangelung einer übergeordneten Normierungsinstanz, der die Menschen von Natur aus unterworfen wären, nur eine solche sein, die von der moralischen Autonomie jeder Person ausgeht, für die diese Grundsätze gelten sollen. Das bedeutet jedoch, daß eine Rechtfertigung von Grundsätzen des zwischenmenschlichen Verhaltens, die für alle Mitglieder einer Gesellschaft gelten sollen, die autonome

Billigung dieser Grundsätze durch alle Beteiligten, oder anders ausgedrückt: die *allgemeine Zustimmungsfähigkeit* dieser Grundsätze erfordert.
Sofern eine gedeihliche soziale Ordnung Regeln des Zusammenlebens verlangt, die allgemein gelten, muß eine angemessene Rechtfertigung dieser
Regeln darauf abzielen, deren allgemeine Zustimmungsfähigkeit zu erweisen. Und gerade dies möchte das Legitimationsmodell des Sozialkontrakts
leisten[2].

Die Idee einer Rechtfertigung sozialer Institutionen durch einen Gesellschaftsvertrag ist nun allerdings mit erheblichen Schwierigkeiten verbunden. So mag man gegen diese Idee zurecht den Einwand erheben, wie David
Hume dies beispielsweise getan hat, daß die Vorstellung des Zustandekommens gesellschaftlicher Verbände durch einen vertraglichen Zusammen-
schluß vereinzelter Individuen nicht nur jeder historischen Erfahrung
widerspricht, sondern überhaupt ganz und gar unrealistisch ist[3]. Die Menschen werden vielmehr stets in irgendeine Gesellschaft hineingeboren, finden immer schon bestimmte soziale Strukturen vor und wachsen in eine vor-
gegebene soziale Lebenswelt hinein. Doch selbst wenn eine Neubegründung
der gesellschaftlichen Ordnung durch eine vertragliche Vereinbarung aller
erwachsenen Personen möglich wäre, würde angesichts der bestehenden
gesellschaftlichen Machtverhältnisse und Ungleichheiten eine faire Übereinkunft nicht zustandekommen und überdies hätte eine solche Übereinkunft auch keinerlei Verpflichtungskraft für die nachfolgenden Generationen.

Die meisten Theoretiker des Sozialkontrakts haben diese Schwierigkeit
durchaus gesehen und die Konsequenz gezogen, daß man sich den Gesellschaftsvertrag nicht als etwas Wirkliches oder auch nur real Mögliches vorstellen dürfe, sondern bloß als eine *hypothetische Konstruktion*, der die
Rolle einer regulativen Idee zukomme. Am deutlichsten hat das wohl Immanuel Kant in seiner Schrift „Über den Gemeinspruch" zum Ausdruck
gebracht:

„Allein dieser Vertrag (contractus originarius oder pactum sociale genannt), als
Koalition jedes besondern und Privatwillens in einem Volk zu einem gemeinschaftlichen und öffentlichen Willen (zum Behuf einer bloß rechtlichen Gesetzgebung), ist
keineswegs als ein *Faktum* vorauszusetzen nötig (ja als ein solches gar nicht möglich);
gleichsam als ob allererst aus der Geschichte vorher bewiesen werden müßte, daß ein

---

[2] Zur Idee des Gesellschaftsvertrages und ihren vielfältigen Ausgestaltungen siehe:
Del Vecchio, Über die verschiedenen Bedeutungen der Lehre vom Gesellschaftsvertrag (1960); *Willms*, Gesellschaftsvertrag und Rollentheorie (1970b); *Schottky*, Die
staatsphilosophische Vertragstheorie als Theorie der Legitimation des Staates (1976);
Gauthier, The Social Contract as Ideology (1976/77); *Kummerow*, Vertrag und Vertragstreue als Bedingungen der Legitimität des Staates (1979); sowie insbesondere
Ballestrem, Vertragstheoretische Ansätze in der politischen Philosophie (1983).

[3] Siehe hierzu *Hume*, Of the Original Contract (1748). Für eine eingehende Erörterung von Humes Einwänden gegen die Idee des Sozialkontrakts und ihre Stichhaltig-
keit siehe *Murphy*, Hume and Kant on the Social Contract (1978).

Volk, in dessen Rechte und Verbindlichkeiten wir als Nachkommen getreten sind, *einmal* wirklich einen solchen Actus verrichtet, und eine sichere Nachricht oder ein Instrument davon uns, mündlich oder schriftlich, hinterlassen haben müsse, um sich an eine schon bestehende bürgerliche Verfassung für gebunden zu achten. Sondern es ist eine *bloße Idee* der Vernunft, die aber ihre unbezweifelte (praktische) Realität hat: nämlich jeden Gesetzgeber zu verbinden, daß er seine Gesetze so gebe, als sie aus dem vereinigten Willen eines ganzen Volkes haben entspringen können, und jeden Untertan, so fern er Bürger sein will, so anzusehen, als ob er zu einem solchen Willen mit zusammen gestimmet habe. Denn das ist der Probierstein der Rechtmäßigkeit eines jeden öffentlichen Gesetzes."[4]

Wenn die Vorstellung des Gesellschaftsvertrags eine Konstruktion rein hypothetischen Charakters ist, so fragt sich allerdings, weshalb ihr eigentlich die Funktion eines normativen ‚Probiersteins' der Legitimität der sozialen Ordnung zukommen sollte. Warum sollten sich die Menschen durch Grundsätze verbunden fühlen, auf die sie sich möglicherweise im Rahmen einer bloß vorgestellten Übereinkunft geeinigt hätten, denen sie aber tatsächlich niemals ihre Zustimmung gegeben haben? Soviel scheint jedenfalls sicher, wie Ronald Dworkin in seiner Auseinandersetzung mit Rawls treffend bemerkt hat, daß die fiktive Annahme eines hypothetischen Kontrakts für sich allein unmöglich ein zureichendes Argument für die Verbindlichkeit derjenigen Grundsätze liefern kann, die man unter hypothetischen Bedingungen vertraglich akzeptiert hätte. Ich zitiere Dworkin:

„Wenn ich mich zum Beispiel an einem Spiel beteilige, dann könnte es sein, daß ich irgendeiner Menge von Spielregeln zugestimmt haben würde, wenn man mich vor dem Spiel gefragt hätte. Daraus folgt aber keineswegs, daß diese Spielregeln gegen mich angewandt werden können, wenn ich ihnen tatsächlich nicht zugestimmt habe. Natürlich hätte es Gründe gegeben, weshalb ich zugestimmt hätte, wenn ich vorher gefragt worden wäre, und diese Gründe können auch gute Gründe dafür sein, daß es fair ist, diese Regeln gegen mich anzuwenden, selbst wenn ich nicht zugestimmt habe. Aber unabhängig von diesen Gründen zählt meine hypothetische Zustimmung nicht als eigener Grund für die Anwendung der Regeln gegen mich, wie meine tatsächliche Zustimmung als derartiger Grund zählen würde."[5]

Wenn aber die bloße Annahme eines hypothetischen Gesellschaftsvertrags für sich allein keinen normativen Grund für oder gegen die Verbindlichkeit irgendwelcher Grundsätze zu liefern vermag, welchen Grund mag es dann geben, der uns veranlassen könnte, die Vorstellung eines solchen Kontrakts als ein plausibles Modell der normativen Rechtfertigung sozialer Institutionen zu betrachten? Eine mögliche Antwort auf diese Frage ist in der zitierten Passage von Dworkin bereits implizit enthalten. Sofern die Vorstellung eines hypothetischen Kontrakts überhaupt einen brauchbaren Ansatz für die Rechtfertigung von Grundsätzen des sozialen Zusammenlebens dar-

---

[4] *Kant,* Über den Gemeinspruch (1793), S. 153.

[5] *Dworkin,* The Original Position (1973), zitiert nach dem Abdruck in *Daniels* (1975 a), S. 18 (meine Übersetzung); vgl. dazu die Übersetzung in der inzwischen erschienenen dt. Ausgabe von Dworkins Buch, Bürgerrechte ernstgenommen (1977), S. 253 f.

stellt, dann nicht deswegen, weil sie die Verbindlichkeit dieser Grundsätze durch eine vertragliche Übereinkunft aller Betroffenen begründet, sondern vielmehr darum, weil es gute Gründe gibt zu behaupten, daß die Beteiligten eine derartige Übereinkunft vernünftigerweise getroffen haben sollten und daß sie daher die daraus hervorgehenden Grundsätze als für sich verbindlich betrachten sollten, *als ob* sie ihnen autonom zugestimmt hätten[6].

Die hypothetische Unterstellung eines Aktes vertraglicher Einigung erweist sich damit als eine Voraussetzung, der im Rahmen der vertragstheoretischen Begründung sozialer Regeln nur eine untergeordnete Bedeutung zukommt. Die Vorstellung eines solchen Aktes mag zwar zur Veranschaulichung des Legitimationsverfahrens der Vertragstheorie beitragen, aber sie nimmt auf die Ergebnisse dieses Verfahrens keinen entscheidenden Einfluß. Worauf es im Rahmen der vertragstheoretischen Rechtfertigung sozialer Normen vor allem ankommt, das sind die *Gründe,* die eine einmütige Übereinstimmung aller Betroffenen über diese Normen als vernünftig erscheinen lassen[7]. Um solche Gründe zu liefern, ist es zunächst einmal erforderlich, einen *anfänglichen Zustand* zu konstruieren, der nicht nur eine allseitige Übereinstimmung über die Verfassung der sozialen Ordnung möglich macht, sondern der auch als ein angemessener Ausgangspunkt einer fairen Übereinkunft allgemein akzeptabel erscheint. Davon ausgehend gilt es dann, die *Grundsätze des sozialen Zusammenlebens* zu bestimmen, auf die sich alle Beteiligten auf der Grundlage des angenommenen Ausgangszustandes vernünftigerweise einigen würden. Nur eine Vertragskonzeption, die diese beiden Argumentationserfordernisse auf überzeugende Weise

---

[6] Wenn *Karl Graf Ballestrem* in seiner Abhandlung: Vertragstheoretische Ansätze in der politischen Philosophie (1983), die Ansicht vertritt, *jede* Vorstellung eines *hypothetischen* Sozialkontrakts sei fragwürdig, weil sie letztlich immer auf willkürlichen Annahmen beruhe, so übersieht er, daß, um zu einer hypothetischen Vertragsvorstellung zu gelangen, die einen brauchbaren Ausgangspunkt der Rechtfertigung politischer Institutionen ergeben soll, nicht schon die beliebige Unterstellung irgendeines Gesellschaftsvertrags allein genügen kann (was die Konstruktion des Gesellschaftsvertrags in der Tat zu einer völlig willkürlichen Annahme machen würde), sondern daß eine Vertragsvorstellung nur dann eine akzeptable Legitimationsgrundlage darstellt, wenn ihre Annahmen ihrerseits auf Gründen beruhen, die sie als allgemein annehmbar erscheinen lassen. Sofern es aber solche Gründe für eine Vertragsvorstellung gibt, dann tut der Umstand, daß es sich dabei um einen hypothetischen Vertrag handelt, ihrem normativen Anspruch keinen Abbruch. Wenn Ballestrem andererseits für die Konzeption eines impliziten Gesellschaftsvertrags plädiert, die die Legitimität politischer Institutionen auf die stillschweigende Zustimmung der Betroffenen unter realen Bedingungen zurückzuführen versucht, so muß er, um das Stillschweigen der Betroffenen als einen brauchbaren Indikator ihrer freien Zustimmung deuten zu können, eine ganze Reihe normativer Bedingungen (z.B. die Vernünftigkeit und die Wohlinformiertheit der Beteiligten) als erfüllt annehmen, die – wie mir scheint – ihrerseits nur durch die hypothetische Vorstellung einer idealen vertraglichen Übereinkunft aller Betroffenen als freier und gleicher Personen gerechtfertigt werden können.

[7] So auch *Weinberger,* Begründung oder Illusion (1977a), S. 203; *ders.,* Die Rolle des Konsenses in der Wissenschaft, im Recht und in der Politik (1981a), S. 151.

erfüllt, kann beanspruchen, uns eine akzeptable Rechtfertigung allgemein verbindlicher Regeln des sozialen Zusammenlebens zu liefern.

Jede Konzeption einer vertragstheoretischen Rechtfertigung, die uns gute Gründe für die allgemeine Verbindlichkeit bestimmter Grundsätze des zwischenmenschlichen Verhaltens liefern will, muß daher zweierlei tun: 1. Sie muß einen akzeptablen Ausgangszustand bestimmen, von dem aus eine faire Übereinkunft aller Beteiligten über die Grundsätze ihres Zusammenlebens zustandekommen kann, und sie muß 2. zeigen, welche Grundsätze unter der Voraussetzung dieses Ausgangszustands die vernünftige Zustimmung aller Beteiligten finden würden.

Obwohl die geläufigen Spielarten einer vertragstheoretischen Begründung sozialer Institutionen sich hinsichtlich dieser Argumentationsstruktur gleichen, weisen sie in ihrer *inhaltlichen Ausgestaltung* erhebliche Unterschiede auf. Diese Unterschiede resultieren aus ihren differenten Vorstellungen sowohl darüber, wie der Ausgangszustand, der die Grundlage einer allgemein akzeptablen Willensbildung über die verbindlichen Grundsätze der sozialen Ordnung darstellt, im einzelnen beschaffen sein soll, als auch darüber, auf welche Grundsätze sich die Menschen im Rahmen einer solchen Willensbildung vernünftigerweise festlegen sollten. Mit Bezug auf den ersten dieser zwei Bereiche inhaltlicher Nichtübereinstimmung möchte ich nun die bedeutsamsten klassischen Typen der vertragstheoretischen Legitimation etwas genauer betrachten und sie auf ihre Annehmbarkeit hin prüfen.

2. Das individualistische Vertragsmodell: Hobbes

Obwohl jede vertragstheoretische Konzeption der politischen Rechtfertigung sich notwendig gewisser *kontrafaktischer Annahmen und Idealisierungen* bedienen muß, um den normativen Rahmen des unterstellten vertraglichen Entscheidungsverfahrens zu konstruieren, gibt es unter den bekannten Versionen der Sozialkontraktstheorie solche, die von sehr starken Idealisierungen normativen Charakters Gebrauch machen, und solche, die von einem möglichst realitätsnahen Setting auszugehen versuchen. Die Vertragskonzeptionen von Thomas Hobbes und – an diese anknüpfend – von James M. Buchanan gehören zur zweiten Gruppe: ihr Ziel ist es, eine den empirischen Bedingungen menschlicher Existenz möglichst angenäherte, *realistische* Vorstellung des Gesellschaftsvertrags zu entwickeln und sich dabei apriorischer normativer Voraussetzungen weitgehend zu enthalten[8].

Der gedankliche Ausgangspunkt, von dem Hobbes ausgeht, ist die Vorstellung eines Naturzustandes, die uns eine *anarchische Welt ohne Recht und Ordnung* vor Augen führt. In einer solchen Welt habe zwar, so Hobbes,

---

[8] Zum Folgenden siehe *Hobbes,* Leviathan (1651), S. 94 ff. u. 131 ff.

jedermann vollkommene Freiheit, zu tun und zu lassen, was er will, doch da
es keine Ordnung gebe, die die einzelnen Individuen in der Verfolgung ihrer
konfligierenden Interessen beschränkt, sei ein dauernder Konflikt um
knappe Güter unvermeidlich: es bestehe ein beständiger Krieg eines jeden
gegen jeden[9]. Um der Misere dieses anarchischen Zustands zu entkommen,
so meinte Hobbes, sollten sich alle Menschen im Interesse ihrer eigenen
Selbsterhaltung und ihres Wohlergehens bereit erklären, einer wechselseitigen Einschränkung ihrer ursprünglichen Freiheit in dem Umfange zuzustimmen, in dem auch jeder andere bereit ist, auf seine Freiheit zu verzichten. Und es schien ihm im vernünftigen Interesse aller Beteiligten zu liegen,
zu diesem Zweck eine Übereinkunft herbeizuführen, wodurch sich alle einer
absoluten staatlichen Autorität unterwerfen, die durch Zwangsgesetze die
Freiheit eines jeden gleich einschränkt und auf diese Weise den sozialen
Frieden sichert[10].

Hobbes glaubte damit, die allgemeine Zustimmungsfähigkeit einer absoluten staatlichen Gewalt allein auf der Grundlage einer sehr schwachen
normativen Voraussetzung und einer Reihe von empirischen Annahmen, die
er für realistisch hielt, begründen zu können. Die *normative* Voraussetzung,
von der er ausging, ist die, daß eine soziale Ordnung dann und nur dann allgemein akzeptabel ist, wenn sie unter den realen Bedingungen menschlicher
Existenz dem vernünftigen, d.h. dem langfristigen und wohlerwogenen
Selbstinteresse aller beteiligten Individuen dient. Da die Annehmbarkeit
sozialer Grundsätze dieser Voraussetzung zufolge einzig und allein auf die
vernünftigen, aber jedenfalls empirischen Interessen jedes beteiligten Individuums zurückgeführt wird, erweist sich das Hobbes'sche Vertragsmodell
als ein rein *individualistisches* Modell. Die zentralen *empirischen* Annahmen, auf die sich Hobbes im Rahmen dieses Modells stützt, sind die folgenden: 1. die Annahme, daß jeder Mensch vor allem sein persönliches Selbstinteresse verfolgt, nach Selbsterhaltung und einem angenehmen Leben strebt;
2. die Annahme, daß ein anarchischer Zustand ungezügelter Freiheit für alle
gleichermaßen fatale Konsequenzen hätte; 3. die Annahme, daß die Menschen von Natur aus in ihren körperlichen und geistigen Kräften annähernd
gleich sind, so daß im Naturzustand niemand irgendeinen Vorteil für sich
beanspruchen kann, den nicht jeder andere ebensogut zu erlangen fähig
wäre; und schließlich 4. die Annahme, daß nur eine absolute, unbegrenzte
staatliche Autorität fähig ist, den sozialen Frieden zu sichern[11]. Da diese
Annahmen allesamt empirischer Natur sind, hängt die Überzeugungskraft
der Schlußfolgerungen, zu denen Hobbes gelangt, soweit sie auf diesen
Annahmen beruhen, nicht zuletzt von deren Plausibilität ab.

---

[9] *Hobbes,* Leviathan (1651), S. 96 ff.

[10] Siehe dazu *Hobbes,* Leviathan (1651), S. 131 ff.

[11] Die zweite und die vierte Annahme ergeben sich jeweils aus dem Kontext der
bereits referierten Überlegungen Hobbes'; zur ersten und zur dritten Annahme siehe
insbesondere *Hobbes,* Leviathan (1651), S. 75 ff. bzw. 94 f.

Selbst wenn wir Hobbes' strikt individualistischen Ansatz übernehmen und wie er von der Verhaltensannahme eines psychologischen Egoismus ausgehen, müssen uns die beiden letzten Annahmen mehr als fragwürdig erscheinen. Keine dieser beiden Annahmen vermag einer empirischen Überprüfung standzuhalten. Während die Behauptung, nur eine *unbegrenzte* staatliche Gewalt könne den sozialen Frieden sichern, ganz offensichtlich auf einer Fehleinschätzung beruht, läßt sich die Annahme ungefähr *gleicher körperlicher und geistiger Kräfte* der Menschen zumindest nicht in dem Umfang aufrechterhalten, in dem sie für die Schlüssigkeit von Hobbes' Argumentation nötig ist[12]. Denn nur weil Hobbes sich aufgrund dieser Annahme berechtigt glaubte, ein *symmetrisches Gleichgewicht* der anfänglichen Ausgangspositionen aller Menschen im Naturzustand unterstellen zu können, konnte er unter der Voraussetzung eines rein individualistischen Kalküls die allgemeine Akzeptierbarkeit von Grundsätzen des zwischenmenschlichen Verhaltens als gegeben ansehen, die nicht nur die wechselseitige Anerkennung aller Menschen als *freier und gleichberechtigter Personen,* sondern auch eine *gleiche* Einschränkung der Freiheit eines jeden fordern. Doch die Annahme einer so weitgehenden Gleichheit der Menschen, die erforderlich wäre, um die allgemeine Annehmbarkeit solcher Grundsätze wahrscheinlich zu machen, wenn jeder nur sein persönliches Selbstinteresse verfolgt, läßt sich empirisch schwerlich rechtfertigen.

Wer das Hobbes'sche Vertragsmodell aufrechterhalten möchte und einen strikt individualistischen Ansatz der vertragstheoretischen Rechtfertigung weiterhin vertreten will, kommt daher nicht umhin, die beiden inkriminierten Annahmen aufzugeben. Und genau darauf läuft Buchanans Versuch einer Erneuerung des individualistischen Vertragsmodells hinaus. Es mag einigermaßen zweifelhaft erscheinen, ob eine solche Modifikation des Hobbesianischen Vertragsmodells zu einer moralisch vertretbaren Konzeption der politischen Rechtfertigung führt. Dessen ungeachtet ist die Theorie Buchanans interessant genug, um eine eingehende Erörterung zu verdienen. Ich werde sie im dritten Kapitel dieses Buches ausführlich behandeln.

3. Das freiheitlich-besitzindividualistische Vertragsmodell: Locke

Anders als bei Hobbes sind die Menschen nach der Vertragskonzeption von John Locke schon im Naturzustand, also vor jeder vertraglichen Vereinbarung, mit *natürlichen Rechten* ausgestattet, die sie in ihrem gegenseitigen

---

[12] Für eine eingehendere kritische Erörterung der Hobbes'schen Staatstheorie siehe: *Macpherson,* Die politische Theorie des Besitzindividualismus (1962), S. 86 ff.; *Habermas,* Die klassische Lehre von der Politik in ihrem Verhältnis zur Sozialphilosophie (1963 a), S. 67 ff.; *Fetscher,* Thomas Hobbes und der soziale Standort seiner politischen Philosophie (1966), S. 38 ff.; *Kriele,* Einführung in die Staatslehre (1975), S. 123 ff.; *Höffe,* Widersprüche im Leviathan (1981 d); *ders.,* Wissenschaft im Dienst freier Selbsterhaltung (1982 c).

Verhalten beschränken. Zu diesen natürlichen Rechten, die den Menschen von Geburt an gegeben sind, gehören vor allem das Recht auf Leben und körperliche Unversehrtheit, das Recht auf Freiheit und das Recht auf Eigentum an den Erträgnissen eigener Arbeit; diese Rechte schließen die Pflicht eines jeden ein, das Leben, die Freiheit und das Eigentum jedes anderen zu respektieren[13]. Das Bestehen dieser Rechte und der ihnen korrespondierenden Pflichten wird von Locke *a priori* vorausgesetzt; sie bilden im Lockeschen Vertragsmodell den übergeordneten normativen Rahmen, innerhalb dessen sich seine Rechtfertigung sozialer Institutionen durch die Vorstellung eines Vertrags eigennütziger Individuen vollzieht.

Obwohl die natürlichen Rechte aufgrund ihrer unbezweifelbaren Evidenz nach Lockes Auffassung bereits im Naturzustand anerkannt und im großen und ganzen auch respektiert werden, zieht der Mangel einer den Menschen übergeordneten Autorität, die die Rechte eines jeden schützt und Streitigkeiten zwischen den Beteiligten schlichtet, erhebliche Unsicherheiten und Nachteile nach sich. Um diese Unzuträglichkeiten des Naturzustandes zu beheben, kommen die Menschen vertraglich überein, eine *staatliche Gewalt* zu errichten, die das Leben und die Gesundheit, die Freiheit und das Eigentum eines jeden sichert und ein friedliches Zusammenleben gewährleistet. Sie nehmen dabei zwar eine gewisse Einschränkung ihrer natürlichen Freiheit in Kauf, aber nur in dem Maße, als dies erforderlich ist, um einen wirksamen Schutz ihrer natürlichen und wohlerworbenen Rechte zu ermöglichen. Da der staatlichen Gewalt nur die Machtbefugnisse zukommen, die ihr die Menschen zur Sicherung ihrer Rechte durch vertragliche Übereinkunft übertragen, muß die Aufgabe des Staates nach Locke ausschließlich darauf beschränkt bleiben, das Leben, die Freiheit und vor allem auch das Eigentum der Bürger zu schützen. Daraus ergibt sich für ihn auch die Notwendigkeit, eine Volksvertretung als die höchste staatliche Gewalt einzurichten, der einerseits die Befugnis vorbehalten bleibt, die natürlichen Rechte durch allgemeine Gesetze zu konkretisieren, und der andererseits das alleinige Recht der Steuerbewilligung sowie die Kontrolle der exekutiven Gewalt zusteht[14].

Locke geht von einer Vorstellung des Naturzustandes aus, in dem die beteiligten Individuen einander nicht nur als freie und gleichberechtigte Personen, sondern auch als mit *vorgängigen Rechten* und Pflichten bereits reichlich ausgestattete Rechtssubjekte gegenübertreten, wenn sie über die Grundsätze der sozialen Ordnung übereinkommen. Zu *welchen* Ergebnissen sie dabei gelangen, hängt demnach ganz erheblich davon ab, worin die Rechte, mit denen ausgestattet sie in den Vertragsprozeß eintreten, eigentlich im einzelnen bestehen. Um die Tragfähigkeit dieser Konzeption des

---

[13] Siehe *Locke*, Zwei Abhandlungen über die Regierung (1690), S. 201 ff.
[14] Vgl. *Locke*, Zwei Abhandlungen über die Regierung (1690), S. 207 f. u. 278 ff.

Gesellschaftsvertrags beurteilen zu können, ist es daher notwendig, etwas genauer hinzusehen, *welche* Ansprüche die natürlichen Rechte, die den normativen Rahmen der vertraglichen Aushandelung bilden, nach Lockes Auffassung überhaupt enthalten.

Zunächst gilt es zu sehen, daß Locke, wenn er vom natürlichen Recht aller Menschen auf Leben, Gesundheit, Freiheit und Eigentum spricht, nicht meint, daß jeder Mensch einen *positiven* Anspruch auf diese Güter hätte, sondern nur, „daß niemand einem anderen, da alle gleich und unabhängig sind, an seinem Leben und Besitz, seiner Gesundheit und Freiheit Schaden zufügen soll".[15] Er verwendet das Konzept der natürlichen Rechte also in einem rein *negativen* Sinne. Das mag mit Bezug auf das Recht auf Leben, auf Gesundheit und auf Freiheit nicht weiter problematisch erscheinen. Einen positiven Anspruch auf Leben und Gesundheit kann es für sterbliche und gebrechliche Wesen ohnehin nicht geben, und sofern jeder im ausreichenden Maße an den verfügbaren Ressourcen teilhat, die zur Erhaltung seines Lebens und seiner Gesundheit dienen, mag man das Leben und die Gesundheit eines jeden als hinreichend gesichert ansehen, wenn sie vor Übergriffen von seiten anderer geschützt sind. Ähnliches gilt für die natürliche Freiheit des Menschen, die Locke zufolge „darin liegt, von jeder höheren Gewalt auf Erden frei zu sein, nicht dem Willen oder der gesetzgebenden Gewalt eines Menschen unterworfen zu sein, sondern lediglich das Gesetz der Natur zu seinem Rechtsgrundsatz zu erheben".[16]

Problematische Konsequenzen zeigt Lockes negative Bestimmung der natürlichen Rechte jedoch im Falle des *Eigentums*. Denn wenn das Recht auf Eigentum nur darin besteht, daß das Besitztum eines jeden dem Zugriff aller anderen entzogen bleibt, ohne aber sicherzustellen, daß jeder gebührenden Anteil an den verfügbaren Gütern hat, dann läuft dieses Recht nur darauf hinaus, diejenige Verteilung irdischer Besitztümer zu verewigen, die im Stadium der vertraglichen Übereinkunft gerade besteht, gleichgültig, ob diese Verteilung für alle Beteiligten annehmbar ist oder nicht. Wenn man hinzunimmt, daß die Verteilung des Eigentums weitgehend auch das Vermögen der Menschen bestimmt, inwieweit sie in der Lage sind, für die Erhaltung ihres Lebens und ihrer Gesundheit zu sorgen und von ihrer Freiheit Gebrauch zu machen, dann wird klar, daß die Annehmbarkeit von Lockes Vorstellung des Sozialkontrakts ganz und gar von der Plausibilität der ihr zugrundeliegenden *Eigentumskonzeption* abhängt. Und meine Behauptung ist, daß nicht nur die Eigentumskonzeption, von der Locke ausgeht, gänzlich unplausibel ist, sondern daß es eine solche Eigentumskonzeption, die das Locke'sche Vertragsmodell akzeptabel machen könnte, auch gar nicht geben kann[17].

---

[15] *Locke,* Zwei Abhandlungen über die Regierung (1690), S. 203.

[16] *Locke,* Zwei Abhandlungen über die Regierung (1690), S. 213.

[17] Zum Folgenden siehe auch: *Gough,* John Locke's Political Philosophy (1950),

Eine Eigentumskonzeption, die für die Zwecke einer Theorie des Gesellschaftsvertrags von Nutzen sein soll, muß Antwort zumindest auf die zwei folgenden Fragen geben: 1. Welche Rechte und Befugnisse schließt das Eigentum an bestimmten Sachen ein? 2. Wie wird das Eigentum an bestimmten Dingen erworben? Was die erste Frage betrifft, so äußert sich Locke nicht ausdrücklich dazu, aber alles spricht dafür, daß der Begriff des Eigentums von ihm ganz im Sinne seiner römisch-rechtlichen Bedeutung verstanden wird, nämlich im Sinne der *ausschließlichen* und *uneingeschränkten* Befugnis von Personen, über bestimmte Dinge nach Belieben zu verfügen.

Die zweite Frage enthält genau genommen zwei Teilfragen, nämlich eine, die den *ursprünglichen* Eigentumserwerb an den Ressourcen der natürlichen Umwelt und an den Erzeugnissen menschlicher Arbeit betrifft, und eine, die den *mittelbaren* Eigentumserwerb, die Übertragung von Eigentum von einer Person auf eine andere betrifft. Da Locke sich nur mit der ersten Teilfrage näher auseinandergesetzt hat und da diese auch die im Rahmen einer Vertragstheorie eigentlich entscheidende Frage ist, beschränke ich mich im folgenden auf das Problem des ursprünglichen Eigentumserwerbs.

Locke geht davon aus, daß Gott die Welt allen Menschen *gemeinsam* gegeben habe, damit sie sie zur Fristung ihres Lebens und zum Genuß ihres Daseins nutzen. Niemand habe an der Umwelt und ihren Früchten, die sie natürlich hervorbringe, ursprünglich ein bevorzugtes Verfügungsrecht, das die anderen ausschließe. Da jedoch die Welt den Menschen zu ihrem Gebrauch und Vorteil gegeben worden sei, müsse es irgendeine Form des Eigentumserwerbs an den Dingen der Welt geben; denn erst dann, wenn einem etwas als *Eigentum* gehöre, so daß kein anderer ein Recht darauf geltend machen könne, sei es ihm zur Erhaltung seines Lebens von Nutzen. Zunächst habe jeder Mensch ein Eigentum an seiner eigenen *Person* und an seiner *Arbeitskraft.* Da folglich die *Erzeugnisse der Arbeit* das alleinige Eigentum des Arbeitenden seien und niemand außer ihm ein Recht auf etwas habe, was er durch seine Arbeit hervorgebracht hat, erwerbe der, der seine Arbeit mit Gegenständen der natürlichen Umwelt vermischt, ein Eigentum an diesen Gegenständen – zumindest dann, wenn den anderen eine ausreichende Menge von Gegenständen gleicher Qualität verbleibe. Und Locke meinte, daß auf diese Weise nicht nur Eigentum an Gegenständen des notwendigen Lebensbedarfs, sondern auch an den *unvermehrbaren Ressourcen* der natürlichen Umwelt, so vor allem auch an Grund und Boden, erworben werden könne[18].

S. 73 ff.; *Macpherson,* Die politische Theorie des Besitzindividualismus (1962), S. 219 ff.; *Euchner,* Naturrecht und Politik bei John Locke (1969), S. 192 ff.; *Becker,* The Labor Theory of Property Acquisition (1976); *Holzhey,* Lockes Begründung des Privateigentums in der Arbeit (1983); *Schild,* Begründungen des Eigentums in der Politischen Philosophie des Bürgertums (1983).

[18] Siehe dazu *Locke,* Zwei Abhandlungen über die Regierung (1690), S. 215 ff.

Wenn wir einmal davon absehen, daß Lockes Argumentation die Notwendigkeit eines Eigentumsrechts im Sinne einer ausschließlichen und uneingeschränkten Verfügungsbefugnis keineswegs zwingend belegt, ist sie auch mit dem Problem konfrontiert, wie die Möglichkeit der Anhäufung solchen Eigentums an den unvermehrbaren Gütern der natürlichen Umwelt mit dem *ursprünglich gleichen Anspruch* aller Menschen auf diese Güter zusammengehen soll. Um seine Aneignungstheorie mit diesem Anspruch in Einklang zu bringen, schien es Locke daher erforderlich, die Zulässigkeit der ursprünglichen Aneignung durch die zwei folgenden Bedingungen zu beschränken:

1. Jeder darf sich nur soviel aneignen, daß für die anderen *genug* und *gleich Gutes* übrigbleibt; und

2. jeder darf sich nur soviel aneignen, wie er zum *eigenen Verbrauch* benötigt[19].

Nun, wie Nozick richtig festgestellt hat, hängen die Konsequenzen, die sich aus diesen Bedingungen für die Aneignung ergeben, davon ab, wie man sie interpretiert. Wenn man diese Bedingungen *streng* nimmt, dann erscheint eine Aneignung unvermehrbarer Güter überhaupt nicht möglich, weil *jede* Aneignung knapper Güter die gleichen Aneignungsmöglichkeiten der anderen einschränken muß[20]. Locke, dem es darum ging, die bestehenden Besitzverhältnisse im England des 17. Jahrhunderts zu rechtfertigen, mußte daher zu einer *schwachen* Interpretation der genannten Bedingungen Zuflucht nehmen, wodurch er allerdings die Voraussetzung, die diesen Bedingungen zugrundeliegt, nämlich die Voraussetzung, daß jeder Mensch ursprünglich einen gleichen Anspruch auf die natürlichen Ressourcen der Welt habe, gleichsam wieder suspendiert hat. So meinte er, daß die zweite Bedingung die Anhäufung von Eigentum nur insoweit beschränke, als es sich um den Besitz *verderblicher* Güter handle; denn der Umstand, daß die Menschen darüber übereingekommen seien, daß „ein kleines Stück gelben Metalls, das sich weder abnutzt noch verdirbt, den gleichen Wert haben sollte wie ein großes Stück Fleisch oder ein ganzer Haufen Getreide", mache es möglich, große Besitztümer anzuhäufen, ohne einen anderen zu schädigen[21]. Und was die erste Bedingung betrifft, so fand er, daß ihr bereits Genüge getan sei, solange es noch *irgendwo in der Welt* ungenutztes Land gebe, das man sich aneignen könne; denn ebenso wie niemand sich „durch das Trinken eines anderen, auch wenn er einen guten Schluck genommen, für geschädigt halten [könne], wenn ihm ein ganzer Fluß desselben Wassers bleibt, um seinen Durst zu stillen", sei niemandem etwas entzogen, solange

---

19 So *Locke*, Zwei Abhandlungen über die Regierung (1690), S. 217 ff.
20 Vgl. *Nozick*, Anarchie, Staat, Utopia (1974), S. 164 f.
21 *Locke*, Zwei Abhandlungen über die Regierung (1690), S. 222.

es noch unbebautes Land zum Aneignen gebe[22]. Doch dieser Ausweg scheint
nicht nur reichlich zynisch, sondern er dürfte heute auch kaum mehr offenstehen. Um Lockes Eigentumskonzeption zu retten, hat Nozick eine Neuin-
terpretation dieser Bedingung vorgeschlagen, die jedoch – wie ich später zu
zeigen versuchen werde – ein *absolutes und uneingeschränktes Eigentumsrecht* an den unvermehrbaren Ressourcen der Welt als ein natürliches, jeder
vertraglichen Zustimmung vorangehendes Recht ebensowenig plausibel zu
machen vermag wie Lockes Interpretation.

Die Annahme eines solchen Rechts zieht notwendig eine Vorstellung des
Naturzustandes nach sich, der bereits so weitgehende Ungleichheiten der
Besitzverhältnisse und Möglichkeiten der Freiheitsausübung enthalten
kann, daß für eine einmütige Einigung aller Beteiligten unter der Voraussetzung ihrer Freiheit und Gleichberechtigung keinerlei Grundlage besteht.
Der Naturzustand, der ja die Ausgangsbedingungen einer Übereinkunft
aller Menschen als freier und gleicher Wesen definieren soll, wird dadurch
den realen gesellschaftlichen Verhältnissen samt ihren Ungleichheiten und
unausräumbaren Interessenkonflikten soweit angenähert, daß in ihm eine
allgemein zustimmungsfähige Willensbildung über die verbindlichen
Regeln und Institutionen des sozialen Zusammenlebens ebensowenig möglich erscheint, wie eine solche Willensbildung in der sozialen Realität möglich ist.

4. Das universalistische Vertragsmodell:
Rousseau und Kant

Wenn uns das Locke'sche Vertragsmodell etwas zeigt, dann dies, daß die
Vorstellung eines Naturzustandes, in dem bereits beträchtliche Ungleichheiten zwischen den Menschen bestehen, keine geeignete Grundlage einer
einmütigen Übereinkunft aller über die Verfassung ihres gegenseitigen Verhaltens bietet, wenn diese Übereinkunft zugleich der freiwilligen Zustimmung freier und gleichberechtigter Personen entspringen soll. Eine solche
Einigung muß unter diesen Umständen und unter der Voraussetzung, daß
jeder in erster Linie seine eigennützigen Interessen und Ziele verfolgt, an
den vielfältig konfligierenden Eigeninteressen und Bedürfnislagen der
Beteiligten scheitern. Diejenigen, die bereits privilegiert sind, wären nicht
bereit, auf ihre Privilegien zu verzichten, und die Benachteiligten würden
mehr wollen, als ihnen die Privilegierten zuzugestehen geneigt wären. Eine
Theorie des Gesellschaftsvertrags, die die allgemeine Zustimmungsfähigkeit
einer Verfassung des sozialen Zusammenlebens durch eine vertragliche
Übereinkunft freier und gleicher Personen erweisen will, muß daher, um
eine solche Übereinkunft überhaupt möglich zu machen, eine Ausgangssi-

---

[22] *Locke,* Zwei Abhandlungen über die Regierung (1690), S. 220.

tuation konstruieren, die das Ungleichgewicht der individuellen Interessenlagen beseitigt und alle Beteiligten in die gleiche Lage versetzt. Sofern die Idee des Sozialkontrakts überhaupt eine akzeptable Rechtfertigung von Grundsätzen des sozialen Handelns zu liefern vermag, macht sie eine Vertragskonzeption erforderlich, die die tatsächlich vorhandenen Unterschiede zwischen den Interessenlagen einzelner Individuen unberücksichtigt läßt und von der Annahme eines für alle Menschen gleichartigen Ausgangspunkts ausgeht, aufgrund dessen eine rationale Übereinstimmung aller unter der Bedingung ihrer wechselseitigen Anerkennung als freier und gleichberechtigter Personen zustandekommen kann. Da die Annahme eines derartigen Ausgangspunkts notwendig zu einer *universellen Perspektive* führt, unter der die Interessen und Ziele aller Menschen gleiches Gewicht erhalten, kann man hier von einer *universalistischen Vertragskonzeption* sprechen.

Dieser Einsicht folgend hat Jean-Jacques Rousseau, der die Aussichtslosigkeit des Unterfangens, von einem anfänglichen Zustand der Ungleichheit zu einer einmütigen Übereinkunft freier und gleichberechtigter Individuen zu gelangen, klar erkannt hat, in seinem „Contrat social" einen Naturzustand konstruiert, der eine weitgehende *Gleichheit* aller Vertragsparteien herstellt. Rousseaus Konzeption des Gesellschaftsvertrags verlangt, daß sich die Menschen beim Vertragsabschluß aller ihrer Besitztümer und Ansprüche entledigen, damit – wie er sagt – die Bedingungen für alle ganz gleich sind und niemand ein Interesse daran haben kann, sie für andere drückend zu machen; würden nämlich den vertragschließenden Parteien irgendwelche Rechte verbleiben, so wäre jeder in irgendeinem Punkt Richter in eigener Sache und würde bald den Anspruch erheben, es auch in allen anderen zu sein[23]. Nur dadurch, daß beim Vertragsakt niemand über irgendwelche besonderen Rechte verfüge, sei sichergestellt, daß die Beteiligten sich nicht von ihren jeweiligen Sonderinteressen, sondern nur von *allgemeinen* Interessen leiten lassen: nur unter dieser Voraussetzung komme eine Entscheidung zustande, die – anders als eine bloß zufällige Übereinstimmung von Einzelwillen – den ‚allgemeinen Willen', die „volonté générale", repräsentiert, eine gemeinsame Willensentscheidung, der sich alle Glieder der Gemeinschaft anschließen können[24].

Jeder Mensch hat nach Rousseau ein primäres Interesse an der Sicherung seines Lebens ebenso wie an der Wahrung seiner Freiheit. Da die Menschen im Interesse der Erhaltung ihrer Existenz gezwungen sind, in Gemeinschaft mit anderen zu leben, bestehe das Grundproblem gesellschaftlichen Zusammenlebens darin, eine Gesellschaftsform zu finden, „die mit ihrer ganzen

---

[23] So *Rousseau*, Vom Gesellschaftsvertrag (1762), 1. Buch, 6. Kap., S. 17 f. Zum Folgenden siehe auch: *Fetscher*, Rousseaus politische Philosophie (1960), S. 103 ff.; *Forschner*, Rousseau (1977), S. 89 ff.

[24] Siehe hierzu *Rousseau*, Gesellschaftsvertrag (1762), S. 19 ff.

gemeinsamen Kraft die Person und das Vermögen jedes einzelnen Mitglieds
verteidigt und schützt und durch die doch jeder, indem er sich mit allen vereinigt, nur sich selbst gehorcht und so frei bleibt wie zuvor"[25]. Dieses Ziel
läßt sich – wie Rousseau meint – nur erreichen, wenn der *Wille eines jeden*
mit dem *gemeinsamen Willen aller* in Übereinstimmung gebracht werden
kann, denn nur unter dieser Bedingung gehorche jedes Individuum sich
selbst und könne sich zugleich als Glied eines untrennbaren Ganzen empfinden. Da aber jeder naturgemäß nach seinem eigenen Vorteil strebe und die
partikularen Willen der Einzelindividuen wegen ihrer Gegensätzlichkeit
keine – jedenfalls keine dauerhafte – Gemeinsamkeit eines einheitlichen
Willens ergeben, setze ein auf dieses Ziel gerichteter Vertragsabschluß eine
weitgehende Übereinstimmung der Interessen notwendig voraus. Diese
Übereinstimmung läßt sich nach Rousseaus Konzeption dadurch herstellen,
daß jeder Vertragspartner sich aller seiner Rechte und Besitztümer entäußert,
wodurch die absolute rechtliche Gleichheit aller erreicht werde. Haben sich
die Menschen auf diese Weise ihrer partikularen, jeweils auf ihren eigenen
Vorteil gerichteten Interessen entledigt, so ergebe sich aus dem Selbstinteresse eines jeden Menschen an der Sicherung seines Lebens und seiner Freiheit wie von selbst ein gemeinsames Interesse aller an der gemeinschaftlichen Sicherung des Lebens und der Freiheit jedes einzelnen[26].

Nun scheint Rousseau allerdings gemeint zu haben, daß die Bedingung der
Gleichheit, die er als Voraussetzung für das Zustandekommen einer einmütigen Willensbildung aller Mitglieder der Gesellschaft ansah, erst einmal *in
der Realität* hergestellt werden müsse, um im Wege eines Gesellschaftsvertrags eine gerechte Gesellschaft zu begründen; ferner hat er geglaubt, eine
Gesellschaft, die unter der Bedingung der Gleichheit aller durch einen einmütigen Vertragsakt begründet wird, müsse mit Notwendigkeit eine
gerechte Gesellschaft sein. Diese Ansicht ist jedoch aus zwei Gründen unannehmbar: zum einen, weil die Gleichheit der Vertragspartner, die man nach
Rousseau als Bedingung der Möglichkeit eines einmütig gefaßten Vertrags-
beschlusses voraussetzen muß, in der sozialen Realität nicht herstellbar ist;
zum anderen, weil in der Realität keine noch so weitgehende Gleichheit der
materiellen Ausgangspositionen der Beteiligten hinreichende Gewähr einer
irrtums- und täuschungsfreien Willensbildung bieten kann. Der grandiose
Gedanke Rousseaus war es, einen allgemeinen Konsens über die Grund-
regeln des gesellschaftlichen Zusammenlebens dadurch herbeizuführen, daß
sich jeder seiner partikularen Interessen soweit entledigt, bis das Selbstinteresse eines jeden mit dem Selbstinteresse jedes anderen zusammenfällt.
Doch wenn dieser Gedanke eine annehmbare Interpretation erfahren soll, so
muß man ihn – im Sinne Kants und unabhängig davon, was Rousseau selbst

---

[25] *Rousseau*, Gesellschaftsvertrag (1762), S. 17.
[26] Vgl. *Rosseau*, Gesellschaftsvertrag (1762), S. 22 f.

gemeint haben mag – als eine *regulative Idee* verstehen, als eine hypothetische Konstruktion einer fairen Willensbildung, die der Rechtfertigung und Kritik sozialer Instituionen als Maßstab dienen kann.

Stärker noch als Rousseau betont Kant die Notwendigkeit einer Abstraktion von den individuellen Zwecksetzungen und Sonderinteressen der als Vertragspartner gedachten Personen. Ja, Kant geht so weit, zu meinen, daß die *empirischen Zwecke* der Menschen für die Rechtmäßigkeit der Gesetze, durch die sie ihre Verhältnisse zueinander regeln, überhaupt ohne Bedeutung wären; die Beurteilung der Gestaltung gemeinschaftlicher Verhältnisse unterstehe vielmehr – so meinte er – allein der reinen Vernunft, „die auf keinen empirischen Zweck (dergleichen alle unter dem allgemeinen Namen Glückseligkeit begriffen werden) Rücksicht nimmt; als in Ansehung dessen, und worin ihn ein jeder setzen will, die Menschen gar verschieden denken, so daß ihr Wille unter kein gemeinschaftliches Prinzip, folglich auch unter kein äußeres, mit jedermanns Freiheit zusammenstimmendes Gesetz gebracht werden kann"[27]. Die Wohlfahrt – oder wie Kant sagt: die Glückseligkeit – des Volkes habe für die Rechtmäßigkeit von Gesetzen nichts zur Sache, wenn nur den Forderungen der *Freiheit* und *rechtlichen Gleichheit* aller Menschen Genüge getan sei:

„Denn die Rede ist hier nicht von Glückseligkeit, die aus einer Stiftung oder Verwaltung des gemeinen Wesens für den Untertan zu erwarten steht; sondern allererst bloß vom Rechte, das dadurch einem jeden gesichert werden soll: welches das oberste Prinzip ist, von welchem alle Maximen, die ein gemeines Wesen betreffen, ausgehen müssen, und das durch kein anderes eingeschränkt wird. In Ansehung der ersteren (der Glückseligkeit) kann gar kein allgemein gültiger Grundsatz für Gesetze gegeben werden. Denn so wohl die Zeitumstände, als auch der sehr einander widerstreitende und dabei immer veränderliche Wahn, worin jemand seine Glückseligkeit setzt (worin er sie aber setzen soll, kann ihm niemand vorschreiben), macht alle feste Grundsätze unmöglich, und zum Prinzip der Gesetzgebung für sich allein untauglich."[28]

Man kann Kant, so glaube ich, insoweit sicher zustimmen, daß jede Vertragskonzeption, die eine allgemein konsensfähige Vorstellung der Legitimität einer sozialen Ordnung ergeben soll, von den Annahmen der Freiheit, Gleichheit und Autonomie der Vertragspartner als den Grundvoraussetzungen einer moralisch vertretbaren Rechtfertigung ausgeben muß. (Ob diese Annahmen als Vernunftprinzipien a priori oder eher als normative Grundannahmen aufzufassen sind, deren Geltung auf Anerkennung beruht, mag hier dahingestellt bleiben.) Was wir Kant vor allem verdanken, ist die Einsicht, daß die Idee des Gesellschaftsvertrags dazu dient, individuelle Rechte auf die Grenzen ihrer *Verallgemeinerungsfähigkeit,* oder mit Kants Worten: auf die Bedingung ihrer Zusammenstimmung nach einem allgemeinen

---

[27] *Kant,* Über den Gemeinspruch (1793), S. 145.
[28] *Kant,* Über den Gemeinspruch (1793), S. 154.

Gesetz einzuschränken, dem jedermann als autonome Person zustimmen kann[29].

Kant hat meines Erachtens auch darin recht, daß es hierzu einer weitgehenden Abstraktion von persönlichen Interessen und Zwecken bedarf. Es leuchtet jedoch nicht ein, warum man sich den Gesellschaftsvertrag nur als eine Übereinkunft mit dem Ziel der verallgemeinerungsfähigen Einschränkung der angeborenen *Freiheit* aller Menschen denken sollte, nicht aber auch als eine Übereinkunft zum Zwecke der verallgemeinerungsfähigen Begrenzung der gegensätzlichen *Interessen* und *empirischen Zwecke* der Menschen. Dafür gibt es auch dann keinen hinreichenden Grund, wenn man Kants Unterscheidung zwischen angeborenen, aus Vernunftprinzipien a priori ableitbaren *Rechten des Menschen* einerseits und empirischen, dem menschlichen Streben nach Glückseligkeit entspringenden *Zwecken der Menschen* andererseits akzeptiert. Der Grund, den Kant anführt, nämlich daß die Menschen so verschiedenartige Vorstellungen von ihrem Wohl hätten, daß sie unter kein gemeinschaftliches Prinzip zu bringen wären, ist nur richtig, wenn man die Wohlfahrtszwecke der Menschen auf der Ebene ihrer vielfältigen persönlichen Neigungen, Vorlieben, Geschmacksrichtungen und Selbstkonzepte beobachtet. Sieht man sie dagegen auf der Ebene elementarer sozialer Güter, wie der Verfügung über die *grundlegenden Erfordernisse* des Überlebens und des Wohlergehens von Menschen an, dann verflüchtigt sich die scheinbare Vielfalt individueller Vorstellungen des Guten und es zeigt sich ein hohes Maß an Gemeinsamkeit der menschlichen Zwecke, die gerade deswegen miteinander konfligieren, weil die meisten Menschen sie verfolgen[29a].

Wenn die Konzeption des Sozialkontrakts allgemein zustimmungsfähige Grundsätze ergeben soll, die die gegensätzlichen Handlungsziele und Interessen der Menschen auf die Grenzen ihrer Verallgemeinerungsfähigkeit einschränken, scheint es nicht zielführend, die empirischen Zwecke der Menschen gänzlich unberücksichtigt zu lassen; vielmehr gilt es, den Sozialkontrakt als eine Form der kollektiven Entscheidung zu konstruieren, die den grundlegenden Zielen und Interessen aller Menschen *gleichermaßen* Rechnung trägt und doch zugleich den Interessen jedes einzelnen im größtmöglichen Umfang Geltung verschafft. Um dies zu erreichen, liegt es nahe, die Vertragssituation als einen hypothetischen Zustand anfänglicher Freiheit und Gleichheit zu konzipieren, in dem die Vertragsparteien zwar nicht aller empirischen Zwecke und Interessen ledig, aber doch auf die Verfolgung

---

[29] Zur Vertragskonzeption von Kant siehe: *Riedel*, Die Aporie von Herrschaft und Vereinbarung in Kants Idee des Sozialvertrags (1970); *Riley*, On Kant as the Most Adequate of the Social Contract Theorists (1973); *Murphy*, Hume and Kant on the Social Contract (1978); *Höffe*, Zur vertragstheoretischen Begründung politischer Gerechtigkeit (1979 b), S. 206 ff.

[29a] Siehe hierzu die interessanten Ausführungen bei *Sandel*, Liberalism and the Limits of Justice (1982), S. 5 ff. u. insbes. S. 36 ff.

allein solcher Zwecke und Interessen eingeschränkt sind, durch die sie gleichsam die *gemeinsamen Ziele und Interessen der gesamten Menschheit* vertreten, oder anders formuliert: durch die jeder für sich zugleich auch die Interessen jedes anderen verfolgt. Und gerade eine solche Konzeption des Sozialkontrakts hat John Rawls in Anlehnung an Rousseau und Kant zu entwickeln versucht. Ob und inwieweit diese Konzeption für sich Plausibilität beanspruchen kann, werde ich im nächsten Kapitel eingehend untersuchen.

Unabhängig davon läßt sich jedoch, so glaube ich, soviel jetzt schon festhalten, daß, wenn die Idee des Gesellschaftsvertrags überhaupt zu einer annehmbaren Rechtfertigung sozialer Normen führen soll, nur eine *universalistische* Deutung des Sozialkontrakts Aussicht hat, ein einigermaßen akzeptables Modell einer solchen Rechtfertigung zu liefern. Die universalistische Vertragskonzeption, wie wir sie im wesentlichen schon bei Rousseau und Kant vorfinden und wie sie heute durch Rawls' Theorie der Gerechtigkeit repräsentiert wird, konstruiert den Gesellschaftsvertrag als einen vollends fiktiven Vorgang kollektiver Entscheidungsfindung auf der Grundlage weitgehender normativer Idealisierungen, die eine einmütige Übereinstimmung aller Beteiligten als freier, gleicher und vernünftiger Personen gerade dadurch gewährleisten, daß sie den individuellen Entscheidungskalkül jeder einzelnen Person mit dem jeder anderen zusammenfallen lassen. Diese Idealisierungen resultieren ihrerseits aus dem Bestreben, eine moralisch annehmbare Vorstellung des Gesellschaftsvertrags zu entwickeln, die die allgemeine Zustimmungsfähigkeit bestimmter Grundsätze sozialen Handelns unter der normativen Voraussetzung der moralischen Autonomie und Gleichheit aller Menschen denkmöglich erscheinen läßt. Und es scheint, daß eine solche Vorstellung des Gesellschaftsvertrags eine Betrachtungsweise generiert, die der Betrachtungsweise des *moralischen Standpunkts* im wesentlichen entspricht[30].

Wenn wir es als ein wesentliches Kennzeichen des moralischen Standpunkts ansehen, daß wir uns beim moralischen Urteilen nur von *universellen* Gesichtspunkten leiten lassen sollen, von Gesichtspunkten, die für *alle* Beteiligten *gleichermaßen* annehmbar sind, so liegt seine Affinität zur universalistischen Vorstellung des Sozialkontrakts, wie wir sie bei Rousseau und Kant vorfinden, auf der Hand. Diese Vorstellung erfordert ebenso wie jener eine allgemeine Betrachtungsweise, die von den konkreten Interessen, Bedürfnissen und Zwecken der Menschen abstrahiert und jeden gleichsam an die Stelle jedes anderen versetzt. Sie führt uns zu Regeln des sozialen Zusammenlebens, die die Interessen aller Beteiligten gleichermaßen berück-

---

[30] In diesem Sinne auch *Höffe,* Kritische Einführung in Rawls' Theorie der Gerechtigkeit (1977b), S. 188.

sichtigen und daher von allen als verbindliche Grundsätze des gegenseitigen Verhaltens akzeptiert werden können.

Eine Vertragskonzeption, die von der kontrafaktischen Annahme eines anfänglichen Zustands vollkommener Freiheit und Gleichheit aller Menschen ausgeht, unterscheidet sich vom moralischen Standpunkt nur dadurch, daß die Anforderungen, die dieser in Form von Prinzipien der *autonomen moralischen Gewissensentscheidung jedes Einzelnen* postuliert, im Gesellschaftsvertrag als *prozedurale Bedingungen einer kollektiven Willensbildung aller Betroffenen* in Erscheinung treten. Während uns der Standpunkt der Moral Anleitungen dazu gibt, wie *jeder für sich* zu Urteilen und Grundsätzen gelangen kann, die allgemeiner Zustimmung fähig sind, versetzt uns die universalistische Konzeption des Sozialkontrakts in eine fiktive Beratungssituation, die uns auf der Grundlage unserer wechselseitigen Anerkennung als freier und gleicher Personen einen hypothetischen *Konsens* über die allgemein verbindlichen Grundsätze unseres Zusammenlebens herzustellen erlaubt[31].

---

[31] Hierin zeigt sich auch die frappante Ähnlichkeit zwischen der universalistischen Konzeption des Sozialkontrakts und der Theorie des praktischen Diskurses von Habermas: Dient in Rawls' Vertragsmodell die Vorstellung des Urzustandes als Ausgangspunkt einer fiktiven vertraglichen Einigung aller Betroffenen, so betrachtet Habermas die kontrafaktische Unterstellung einer idealen Sprechsituation, in der gleichberechtigte und vernünftige Gesprächspartner ohne Entscheidungsdruck einen Konsens über praktische Geltungsansprüche herbeizuführen versuchen, als normatives Ideal, das in jedem praktischen Diskurs immer schon vorausgesetzt wird und dem wir uns in realen Diskursen möglichst annähern sollen. Vgl. hierzu *Habermas*, Wahrheitstheorien (1973b); *ders.*, Moralbewußtsein und kommunikatives Handeln (1983), darin insbesondere: Diskursethik – Notizen zu einem Begründungsprogramm, S. 53 ff. Zur Analogie zwischen universalistischer Vertragstheorie und Diskurstheorie siehe auch *Wellmer*, Praktische Philosophie und Theorie der Gesellschaft (1979), S. 150 ff.; für einen Vergleich zwischen Rawls und Habermas siehe: *Kitschelt,* Moralisches Argumentieren und Sozialtheorie. Prozedurale Ethik bei John Rawls und Jürgen Habermas (1980); *Studer,* Ansätze der Begründung moralischer Normen: Habermas, Hare und Rawls (1984).

I. Rawls' Theorie der Gerechtigkeit

1. Rawls' Theorie: Gerechtigkeit als Fairneß

John Rawls, der Philosophie an der Harvard Universität lehrt, hat sich die Aufgabe gestellt, eine Konzeption der Gerechtigkeit zu entwickeln, die imstande ist, die vielfältigen Elemente unseres diffusen Gerechtigkeitsverständnisses in konsistenter Weise zu systematisieren und aus ‚natürlichen‘, d. h. allgemein akzeptierten Voraussetzungen deduktiv herzuleiten. Einige der wesentlichsten Grundgedanken seiner Konzeption legte Rawls erstmals in seinem bereits 1958 erschienenen Aufsatz „Justice as Fairness" dar[1]. Er versuchte darin zu zeigen, daß der Begriff der Gerechtigkeit wesentlich auf dem Gedanken der *Fairneß* beruht. Der Begriff der Fairneß, der vor allem aus seinen Anwendungen in den Bereichen des Sports, des Glücksspiels und des wirtschaftlichen Wettbewerbs geläufig ist, besagt dabei folgendes: Eine gemeinschaftliche Tätigkeit ist dann fair gestaltet, wenn keiner der Beteiligten übervorteilt oder dazu genötigt wird, Ansprüche zu erfüllen, die nicht legitim sind. Demgemäß geht Rawls davon aus, daß eine adäquate Gerechtigkeitskonzeption so beschaffen sein müsse, daß sich freie Menschen, die keine Herrschaft übereinander ausüben, auf sie einigen könnten, wenn sie sich zu gemeinschaftlicher Tätigkeit zusammentun und im vorhinein auf die Regeln einigen müßten, die ihre Kooperation definieren und ihre gegenseitigen Rechte und Pflichten festlegen[2]. Die Ähnlichkeit dieses Zugangs mit den Theorien des Gesellschaftsvertrags liegt auf der Hand. Rawls stellt seine Konzeption denn auch ganz ausdrücklich in die Tradition der Vertragstheorien und versteht sie als Alternative zum Utilitarismus.

Ein wesentlich erweitertes und zugleich in einigen Details revidiertes Konzept seiner Gerechtigkeitstheorie legte Rawls erst 1967 in seinen beiden Aufsätzen „Distributive Justice" und „Distributive Justice: Some Addenda" vor[3]. Diese Arbeiten enthalten bereits den Kern von Rawls' Theorie der Gerechtigkeit als Fairneß in ihrer endgültigen Form und können daher im wesentlichen als Vorwegnahme der wichtigsten Bestandstücke seines 1971

---

[1] Siehe *Rawls*, Gerechtigkeit als Fairneß (1958); vgl. dazu auch: *Chapman*, Justice and Fairness (1963); *Wolff*, A Refutation of Rawls' Theorem of Justice (1966); *Frankel*, Justice and Rationality (1969).

[2] Vgl. *Rawls*, Gerechtigkeit als Fairneß (1958), S. 57.

[3] *Rawls*, Distributive Justice (1967 a); *ders.*, Distributive Gerechtigkeit – Zusätzliche Bemerkungen (1967 b).

erschienenen Werkes „A Theory of Justice" betrachtet werden[4]. Es ist in diesem Rahmen weder möglich noch nötig, die Entwicklung und die mehrfachen Wendungen von Rawls' Theorie von „Justice as Fairness" bis zu ihrer vorläufig verbindlichen und ausgereiften Fassung in „A Theory of Justice" im einzelnen nachzuvollziehen. Robert Paul Wolff hat dies in seinem Buch „Understanding Rawls" in aller Ausführlichkeit getan[5]. Die nachfolgende Rekonstruktion von Rawls' Theorie wird sich daher vor allem auf ihre ausgereifteste und umfangreichste Darlegung stützen, die uns in „A Theory of Justice" (dt.: „Eine Theorie der Gerechtigkeit") vorliegt[6].

Rawls' Buch wurde als wissenschaftliche Sensation aufgenommen, nicht nur in philosophischen Fachkreisen, sondern auch bei Soziologen, Ökonomen und Juristen. Sofort nach seinem Erscheinen hat es eine ausgedehnte Diskussion entfacht, die in einer unüberschaubaren Menge von Publikationen ihren Niederschlag gefunden hat. Zahlreiche Rezensionen, Aufsätze, ja mehrere Bücher wurden geschrieben, um Rawls' Gerechtigkeitskonzeption bis in ihre letzten Details auszuleuchten und mehr oder minder kritisch hinsichtlich ihrer methodologischen, moralphilosophischen, soziologischen und ökonomischen Aspekte abzuklopfen. Das Spektrum der Stellungnahmen reicht von uneingeschränkter Zustimmung und kritischer Sympathie bis zur völligen Verwerfung der Theorie[7].

Es ist vielleicht von Interesse, kurz auf die Gründe einzugehen, warum Rawls' Werk eine so große, weit über das übliche Ausmaß hinausgehende Resonanz gefunden hat. Eine wesentliche Voraussetzung hiefür ist zunächst einfach der Umstand, daß Rawls' Theorie in der Tat ein kolossales, faszinierend ausgeklügeltes, raffiniert durchargumentiertes und letztlich dennoch klar strukturiertes Gedankengebäude darstellt, dem ein hohes Maß an

---

[4] Einige der wichtigsten der von Rawls vor seiner „Theory of Justice" publizierten Arbeiten zur Gerechtigkeit sind in deutscher Übersetzung enthalten in dem von Otfried Höffe herausgegebenen Sammelband: *Rawls,* Gerechtigkeit als Fairneß (1977a). Einen guten Überblick über diese früheren Arbeiten bietet *Lessnoff,* John Rawls' Theory of Justice (1971).

[5] Siehe dazu *Wolff,* Understanding Rawls (1977a), S. 25 - 98; vgl. auch die Rezensionsaufsätze über dieses Buch von *Barry* (1978), *Narveson* (1978b) und *Strasnick* (1979c).

[6] *Rawls,* A Theory of Justice (1971); dt.: Eine Theorie der Gerechtigkeit (1975a). Sofern nicht ausdrücklich anders vermerkt, beziehe ich mich im folgenden auf die deutsche Ausgabe.

[7] Brian Barry und Robert Paul Wolff haben die Theorie von Rawls immerhin für wichtig genug gehalten, um sich mit ihr im Rahmen umfassender Monographien zu beschäftigen: *Barry,* The Liberal Theory of Justice (1973a); *Wolff,* Understanding Rawls (1977a). Die umfangreiche Diskussion um Rawls' Theorie ist teilweise dokumentiert in den folgenden Sammelbänden: *Daniels,* Reading Rawls (1975a); *Höffe,* Über John Rawls' Theorie der Gerechtigkeit (1977a); *Blocker / Smith,* John Rawls' Theory of Social Justice (1980). Auf eine ganze Reihe weiterer Arbeiten zu Rawls werde ich im Zuge meiner kritischen Auseinandersetzung mit seiner Theorie im 2. Abschnitt dieses Kapitels verweisen.

gedanklicher Brillanz innewohnt und das allein schon des intellektuellen Vergnügens wegen einer Auseinandersetzung wert erscheint.

Ein weiterer Faktor, der zum außerordentlich breiten Interesse an Rawls' Theorie beigetragen haben dürfte, ist der Facettenreichtum ihrer Argumentationsstruktur, man könnte sagen: ihr interdisziplinärer Charakter. Mit Fragen der Gerechtigkeit haben sich ja seit je nicht nur die Moralphilosphie und politische Philosophie, sondern auch die Soziologie, die Ökonomie und die Jurisprudenz beschäftigt; sie haben dies jedoch meist in ziemlich selbstgenügsamer Weise und unter Verwendung eines den Denkgewohnheiten der jeweiligen Disziplin entstammenden Begriffsinstrumentariums getan, so daß eine Diskussion über die Grenzen der Fachdisziplinen hinweg kaum zustande kommen konnte. Rawls ist es gelungen, diese mit der zunehmenden Spezialisierung und im doppelten Sinne fortschreitenden ‚Disziplinierung' der Wissenschaft einhergehende Selbstgenügsamkeit weitgehend zu überwinden: Er, der Philosoph, hat sich auch in anderen Disziplinen, insbesondere in der soziologischen, ökonomischen und psychologischen Theorie, umgesehen und aus deren Begriffsapparaturen, Argumentationsstrategien und Hypothesen entnommen, was ihm für die Zwecke seiner Theorie nötig und brauchbar erschien. Dieser Tatsache verdankt die Theorie sicherlich einen erheblichen Teil ihrer die Fachgrenzen überschreitenden Resonanz.

Schließlich dürfte sich die breite, nicht nur auf die wissenschaftliche Fachwelt beschränkte Beachtung von Rawls' Theorie nicht zuletzt auch daraus erklären, daß sie sicherlich zu den eher seltenen ernstzunehmenden Versuchen in der Geschichte der Philosophie gehört, einen Problembereich von großer gesellschaftspolitischer Bedeutung in umfassender Weise zu durchdringen und von Grund auf zu systematisieren. Rawls' Konzeption darf zweifellos als ein höchst interessantes Unterfangen gelten, unsere eher diffusen Ideen politischer Legitimation, die – jedenfalls seit der Aufklärung – in der Formel „Freiheit, Gleichheit, Brüderlichkeit" ihren bündigen Ausdruck finden, auf einen gemeinsamen Nenner zu bringen und aus einer gewiß nicht ganz unplausiblen Grundidee abzuleiten.

Rawls' Theorie bildet ein außerordentlich reichhaltiges und komplexes System, das sich beim ersten Zutritt als ungeheuer verästeltes Labyrinth begrifflicher, methodologischer, moralischer, entscheidungstheoretischer, soziologischer, psychologischer und ökonomischer Erwägungen darstellt. Der Eindruck wird vor allem dadurch hervorgerufen, daß Rawls – in der Absicht, die Theorie nach allen Richtungen hin möglichst gut abzusichern – seine Thesen nicht nur in mehrfacher Weise begründet und hinsichtlich ihrer Konsequenzen und Deutungsmöglichkeiten penibel durchargumentiert, sondern sie auch von vornherein gegen ein reichhaltiges Arsenal bestehender Gegenthesen und von ihm antizipierter Einwände verteidigt. Diese Vorgangsweise ruft beim Leser mitunter das Gefühl hervor, vor lauter Bäumen nicht mehr den Wald zu sehen. Dennoch ist die Grundstruktur der Theorie relativ einfach und klar. Da es hier natürlich nicht möglich ist, Rawls' Konzeption bis in die letzten ihrer vielfältigen Verzweigungen hinein zu verfolgen, muß sich die folgende Darstellung auf ihre wichtigsten Grundzüge beschränken[8].

1.1. Die Idee der Fairneß als Grundlage der Gerechtigkeit

Gegenstand der sozialen Gerechtigkeit ist nach Rawls die *Grundstruktur der Gesellschaft,* d. h. die Art, wie die grundlegenden gesellschaftlichen Institutionen Grundrechte und -pflichten und die Früchte der gesellschaftlichen Zusammenarbeit verteilen. Unter grundlegenden Institutionen versteht er die Verfassung und die wichtigsten wirtschaftlichen und sozialen Verhältnisse (vgl. S. 23)[9]. Die Grundstruktur wird von ihm deshalb als der Hauptgegenstand der Gerechtigkeit betrachtet, weil die sie konstituierenden sozialen Institutionen die Lebenschancen der Menschen weitgehend beeinflussen; die Institutionen des politischen, sozialen und ökonomischen Systems sind mit verschiedenen sozialen Positionen verbunden, die sowohl die anfängliche Ausgangsposition der Menschen bestimmen, als auch auf die weiteren Lebensperspektiven der Individuen tiefgreifend einwirken.

Die Gerechtigkeit ist die *erste Tugend sozialer Institutionen,* wenn auch keineswegs die einzige. Jede Gesellschaft unterliegt daher der moralischen Forderung, daß sie gerecht sein soll. Unter Gesellschaft wird dabei eine relativ abgeschlossene Gemeinschaft von Menschen verstanden, die sich zu einem dem Wohl der Teilnehmer dienenden System der Zusammenarbeit vereinigt haben und die für ihre gegenseitigen Beziehungen bestimmte Verhaltensregeln als verbindlich anerkennen (vgl. S. 20).

Die Frage der Gerechtigkeit sozialer Institutionen erhebt sich nur unter bestimmten *Bedingungen.* Diese sind allerdings für menschliche Gesellschaften durchwegs charakteristisch: es sind die Bedingungen, die menschliche Zusammenarbeit möglich und notwendig machen. Der Umstand, daß die Gesellschaft ein Unternehmen der Zusammenarbeit zum gegenseitigen Vorteil der Teilnehmer ist, bedeutet nicht, daß sie nur durch Interessenharmonie gekennzeichnet wäre; Interessenkonflikte sind vielmehr unvermeidlich:

„Interessenkonflikte entstehen dadurch, daß es den Menschen nicht gleichgültig ist, wie die Früchte dieser Zusammenarbeit verteilt werden, denn zur Verfolgung seiner

---

[8] Instruktive kurze Einführungen in Rawls' Theorie bieten u. a.: *Höffe,* Kritische Einführung in Rawls' Theorie der Gerechtigkeit (1977 b); *A. Buchanan,* A Critical Introduction to Rawls' Theory of Justice (1980); *Ott,* Grundzüge der Gerechtigkeitstheorie von John Rawls (1981).

[9] Die im Text dieses Abschnitts in Klammern gesetzten Seitenhinweise beziehen sich auf die deutsche Ausgabe von *Rawls,* Eine Theorie der Gerechtigkeit (1975 a).

Ziele möchte jeder lieber einen größeren als einen kleineren Anteil haben. Man braucht also Grundsätze, um zwischen den verschiedenen Gesellschaftsordnungen zu entscheiden, die diese Verteilung der Güter bestimmen, und um eine Übereinkunft über die richtigen Anteile zustande zu bringen." (S. 149)

Rawls unterteilt die Anwendungsbedingungen der Gerechtigkeit in zwei Gruppen: objektive Umstände, die die menschliche Zusammenarbeit möglich und notwendig machen, und subjektive Bedingungen, die durch die Eigenschaften der zusammenarbeitenden Menschen gegeben sind. *Objektive Umstände* sind vor allem die Knappheit der Ressourcen, d.h. die Tatsache, daß sie nicht in Überfluß vorhanden sind und durch planvolle Zusammenarbeit vermehrt werden können, obwohl auch dann der Ertrag niemals alle menschlichen Ansprüche restlos befriedigen kann; ferner die Verletzlichkeit des Menschen, also der Umstand, daß Angriffe ihm Schaden bringen und daß seine Pläne durch andere durchkreuzt werden können. Die *subjektiven Bedingungen* bestehen vor allem darin, daß die Menschen – trotz ihrer vielfach ähnlichen und einander ergänzenden Bedürfnisse und Interessen, die eine Zusammenarbeit möglich und sinnvoll machen – eigene Lebenspläne oder Vorstellungen von ihrem Wohl haben, die verschiedene und oft konkurrierende Ziele und Interessen hinsichtlich der Verwendung der sozialen Ressourcen nach sich ziehen.

Jede *Vorstellung sozialer Gerechtigkeit* ist definiert durch bestimmte *Grundsätze,* die die Zuweisung von Rechten und Pflichten und die richtige Verteilung gesellschaftlicher Güter regeln sollen. Welche Grundsätze könnten dies sein und wie kann man sie rechtfertigen? Beginnen wir mit dem zweiten Teil der Frage: Wie könnte eine Strategie der Rechtfertigung von Gerechtigkeitsgrundsätzen aussehen?

Rawls' Grundgedanke der Gerechtigkeit als Fairneß besteht in der Auffassung, daß diejenigen Gerechtigkeitsgrundsätze am ehesten gerechtfertigt seien, die *freie und vernünftige Menschen in ihrem eigenen Interesse in einer anfänglichen Situation der Gleichheit* zur Bestimmung der Grundverhältnisse ihrer Verbindung annehmen würden (vgl. S. 28). Diese Grundidee läuft – so Rawls – auf die Vorstellung einer ursprünglichen Übereinkunft oder, wenn man den Sprachgebrauch der naturrechtlichen Tradition aufgreift, eines *Gesellschaftsvertrags* hinaus: Die Menschen, die sich zu gesellschaftlicher Zusammenarbeit vereinigen wollen, wählen in einer *anfänglichen Situation,* in der sie einander als freie und gleiche Individuen gegenüberstehen und die im wesentlichen dem Naturzustand in der herkömmlichen Theorie des Gesellschaftsvertrags entspricht, gemeinsam die Grundsätze, nach denen die grundlegenden Rechte und Pflichten und die Verteilung der gesellschaftlichen Güter bestimmt sein sollen. So meint Rawls:

„Die Menschen sollen im voraus entscheiden, wie sie ihre Ansprüche gegeneinander regeln wollen und wie die Gründungsurkunde ihrer Gesellschaft aussehen soll. Ganz wie jeder Mensch durch vernünftige Überlegung entscheiden muß, was für ihn das

Gute ist, d. h. das System seiner Ziele, die zu verfolgen für ihn vernünftig ist, so muß eine Gruppe von Menschen ein für allemal entscheiden, was ihnen als gerecht und ungerecht gelten soll. Die Entscheidung, die vernünftige Menschen in dieser theoretischen Situation der Freiheit und Gleichheit treffen würden, bestimmt die Grundsätze der Gerechtigkeit." (S. 28).

Die anfängliche Situation, in der die Menschen die Gerechtigkeitsgrundsätze wählen, nennt Rawls „Urzustand" („original position"). Man darf sich diesen Urzustand nicht als wirklichen historischen Zustand vorstellen; er dient vielmehr als eine theoretische Entscheidungssituation, die es faktisch zwar nicht geben kann, die man jedoch gedanklich rekonstruieren und in die man sich hineinversetzen kann. Der Urzustand soll so beschaffen sein, daß die in ihm getroffene Grundvereinbarung *fair* zustandekommt – daher der Name „Gerechtigkeit als Fairneß". Dieses Erfordernis ergibt sich aus der einleuchtenden Erwägung, daß Gerechtigkeitsgrundsätze, die von vernünftigen Menschen unter fairen Bedingungen angenommen werden, sicherlich vernünftiger und eher zu rechtfertigen sind als andere, für die dies nicht zutrifft. Um eine faire Grundvereinbarung zu gewährleisten, sieht Rawls es als eine der wesentlichen Bedingungen des Urzustandes an, daß die Beteiligten in ihm keinerlei Wissen über ihre Stellung in der Gesellschaft, ihre Klassenzugehörigkeit oder ihren Status, über ihre natürlichen Eigenschaften wie Intelligenz oder Körperkraft haben; ja sie verfügen nicht einmal über irgendwelche Kenntnisse hinsichtlich ihrer psychischen Dispositionen, ihrer Ziele, Bedürfnisse und Präferenzen. Diese Eigenschaft, von Rawls als „Schleier des Nichtwissens" („veil of ignorance") bezeichnet, soll gewährleisten, daß sich im Urzustand alle in der gleichen Lage befinden und daß bei der Wahl der Grundsätze niemand aufgrund der Zufälligkeiten der natürlichen und gesellschaftlichen Voraussetzungen benachteiligt oder bevorzugt wird (vgl. S. 29).

Der Urzustand hat nach Rawls nicht nur den Vorzug, daß er eine faire Übereinkunft darüber gewährleistet, wie die gerechte Grundstruktur der gesellschaftlichen Institutionen beschaffen sein soll, sondern auch den, daß er zu Grundsätzen führt, die von den Mitgliedern der Gesellschaft am ehesten als autonom gesetzt und selbstauferlegt betrachtet werden können, weil sie von ihnen als freien und gleichen Menschen unter fairen Bedingungen akzeptiert worden sind.

Bevor wir zu näherer Erläuterung des Urzustandes übergehen, sind noch einige notwendige Ergänzungen zu Rawls' *Strategie der moralischen Rechtfertigung* der Grundsätze nachzutragen. Wenn der Urzustand als rechtfertigende Berufungsinstanz für Gerechtigkeitsgrundsätze dienen soll, so muß er seinerseits gerechtfertigt sein. Das ist er nur dann, wenn er durch Bedingungen definiert ist, die jede für sich genommen so natürlich und einleuchtend sind, daß sie als allgemein akzeptiert gelten können. Das erfordert, daß jede einzelne der den Urzustand charakterisierenden Bedingungen möglichst schwach ist; dennoch müssen sie, wenn mit ihnen überhaupt etwas gerechtfertigt werden soll, stark genug sein, um zusammen ein gehaltvolles und nicht-triviales System von Grundsätzen zu ergeben.

Damit ist aber Rawls' Methode der Rechtfertigung von Gerechtigkeitsgrundsätzen noch nicht vollständig beschrieben. Zur Vorstellung des Urzustandes kommt noch hinzu, daß auch zu prüfen ist, ob die Grundsätze, die unter Zugrundelegung einer bestimmten Beschreibung des Urzustandes gewählt würden, unseren wohlüberlegten Gerechtigkeitsurteilen entsprechen oder sie auf annehmbare Weise erweitern. Die Grundsätze müssen also einer *zweiseitigen* Kontrolle standhalten: einmal müssen sie sich aus einem Urzustand ergeben, der durch allgemein akzeptable und möglichst schwache Bedingungen definiert ist, und zweitens müssen sie eine kohärente Systematisierung unserer *wohlerwogenen Gerechtigkeitsurteile* liefern. Wenn ein System von Grundsätzen beiden Erfordernissen genügt, dann ist ein Zustand hergestellt, den Rawls „Überlegungs-Gleichgewicht" („reflective equilibrium") nennt:

„Es ist ein Gleichgewicht, weil schließlich unsere Grundsätze und unsere Urteile übereinstimmen; und es ist ein Gleichgewicht der Überlegung, weil wir wissen, welchen Grundsätzen unsere Urteile entsprechen, und aus welchen Voraussetzungen diese abgeleitet sind. Für den Augenblick ist alles in Ordnung. Doch das Gleichgewicht ist nicht notwendig stabil. Neue Erwägungen bezüglich der Bedingungen für die Vertragssituation können es umstürzen, ebenso Einzelfälle, die uns zur Änderung unserer Urteile veranlassen. Doch vorläufig haben wir getan, was wir können, um unsere Vorstellungen von der sozialen Gerechtigkeit zu vereinheitlichen und zu rechtfertigen." (S. 38)

Um ein derartiges Überlegungs-Gleichgewicht herzustellen, gilt es also, Gerechtigkeitsgrundsätze zu suchen, die mit unseren wohlüberlegten Gerechtigkeitsurteilen in Einklang stehen. Damit ist folgendes gemeint: Jeder vernünftige Mensch verfügt – so Rawls – unter normalen sozialen Bedingungen über einen *Gerechtigkeitssinn,* über ein intuitives Gerechtigkeitsverständnis, aufgrund dessen er fähig ist, im alltäglichen Lebenszusammenhang Gerechtigkeitsurteile zu fällen und dafür Gründe anzuführen. Diese unsere Alltagsurteile sind jedoch nicht nur oft durch Irrtümer verfälscht, sondern auch durch unsere persönlichen Interessen, Sympathien und Umstände geprägt; sie geben demnach unseren Gerechtigkeitssinn meist nur in verzerrter Form wieder. Man kann jedoch versuchen, sie durch vernünftige Überlegung in ‚wohlüberlegte Urteile' (‚considered judgments') zu überführen, die unseren Gerechtigkeitssinn in möglichst unverfälschter Form zum Ausdruck bringen. Zu wohlüberlegten Urteilen können wir etwa gelangen, indem wir Urteile vermeiden, wenn wir uns selbst nicht ganz sicher sind, wenn wir uns in einem Zustand der Verwirrung bzw. Angst befinden oder wenn es um eigene Vorteile bzw. Nachteile geht. Doch auch wenn bei unseren wohlüberlegten Urteilen die gewöhnlichen Entstehungsgründe für Irrtümer beseitigt sind, bleibt es dennoch möglich, daß sie unsere besonderen persönlichen Lebensumstände widerspiegeln. Deshalb kann nicht von vornherein erwartet werden, daß die Grundsätze, die aus einem akzeptabel beschriebenen Urzustand gewonnen werden, vollständig mit unseren wohlüberlegten Gerechtigkeitsurteilen zur Deckung gelangen. Wenn eine derartige Nichtübereinstimmung besteht, dann ist die beste Strategie die, zu sehen, ob es möglich ist, die Beschreibung des Urzustandes oder die wohlüberlegten Urteile oder beide in annehmbarer Weise so zu modifizieren, daß sie schließlich miteinander zusammenstimmen. Wenn das gelingt, befinden sich unsere Erwägungen im Überlegungs-Gleichgewicht (vgl. S. 68)[10].

1.2. Die Beschaffenheit des Urzustandes

Nach Rawls' Auffassung soll der Urzustand, um als Grundlage einer fairen Übereinkunft über Gerechtigkeitsgrundsätze zu dienen, im einzelnen durch *folgende Bedingungen* charakterisiert sein, von denen – wie er meint – jede für sich vollkommen natürlich und allgemein akzeptabel sei:

1. *Schleier des Nichtwissens:* Niemand soll die Grundsätze auf seine eigenen Verhältnisse zuschneiden können, d. h. es sollte dafür gesorgt sein, daß man nicht solche Grundsätze wählen kann, die man vernünftigerweise nur dann wählt, wenn man bestimmte für die Frage der Gerechtigkeit unerhebliche Tatsachen kennt, wie z. B. seine gesellschaftliche Position oder seine individuellen Neigungen. Daher konstruiert Rawls den Urzustand so, daß in ihm niemand Kenntnisse über seine ökonomischen Verhältnisse, seinen sozialen Status, über seine Anlagen, Neigungen, Bedürfnisse usw. hat. Ein ‚Schleier des Nichtwissens‘ (‚veil of ignorance‘) deckt alle Informationen zu, die den Vertragsparteien irgendein Wissen darüber verschaffen, wie sich die möglichen Gerechtigkeitsgrundsätze auf ihre konkreten Interessen auswirken. So sind sie gezwungen, die Wahl der Grundsätze ausschließlich unter allgemeinen Gesichtspunkten vorzunehmen (vgl. S. 36).

Der Schleier des Nichtwissens schließt zunächst aus, daß jemand seinen Platz in der Gesellschaft, seine Klasse oder seinen Status, seine natürlichen Gaben, seine Intelligenz, Körperkraft und dergleichen kennt. Es kennt auch niemand seine Neigungen, Bedürfnisse, Wünsche, Ziele, Werte; ebensowenig seine psychischen Dispositionen, seine Einstellungen zum Risiko oder seine Neigung zu Optimismus oder Pessimismus.

„Darüber hinaus setze ich voraus, daß die Parteien die besonderen Verhältnisse in ihrer eigenen Gesellschaft nicht kennen, d. h. ihre wirtschaftliche und politische Lage, den Entwicklungsstand ihrer Zivilisation und Kultur. Die Menschen im Urzustand wissen auch nicht, zu welcher Generation sie gehören. Diese ziemlich umfangreichen

---

[10] Vorüberlegungen zu dieser, in seiner „Theorie der Gerechtigkeit" als „Überlegungs-Gleichgewicht" („reflective equilibrium") bezeichneten Methode der Rechtfertigung moralischer Grundsätze hat Rawls bereits in seinem Aufsatz: Outline of a Decision Procedure for Ethics (1951) vorgelegt.

Beschränkungen der Kenntnisse sind teilweise deshalb angemessen, weil Fragen der sozialen Gerechtigkeit auch zwischen den Generationen entstehen, zum Beispiel die Frage der richtigen Investitionsrate oder der Erhaltung natürlicher Hilfsquellen und der Umwelt. Auch in diesen Fällen dürfen die Beteiligten die zufälligen Umstände nicht kennen, die zu Interessensgegensätzen zwischen ihnen führen würden. Sie müssen Grundsätze wählen, deren Folgerungen sie hinzunehmen bereit sind, welcher Generation sie auch angehören mögen." (S. 160)

Allerdings müssen die Menschen im Urzustand natürlich wissen, daß die Gesellschaften, in welchen sie leben werden, durch die Anwendungsbedingungen der Gerechtigkeit, also durch Knappheit und Interessenskonkurrenz, charakterisiert sind. Zugelassen ist nach Rawls auch die Kenntnis aller allgemeinen Tatsachen über die Gesellschaft, so der Grundzüge der Wirtschaftstheorie und der Soziologie sowie der Gesetze der Psychologie. Da die Gerechtigkeitsvorstellungen den Eigenschaften der gesellschaftlichen Systeme angepaßt sein sollen, besteht Rawls zufolge kein Grund, allgemeine Tatsachen auszuschließen (vgl. S. 161).

2. *Gleichheit:* Im Urzustand sind alle Menschen gleich. Das ist in dem Sinne zu verstehen, daß jeder bei der Wahl der Grundsätze die gleichen Rechte hat wie jeder andere, so z.B. das Recht, Vorschläge zu machen, Gründe vorzubringen und dergleichen. Diesem Merkmal liegt die Idee zugrunde, daß alle Menschen als moralische Subjekte zu gelten haben, die eine Vorstellung von ihrem Wohl und einen Gerechtigkeitssinn haben (vgl. S. 36).

3. *Vernünftigkeit:* Die Menschen sind im Urzustand gleichermaßen vernünftig. Als vernünftig wird dabei – ganz im Sinne der Wirtschaftstheorie – die Fähigkeit aufgefaßt, ein widerspruchsfreies System von Vorzugsregeln zu bilden, nach dem zwischen verschiedenen in Frage kommenden Möglichkeiten gewählt wird. Ein vernünftiger Mensch ist danach imstande, verschiedene Wahlmöglichkeiten nach ihrer Zweckdienlichkeit in eine Rangordnung zu bringen und eine Strategie zu verfolgen, die seinen Zielen und Interessen möglichst förderlich ist.

Da die Menschen im Urzustand aufgrund des Schleiers des Nichtwissens keine Kenntnis davon haben, worin ihre Ziele und Interessen im einzelnen bestehen, sondern da sie vielmehr nur wissen, daß sie bestimmte Ziele und Interessen haben, kann sich ihre Optimierungsstrategie nicht unmittelbar auf ihre konkreten Nutzenvorstellungen beziehen. Um unter dieser Voraussetzung dennoch eine vernünftige Wahl von Grundsätzen zu ermöglichen, die den Interessen der Menschen entsprechen, nimmt Rawls an, daß die Aussichten der Menschen, ihre unmittelbaren Interessen, Bedürfnisse und Wünsche zu befriedigen und ihre Ziele und Wertvorstellungen zu verwirklichen, davon abhängen, in welchem Umfange sie über bestimmte grundlegende Güter verfügen, die er „gesellschaftliche Grundgüter" („primary social goods") nennt. Grundgüter sind

„Dinge, von denen man annimmt, daß sie ein vernünftiger Mensch haben möchte, was auch immer er sonst haben möchte. Wie auch immer die vernünftigen Pläne eines Menschen im einzelnen aussehen mögen, es wird angenommen, daß es verschiedenes gibt, wovon er lieber mehr als weniger haben möchte. Wer mehr davon hat, kann sich allgemein mehr Erfolg bei der Ausführung seiner Absichten versprechen, welcher Art sie auch sein mögen." (S. 112)

Als gesellschaftliche Grundgüter zieht Rawls dabei diejenigen Dinge in Betracht, die in der sozialen Grundstruktur Aussichten für die Ausführung menschlicher Lebenspläne in besonderem Maße repräsentieren: politische Rechte und Freiheiten, Lebenschancen, Einkommen, Vermögen und Selbstachtung. Wenn sich die Menschen im Urzustand dieses Konzepts sozialer Grundgüter bedienen, scheint für sie die Schwierigkeit, auf ihre Vorteile bedacht sein zu müssen, ohne zu wissen, worin sie im einzelnen bestehen, ausgeräumt.

„Sie gehen davon aus, daß sie gewöhnlich lieber mehr als weniger gesellschaftliche Grundgüter haben möchten. Natürlich kann sich nach Aufhebung des Schleiers des Nichtwissens herausstellen, daß manche vielleicht aus religiösen oder anderen Gründen in Wirklichkeit keinen großen Wert auf diese Güter legen. Doch unter dem Blickwinkel des Urzustandes ist für die Parteien die Annahme vernünftig, daß sie doch möglichst viel davon haben möchten, denn sie sind ja nicht gezwungen, es zu nehmen, wenn sie es nicht wollen. Obwohl also die Parteien nichts über ihre besonderen Ziele wissen, so wissen sie doch genug, um die Möglichkeiten in eine Rangordnung zu bringen. Sie wissen, daß sie ganz allgemein versuchen müssen, ihre Freiheiten zu schützen, ihre Möglichkeiten auszuweiten und ihre Mittel zur Verfolgung ihrer Ziele, welcher Art sie auch sein mögen, zu vermehren." (S. 166)

4. *Gegenseitiges Desinteresse:* Was die Beweggründe der Menschen im Urzustand betrifft, so macht Rawls die Annahme, daß vernunftgeleitete Menschen keinen Neid empfinden, d.h. daß es ihnen nicht unerträglich ist, wenn andere ein größeres Maß an gesellschaftlichen Grundgütern als sie selbst bekommen können. Der Grund für diese Annahme ist, daß diejenigen, die bei der Wahl der Gerechtigkeitsgrundsätze von Neid erfüllt wären, niemals Grundsätzen zustimmen könnten, die anderen möglicherweise mehr Güter als ihnen selbst einräumen. Neid würde bewirken, daß am Ende alle Menschen im allgemeinen schlechter dastehen, als wenn Neid keine Rolle spielt und jeder vor allem seine eigenen Interessen zu wahren trachtet (vgl. S. 167 f.). Die Beteiligten sind im Urzustand auch nicht von Liebe und Haß im Verhältnis zu den anderen Menschen erfüllt und sie wollen einander weder Gutes noch Schlechtes antun, ebensowenig wie sie bereit sind, ihre Interessen anderen aufzuopfern. Sie nehmen überhaupt bei der Wahl der Grundsätze auf die Interessen der anderen keinen Bedacht, sondern lassen sich dabei nur von der Absicht leiten, für sich den größtmöglichen Anteil gesellschaftlicher Grundgüter zu gewinnen. Sie sind gegenseitig desinteressiert (vgl. S. 168).

Diese Annahme des gegenseitigen Desinteresses macht, isoliert betrachtet, den Eindruck, als müsse sie notwendig zu einer egoistischen Gerechtig-

keitsvorstellung führen. Rawls versucht jedoch zu zeigen, daß sich dieser
Eindruck als falsch herausstellt, sobald man die gegenseitige Desinteres-
siertheit mit dem Schleier des Nichtwissens verbindet: Da die Beteiligten im
Urzustand davon ausgehen müssen, daß sie in der sozialen Realität jede
x-beliebige Person sein könnten, wahren sie, indem sie ihre eigenen Aussichten zu sichern versuchen, immer zugleich auch die Interessen aller anderen Personen. Damit erziele die Theorie der Gerechtigkeit als Fairneß – so
meint Rawls – weitgehend die gleichen Wirkungen wie eine altruistische
Konzeption, ohne allerdings deren problematische Annahmen treffen zu
müssen (vgl. S. 172 f.).

5. *Gerechtigkeitssinn und Verbindlichkeit der Grundsätze:* Als letztes
Merkmal, das die Entscheidungssituation des Urzustandes kennzeichnen
soll, nimmt Rawls schließlich an, daß die Menschen einen Gerechtigkeitssinn haben, der sie veranlaßt, die einmal aufgestellten Grundsätze auch
künftig als verbindlich anzuerkennen und sich danach zu verhalten. Diese
Annahme diene ausschließlich dazu, die Gültigkeit der Gerechtigkeitsgrundsätze zu sichern, und sie enthalte keine bestimmte Gerechtigkeitsvorstellung; insofern sei sie also rein formaler Natur. Für die Wahl der Gerechtigkeitsgrundsätze sei diese Annahme allerdings deswegen von Bedeutung,
weil man sich im Urzustand immer vor Augen halten müsse, was es bedeutet, sich auf bestimmte Grundsätze festzulegen. Vernünftigerweise könne
man sich nur auf eine solche Gerechtigkeitsvorstellung festlegen, von der
man im Lichte organisationstheoretischer und moralpsychologischer
Kenntnisse annehmen dürfe, daß sie auch eingehalten werden kann (vgl.
S. 168 f.).

Damit ist der Urzustand, wie ihn Rawls als Ausgangslage für die Wahl von
Gerechtigkeitsgrundsätzen konzipiert, im wesentlichen beschrieben. Vielleicht sollte noch einmal daran erinnert werden, daß der Urzustand nicht als
wirklicher oder auch nur verwirklichbarer Zustand zu verstehen ist. Er ist
eine rein fiktive Entscheidungssituation, die es gedanklich zu simulieren
gilt, um eine faire Übereinstimmung über die Grundsätze des sozialen
Zusammenlebens zu erreichen. Rawls versteht den Urzustand auch nicht als
eine Art Volksversammlung aller Menschen, die gerade leben bzw. die
irgendwann gelebt haben und die einmal leben werden. Vielmehr muß man
„den Urzustand so auffassen, daß man sich jederzeit seinen Blickwinkel zu
eigen machen kann. Es darf keinen Unterschied machen, wann und durch
wen das geschieht: Die Einschränkungen müssen so beschaffen sein, daß
stets dieselben Grundsätze gewählt werden." (S. 162) Der Urzustand hat
schließlich, wie Rawls ferner betont, auch nicht den Charakter einer Ver-
handlungssituation im üblichen Sinne, in der verschiedene Interessenlagen
miteinander konkurrieren und in einen Kompromiß münden. Denn da die
getroffenen Annahmen alle Beteiligten vor dasselbe Entscheidungsproblem
stellen und sie zu denselben Ergebnissen führen, könne die Annahme der

Grundsätze, die sich letztlich als die angemessensten erweisen, gar nicht anders als einstimmig erfolgen.

1.3. Die Grundsätze der Gerechtigkeit

Rawls konstruiert das Entscheidungsverfahren, aufgrund dessen sich die Menschen auf eine bestimmte Gerechtigkeitsvorstellung einigen, folgendermaßen: Alle Grundsätze, die als mögliche Kandidaten für die gesuchte Gerechtigkeitsvorstellung in Betracht kommen, werden in eine Liste aufgenommen. Prinzipiell kommen dabei alle Grundsätze in Frage, die jemals ernsthaft als Gerechtigkeitsgrundsätze vorgeschlagen wurden oder die jemand dafür vorschlagen möchte; de facto kann man sich jedoch auf eine kurze Liste der einigermaßen diskutablen Konzeptionen beschränken. In einem ersten Ausscheidungsdurchgang können aus dieser Liste zunächst diejenigen Grundsätze eliminiert werden, die schon den fundamentalen formalen Bedingungen zuwiderlaufen, denen alle moralischen Grundsätze und daher auch die der Gerechtigkeit genügen müssen; wir werden auf diese Bedingungen, zu welchen nach Rawls u.a. die der Allgemeinheit und der unbeschränkten Anwendbarkeit der Grundsätze gehören, noch zurückkommen. Die verbleibenden Möglichkeiten werden dann miteinander verglichen und gegeneinander abgewogen, um schließlich die Grundsätze auszuwählen, die im Verhältnis zu den anderen die vernünftigsten und akzeptabelsten sind.

Ich möchte im folgenden zunächst einmal diejenigen Gerechtigkeitsgrundsätze vorstellen und erläutern, auf die man sich nach Rawls' Auffassung im Urzustand festlegen würde. Seine Begründung dafür, warum man gerade diese Grundsätze wählen würde, können wir dabei vorläufig auf sich beruhen lassen; ich werde später eingehend darauf zu sprechen kommen.

Rawls geht von der Voraussetzung aus, die soziale Grundstruktur verteile gewisse Grundgüter, also Güter, von denen jeder vernünftige Mensch möglichst viel haben will, weil sie für ihn nützlich sind, unabhängig davon, was er für einen Lebensplan hat. Als die wichtigsten gesellschaftlichen Grundgüter zieht er dabei folgende in Betracht: Rechte, Freiheiten und Chancen, Einkommen und Vermögen sowie Selbstachtung; andere wichtige Grundgüter wie Gesundheit, Intelligenz und Phantasie werden von ihm als natürliche Güter angesehen, die von der Grundstruktur nur mittelbar beeinflußt werden (vgl. S. 83).

Das Problem, welche Grundsätze eine annehmbare Vorstellung der sozialen Gerechtigkeit ergeben, stellt sich also dahingehend, auf welche *Art der Verteilung* der Grundgüter sich vernünftige Menschen im Urzustand einigen würden. Als Ausgangspunkt der Überlegungen mag die Regel völliger

Gleichverteilung dienen: Jeder soll die gleichen Rechte und Pflichten, gleiches Einkommen und Vermögen haben. Sofern man voraussetzen könnte, daß die Gesamtheit gesellschaftlicher Grundgüter eine Art Kuchen von feststehender Größe wäre, so würde man offensichtlich zu dieser Verteilungsregel gelangen, weil sie unter dieser Voraussetzung jedem den größtmöglichen Anteil sicherte; jeder Versuch, jemandem einen größeren Anteil einzuräumen, würde zwangsläufig zur Folge haben, den Anteil eines anderen zu verkleinern. Nun gilt es aber zu sehen, daß das Sozialprodukt keineswegs einen Kuchen darstellt, dessen Größe von vornherein gegeben ist, sondern daß gesellschaftliche Güter unter bestimmten Umständen vermehrbar sind. Eine Möglichkeit, sie zu vermehren, besteht darin, denjenigen Personen, die aufgrund ihrer Anlagen, Fähigkeiten, Fertigkeiten oder was immer in besonderem Maße zur Güterproduktion beitragen können und wollen, Vorteile einzuräumen, sie besser zu stellen als andere. Wenn diese Privilegien nicht selbst den gesamten Mehrertrag an Grundgütern, den sie bewirken, aufzehren, so daß auch alle anderen davon profitieren, wäre es unter den Bedingungen des Urzustandes durchaus vernünftig, ihnen zuzustimmen. Eine Ungleichverteilung der Grundgüter würde daher von allen akzeptiert werden können unter der Voraussetzung, daß die Ungleichheit jeden besser stellt als der Ausgangszustand völliger Gleichverteilung.

Diese Überlegungen führen Rawls zunächst zu einer *allgemeinen Gerechtigkeitsvorstellung,* die er folgendermaßen zusammenfaßt:

„Alle sozialen Werte – Freiheit, Chancen, Einkommen, Vermögen und die sozialen Grundlagen der Selbstachtung – sind gleichmäßig zu verteilen, soweit nicht eine ungleiche Verteilung jedermann zum Vorteil gereicht." (S. 83)

Diese allgemeine Gerechtigkeitsvorstellung läßt nun allerdings die Möglichkeit zu, zugunsten der Maximierung sozialer und wirtschaftlicher Grundgüter politische Rechte und bürgerliche Freiheiten einzuschränken oder Ungleichheiten in deren Verteilung einzuführen, sofern dies zweckdienlich erscheint. Doch diese Möglichkeit sollte, so argumentiert Rawls, angesichts der vorrangigen Bedeutung der politischen Rechte und Freiheiten gegenüber den wirtschaftlichen Grundgütern ausgeschlossen sein. Um dies sicherzustellen, schlägt er vor, die allgemeine Gerechtigkeitsvorstellung in *zwei Grundsätze* aufzuspalten, von denen der eine die Verteilung der politischen Rechte und bürgerlichen Freiheiten und der andere die Verteilung sozialer und wirtschaftlicher Grundgüter regeln soll. Diese beiden Grundsätze der Gerechtigkeit lauten in ihrer ersten, vorläufigen Fassung so:

„1. Jedermann soll gleiches Recht auf das umfangreichste System gleicher Grundfreiheiten haben, das mit dem gleichen System für alle anderen verträglich ist.

2. Soziale und wirtschaftliche Ungleichheiten sind so zu gestalten, daß (a) vernünftigerweise zu erwarten ist, daß sie zu jedermanns Vorteil dienen, und (b) sie mit Positionen und Ämtern verbunden sind, die jedem offen stehen." (S. 81)

In den Anwendungsbereich des *ersten Grundsatzes* fallen die *demokratischen Rechte* und die *Grundfreiheiten,* so vor allem die politischen Rechte
(aktives und passives Wahlrecht), Rede- und Versammlungsfreiheit, Gewissens- und Gedankenfreiheit (insbesondere auch die Freiheit der Religionsausübung), die Unverletzlichkeit der Person (Schutz vor psychischer und
physischer Unterdrückung und Mißhandlung), das Recht auf persönliches
Eigentum (wozu nicht notwendig das Eigentum an Produktionsmitteln
gehört), sowie der Schutz vor willkürlicher Festnahme und Haft; diese
Rechte und Freiheiten sollen auf jeden Fall für alle gleich sein und nur eingeschränkt werden dürfen, um Konflikte zwischen divergierenden Freiheitsansprüchen zu vermeiden. Der Anwendungsbereich des *zweiten
Grundsatzes* umfaßt soziale und wirtschaftliche Grundgüter wie *Einkommen* und *Vermögen, Status* und *Macht;* auch sie sollen im Grunde gleich verteilt sein, es sei denn, eine Ungleichverteilung dient zu jedermanns Vorteil
und ist so beschaffen, daß der Zugang zu den privilegierten Positionen
grundsätzlich jedermann offensteht.

Die Abgrenzung dieser Bereiche, die – empirisch betrachtet – sicherlich in
einem wechselseitigen Abhängigkeitsverhältnis stehen, wird von Rawls
durch eine Vorrangregel bewerkstelligt, die Konflikte in der Anwendung
der beiden Grundsätze von vornherein zugunsten des ersten Grundsatzes,
also zugunsten der Gleichheit politischer Rechte und Freiheiten entscheidet.
Diese Vorrangregel geht somit dahin, daß der erste Grundsatz dem zweiten
vorgeordnet ist, oder mit Rawls' Worten, daß die Grundsätze in *lexikalischer* (oder lexikographischer) *Ordnung* stehen,

„derart, daß der erste dem zweiten vorausgeht. Diese Ordnung bedeutet, daß Verletzungen der vom ersten Grundsatz geschützten gleichen Grundfreiheiten nicht durch
größere gesellschaftliche oder wirtschaftliche Vorteile gerechtfertigt oder ausgeglichen werden können. Diese Freiheiten haben einen Kern-Anwendungsbereich, innerhalb dessen sie nur beschränkt werden können, wenn sie mit anderen Grundfreiheiten
in Konflikt geraten. Deshalb ist zwar keine von ihnen absolut; doch welches System
auch aus ihnen gebildet wird, es muß für alle Menschen dasselbe sein." (S. 82)

Jeder der beiden Grundsätze läßt in der oben zitierten Formulierung eine
Reihe von Fragen offen. Im folgenden sollen sie daher näher erläutert werden. Zunächst zum *zweiten* Grundsatz, dessen zwei Teilsätze jeweils mehrere Deutungsmöglichkeiten erlauben und daher präzisionsbedürftig sind.
Bevor wir im einzelnen darauf eingehen, ist vorauszuschicken, daß Rawls,
wenn er von Menschen spricht, der Einfachheit halber immer ‚repräsentative Personen' im Auge hat, also Personen, deren Position repräsentativ
oder typisch ist für eine Klasse oder Gruppe von Personen. Wenn es der Fall
ist, daß die Gesellschaft aus mehr oder weniger heterogenen, jedenfalls aber
relativ voneinander unterschiedenen Klassen bzw. Gruppen besteht, ist es
nicht unzweckmäßig, von dieser Vereinfachung Gebrauch zu machen. Man
braucht dann nicht jede einzelne Person zu berücksichtigen, sondern kann

einfach davon ausgehen, daß die *Lebensaussichten bestimmter repräsentativer Personen* im wesentlichen für die Lebensaussichten aller Angehörigen derjenigen Gruppen stehen, die diese Personen jeweils vertreten.

Was den Teilsatz (a) des 2. Grundsatzes betrifft, so gilt, daß soziale und wirtschaftliche Ungleichheiten nur dann gerecht sind, wenn diese Ungleichheiten zu jedermanns Vorteil dienen. Die Wendung „zu jedermanns Vorteil" läßt allerdings, so meint Rawls, *zwei verschiedene Interpretationen* dieses Teilsatzes zu: Er könne verstanden werden entweder im Sinne eines auf die Grundstruktur bezogenen Prinzips der Pareto-Optimalität (kurz: Optimalitätsprinzip) oder aber im Sinne eines Prinzips, welches er „difference principle" („Differenzprinzip" oder „Unterschiedsprinzip") nennt. Paretos Optimalitätskriterium besagt, daß eine Verteilung optimal ist, wenn es unmöglich ist, die Lage irgendeines Individuums zu verbessern, ohne zugleich die eines anderen zu verschlechtern. Im Hinblick auf die Grundstruktur kann man das *Optimalitätsprinzip* folgendermaßen formulieren: Die Zuweisung von Rechten und Pflichten in der Grundstruktur ist genau dann optimal, wenn es unmöglich ist, die Regeln so zu ändern, daß sich die Aussichten mindestens einer repräsentativen Person verbessern, ohne daß sich zugleich die irgendeiner anderen Person verschlechtern (S. 90). Nun ist es aber, wie Rawls zeigt, ganz offensichtlich der Fall, daß es viele verschiedene optimale Gestaltungen der Grundstruktur im Sinne dieses Prinzips geben kann. Ja sogar ein System, in dem es Sklaverei gibt, könnte ihm zufolge optimal sein, wenn dieses System so beschaffen wäre, daß man die Lage der Sklaven nicht verbessern könnte, ohne damit zugleich die Aussichten einer anderen repräsentativen Person, etwa des Landbesitzers, zu verschlechtern. Die Beurteilung, welche Verteilung im Sinne des Optimalitätsprinzips am besten ist, hängt wesentlich davon ab, aus welcher anfänglichen Güterverteilung sie hervorgegangen ist. Und zu jeder Anfangsverteilung gibt es irgendeinen optimalen Zustand. Man muß daher auch die jeweilige Anfangsverteilung akzeptieren, um einen optimalen Zustand, der sich aus ihr ergeben hat, als gerecht bezeichnen zu können. Weil das Optimalitätsprinzip jedoch die Frage der Anfangsverteilung völlig offen läßt, kann es nach Rawls' Ansicht nicht als eine geeignete Interpretation der oben umrissenen Gerechtigkeitsvorstellung angesehen werden (vgl. S. 92).

Rawls plädiert vielmehr dafür, den Teilsatz (a) des 2. Grundsatzes im Sinne des *Differenzprinzips* zu verstehen, welches die Unbestimmtheit des Pareto-Prinzips beseitige, indem es eine bestimmte Position auszeichne, von der aus die gesellschaftlichen und wirtschaftlichen Ungleichheiten der Grundstruktur zu beurteilen seien. Das Differenzprinzip besagt, daß die besseren Aussichten der Begünstigten nur dann gerecht sind, wenn sie zur Verbesserung der Aussichten der am *wenigsten begünstigten* Mitglieder der Gesellschaft beitragen. Die Verteilung sozialer und wirtschaftlicher Grund-

güter darf demnach nur dann bevorzugte Positionen vorsehen, wenn die
dadurch bewirkte Ungleichheit denjenigen, denen diese Bevorzugungen
nicht zugute kommen, dennoch zum Vorteil gereicht (vgl. S. 96). Rawls veranschaulicht diesen Gedanken am folgenden Beispiel:

> „Zur Veranschaulichung des Unterschiedsprinzips betrachte man die Einkom-
> mensverteilung zwischen gesellschaftlichen Klassen, denen repräsentative Personen
> entsprechen mögen, deren Aussichten eine Beurteilung der Verteilung ermöglichen.
> Nun hat jemand, der etwa in einer Demokratie mit Privateigentum als Mitglied der
> Unternehmerklasse anfängt, bessere Aussichten als jemand, der als ungelernter
> Arbeiter anfängt. Das dürfte auch dann noch gelten, wenn die heutigen sozialen
> Ungerechtigkeiten beseitigt wären. Wie ließe sich nun eine solche anfängliche
> Ungleichheit der Lebenschancen überhaupt rechtfertigen? Nach dem Unterschieds-
> prinzip ist sie nur gerechtfertigt, wenn der Unterschied in den Aussichten zum Vorteil
> der schlechter gestellten repräsentativen Person – hier des ungelernten Arbeiters –
> ausschlägt. Die Ungleichheit der Aussichten ist nur dann zulässig, wenn ihre Verrin-
> gerung die Arbeiterklasse noch schlechter stellen würde." (S. 98 f.)

Das Differenzprinzip läßt daher eine Ungleichverteilung sozialer und
wirtschaftlicher Güter nur dann zu, wenn damit eine Verbesserung der
gesellschaftlichen Zusammenarbeit verbunden ist, die gegenüber einem
Zustand größerer Gleichheit eine so große Wohlfahrtssteigerung, oder um
einen Ausdruck von R. P. Wolff zu verwenden: einen so großen ‚Ungleich-
heits-Mehrertrag' (‚inequality-surplus') zur Folge hat, daß schließlich auch
diejenigen von ihr profitieren, die die untersten Ränge im sozialen System
einnehmen.[11] Das Differenzprinzip hat also insofern egalitären Charakter,
als es grundsätzlich von einer gleichen Verteilung ausgeht und dieser den
Vorzug einräumt, solange es keinen ungleichen Zustand gibt, der nicht nur
die Bevorzugten besser stellt, sondern auch die am wenigsten Begünstigten.
Die vom Differenzprinzip ausgezeichnete Position, von der aus eine Bewertung sozialer Ungleichheiten möglich sein soll, ist demnach die Position der
Mindestbegünstigten. Die Anwendung des Differenzprinzips mache es
daher auch nicht erforderlich, die Veränderung der Aussichten sämtlicher
Gesellschaftsmitglieder zu untersuchen, sondern es genüge, die repräsentative mindestbegünstigte Person herauszufinden und ihre Aussichten fest-
zustellen. Wenn die Aussichten der am schlechtesten Gestellten tatsächlich
ein Maximum erreichen, so daß ihre Lage durch keine Veränderung der Aussichten der Bevorzugten mehr verbessert werden kann, ist die Gesellschaft
laut Rawls *vollkommen gerecht*. *Durchwegs gerecht* ist sie dann, wenn das
Maximum noch nicht erreicht ist, so daß durch weitere Bevorzugungen die
Lage der Mindestbegünstigten noch mehr verbessert werden könnte. Wenn
aber die Lage der am stärksten Benachteiligten durch eine Verschlechterung
der Aussichten der Bevorzugten verbessert werden könnte, dann ist die
Ungleichheit unangemessen, die Zustände sind *ungerecht* (vgl. S. 99).

---

[11] Siehe dazu *Wolff*, Understanding Rawls (1977a), S. 30.

Demzufolge geht Rawls von der Annahme aus, das Unterschiedsprinzip stelle eine adäquate Operationalisierung des allgemeinen Grundsatzes dar, wonach soziale und wirtschaftliche Ungleichheiten zu jedermanns Vorteil dienen müssen. Allerdings scheint diese Annahme nicht gerade unproblematisch zu sein: Warum sollte die Tatsache, daß der am meisten Benachteiligte einen Vorteil erfährt, unbedingt ein Indikator dafür sein, daß jedermann einen Vorteil hat? Zur Abstützung dieser Annahme muß Rawls denn auch voraussetzen, daß die Ungleichheiten der Aussichten – jedenfalls in der Regel – in folgender Weise miteinander *verkettet* sind:

> „Nehmen wir an, die Ungleichheiten der Aussichten seien ‚verkettet': Wenn eine Bevorzugung zur Verbesserung der Aussichten der niedrigsten Position führt, dann wirkt sie ebenso auf alle Positionen dazwischen. Wenn etwa die besseren Aussichten der Unternehmer dem ungelernten Arbeiter Vorteile bringen, so auch dem angelernten. Für den Fall, daß die am wenigsten Begünstigten nichts gewinnen, sagt die Verkettung nichts aus; sie bedeutet als nicht, daß sich alles gleichsinnig bewegt." (S. 101)

Was den Teilsatz (b) des 2. Grundsatzes angeht, so besagt er, daß soziale und wirtschaftliche Ungleichheiten nur dann gerecht sind, wenn sie mit Positionen und Ämtern verbunden sind, die jedem offen stehen. Mehrdeutig ist hier vor allem der Ausdruck „jedem offen", für den sich wiederum zwei verschiedene Deutungsmöglichkeiten anbieten: die Offenheit kann einmal gemäß formaler Chancengleichheit und zum anderen gemäß fairer Chancengleichheit verstanden werden. *Formale Chancengleichheit* bedeutet, daß jeder wenigstens die gleichen gesetzlichen Rechte auf Zutritt zu bevorzugten sozialen Positionen hat. Der formalen Chancengleichheit wäre bereits dann Genüge getan, wenn die bevorzugten Positionen mit Personen entsprechender Fähigkeit und Leistungsbereitschaft besetzt werden, auch wenn der Zugang zu ihnen ganzen sozialen Gruppen aufgrund faktischer Benachteiligung veschlossen bliebe. Anders liegt die Sache bei der *fairen Chancengleichheit:* diese fordert, daß Menschen mit gleichen Fähigkeiten und gleicher Leistungsbereitschaft auch gleiche Erfolgsaussichten haben sollen, ungeachtet ihrer Herkunft aus einer bestimmten sozialen Gruppe (vgl. S. 93). Ein System bloß formaler Chancengleichheit verbürgt Gleichheit der Zugangschancen zu bevorzugten Positionen und zu allem, was damit zusammenhängt (Einkommensprivilegien, Macht, Status, Selbstverwirklichung), nur in dem Maße, als es zur effektiven Aufrechterhaltung der sozialen Institutionen erforderlich ist, fähige Personen zu rekrutieren und sie zu guten Leistungen zu motivieren. Ein solches System zielt aber nicht darauf ab, für alle ähnlich Begabten und Motivierten auch ähnliche Ausgangsbedingungen und Aufstiegsmöglichkeiten bereitzustellen. Dies hat zur Folge, daß in einem System bloß formaler Chancengleichheit die gesellschaftlichen Wirkungen der früheren Verteilungen natürlicher Fähigkeiten in hohem Maße die Zugangschancen der nachfolgenden Generationen bestimmen. So haben die Nachkommen derjenigen, die – wenn auch aufgrund ihrer Fähigkeiten – einmal eine privilegierte Position erlangt haben, wesentlich bessere Startbedingungen, auch ihrerseits begünstigte Positionen zu erreichen, als Nachkommen nicht privilegierter Gruppen der Bevölkerung. Diese Auswirkung erscheint in hohem Maße als ungerecht, da sowohl die Anfangsverteilung natürlicher Fähigkeiten als auch deren gesellschaftliche Wirkungen in hohem Maße zufällig und daher vom moralischen Standpunkt aus willkürlich sind (vgl. S. 92 f.).

Rawls schlägt daher als angemessene Interpretation der Offenheit gesellschaftlicher Positionen die der fairen Chancengleichheit vor: Die mit der sozialen Ungleichheit verbundenen Positionen sollen nicht nur in einem formalen Sinne offen sein, sondern jeder soll – egal aus welcher Schicht er kommt – auch eine *faire Chance* haben, sie zu erlangen. Der Einfluß gesellschaftlicher und natürlicher Zufälligkeiten auf die Verteilung soll hierdurch gemildert werden (vgl. S. 93 f.).

Der 2. Grundsatz kann nun, unter Verwendung der als angemessen befundenen Interpretationen seiner beiden Teilsätze, in folgender Weise präzisiert werden:

„Soziale und wirtschaftliche Ungleichheiten sind so zu regeln, daß sie sowohl (a) den am wenigsten Begünstigten die bestmöglichen Aussichten bringen als auch (b) mit Ämtern und Positionen verbunden sind, die allen gemäß der fairen Chancengleichheit offen stehen." (S. 104).

Was aber, wenn das Differenzprinzip mit der fairen Chancengleichheit in Konflikt gerät? Für diesen Fall nimmt Rawls an, daß das Prinzip der fairen Chancengleichheit *lexikalischen Vorrang* vor dem Differenzprinzip genießt. Die Priorität der fairen Chancengleichheit vor anderen wirtschaftlichen und sozialen Vorteilen erscheint ihm deswegen notwendig, weil die Gleichheit sozialer Chancen im Sinne der Offenheit sozialer Positionen nicht ausschließlich und auch nicht in erster Linie durch Gründe wirtschaftlicher Effizienz und Leistungsfähigkeit begründet ist. Obzwar die Offenheit sozialer Positionen dank ihrer Auswirkung, die bevorzugten Positionen mit geeigneten Personen zu besetzen, aller Wahrscheinlichkeit nach zur Aufrechterhaltung einer hohen Leistungsfähigkeit der Gesellschaft beiträgt, aus der auch die Minderbegünstigten Nutzen ziehen können, ist die Offenheit sozialer Positionen nach Rawls' Ansicht doch nicht vorwiegend durch diesen Umstand gerechtfertigt. Die Forderung der fairen Chancengleichheit beruht vielmehr primär auf dem Umstand, daß die Beschränkung des Zugangs zu bevorzugten Positionen auf bestimmte Gruppen die Angehörigen der ausgeschlossenen Gruppen nicht nur von den äußeren Vorteilen der betreffenden Ämter, sondern auch von der „Selbstverwirklichung in Form der Erfüllung gesellschaftlicher Pflichten mit Können und Hingabe, einer der Hauptformen des menschlichen Wohles" ausschließen würde. Daher könnten sich diejenigen, die von begünstigten Positionen ausgeschlossen sind, auch dann als ungerecht behandelt betrachten, wenn ihnen die Anstrengungen derer, die diese Positionen besetzen, in anderer Hinsicht durchaus zum Vorteil gereichen. Daraus ergibt sich für Rawls das Erfordernis, der fairen Chancengleichheit vor wirtschaftlichen und sozialen Annehmlichkeiten anderer Art eine vorrangige Bedeutung einzuräumen, die auch für den Fall gilt, daß durch eine Einschränkung gleicher Chancen eine Steigerung der gesellschaftlichen Leistungsfähigkeit möglich sein sollte, aus der jeder Vorteile ziehen könnte (vgl. S. 105 ff.).

Das Unterschiedsprinzip und das Prinzip der fairen Chancengleichheit ergeben nach Rawls' Ansicht zusammen die notwendigen wie auch hinreichenden Bedingungen dafür, wann eine Ungleichverteilung *sozialer und wirtschaftlicher Güter* als gerecht angesehen werden kann. Was dagegen die Verteilung der *politischen und bürgerlichen Grundrechte* betrifft, so wird sie durch den 1. Grundsatz, den Grundsatz der gleichen Freiheit, geregelt. Dieser Grundsatz, den Rawls im übrigen für weitgehend unproblematisch zu halten scheint, erfordert noch einige Erläuterungen.

Die *bürgerlichen* und *politischen Freiheiten* werden von Rawls als vorrangige Grundgüter betrachtet. Die Freiheiten, die als Grundfreiheiten in Betracht kommen, betreffen Handlungsmöglichkeiten, die grundlegend sind für die Verwirklichung der elementarsten Ansprüche im Rahmen vernünftiger Lebenspläne. Rawls zählt hierzu vor allem: die *Gewissensfreiheit,* die verbürgt, daß die Menschen ihren moralischen, philosophischen oder religiösen Überzeugungen anhängen können; die *politische Freiheit,* wozu das Recht auf gleichberechtigte Teilnahme und Mitwirkung am politischen Leben gehört; *Rede- und Versammlungsfreiheit* sowie die *persönliche Freiheit.* Diese Grundfreiheiten sind nicht im einzelnen, sondern als Gesamtsystem zu beurteilen, da die Ausübung jeder einzelnen Freiheit gewöhnlich von der Bestimmung der übrigen Freiheiten abhängt (vgl. S. 231). Hierzu Rawls:

„Die gleichen Freiheiten für alle können also eingeschränkt werden, jedoch nur in Übereinstimmung mit dem Grundgedanken der gleichen Freiheit und der lexikalischen Ordnung der beiden Gerechtigkeitsgrundsätze. Auf den ersten Blick gibt es zwei Möglichkeiten der Verletzung des ersten Grundsatzes: Die Freiheit ist ungleich, wenn etwa eine Personengruppe größere Freiheiten hat als eine andere, oder sie ist weniger umfangreich, als sie sein sollte. Nun müssen die Freiheiten für jeden Bürger die gleichen sein. Trotzdem können die gleichen Freiheiten verschieden umfangreich sein, vorausgesetzt, ihre Umfänge lassen sich vergleichen. Oder man macht die weniger problematische Annahme, daß jede Freiheit höchstens auf ihrer eigenen Dimension meßbar ist, dann können die verschiedenen Freiheiten je nachdem, wie sie einander beeinflussen, erweitert oder eingeschränkt werden. Eine unter den ersten Grundsatz fallende Grundfreiheit kann nur um der Freiheit selbst willen eingeschränkt werden, d.h. nur um derselben oder einer anderen Grundfreiheit willen und zur Optimierung des ganzen Systems der Freiheiten." (S. 232)

Der Vorrang des Grundsatzes der gleichen Grundfreiheiten vor dem 2. Grundsatz räumt der Freiheit insofern Priorität gegenüber der Verteilung sozialer und wirtschaftlicher Grundgüter ein, als hierdurch die Möglichkeit ausgeschlossen wird, Grundfreiheiten im Interesse der Maximierung sozialer und wirtschaftlicher Güter einzuschränken. Grundfreiheiten dürfen daher – jedenfalls unter idealen und normalen gesellschaftlichen Verhältnissen – nur eingeschränkt werden, wenn dies dem Gesamtsystem gleicher Freiheiten förderlich ist. Der 1. Grundsatz selbst schreibt vor, daß die Grundfreiheiten jedes Bürgers in ihrem Umfang gleich sein müssen. Denn – so argumentiert Rawls – nur einem solchen Grundsatz könnten die Menschen im Urzustand zustimmen, da sie sich im Hinblick auf die Wichtigkeit der Grundgüter, um die es hierbei geht, auf jeden Fall gleiche Rechte sichern möchten und sich daher nur auf eine Gleichverteilung einigen könnten.

Nun weiß er natürlich, daß Freiheitsrechte einen formalen und einen materialen Aspekt haben: die formale Gewährleistung gleicher Freiheitsrechte garantiert noch nicht, daß jedermann auch tatsächlich in die Lage versetzt ist, seine Freiheitsrechte auszuüben; so können etwa Armut, Unwissenheit und andere Umstände die Ausübung der Freiheiten so beeinflussen, daß die formale Garantie gleicher Freiheiten faktisch Ungleichheit von Freiheitsrechten bedeutet. Rawls unterscheidet daher zwischen der *Freiheit* und dem *Wert der Freiheit*. Auch wenn alle denselben Umfang an Freiheit genießen, sei „der Wert der Freiheit nicht für jedermann der gleiche. Manche haben mehr Macht und Reichtum und daher mehr Möglichkeiten, ihre Ziele zu erreichen." (S. 233) Allerdings sorge das Differenzprinzip auch hier für einen zwar nicht vollständigen, aber doch maximalen Ausgleich. Dies deshalb, weil es den weniger begünstigten Mitgliedern der Gesellschaft ein Höchstmaß derjenigen Güter sichere, die den Wert der Freiheit bestimmen. Denn die Menschen könnten ja ihre Ziele noch weniger erreichen, wenn die nach dem Unterschiedsprinzip zulässigen Ungleichheiten nicht bestünden.

Die Gerechtigkeitskonzeption, die in den beiden besprochenen Grundsätzen zum Ausdruck kommt, weist nach Rawls Züge auf, die an einige egalitäre Gerechtigkeitspostulate erinnern, welche in der Tradition unseres politischen Denkens einen festen Platz haben. So habe das Unterschiedsprinzip eine gewisse Ähnlichkeit mit dem *Prinzip des sozialen Ausgleichs,* demzufolge unverdiente Ungleichheiten ausgeglichen werden sollten. Da das Unterschiedsprinzip ebenfalls darauf hinauslaufe, die zufallsbedingte und daher vom moralischen Gesichtspunkt willkürliche Verteilung natürlicher Fähigkeiten oder gesellschaftlich bedingter Vorteile zugunsten der Benachteiligten auszugleichen, entspreche es dem Grundgedanken des Ausgleichsprinzips (vgl. S. 121 f.). Ferner habe das Unterschiedsprinzip auch etwas von der Art des *Gegenseitigkeitsprinzips* an sich, wonach alle, die an einem gemeinsamen Unternehmen mitarbeiten, in entsprechender Weise an den Früchten des Unternehmens teilhaben können sollen. Eine Gesellschaft, deren Struktur dem Differenzprinzip genüge, diene dem gegenseitigen Vorteil aller Mitglieder insofern, als sie sowohl diejenigen privilegiere, die besonders viel zur gesellschaftlichen Zusammenarbeit beitragen, wie auch jene Mitglieder, die dazu nicht in der Lage sind, am Mehrertrag partizipieren lasse (vgl. S. 123 ff.).

Schließlich könne man – so Rawls – das Unterschiedsprinzip auch als eine spezifische Interpretation des *Postulats der Brüderlichkeit* verstehen. Die Idee der Brüderlichkeit wende die Idealvorstellung der Familie, in der sich jedes Familienmitglied mit den anderen solidarisch fühlt, auf die Gesellschaft an: Man soll nicht allein auf seinen eigenen Vorteil bedacht sein, sondern immer zugleich auch den Interessen der anderen zu dienen bemüht sein. Obwohl das Unterschiedsprinzip auf einer ausschließlich auf das eigene Interesse gerichteten Vernünftigkeit des Menschen im Urzustand beruhe, entfalte es unter realen gesellschaftlichen Verhältnissen dieselben Funktionen wie die Idee der Brüderlichkeit. Wenn man den ersten Grundsatz als Konkretisierung der Idee der Freiheit betrachte und die Gleichheitspostulate in beiden Grundsätzen als Interpretation der Gleichheitsidee zu akzeptieren bereit sei, so finde die traditionsreiche Triade „Freiheit, Gleichheit, Brüderlichkeit" in den Gerechtigkeitsgrundsätzen eine konsistente Zusammenfassung: der Freiheit entspreche der Grundsatz der gleichen Freiheit, der Gleichheit entspreche die Gleichheitsforderung dieses Grundsatzes zusammen mit dem Gebot der fairen Chancengleichheit, und der Brüderlichkeit korrespondiere das Unterschiedsprinzip (vgl. S. 126 f.).

Damit wollen wir es mit der Erläuterung der Gerechtigkeitsgrundsätze, die man nach Rawls' Ansicht im Urzustand annehmen würde, vorläufig bewenden lassen. Ich werde später, wenn einmal die Hauptlinien ihrer Rechtfertigung nachgezeichnet sind, noch einmal darauf zurückkommen und einige Präzisierungen, Ergänzungen und Konkretisierungen zu referieren haben. Nun aber wollen wir uns der Liste der Gerechtigkeitsvorstellungen zuwenden, die – wie Rawls meint – überhaupt als Kandidaten für die angemessene Gerechtigkeitskonzeption zur Debatte stehen und aus der die besprochenen Grundsätze als die angemessensten ausgewählt würden.

1.4. Die Begründung der Grundsätze

Wie bereits erwähnt, stellt Rawls eine Liste verschiedener Gerechtigkeitsvorstellungen zusammen, die im wesentlichen die bekannteren herkömmlichen Gerechtigkeitskonzeptionen enthält und aus der die Menschen im Urzustand die beste auszuwählen haben. Als beste Gerechtigkeitsvorstellung kann diejenige gelten, hinsichtlich der sich alle Beteiligten einig sind, daß sie allen anderen Möglichkeiten vorzuziehen ist. Nach Rawls' Überzeugung würde man sich im Urzustand auf seine beiden Gerechtigkeitsgrundsätze festlegen. Die Liste, die Rawls seinen diesbezüglichen Überlegungen zugrundelegt, enthält folgende mögliche Gerechtigkeitsvorstellungen:

„A. Die zwei Grundsätze (in lexikalischer Ordnung)
1. Der Grundsatz der größtmöglichen gleichen Freiheit
2. (a) Der Grundsatz der (fairen) Chancengleichheit
(b) Das Unterschiedsprinzip

B. Mischformen mit einem der folgenden Grundsätze anstelle von A$_2$
1. Das Prinzip des Durchschnittsnutzens
2. Das Prinzip des Durchschnittsnutzens, mit einer der folgenden Einschränkungen:
(a) daß ein bestimmtes Existenzminimum nicht unterschritten wird
(b) daß die Verteilung nicht zu weit streut
3. Das Prinzip des Durchschnittsnutzens mit einer der Einschränkungen aus B$_2$ sowie der fairen Chancengleichheit

C. Klassische teleologische Auffassungen
1. Das klassische Nutzenprinzip
2. Das Prinzip des Durchschnittsnutzens
3. Das Perfektionsprinzip

D. Intuitionistische Auffassungen
1. Abwägung des Gesamtnutzens gegen das Prinzip der gleichmäßigen Verteilung
2. Abwägung des Durchschnittsnutzens gegen das Prinzip des Ausgleichs
3. Abwägung einer Liste von auf den ersten Blick einleuchtend erscheinenden Grundsätzen (je nach Bedarf)

E. Egoistische Auffassungen
1. Ein-Mann-Diktatur: Jeder hat meinen Interessen zu dienen
2. Sonderstatus: Jeder hat gerecht zu handeln, aber ich kann mich ausnehmen
3. Allgemein: Jeder kann seine Interessen verfolgen, wie er gerade will."
(S. 146 f.)

Der erste Prüfstein dieser Möglichkeiten ist der, ob sie bestimmten fundamentalen *formalen Bedingungen* (formal constraints) entsprechen, welchen alle moralischen Grundsätze und daher auch die der Gerechtigkeit genügen müssen. Diese formalen Bedingungen sind:

1. *Allgemeinheit der Grundsätze:* Die Grundsätze müssen allgemein sein, d. h. sie dürfen keine Eigennamen oder verkappte singuläre Beschreibungen enthalten; die verwendeten Prädikate müssen also allgemeine Eigenschaften und Relationen ausdrücken. Nur Grundsätze, die diese Bedingung erfüllen, können Grundsätze sein, die unter den Anwendungsverhältnissen der Gerechtigkeit endgültig sind, also immer gelten und als allgemeinstes Grundgesetz der Gesellschaft fungieren können (vgl. S. 154).

2. *Universelle Anwendbarkeit der Grundsätze:* Sie müssen jedermann als moralisches Subjekt betrachten und für alle gleichermaßen gelten. Dazu gehört auch, daß jeder die Grundsätze verstehen und sie zum Gegenstand

von Überlegungen machen kann. Grundsätze, deren allgemeine Befolgung zu unerwünschten Konsequenzen führen würde, scheiden demnach aus. Ein Grundsatz muß so beschaffen sein, daß der beste Zustand der ist, wenn jeder ihn befolgt. Daher sind Grundsätze unzulässig, deren Befolgung nur vernünftig ist, wenn andere einem anderen folgen (vgl. S. 155).

3. *Öffentlichkeit der Grundsätze:* Die Grundsätze, auf die man sich einigt, müssen allgemein bekannt sein, und jeder weiß, daß jeder andere über die Grundsätze informiert ist. Diese Bedingung ist notwendig, da es (theoretisch) denkbar wäre, daß jeder einen Grundsatz versteht und anerkennt, ohne zu wissen, daß die anderen das auch tun. Als moralische Grundsätze können jedoch nur solche angesehen werden, von denen bekannt ist, daß sie öffentlich anerkannt sind und als moralische Richtlinien des sozialen Lebens in Geltung stehen (vgl. S. 155 f.).

4. *Eignung der Grundsätze, konkurrierende Ansprüche in eine Rangordnung zu bringen:* Da die Grundsätze konkurrierende Ansprüche regeln sollen, sollten sie auch eine geeignete Grundlage dafür abgeben, wie man diese in eine konsistente Rangordnung bringen kann. Sie sollten also im allgemeinen die Beurteilung ermöglichen, ob ein Zustand im Verhältnis zu einem anderen besser, schlechter oder gleich gut ist. Die daraus sich ergebende Rangordnung sollte transitiv sein: wenn ein Zustand A im Verhältnis zu einem Zustand B als besser, und dieser wiederum als besser im Verhältnis zu C eingestuft wird, dann sollte A auch als besser gegenüber C eingestuft werden (vgl. S. 156 f.).

5. *Endgültigkeit der Grundsätze:* Die Grundsätze, auf die man sich einigt, fungieren als oberste Instanz der moralischen Begründung; ihre Anwendung führt daher zu einem endgültigen Ergebnis. Die Grundsätze haben Vorrang gegenüber allen anderen Arten von Erwägungen, so etwa vor jenen der Klugheit und des Eigeninteresses, die schon bei der Auswahl der Grundsätze gebührend berücksichtigt werden müssen (vgl. S. 157 f.).

Diesen fünf formalen Bedingungen muß eine Gerechtigkeitsvorstellung auf jeden Fall genügen, um in die engere Wahl gezogen zu werden. Die meisten der aufgelisteten Möglichkeiten tun das auch, mit Ausnahme der verschiedenen Arten des *Egoismus.* Die *Ein-Mann-Diktatur* und die *Sonderstatus-Variante* werden deswegen ausgeschlossen, weil sie zur Kennzeichnung des Diktators oder des gesondert zu Behandelnden entweder einen Eigennamen (bzw. ein dafür stehendes Pronomen) oder eine verdeckte singuläre Beschreibung verwenden müssen; sie scheitern an der Bedingung der *Allgemeinheit.* Der allgemeine Egoismus verletzt sie dagegen nicht; er, der jedermann gestattet, immer das zu tun, was seinen Interessen am besten dient, läßt sich ganz allgemein formulieren. Der *allgemeine Egoismus* scheitert aber an der *Rangordnungs-Bedingung,* da er konkurrierende Ansprüche nicht zu ordnen erlaubt, wenn jeder sein Interesse nach Belieben verfolgen kann. Der Egoismus ist daher moralisch nicht zulässig (vgl. S. 158 f.).

Bevor wir uns den verbleibenden Konkurrenten zuwenden, will ich zunächst einmal die wichtigsten Gründe referieren, die Rawls für seine beiden Gerechtigkeitsgrundsätze namhaft macht, denn gerade die Gründe für und wider die verschiedenen Gerechtigkeitsvorstellungen ermöglichen erst deren vernünftigen Vergleich.

Rawls verfolgt die Begründung seiner Gerechtigkeitskonzeption aus dem Urzustand auf *zwei Ebenen:* einerseits sucht er sie durch eher *intuitive Bemerkungen* zu plausibilisieren, und andererseits unternimmt er eine systematische Begründung, die eine *zwingende Herleitung* der Grundsätze erbringen soll. Die *intuitive Plausibilisierung* geht von der hypothetischen Überlegung aus, wie man sich im Urzustand entscheiden würde, wenn man keinerlei Gründe dafür hätte, daß man sich auf irgendeine Weise besondere Vorteile verschaffen könnte. Da man unter dieser Voraussetzung einen größeren als gleichen Anteil an den Grundgütern vernünftigerweise nicht erwarten kann und weniger nicht hinnehmen wird, ist es das Vernünftigste, sich für einen Grundsatz zu entscheiden, der eine Gleichverteilung vorsieht. Man beginnt also mit einem Grundsatz, dem gemäß alle sozialen Grundgüter, also sowohl Rechte und Freiheiten als auch Chancen und wirtschaftliche bzw. soziale Güter, gleich verteilt sein sollen. Nun gibt es allerdings einen guten Grund, von dieser anfänglichen Festlegung abzugehen: nämlich den, daß Ungleichheiten des Einkommens und Vermögens, Unterschiede von Macht und Verantwortung dahin führen können, daß jeder besser gestellt ist als in der Ausgangssituation vollständiger Gleichheit. Dazu Rawls:

> „Die Beteiligten würden also diesen Unterschieden nur dann nicht zustimmen, wenn sie von der bloßen Kenntnis oder Wahrnehmung der besseren Lage anderer niedergedrückt würden; doch ich setze ja voraus, daß sie so entscheiden, als kennten sie keinen Neid. Die Grundstruktur sollte also diese Ungleichheiten zulassen, solange sie die Lage aller verbessern, auch der am wenigsten Begünstigten, und sofern sie mit der gleichen Freiheit für alle und fairen Chancen vereinbar sind. Da die Parteien zunächst von einer Gleichverteilung aller gesellschaftlichen Grundgüter ausgehen, haben die am wenigsten Begünstigten gewissermaßen ein Vetorecht. So gelangt man zum Unterschiedsprinzip. Es wird mit dem Zustand der Gleichheit verglichen, und diejenigen, die mehr Vorteile haben, müssen das vor denen, die die geringsten Vorteile haben, rechtfertigen können." (S. 175 f.)

Außerdem nimmt Rawls an, daß sich die Beteiligten als freie Menschen sehen; d. h. sie gehen ihm zufolge davon aus, daß sie möglicherweise grundlegende Interessen haben, für welche sie das Recht haben möchten, sie zu verfolgen, sie zu berichtigen und sie gegebenenfalls auch zu ändern. Der Schutz dieser Interessen wird durch die Sicherung gleicher Grundfreiheiten, wie sie der erste Grundsatz festlegt, gewährleistet. Damit die Grundfreiheiten nicht dem Streben nach Maximierung wirtschaftlicher Güter geopfert werden können, wird ihnen Vorrang eingeräumt, allerdings unter der Voraussetzung, daß die Grundfreiheiten auch tatsächlich wirksam werden können. Nur wenn die sozialen Verhältnisse so beschaffen sind, daß die Grundrechte gar nicht zum Zuge kommen können (z. B. wenn für den größten Teil der Bevölkerung nicht einmal das absolute Existenzminimum gewährleistet werden kann), dann können die Grundfreiheiten beschränkt werden, und zwar in dem Maße, wie es nötig ist, um Verhältnisse herzustellen, in welchen die Ausübung der Grundfreiheiten tatsächlich möglich ist. Die Verweigerung gleicher Grundfreiheiten für alle läßt sich nach Rawls also nur rechtfertigen, wenn dies notwendig ist, um die Verhältnisse so zu verändern, daß die Grundfreiheiten in absehbarer Zeit wirksam werden können (vgl. S. 175 ff.).

Rawls' *systematische Begründung* der beiden Gerechtigkeitsgrundsätze besteht demgegenüber in dem Versuch, sie aus den Bedingungen des Urzustandes mithilfe *entscheidungstheoretischer Überlegungen* deduktiv abzuleiten. Wie er meint, repräsentieren die beiden Grundsätze diejenige Lösung des Gerechtigkeitsproblems, die sich bei Anwendung der *Maximin-Regel für Entscheidungen unter Unsicherheit* notwendig ergebe. Nach der Maximin-Regel sind die zur Wahl stehenden Alternativen zunächst nach dem jeweils ungünstigsten Ergebnis zu ordnen, das für jede der Alternativen möglich ist; sodann ist diejenige Alternative zu wählen, deren schlechtestmögliches Ergebnis besser ist als das jeder anderen Alternative[12]. Die Maximin-Regel ist also eine Entscheidungsregel, deren Anwendung vor allem dann vernünftig ist, wenn es darum geht, jedwedes Risiko möglichst zu vermeiden – auch um den Preis, daß einem mögliche große Gewinne entgehen. Obwohl die Maximin-Regel in gewöhnlichen Situationen offenbar keine gute Regel für Entscheidungen unter Unsicherheit ist, scheint es unter besonderen Umständen vernünftig, sie zu verwenden. Solche Umstände liegen nach Meinung mancher Entscheidungstheoretiker vor, wenn die Entscheidungssituation durch drei Eigenschaften charakterisiert ist:

1. Der Entscheidende hat keine oder nur höchst unsichere Kenntnis der Wahrscheinlichkeit des Eintritts der zur Wahl stehenden Alternativen;

2. dem Entscheidenden sind die Vorteile, die ihm andere Alternativen über das durch die Maximin-Regel sichergestellte Minimum hinaus verschaffen könnten, nicht so wichtig wie die Sicherung wenigstens dieses Minimums; und

---

[12] Da die Maximin-Regel bei Entscheidungen unter Unsicherheit von mehreren Handlungsmöglichkeiten diejenige zu wählen empfiehlt, die mit dem geringstmöglichen Verlustrisiko verbunden ist, kann man die durch diese Regel zum Ausdruck gebrachte Anweisung auch so formulieren: Maximiere das Minimum! Daher ihr Name.

3. die anderen Alternativen führen möglicherweise zu so unannehmbaren Ergebnissen, daß ihm das Risiko zu groß ist[13].

Rawls argumentiert nun so, daß der Urzustand alle drei Eigenschaften im höchsten Grade aufweise und insofern geradezu eine Mustersituation für die Anwendung der Maximin-Regel darstelle (vgl. S. 178 ff.):

1. Durch den Schleier des Nichtwissens seien die Beteiligten jeder Möglichkeit beraubt, die Beschaffenheit ihrer Gesellschaft oder ihren Platz in ihr zu bestimmen. Sie verfügen über keinerlei Kenntnis von Wahrscheinlichkeiten und haben daher keine Grundlage für Wahrscheinlichkeitsberechnungen.

2. Die beiden Gerechtigkeitsgrundsätze gewährleisten allen Beteiligten ein ausreichendes Minimum, so daß sie wenig Anlaß hätten zu versuchen, mehr zu bekommen. Das durch den Grundsatz gleicher Grundfreiheiten sichergestellte Minimum sei ihnen überdies so wichtig, daß sie es nicht um wirtschaftlicher oder sozialer Vorteile willen antasten wollen. Deshalb räumen sie diesem Grundsatz eine Vorrangstellung ein.

3. Andere Gerechtigkeitsvorstellungen könnten möglicherweise zu Institutionen führen, die für die Beteiligten unannehmbar sind. Es wird der Diskussion der konkurrierenden Gerechtigkeitskonzeptionen vorbehalten bleiben, diese Behauptung im einzelnen zu erörtern.

Da nach alledem der Urzustand in hohem Maße die Bedingungen einer Entscheidungssituation zu erfüllen scheint, in der man sich vernünftigerweise der Maximin-Regel bedienen sollte, würde man sich – so Rawls – zugunsten der beiden Gerechtigkeitsgrundsätze als der Maximin-Lösung des Gerechtigkeitsproblems entscheiden. Wenn der Urzustand eine hinreichende Grundlage für die Begründung einer Gerechtigkeitsvorstellung darstellt – und Rawls behauptet das –, dann wäre damit gezeigt, daß die beiden Gerechtigkeitsgrundsätze unter den gegebenen Alternativen die angemessenste Gerechtigkeitskonzeption vorstellen.

Bevor wir uns den verschiedenen Versionen des utilitaristischen Nutzenprinzips zuwenden, soll auf *zwei mögliche Einwände* noch kurz eingegangen werden, die gegen Rawls' Grundsätze erhoben werden könnten und gegen die er sich von vornherein abzuschirmen versucht:

a) Der *erste Einwand* betrifft die *lexikalische Ordnung* der beiden Grundsätze, also den Vorrang, den Rawls dem Grundsatz gleicher Freiheit vor dem 2. Grundsatz einräumt. Es liegt nahe, dagegen geltend zu machen, daß die Vielschichtigkeit moralischer Sachverhalte eine Mehrzahl erster Grundsätze erfordere, die teilweise zu gegensätzlichen Folgerungen führen und die sich aus keinem einheitlichen Maßstab mehr ableiten lassen; von einer gewissen Allgemeinheitsstufe an gebe es keine Kriterien höherer Ord-

---

[13] Siehe dazu: *Luce / Raiffa*, Games and Decisions (1957), S. 278 ff.; *Shubik*, Spieltheorie und die Untersuchung des sozialen Verhaltens (1964 b), S. 39 ff.; *Fellner*, Probability and Profit (1965).

nung mehr, durch die das richtige Gewicht der konkurrierenden Gerechtigkeitsgrundsätze bestimmt werden kann. Gewichtungsfragen, die sich bei der Anwendung der Grundsätze ergeben, könnten daher nicht in grundsätzlicher Weise, sondern nur von Fall zu Fall durch Intuition entschieden werden. Bekanntlich wird diese Auffassung vor allem von den intuitionistischen Moralkonzeptionen vertreten (vgl. S. 52 ff.).

Rawls sichert sich gegen diesen Einwand mit dem Argument ab, daß es für die Menschen im Urzustand nicht vernünftig wäre, ihr Schicksal moralischen Intuitionen anzuvertrauen, die sie später in der sozialen Wirklichkeit haben. Die Intuitionen, worauf die Menschen im wirklichen Leben ihre Gerechtigkeitsurteile stützen, seien erfahrungsgemäß sehr verschieden. Wenn sie aber die letzten Grundsätze der Gerechtigkeit in verschiedener Weise gewichten, dann würden sie sich eigentlich auf gar keine einheitliche Gerechtigkeitskonzeption festlegen. Daher müssen sie trachten, ausdrückliche Kriterien für Gewichtungs- bzw. Vorrangprobleme anzugeben, die bei der Anwendung der Gerechtigkeitsgrundsätze auftreten. Und Rawls betont, daß die einfachste Möglichkeit, das Gewichtungs- und Vorrangsproblem zu lösen, die lexikalische Ordnung der Grundsätze sei; eine Ordnung also, nach der ein Grundsatz erst zum Tragen komme, wenn die ihm vorgeordneten Grundsätze entweder voll erfüllt oder nicht anwendbar seien. Da sie eine fallweise Gewichtung der Grundsätze überhaupt unnötig mache, habe diese Lösung den Vorzug, die Anwendung der Grundsätze besondes klar zu regeln (vgl. S. 62 f.).

b) Der *zweite Einwand,* dem sich Rawls von vornherein entgegenstellt, richtet sich gegen das *Differenzprinzip.* Der Einwand lautet nach Rawls' Formulierung folgendermaßen:

„Da (unter den üblichen Einschränkungen) die Aussichten der am wenigsten Bevorzugten maximiert werden sollen, scheint es von geringen Änderungen der Aussichten dieser Gruppen abzuhängen, ob große Änderungen der Aussichten der besser Gestellten gerecht sind. Beispielsweise sind die größten Vermögens- und Einkommensunterschiede zulässig, wenn sie nötig sind, damit die Aussichten der am wenigsten Bevorzugten auch nur im geringsten steigen. Doch gleichzeitig sind Ungleichheiten zugunsten der Bevorzugten verboten, wenn die am schlechtesten Gestellten den geringsten Nachteil davon haben. Doch es erschiene als abwegig, daß die Gerechtigkeit einer Verbesserung der Aussichten der besser Gestellten etwa um eine Milliarde Mark davon abhängen soll, ob sich die Aussichten der am schlechtesten Gestellten um einen Pfennig ändern." (S. 181 f.)

Rawls wehrt diesen Einwand mit der Behauptung ab, die von dem Gegenargument ins Auge gefaßten Fälle könnten in Wirklichkeit gar nicht eintreten. Die beiden Grundsätze seien zu einer Gerechtigkeitsvorstellung vereinigt, die sich auf die Grundstruktur der Gesellschaft als ganze beziehe. Der Grundsatz der gleichen Freiheit und das Postulat fairer Chancengleichheit würden ohnehin dafür sorgen, daß das Angebot an ausgebildeten Talenten wachse und die Möglichkeiten sich ständig erweiterten. Obwohl keine

Gewähr bestehe, daß die Ungleichheiten unbedeutend sind, wirkten die Grundsätze doch darauf hin, daß sich die Unterschiede tendenziell verringern (vgl. S. 182).

1.5. Rawls' Kritik des Utilitarismus, Intuitionismus und Perfektionismus

Der Utilitarismus verkörpert zweifellos diejenige moraltheoretische Tradition, die sowohl auf das moralische Räsonieren (jedenfalls der englischsprachigen Welt) den nachhaltigsten Einfluß ausgeübt hat, als auch im wesentlichen die implizite Gerechtigkeitsvorstellung der Wohlfahrtsökonomie (Welfare Economics) abgibt. Daher muß er für Rawls die stärkste Herausforderung darstellen. Es ist also nicht verwunderlich, wenn die Auseinandersetzung mit der Gerechtigkeitsvorstellung des Utilitarismus einen zentralen Stellenwert in Rawls' Argumentation hat.

Der Hauptgedanke des *klassischen Utilitarismus,* wie er vielleicht am klarsten in Sidgwick's „The Methods of Ethics"[14] vertreten wird, ist, daß der beste (und daher auch gerechteste) Zustand der Gesellschaft der ist, der den größtmöglichen Nutzen bzw. ein Maximum an Bedürfnisbefriedigung für die Gesamtheit ihrer Mitglieder hervorbringt. Der Utilitarismus wendet also ein Handlungsprinzip, das auf Einzelmenschen bezogen plausibel erscheint, nämlich das Prinzip, jeder solle so weit wie möglich sein eigenes Bestes, seinen Nutzen (was immer er darunter versteht) verfolgen, auf die Gesellschaft als ganzes an. In diesem Sinne Rawls:

> „So wie das Wohlbefinden eines Menschen aus der Reihe von Befriedigungen konstruiert wird, die er zu verschiedenen Zeiten in seinem Leben erfährt, genau so wäre das Wohl der Gesellschaft zu konstruieren aus der Erfüllung des Systems der Bedürfnisse der vielen Menschen, die zu ihr gehören. Für den einzelnen heißt der Grundsatz: bestmögliche Förderung des Wohls der Gruppe, weitestgehende Befriedigung des Systems der Bedürfnisse, das sich aus den Bedürfnissen der Mitglieder ergibt. Ganz wie ein einzelner gegenwärtige und zukünftige Gewinne und Verluste gegeneinander aufrechnet, so kann eine Gesellschaft Wohl und Übel ihrer verschiedenen Mitglieder gegeneinander aufrechnen. Aus diesen Überlegungen ergibt sich auf natürliche Weise das Nutzenprinzip: Eine Gesellschaft ist richtig beschaffen, wenn ihre Institutionen die Summe des Nutzens maximieren." (S. 41 f.)

Nach der utilitaristischen Theorie spielt es aber keine unmittelbare Rolle, wie diese Summe des gesamtgesellschaftlichen Nutzens auf die einzelnen Mitglieder der Gesellschaft verteilt ist. Es ist vom Prinzip her gleichgültig, ob der Nutzen gleichmäßig verteilt ist oder ob er nur einer kleinen Minorität zugute kommt; Hauptsache ist, daß die *Gesamtsumme* des auf alle Mitglieder entfallenden Nutzens möglichst hoch ist. Die richtige Verteilung ist demnach die, die diese Nutzensumme maximiert. Das Nutzenprinzip stellt

---

[14] Siehe *Sidgwick,* Die Methoden der Ethik (1907).

daher auch kein prinzipielles Hindernis dafür dar, die Vorteile der einen gegen die Nachteile der anderen abzuwägen. Im Gegenteil: wenn die Vorteile der einen größer sind als die Nachteile der anderen, ist diese Verteilung sogar besser als eine, die Vor- und Nachteile auf die verschiedenen Personen gleichmäßiger verteilt. Der Utilitarismus könnte deshalb auch als Grundlage einer Rechtfertigung der Sklaverei dienen, wenn behauptet werden kann, daß die Beschränkung der Freiheit der einen durch das größere Wohl der anderen wettgemacht werde. Das einzige Argument, das der Utilitarist dagegen vorbringen kann, ist, daß dieser Fall faktisch nicht eintreten wird (vgl. S. 44 f.).

Das utilitaristische Nutzenprinzip ist vor allem in zwei Versionen vertreten worden: a) in Form des klassischen Nutzenprinzips und b) in Form des Prinzips des Durchschnittsnutzens. Bezogen auf die gesellschaftliche Grundstruktur besagt das *klassische Nutzenprinzip*, daß die Beschaffenheit sozialer Institutionen dann die beste ist, wenn die gewichtete Summe der Aussichten der wesentlichen repräsentativen Personen maximiert wird, wobei sich die Gewichte jeweils nach der Anzahl der Menschen bemessen, für die eine repräsentative Person steht. Das klassische Nutzenprinzip hat zur Konsequenz, daß die gesamtgesellschaftliche Nutzensumme wesentlich von der *Bevölkerungszahl* abhängt; wenn sich die Bevölkerung verdoppelt und die Aussichten der einzelnen Menschen bleiben die gleichen, so verdoppelt sich auch die gesellschaftliche Nutzensumme; ja sogar für den Fall, daß sich die Aussichten der einzelnen Menschen verschlechtern, kann bei zunehmender Bevölkerung der gesamtgesellschaftliche Nutzen steigen, wenn nur die Aussichten der zuwachsenden Bevölkerung die sinkenden Aussichten der anderen überwiegen. Bevölkerungswachstum ist daher nach dem klassischen Nutzenprinzip erwünscht, solange der gesamtgesellschaftliche Nutzen steigt, und das heißt: solange nicht die Aussichten der einzelnen Personen so sehr absinken, daß der gesamte Verlust an Aussichten nicht mehr durch den Zusatznutzen aufgewogen werden kann, der einfach daraus resultiert, daß mehr Personen irgendeinen Nutzen haben. Solange das nicht der Fall ist, müßte das klassische Nutzenprinzip die Reduzierung des Lebensstandards im Interesse der Vermehrung der Bevölkerung fordern.

Wie Rawls zeigt, leitet sich das klassische Nutzenprinzip, das ja in seinen Konsequenzen einigermaßen absurd anmutet, aus dem Konzept des ‚idealen Beobachters‘ (‚ideal observer‘) her, dessen sich der Utilitarismus mehrfach bedient hat. Der ideale Beobachter ist als völlig vernünftiges, allwissendes und unparteiisch mitfühlendes Wesen konzipiert, das die Interessen jedes Menschen in gleicher Weise berücksichtigt und bei der Betrachtung der Gesellschaft Freude und Billigung ganz im Verhältnis zum Gesamtbetrag an Glück, das er in ihr verwirklicht sieht, empfindet. Aus der Sicht des idealen Beobachters ist es naheliegend, die Gesellschaft nach Maßgabe der Billigung zu beurteilen, die sich nach mitfühlender Betrachtung allen Glücks und allen Leids als deren Nettoertrag an Glück ergibt. Das klassische Nutzenprinzip nimmt also die Billigung durch den idealen Beobachter als Gerechtigkeitsmaßstab und faßt so alle Bedürfnisse zu einem einzigen Bedürfnissystem zusammen (vgl. S. 211 ff.)

Das *Prinzip des Durchschnittsnutzens*, das vor allem von John Stuart Mill und Knut Wicksell vertreten wurde[15], ist von gewissen absurden Konsequenzen, zu welchen das klassische Nutzenprinzip führt, frei. Nach ihm bemißt sich die Gerechtigkeit einer Gesellschaft nicht wie bei diesem nach der Nutzensumme, sondern am Durchschnittsnutzen pro Kopf. Das Prinzip des Durchschnittsnutzens verlangt eine solche Beschaffenheit gesellschaftlicher Institutionen, die die Gesamtmenge der Aussichten in der Gesellschaft, dividiert durch die Anzahl ihrer Mitglieder – kurz: den Durchschnittsnutzen pro Kopf – maximiert. Dieses Prinzip hat demnach nicht mehr zur Folge, daß sich – unter sonst gleichen Umständen – die Nutzensumme mit der Bevölkerungszahl erhöht. Im Vergleich zum klassischen Nutzenprinzip gebührt dem Prinzip des Durchschnittsnutzens daher sicherlich der Vorzug. Im übrigen aber führen beide Grundsätze zu völlig gleichen Ergebnissen, wenn die Bevölkerungszahl gleich bleibt (vgl. S. 186 f.).

Rawls' stellt sich nun die Frage, aufgrund welcher besonderen Annahmen es in der Situation des Urzustandes vernünftig wäre, das Prinzip des Durchschnittsnutzens zu wählen. Angenommen jeder Vertragspartner gehe davon aus, daß er als wirklicher Mensch im wesentlichen die gleichen Bedürfnisse habe wie die anderen Mitglieder der Gesellschaft; ferner angenommen, es sei im Urzustand vernünftig, damit zu rechnen, daß es gleich wahrscheinlich ist, irgendeine der sozialen Positionen einzunehmen (die Wahrscheinlichkeit, zu einer Gruppe der Gesellschaft zu gehören, entspreche dem Anteil dieser Gruppe an der Gesamtbevölkerung): unter diesen Voraussetzungen sind – wie John C. Harsanyi gezeigt hat[16] – die Aussichten der Menschen gleich dem Durchschnittsnutzen in der jeweiligen Gesellschaft. Es scheine daher vernünftig, das Prinzip des Durchschnittsnutzens zu wählen, da es die Aussichten maximiert. Diese Annahmen entsprächen zwar nicht ganz der Situation des Urzustandes, welche ja die völlige Unkenntnis nicht nur der Bedürfnisse und Interessen der einzelnen Gesellschaftsmitglieder, sondern

---

[15] Der Übergang vom klassischen Nutzenprinzip zum Durchschnittsnutzenprinzip innerhalb der utilitaristischen Theoriebildung ist im einzelnen dargestellt bei *Myrdal,* Das politische Element in der nationalökonomischen Doktrinbildung (1932), S. 30 ff.; zu Mill und Wicksell siehe insbes. S. 33. Neuere Vertreter des Durchschnittsnutzenprinzips sind John C. Harsanyi und Richard B. Brandt; siehe dazu: *Harsanyi,* Essays on Ethics, Social Behavior, and Scientific Explanation (1976); *Brandt,* Einige Vorzüge einer bestimmten Form des Regelutilitarismus (1967).

[16] Vgl. *Harsanyi,* Cardinal Utility in Welfare Economics and in the Theory of Risk-Taking (1953); *ders.,* Cardinal Welfare, Individualistic Ethics, and Interpersonal Comparisons of Utility (1955).

auch der Beschaffenheit der Gesellschaftsstruktur einschließe; aber selbst wenn der Schleier des Nichtwissens vollständig sei, lasse es sich immer noch vorstellen, daß die Menschen ganz ähnlich überlegen: daß sie – in Ermangelung besserer Informationen – gleiche Wahrscheinlichkeiten dafür ansetzen, irgendein Mitglied der Gesellschaft mit allen seinen Bedürfnissen, Interessen und Fähigkeiten zu werden, und daß sie sich vor Risiken nicht scheuen. Wiederum verspreche diejenige soziale Struktur die besten Aussichten, die den größten Durchschnittsnutzen habe. Darum wäre es für die Beteiligten unter den getroffenen Annahmen vernünftig, sich auf das Prinzip des Durchschnittsnutzens festzulegen, da es ihren voraussichtlichen Nutzen maximiert (vgl. S. 189 ff.).

Ein erhebliches Problem dieser Überlegung besteht nun nach Rawls' Ansicht jedoch zunächst einmal darin, daß sie einen Nutzenbegriff verwendet, der die *Möglichkeit von interpersonellen Nutzenvergleichen* voraussetzt. Nach dem gegenwärtigen Stand der ökonomischen Nutzentheorie bestehe allerdings wenig Hoffnung, eine brauchbare Basis für interpersonalen Nutzenvergleich zu finden. Doch abgesehen davon, sei das Durchschnittsprinzip noch mit einer Reihe weiterer Schwierigkeiten verbunden, welche uns schließlich veranlassen müßten, das Durchschnittsprinzip zugunsten der beiden Gerechtigkeitsgrundsätze zu verwerfen.

Eine dieser Schwierigkeiten bestehe darin, daß das Durchschnittsnutzenprinzip eine *Schätzung der Wahrscheinlichkeit* erfordere, welche Rolle man in der Gesellschaft einnehmen werde. Im Urzustand gebe es jedoch – so meint Rawls – keinerlei objektive Gründe für irgendeine Schätzung der Wahrscheinlichkeit, daß man nachher jemand sein werde, auch nicht für die Annahme gleicher Wahrscheinlichkeit. Als Begründung für die Annahme gleicher Wahrscheinlichkeit könne bestenfalls das entscheidungstheoretische Prinzip des mangelnden Grundes angeführt werden. Diesem Prinzip zufolge werden, wenn überhaupt keine Daten für die Wahrscheinlichkeitsschätzung zur Verfügung stehen, die möglichen Alternativen als gleich wahrscheinlich angenommen. Nun seien zwar gesellschaftliche Verhältnisse denkbar, die so beschaffen sind, daß – auf Dauer gesehen – jeder von der Maximierung des Durchschnittsnutzens den größten Nutzen für sich erwarten könnte: etwa wenn man sich Verhältnisse vorstelle, in denen Menschen regellos von einer sozialen Position in die andere kämen und lange genug lebten, damit sich Vor- und Nachteile ausglichen. Allerdings bestehe kein Zweifel, und zwar auch nicht für die Parteien im Urzustand, daß die Gesellschaft kein derartiger stochastischer Mechanismus ist, insbesondere nicht die soziale Grundstruktur. Daher würden die Menschen im Urzustand ein außerordentliches Risiko eingehen, wenn sie sich auf das Nutzenprinzip als soziales Grundgesetz festlegen würden. Der Urzustand wird darum von Rawls gerade so konzipiert, daß die gewählten Grundsätze nicht von der

Risikobereitschaft der Menschen abhängig sein sollen, und zwar aus dem folgenden Grund:

„Das ist einleuchtend angesichts der grundlegenden Bedeutung der ursprünglichen Übereinkunft und des Wunsches, die Entscheidung auch vor den Nachkommen vertreten zu können, die von ihr betroffen werden. Für sie wird man nicht so leicht große Risiken eingehen wollen wie für sich selbst, und jedenfalls nur dann, wenn sich die Unsicherheit nicht vermeiden läßt, oder wenn der aufgrund objektiven Wissens geschätzte wahrscheinliche Gewinn so groß ist, daß es als unvertretbar erscheinen würde, die Möglichkeit nicht ergriffen zu haben, auch wenn sich der Erfolg nicht einstellen sollte. Da den Parteien die beiden Gerechtigkeitsgrundsätze zur Verfügung stehen, können sie Unsicherheiten des Urzustandes zum großen Teil umgehen. Sie können ihre Grundfreiheiten und im Rahmen der Möglichkeiten ihrer Gesellschaft einen einigermaßen befriedigenden Lebensstandard sichern." (S. 194).

Da die Entscheidung, die im Urzustand getroffen wird, von grundlegender Bedeutung sei und die Beteiligten sie anderen gegenüber gut begründet wissen möchten, sollte – so Rawls – die Beschreibung des Urzustandes durch die Annahme vervollständigt werden, daß die Beteiligten keine Schätzungen von Wahrscheinlichkeiten verwenden, die sich nur auf das Prinzip des mangelnden Grundes und nicht auf die hinreichende Kenntnis objektiver Einzeltatsachen stützen. Das Nutzenprinzip scheint Rawls demnach in keiner seiner beiden Versionen annehmbar zu sein. Es nehme die individuellen Bedürfnisse von Menschen, die auf ihr Wohl bedacht sind, nicht hinreichend ernst und enthalte ein unannehmbares Risiko, die eigenen Interessen den Vorteilen anderer opfern zu müssen (vgl. S. 193 ff.).

Neben den beiden Versionen des utilitaristischen Nutzenprinzips zieht Rawls als weitere Gerechtigkeitsvorstellungen, die seinen Grundsätzen Konkurrenz machen könnten, vor allem intuitionistische und perfektionistische Auffassungen sowie einige Mischformen des Grundsatzes der gleichen Freiheit mit verschiedenen Varianten des Nutzenprinzips in Betracht.

Was den *Intuitionismus* und Rawls' Stellung dazu betrifft, so war davon im wesentlichen bereits im Anschluß an die Begründung der beiden Gerechtigkeitsgrundsätze die Rede. Ich kann mich hier daher auf eine kurze Zusammenfassung von Rawls' Kritik am Intuitionismus beschränken. Die intuitionistischen Konzeptionen gehen – wie erwähnt – davon aus, daß die Vielfalt unterschiedlicher Bewertungsaspekte, die bei Gerechtigkeitsproblemen eine Rolle spielen, die Annahme mehrerer konkurrierender Gerechtigkeitsgrundsätze erster Ordnung erfordere, für deren Vereinheitlichung es kein höherrangiges Kriterium gebe und deren Gewichtung deswegen durch intuitive Abwägung von Fall zu Fall vorgenommen werden müsse. Eine intuitionistische Gerechtigkeitskonzeption könnte also zum Beispiel darin bestehen, daß man sowohl das Prinzip des Gesamtnutzens, als auch das Prinzip der Gleichverteilung als intuitiv evidente erste Grundsätze annimmt; im konkreten Fall wäre dann zwischen diesen beiden Grundsätzen jeweils so eine Abwägung zu treffen, daß ein intuitiv akzeptables Ergebnis zustandekommt. Rawls' Kritik der intuitionistischen Auffassungen ist folgende: Der Intuitionismus liefere keinerlei Gewähr dafür, daß nicht verschiedene Menschen unterschiedliche Intuitionen haben, nach welchen sie die obersten Grundsätze der Gerechtigkeit gewichten. Wenn dem aber so sei, dann könne eine intuitionistische Gerechtigkeitskonzeption eigentlich gar nicht beanspruchen, eine einheitliche Gerechtigkeitsvorstellung anzubieten, auf die sich vernünftige Menschen unter dem Schleier des Nichtwissens einigen könnten. Eine intuitionistische Gerechtigkeitsvorstellung biete uns tatsächlich nur einen Kernbestand von obersten Grundsätzen, deren Gewicht jedoch völlig unbestimmt und deren Verbindlichkeit daher ebenso variabel sei, wie die moralischen Intuitionen der Menschen verschieden sind (vgl. S. 52 ff.).

Nun zum *Perfektionismus*. Er kommt nach Rawls in zwei Formen vor: a) in Gestalt eines *einzigen absoluten Grundsatzes*, der verlangt, die gesellschaftlichen Institutionen und Pflichten so zu gestalten, daß die menschlichen Errungenschaften auf dem Gebiet der Kunst, Wissenschaft und Kultur nach Möglichkeit maximiert werden (strenges Perfektionsprinzip), oder b) in Form eines Grundsatzes, der im Rahmen einer intuitionistischen Konzeption neben anderen Grundsätzen steht und darin der Maximierung gewisser kultureller Errungenschaften ein relatives Gewicht verschafft (gemäßigtes Perfektionsprinzip).

„Wird etwa behauptet, die philosophischen, wissenschaftlichen und künstlerischen Leistungen der Griechen allein rechtfertigen die antike Sklaverei (deren Notwendigkeit für diese Leistungen angenommen wird), so ist die Auffassung gewiß sehr perfektionistisch. Die Voraussetzungen der Perfektion gelten mehr als die starken Ansprüche der Freiheit. Andererseits könnte man den Grundsatz lediglich zur Einschränkung der Umverteilung von Vermögen und Einkommen in einem konstituionellen System anwenden. In diesem Falle dient er als Gegengewicht gegen egalitäre Gedanken. Man könnte etwa sagen, die Verteilung sollte sehr wohl gleichmäßiger sein, wenn das zur Befriedigung der Grundbedürfnisse der weniger Bevorzugten notwendig ist und nur die Vergnügungen der besser Gestellten einschränkt; das größere Glück der weniger Begünstigten rechtfertige im allgemeinen aber nicht die Beschneidung von Ausgaben, die für die Erhaltung von Kulturwerten notwendig sind. Diese Lebensformen hätten einen größeren inneren Wert als die niederen Freuden, bei wievielen Menschen diese auch vorhanden seien." (S. 306 f.)

Rawls' Haupteinwand gegen den strengen Perfektionismus geht dahin, daß die Menschen im Urzustand keine gemeinsame Vorstellung vom Guten haben und daher über kein allgemein akzeptiertes Kriterium der Perfektion verfügen. Da sie davon ausgehen müssen, daß sie möglicherweise verschiedenartige Ziele und Interessen haben, wäre es aus ihrer Sicht nicht vernünftig, sich auf die Perfektionierung bestimmter Tugenden und Leistungen festzulegen, da sie nicht wissen, ob sie ihre Ansprüche mit dem höheren gesellschaftlichen Ziel der Perfektion in Einklang bringen können. So könnte etwa die Anerkennung eines Grundsatzes der Perfektionierung bestimmter religiöser Tugenden zur Einschränkung oder gar zum Verlust der religiösen und geistigen Freiheit führen. Angesichts ihrer unterschiedlichen Ziele haben die Menschen im Urzustand – so meint Rawls – keinen Grund, irgendein strenges Perfektionsprinzip anzunehmen (vgl. S. 362 f.).

Obwohl die intuitionistischen Formen des Perfektionismus viel einleuchtender erscheinen als das strenge Perfektionsprinzip, seien sie doch mit ähnlichen Problemen verbunden wie dieses (abgesehen davon, daß sie auch die Schwierigkeiten intuitionistischer Konzeptionen teilen). Auch für die Annahme eines perfektionistischen Grundsatzes im Rahmen einer intuitionistischen Gerechtigkeitsvorstellung gebe es daher im Urzustand keinen Grund. Darüber hinaus würden derartige perfektionistische Maßstäbe unter dem Mangel leiden, daß ihre Anwendung weitgehend unbestimmt und damit den subjektiven Überzeugungen durchsetzungsfähiger gesellschaftlicher Gruppen überlassen bliebe. Wie der strenge Perfektionismus könnten daher auch perfektionistische Maßstäbe in intuitionistischen Konzeptionen zu einer Bedrohung der persönlichen Freiheit führen. Um dieser Gefahr zu entgehen, können sich nach Rawls' Auffassung die Menschen im Urzustand vernünftigerweise nur auf Gerechtigkeitsgrundsätze einlassen, die klarer aufgebaut sind (vgl. S. 365 f.).

Diese Forderung scheint bei den *Mischformen*, die die letzte Gruppe von Gerechtigkeitskonzeptionen bilden, die noch zu diskutieren bleibt, durchwegs erfüllt zu sein. Alle Mischformen, die Rawls aufzählt, sind dadurch gekennzeichnet, daß sie – wie die beiden Gerechtigkeitsgrundsätze – den Vorrang der gleichen Freiheit für alle anerkennen. Sie sind also keine rein utilitaristischen Grundsätze, gegen die man die starken Einwände erheben könnte, die sich aus dem Gedanken der Freiheit ergeben. Utilitaristisch sind sie nur insofern, als in ihnen das Prinzip des Durchschnittsnutzens in mehr oder minder eingeschränkter Form die Stelle des zweiten Grundsatzes einnimmt. Der Vergleich zwischen ihnen und den beiden Grundsätzen kann sich daher auf die Frage beschränken, ob es aus der Sicht des Urzustandes vernünftiger ist, eine der vorgeschlagenen Versionen des Prinzips des Durchschnittsnutzens oder aber Rawls' zweiten Grundsatz (Prinzip der fairen Chancengleichheit + Differenzprinzip) anzunehmen.

Eine mögliche Alternative zu Rawls' Grundsätzen wäre etwa die, daß man anstelle des Unterschiedsprinzips das Prinzip des Durchschnittsnutzens in Verbindung mit einem *Existenzminimum* annimmt. Nach Rawls würde eine derartige Auffassung jedoch die gleichen Schwierigkeiten bereiten wie die intuitionistischen Theorien: Da man die Höhe des Existenzminimums im Urzustand mangels hinreichenden Wissens nicht absolut festsetzen könne, frage sich, nach welchem Kriterium es je nach den in der Gesellschaft gegebenen Verhältnissen festgelegt werden sollte. Auf diese Frage gebe der

Grundsatz selbst keine Antwort; die Festsetzung des Existenzminimums bleibe dann den subjektiven Überzeugungen, im besten Fall den wohlerwogenen Urteilen der Mitglieder der betreffenden Gesellschaft überlassen. Selbst wenn es der Fall wäre, daß wir nach unseren wohlerwogenen Gerechtigkeitsurteilen das Existenzminimum immer in genau der Höhe festlegen würden, die auch das Unterschiedsprinzip ergeben würde, wenn also das Prinzip des Durchschnittsnutzens in Verbindung mit einem Existenzminimum zu demselben Ergebnis führen würde wie das Unterschiedsprinzip, sei es aus der Sicht des Urzustandes vernünftiger, sich auf das Unterschiedsprinzip festzulegen, da es im Unterschied zum eingeschränkten Nutzenprinzip ein etwas klareres Kriterium über die Höhe des Existenzminimums enthalte (vgl. S. 351).

Einen ähnlichen Einwand macht Rawls auch gegen einen anderen Vorschlag geltend, das Unterschiedsprinzip durch eine eingeschränkte Version des Nutzenprinzips zu ersetzen, und zwar gegen den Vorschlag, das Prinzip des Durchschnittsnutzens mit der Klausel zu verbinden, daß die *Nutzenverteilung nicht zu weit streuen* darf. Da die Streuung der Nutzenverteilung umso kleiner ist, je geringer die Unterschiede der Anteile der repräsentativen Personen am Gesamtnutzen sind, berücksichtigt dieser Vorschlag die weniger Begünstigten immerhin besser als das bloße Durchschnittsprinzip. Dennoch habe auch er die Nachteile intuitionistischer Auffassungen, weil er in keiner Weise bestimme, wie die Streuung festgelegt und im Verhältnis zum Durchschnittsnutzen gewichtet werden soll. Da nämlich in der sozialen Realität offensichtlich ganz unterschiedliche Auffassungen darüber bestehen, wie diese Ziele im einzelnen zu gewichten sind, gebe der Grundsatz kein auch nur einigermaßen klares Kriterium für die gerechte Gestaltung der gesellschaftlichen Institutionen an. Dagegen sei das Unterschiedsprinzip – so beansprucht Rawls – verhältnismäßig präzise (vgl. S. 352).

Darüber hinaus ergeben sich für jede Gerechtigkeitsauffassung, die das Durchschnittsprinzip in irgendeiner Variante enthält, eine Reihe erheblicher Interpretations- und Anwendungsschwierigkeiten, die – wie Rawls meint – das Differenzprinzip vermeiden kann:

„Doch soweit man das Nutzenprinzip heranzieht, macht die Unbestimmtheit des Begriffs des Durchschnitts- (oder Gesamt-)nutzens Schwierigkeiten. Man muß die Nutzenfunktionen verschiedener repräsentativer Personen schätzen, sie interpersonell vergleichbar machen usw. Diese Probleme sind so schwierig und die Näherungen so grob, daß grundverschiedene Auffassungen verschiedenen Menschen gleich einleuchtend erscheinen können. Einige könnten behaupten, die Vorteile einer Gruppe wögen die einer anderen auf, andere könnten es bestreiten. Niemand kann diese Meinungsverschiedenheiten auf Grundsätze zurückführen oder eine Lösungsmöglichkeit angeben. Leute in stärkeren gesellschaftlichen Positionen können ihre Interessen leichter auf ungerechte Weise fördern, ohne daß man sie eindeutig zurechtweisen könnte. Das alles liegt natürlich auf der Hand, und es ist jederzeit anerkannt worden, daß ethische Grundsätze unscharf sind. Trotzdem sind nicht alle gleich unscharf, und die beiden Gerechtigkeitsgrundsätze haben den Vorteil, daß ihre Forderungen klarer sind, und daß man genauer weiß, wodurch sie erfüllt werden." (S. 355)

Damit ist der Vergleich der verschiedenen Gerechtigkeitsauffassungen, die nach Rawls' Meinung überhaupt als seriöse Kandidaten für die angemessene Gerechtigkeitsvorstellung in Frage kommen, abgeschlossen. Diesem Vergleich zufolge sollten die beiden von Rawls vorgeschlagenen Gerechtigkeitsgrundsätze als diejenige Gerechtigkeitsvorstellung angenommen werden, für die sich vernünftige Menschen im Urzustand gegenüber allen anderen vorgeschlagenen Alternativen entscheiden würden.

Rawls setzt sich ferner auch mit der Frage auseinander, wie seine Gerechtigkeitsvorstellung mit den gängigen Gerechtigkeitspostulaten des Common sense zusammenpassen, also mit häufig verwendeteten Postulaten wie z.B. „Jedem nach seiner Leistung", „Jedem nach seinem Einsatz", „Jedem nach seiner Ausbildung", oder der Auffassung, daß die gesellschaftlichen Güter nach moralischem Verdienst verteilt werden sollten. Rawls argumentiert, daß diese teils disparaten, teils einander widersprechenden Vorschriften keine grundlegende Theorie der gerechten Verteilung bilden, sondern jeweils eine bestimmte Grundstruktur der Gesellschaft bereits voraussetzen. Je nach der Beschaffenheit der sozialen Grundstruktur erhalten sie verschiedenes Gewicht. So komme der Forderung „Jedem nach seiner Ausbildung" in einer Gesellschaft, in der das Bildungswesen ein hohes Maß an fairer Chancengleichheit gewährleistet, wesentlich weniger Bedeutung zu als in einer Gesellschaft ohne Gleichheit der Bildungschancen, während in dieser der Grundsatz „Jedem nach seinem Einsatz" wahrscheinlich größeres Gewicht habe als der Grundsatz „Jedem nach seiner Ausbildung". Auch das Leistungsprinzip („Jedem nach seiner Leistung"), das von vielen als befriedigender Gerechtigkeitsgrundsatz angesehen wird, habe unterschiedliches Gewicht, je nach der Beschaffenheit der institutionellen Rahmenbedingungen der Verteilung. Rawls belegt dies an der Auffassung, die das Leistungsprinzip im Sinne der Grenzproduktivitätstheorie der Verteilung deutet, wonach jeder ein Einkommen gemäß seinem Beitrag zur Produktion erhält: Da das Grenzprodukt jedes Beitrags von Angebot und Nachfrage abhänge, sei eine Annäherung an ein der Leistung tatsächlich entsprechendes Grenzprodukt nur unter Marktverhältnissen mit vollkommener Konkurrenz sichergestellt; Marktverhältnisse mit vollkommener Konkurrenz führen aber nur dann zu einer gerechten Verteilung der Güter, wenn die Grundstruktur, innerhalb derer sie wirken, gerecht sei; ein im Sinne der Grenzproduktivitätstheorie verstandenes Leistungsprinzip setze also die Gerechtigkeit der Grundstruktur bereits voraus (vgl. S. 338 ff.)

Ebensowenig kann nach Rawls' Ansicht das geläufige Postulat „Jedem nach seinem moralischen Verdienst" den Rang eines grundlegenden Verteilungsgrundsatzes beanspruchen; und zwar deshalb nicht, weil der Begriff des moralischen Wertes erst eingeführt werden könne, wenn festgelegt sei, welche soziale Grundstruktur gerecht ist und welche Handlungen darin vorgeschrieben werden sollen; erst unter dieser Voraussetzung habe die Belohnung moralischer Verdienste eine sinnvolle Funktion, nämlich die Funktion, die Beteiligten einerseits dazu zu motivieren, daß sie die Mühen der Ausbildung auf sich nehmen, sowie andererseits die Fähigkeiten dahin zu lenken, wo sie dem gemeinsamen Interesse am besten dienen (vgl. S. 345 ff.).

1.6. Die endgültige Formulierung und die Anwendung der Gerechtigkeitsgrundsätze

Nachdem nun die Rechtfertigung der beiden Gerechtigkeitsgrundsätze im wesentlichen dargelegt ist, müssen wir uns – bevor wir zur vollständigen und endgültigen Formulierung der Grundsätze kommen – noch mit einigen Überlegungen befassen, die Rawls zur Präzisierung und Erweiterung der Grundsätze in ihrer bisher behandelten Fassung führen.

Was den *Grundsatz der gleichen Freiheit* angeht, so beziehen sich diese Überlegungen auf gewisse Bedingungen, die möglicherweise eine Einschränkung der gleichen Freiheit rechtfertigen könnten. Bei dem, was bisher über diesen Grundsatz und seinen Vorrang vor dem 2. Grundsatz gesagt wurde, wurden immer zwei bedeutsame Voraussetzungen gemacht: 1. die Voraussetzung, daß die gesellschaftlichen Verhältnisse hinreichend günstig sind, um die Verwirklichung gleicher Grundfreiheiten für alle zu ermöglichen, wie auch 2. die Voraussetzung, daß die Gesellschaft im wesentlichen eine *wohlgeordnete* ist, d. h. daß die in ihr öffentlich anerkannte Gerechtigkeitsvorstellung im allgemeinen befolgt wird. Diese Voraussetzungen können aber natürlich nicht für jede Gesellschaft als erfüllt angenommen werden: es gibt nicht nur eine Reihe von gewöhnlichen Beschränkungen und Wechselfällen des menschlichen Lebens (wie Kindheit, psychische Krankheit u. dgl.), die gewisse Beschränkungen nötig erscheinen lassen, sondern mitunter können auch geschichtliche und soziale Zufälligkeiten die gesellschaftlichen Verhältnisse so beeinträchtigen, daß eine Einschränkung der Freiheit gerechtfertigt erscheinen kann. Darüber hinaus gibt es Gesellschaften, die keineswegs als wohlgeordnet bezeichnet werden können (vgl. S. 276 ff.).

Um mit diesen Umständen fertig zu werden, die offenbar die Anwendbarkeit der Gerechtigkeitsgrundsätze, soweit sie bisher entwickelt wurden, erheblich beeinträchtigen, schlägt Rawls eine Aufspaltung der Gerechtigkeitstheorie in zwei Teile vor: in eine *ideale* Theorie, die auf günstige Verhältnisse abgestimmt ist und die vollkommen gerechte Gesellschaft definiert, und in eine *nichtideale* Theorie, die Anleitungen für weniger günstige Verhältnisse gibt:

„Der erste oder ideale Teil setzt vollständige Konformität voraus und erarbeitet die Grundsätze für eine wohlgeordnete Gesellschaft unter günstigen Umständen. Er entwickelt den Begriff einer vollkommen gerechten Grundstruktur und die entsprechenden Pflichten und Verpflichtungen der Menschen unter den allgemeinen Beschränkungen des menschlichen Lebens. Dieser Teil der Theorie ist mein Hauptanliegen. Der zweite Teil, die nichtideale Theorie, wird nach der Wahl einer idealen Gerechtigkeitsvorstellung in Angriff genommen; erst dann fragen sich die Beteiligten, welche Grundsätze sie unter weniger glücklichen Umständen aufstellen sollen. Dieser Teil der Theorie hat, wie ich schon sagte, zwei recht verschiedene Unterteile. Der eine handelt von den Grundsätzen zur Berücksichtigung natürlicher Beschränkungen und geschichtlicher Zufälligkeiten, der andere von den Grundsätzen, nach denen man der Ungerechtigkeit entgegentreten soll." (S. 277f.)

Obwohl Rawls es nicht unternimmt, eine umfassende nichtideale Theorie auszuarbeiten, geht er doch auf einige der wichtigsten Umstände ein, deren Vorliegen gegebenenfalls eine Einschränkung der gleichen Freiheit und ihres Vorrangs vor der sozialen Wohlfahrt rechtfertigen könnten (vgl. S. 275ff.). Wie bereits ausgeführt, bedeutet der Vorrang der gleichen Freiheit, daß die Freiheit nur im Interesse der Freiheit selbst eingeschränkt werden darf. Die Einschränkung kann entweder darin bestehen, daß Grundfreiheiten für alle gleichermaßen eingeschränkt werden, oder darin, daß die Bürger ungleiche Freiheiten haben. Beide Formen der Freiheitseinschränkung können nach Rawls nur um der Freiheit willen gerechtfertigt werden: Die gleichmäßige Einschränkung von Freiheiten sei dann gerechtfertigt, wenn dadurch zugleich der Umfang anderer Freiheiten für alle größer bzw. das Gesamtsystem gleicher Freiheiten gestärkt werde; und ungleiche Freiheiten seien nur unter der Bedingung zulässig, daß hierdurch die Freiheiten derer, die geringere Freiheiten haben, besser gesichert würden als durch gleiche Freiheiten.

Aufgrund dieser Bedingungen, die eine Freiheitsbeschränkung rechtfertigen, trifft Rawls in Entsprechung zu den beiden Unterteilen der nichtidealen Theorie eine weitere Unterscheidung:

„Einmal kann sich eine Einschränkung aus den gewöhnlichen Beschränkungen und Wechselfällen des menschlichen Lebens oder aus geschichtlichen und sozialen Zufälligkeiten ergeben. In diesen Fällen entsteht keine Gerechtigkeitsfrage. ... In diesen Fällen geht es darum, auf gerechte Weise mit bestimmten Beschränkungen fertig zu werden.

In der zweiten Art von Fällen besteht bereits eine Ungerechtigkeit, entweder in den gesellschaftlichen Verhältnissen oder im Verhalten der einzelnen. Hier geht es darum, auf gerechte Art mit der Ungerechtigkeit fertig zu werden." (S. 276)

Wenn man diese Unterscheidung mit den beiden Arten der Freiheitseinschränkung kreuzt, ergeben sich vier Möglichkeiten:

1. *Einschränkungen des Umfangs der Grundfreiheiten aller aus Gründen, die mit gewöhnlichen Beschränkungen des sozialen Lebens oder mit geschichtlichen Zufälligkeiten zu tun haben*: Beispiele hierfür sind die unter

normalen Bedingungen erforderliche Beschränkung der Meinungsfreiheit im Interesse der öffentlichen Ordnung oder die Beschränkung der persönlichen Freiheit im Falle von Seuchen. Diese Art der Einschränkung kann nach Rawls im Sinne des Vorrangs der Freiheit nur mit Berufung auf das Gemeininteresse gerechtfertigt werden; da alle Bürger gleichermaßen betroffen seien, müsse die Rechtfertigung vom Standpunkt des repräsentativen gleichen Bürgers aus erfolgen.

2. *Einschränkungen des Umfangs von Grundfreiheiten, um Ungerechtigkeiten entgegenzutreten*: Beispiele, die Rawls diskutiert, sind die Beschränkung der Freiheit der Intoleranten und die Zügelung der Gewalttätigkeit rivalisierender Sekten. Auch hier dürfe die Freiheitsbeschränkung nur um der Freiheit selbst willen erfolgen und sie müsse im Hinblick auf das allgemeine Interesse gerechtfertigt werden.

3. *Beschränkungen von Freiheiten einiger Menschen oder Gruppen aus Gründen, die sich aus gewöhnlichen menschlichen Beschränkungen oder historischen Zufälligkeiten ergeben*: Als Beispiele können hier Beschränkungen der Freiheit für Kinder und Kranke sowie ungleiche politische Freiheit (z.B. beschränktes Stimmrecht oder ungleiches Gewicht der Stimmen) angeführt werden. Nach Rawls' Auffassung können diese Umstände zwar niemals den Verlust der Gewissensfreiheit und der Menschenwürde rechtfertigen, wohl aber unter gewissen Voraussetzungen die Beschränkung bestimmter politischer Rechte: und zwar dann, wenn diese Freiheiten unter den gegebenen sozialen Verhältnissen ohnehin nicht wirksam werden können, und wenn es zur Erreichung sozialer Bedingungen, unter welchen alle Grundfreiheiten voll verwirklicht werden können, erforderlich sei, daß ein Teil der Bürger auf gewisse Rechte verzichte. Nach Rawls sind derartige Freiheitsbeschränkungen deshalb nur dann gerechtfertigt, wenn sie auf eine Veränderung der gesellschaftlichen Verhältnisse abzielen, die diese Freiheitseinschränkungen wieder überflüssig machen. Die Rechtfertigung muß sich daher auf die Interessen derjenigen berufen, deren Freiheit eingeschränkt wird.

4. *Ungleiche Freiheiten, die aus ungerechten sozialen Verhältnissen herrühren*: Einschränkungen dieser Art sind nach Rawls stets nur damit zu rechtfertigen, daß für diejenigen, die die geringste Freiheit haben, ein Ausgleich geschaffen werden soll, wobei die Situation von ihrem Standpunkt aus zu beurteilen ist. Das bedeutet, daß derartige Freiheitsbeschränkungen unter ungerechten sozialen Verhältnissen, wie z.B. bei Bestehen von Sklaverei oder Leibeigenschaft, nur dann hinzunehmen sind, wenn sie noch schlimmere Ungerechtigkeiten beheben. Ihre Rechtfertigung liegt also darin, daß sie gegenüber den bestehenden Verhältnissen, wenn die Erringung der vollen Freiheit ganz aussichtslos erscheint, immerhin eine gewisse Verbesserung bringen (vgl. S. 279 f.).

Mit Rücksicht auf diese Überlegungen gelangt Rawls zu einer neuen Formulierung des ersten Grundsatzes und der zu ihm gehörigen Vorrangregel. Obwohl der Vorrang der gleichen Freiheit darin prinzipiell aufrechterhalten bleibt, werden jetzt die Bedingungen der Durchführbarkeit der Grundfreiheiten ausdrücklich angeführt. Der erste Grundsatz samt Vorrangregel lautet nunmehr folgendermaßen:

„Erster Grundsatz
Jedermann hat gleiches Recht auf das umfangreichste Gesamtsystem von gleichen Grundfreiheiten, das für alle möglich ist.

Vorrangregel
Die Gerechtigkeitsgrundsätze stehen in lexikalischer Ordnung; daher kann die Freiheit nur um der Freiheit willen beschränkt werden, und zwar in zwei Fällen:
(a) eine weniger umfassende Freiheit muß das Gesamtsystem der Freiheit stärken, an dem alle teilhaben;
(b) ungleiche Freiheit muß für die Bürger mit weniger Freiheit annehmbar sein."
(S. 282)

Ich wende mich nun der Präzisierung des *zweiten Grundsatzes* zu. Rawls' diesbezügliche Überlegungen betreffen hier das Problem der Gerechtigkeit zwischen den Generationen einerseits sowie andererseits eine Reihe von Problemen, die sich aus dem Vorrang der fairen Chancengleichheit vor dem Unterschiedsprinzip ergeben.

Zunächst zur Frage der *Gerechtigkeit zwischen den Generationen*: Inwieweit hat eine Generation die Ansprüche nachkommender Generationen zu berücksichtigen? Die Perspektive des Urzustandes, die ja auch jede Kenntnis ausschließt, welcher Generation man angehört, verlangt es, bei der Verteilung wirtschaftlicher und sozialer Güter die Interessen und Ansprüche aller Generationen zu berücksichtigen. Bei der Anwendung des Unterschiedsprinzips müssen daher die Aussichten der am wenigsten Begünstigten mit Rücksicht auf die Ansprüche der späteren Generationen betrachtet werden. Für jede Generation ergibt sich daraus die Forderung, nicht nur die Errungenschaften der Kultur und die gerechten Institutionen zu bewahren, sondern auch einen Teil des Sozialprodukts zur Kapitalakkumulation zu verwenden. Da sich die Forderung des Sparens für spätere Generationen aus dem Unterschiedsprinzip allein nicht ableiten läßt, schlägt Rawls vor, dieses Prinzip durch einen *gerechten Spargrundsatz* zu ergänzen. Er unternimmt zwar nicht den Versuch, die richtige Sparrate genau festzulegen, gibt aber einige allgemeine Hinweise, wie ein solcher Spargrundsatz gefunden werden könnte:

„Auf dem Wege zu einem gerechten Spargrundsatz (oder besser zu Bedingungen für einen solchen) müssen sich die Beteiligten fragen, wieviel sie in jedem Entwicklungsstadium zu sparen bereit wären, falls alle anderen Generationen nach demselben Grundsatz gespart haben und sparen werden. Sie müssen ihre Sparbereitschaft in jedem Zivilisationsstadium unter der Maßgabe betrachten, daß die von ihnen vorgeschlagenen Sparraten die gesamte Akkumulation regeln sollen. Man beachte, daß ein

Spargrundsatz für jedes Entwicklungsstadium eine Rate (oder einen Bereich von Raten) angibt, also eine Regel, die einen ganzen Sparplan festlegt. Wahrscheinlich werden für die verschiedenen Stadien verschiedene Raten festgelegt. Wenn die Menschen arm sind und das Sparen schwerfällt, ist eine niedrigere Sparrate angebracht; in einer reicheren Gesellschaft dagegen kann man vernünftigerweise ein stärkeres Sparen erwarten. Wenn dann einmal gerechte Institutionen fest verankert und alle Grundfreiheiten verwirklicht sind, dann fällt die Netto-Akkumulationsrate auf Null. An diesem Punkt erfüllt eine Gesellschaft ihre Gerechtigkeitspflicht, wenn sie gerechte Institutionen und ihre materielle Grundlage sichert. Der gerechte Spargrundsatz sagt, was eine Gesellschaft gerechterweise sparen sollte. Wenn ihre Mitglieder zu anderen Zwecken sparen wollen, so ist das etwas anderes." (S. 323)

Unter der Voraussetzung eines brauchbaren *Spargrundsatzes*, der die Höhe der Investitionen festlegt, läßt sich dann in Verbindung mit dem Unterschiedsprinzip das angemessene Existenzminimum einigermaßen klar bestimmen. Wenn man davon ausgeht, daß das Existenzminimum für die am wenigsten Begünstigten aus dem Aufkommen einer Proportionalsteuer finanziert wird, so kann das Existenzminimum solange erhöht werden, bis die Steuerbelastung jenen Schwellenwert erreicht, von dem ab eine Steuererhöhung entweder die angemessenen Investitionen verhindern oder aber die wirtschaftliche Leistungsfähigkeit so stark beeinträchtigen würde, daß sich die Aussichten der am schlechtesten Gestellten nicht mehr verbessern, sondern sogar zu verschlechtern beginnen. Daraus ergibt sich, daß das Existenzminimum im Sinne des Unterschiedsprinzips gerade so hoch sein sollte, daß es durch ein Steueraufkommen gedeckt werden kann, welches sich um diesen Schwellenwert bewegt (vgl. S. 319 f.).

Ein anderes Problem entsteht aus dem *Vorrang der fairen Chancengleichheit* vor dem Unterschiedsprinzip. Einige der Konsequenzen dieser Vorrangregel scheinen nicht annehmbar. So könnte geltend gemacht werden, daß die gewaltige wirtschaftliche Expansion des Kapitalismus im 19. Jahrhundert, die schließlich auch eine fühlbare Hebung des Lebensstandards der Arbeiterschaft brachte, niemals hätte stattfinden können, wenn das kapitalistische System die Kapitalakkumulation nicht in die Hände des Bürgertums gelegt hätte, das infolge seiner traditionellen Tendenz zu einem sparsamen Lebenswandel in einem außerordentlichen Ausmaß für die Kapitalakkumulation und die Bereitstellung von Investitionsmitteln gesorgt hat. Hätte damals faire Chancengleichheit bestanden – so lautet der Einwand –, dann wäre es den Arbeitern auch nicht wesentlich besser gegangen und vor allem wäre es mangels hinreichender Kapitalakkumulation niemals zu jener Verbesserung ihrer Lebensaussichten gekommen, die faktisch Folge dieser hohen Investitionsrate war. Dieses Argument scheint – unabhängig davon, ob die ihm zugrundeliegende Tatsachenbehauptung zutrifft oder nicht – den Vorrang der fairen Chancengleichheit doch prinzipiell zu problematisieren, denn die geschilderten Ungleichheiten verletzen sicherlich den Grundsatz der fairen Chancengleichheit. Der springende Punkt des Arguments liegt jedoch – wie Rawls betont – nicht darin, daß die Not der Armen durch das bessere Los der späteren Generationen gerechtfertigt wird, sondern vielmehr in dem Hinweis, daß die Verletzung der fairen Chancengleichheit den Gruppen, die am meisten von ihr betroffen sind, langfristig gesehen zum Vorteil gereicht (vgl. S. 333 f.).

Da es offenbar unangemessen wäre, Fälle dieser Art von vornherein als ungerechtfertigt auszuschließen, macht sich Rawls Gedanken darüber, wie eine Vorrangregel lauten sollte, die derartige Einschränkungen der fairen Chancengleichheit rechtfertigen könnte:

> „Wenn man nun den Vorrang der fairen Chancengleichheit vor dem Unterschieds-prinzip aufrechterhalten will, dann genügt es nicht, sich – wie anscheinend Burke und Hegel – auf den Standpunkt zu stellen, die gesamte Gesellschaft einschließlich der am wenigsten Bevorzugten hätte von bestimmten Einschränkungen der Chancengleich-heit Nutzen. Man muß behaupten, der Versuch der Beseitigung der Ungleichheiten würde das Gesellschafts- und Wirtschaftssystem so beeinträchtigen, daß jedenfalls auf lange Sicht die Möglichkeiten für die Benachteiligten noch schlechter würden. Der Vorrang der fairen Chancengleichheit bedeutet, ganz ähnlich wie der Vorrang der Freiheit, daß man sich auf die Chancen der Benachteiligten berufen muß. Man muß behaupten können, es stehe ihnen ein größerer Bereich erwünschter Möglichkeiten offen als sonst." (355)

Mit diesen Präzisierungen des zweiten Grundsatzes sind nun die notwendigen Voraussetzungen gegeben, um Rawls' Gerechtigkeitsgrundsätze in ihrer letzten und nach seiner Ansicht vollständigen Formulierung wiedergeben zu können:

„Erster Grundsatz
Jedermann hat gleiches Recht auf das umfangreichste Gesamtsystem gleicher Grundfreiheiten, das für alle möglich ist.

Zweiter Grundsatz
Soziale und wirtschaftliche Ungleichheiten müssen folgendermaßen beschaffen sein:
(a) sie müssen unter der Einschränkung des gerechten Spargrundsatzes den am wenigsten Begünstigten den größtmöglichen Vorteil bringen, und
(b) sie müssen mit Ämtern und Positionen verbunden sein, die allen gemäß fairer Chancengleichheit offenstehen.

Erste Vorrangregel (Vorrang der Freiheit)
Die Gerechtigkeitsgrundsätze stehen in lexikalischer Ordnung; demgemäß können die Grundfreiheiten nur um der Freiheit willen eingeschränkt werden, und zwar in folgenden Fällen:
(a) eine weniger umfangreiche Freiheit muß das Gesamtsystem der Freiheiten für alle stärken;
(b) eine geringere als gleiche Freiheit muß für die Betroffenen annehmbar sein.

Zweite Vorrangregel (Vorrang der Gerechtigkeit vor Leistungsfähigkeit und Lebensstandard)
Der zweite Gerechtigkeitsgrundsatz ist dem Grundsatz der Leistungsfähigkeit und Nutzenmaximierung lexikalisch vorgeordnet; die faire Chancengleichheit ist dem Unterschiedsprinzip vorgeordnet, und zwar in folgenden Fällen:
(a) eine Chancen-Ungleichheit muß die Chancen der Benachteiligten verbessern;

(b) eine besonders hohe Sparrate muß insgesamt die Last der von ihr Betroffenen mildern." (S. 336 f.)[17]

Die beiden Gerechtigkeitsgrundsätze formulieren nur die allgemeinsten Forderungen der sozialen Gerechtigkeit, bezogen auf die grundlegende Struktur der Gesellschaft. Eine umfassende Gerechtigkeitstheorie muß sich jedoch auch mit der Frage befassen, wie sich aus derartigen Grundsätzen konkretere Forderungen für die Gestaltung bestimmter gesellschaftlicher Verhältnisse gewinnen lassen.

Rawls stellt sich die Anwendung der Gerechtigkeitsgrundsätze als ein *mehrstufiges Verfahren* vor, in dem jede Stufe die Grundlage für die Behandlung bestimmter Arten von Fragen der Gerechtigkeit sein soll. Dieses Anwendungsverfahren, das er als *Vier-Stufen-Gang* bezeichnet, wird von ihm folgendermaßen beschrieben:

1. Die erste Stufe ist der *Urzustand*, in welchem unter dem Schleier des Nichtwissens die allgemeinen Gerechtigkeitsgrundsätze festgelegt werden.

2. Nachdem die Gerechtigkeitsgrundsätze festgelegt sind, finden sich die Vertragsparteien auf der zweiten Stufe zu einer Art *verfassunggebenden Versammlung* zusammen, wo entsprechend den bereits beschlossenen Grundsätzen eine angemessene politische Ordnung beschlossen und eine Verfassung aufgestellt werden soll. Es geht hier vor allem um die Festlegung von Verfahren, die die Ausübung der Regierungstätigkeit, die Inanspruchnahme bürgerlicher Grundrechte und die Durchsetzung verschiedener politischer Auffassungen in angemessener Weise regeln. Der Schleier des Nichtwissens kann auf dieser Stufe teilweise gelüftet werden, da ja die Gerechtigkeitsgrundsätze bereits feststehen; zwar wissen die Mitglieder dieser verfassunggebenden Versammlung noch immer nichts über ihre gesellschaftliche Stellung, ihre natürlichen Gaben etc., doch kennen sie nun die wesentlichen allgemeinen Tatsachen über ihre Gesellschaft, so etwa die natürlichen Ressourcen, den technischen, wirtschaftlichen und politischen Entwicklungsstand ihrer Gesellschaft. Ihre Aufgabe besteht darin, die gangbarste gerechte *Verfassung* zu wählen, d.i. eine Verfassung, die nicht nur die Gerechtigkeitsgrundsätze erfüllt, sondern auch geeignet scheint, zu einer gerechten und wirksamen Gesetzgebung zu führen.

3. Nach der Festlegung einer gerechten Verfassung machen sich die Beteiligten an die *Ausarbeitung von Gesetzen* – Stufe drei: Die Gesetze müs-

---

[17] Die Formulierung der zweiten Vorrangregel: „die faire Chancengleichheit ist dem Unterschiedsprinzip vorgeordnet, und zwar in folgenden Fällen" scheint mir nicht sehr glücklich; dies gilt nicht nur für die deutsche Übersetzung, sondern auch fürs englische Original, wo es heißt: „... and fair opportunity is prior to the difference principle. There are two cases: ..." (*Rawls*, A Theory of Justice (1971), S. 303); denn da die beiden nachfolgend genannten Fälle ja Einschränkungen des Vorrangs der fairen Chancengleichheit vor dem Differenzprinzip darstellen, sollte es wohl eher heißen: „... mit Ausnahme folgender Fälle".

sen dabei nicht nur den Gerechtigkeitsgrundsätzen entsprechen, sondern auch allen Verfassungsbestimmungen. Damit der Standpunkt eines repräsentativen Gesetzgebers gewährleistet ist, müssen für die Gesetzgebung dieselben Beschränkungen des Wissens gelten wie für die verfassunggebende Versammlung.

Es muß hinzugefügt werden, daß sich Rawls die Stufen 2 und 3 nicht scharf getrennt, sondern als interdependente Entscheidungssituation vorstellt. Denn bereits auf der Ebene der Verfassunggebung gelte es, auf die Gesetzgebung Rücksicht zu nehmen, um die gerechte Verfassung so zu gestalten, daß sie unter den gegebenen Umständen zu möglichst wirksamen und gerechten Gesetzen führt. Um zur besten Verfassung zu gelangen, sei es erforderlich, sich zwischen den Stufen der Verfassung- und Gesetzgebung hin und her zu bewegen. Rawls' Grund dafür, die Verfassunggebung der Stufe der Gesetzgebung dennoch über- und vorzuordnen, ist einfach der, daß durch diese Arbeitsteilung der Vorrang des ersten Gerechtigkeitsgrundsatzes vor dem zweiten am besten gewahrt bleibe:

„Der erste Grundsatz, der der gleichen Freiheit für alle, ist der Hauptgrundsatz für die verfassunggebende Versammlung. Er fordert in erster Linie, daß die persönlichen Grundfreiheiten und die Gewissens- und Gedankenfreiheit zu schützen sind und das politische Geschehen im ganzen ein gerechtes Verfahren sein soll. Die Verfassung errichtet also einen verläßlichen allgemeinen Status gleicher Bürgerrechte und verwirklicht die politische Gerechtigkeit. Der zweite Grundsatz kommt bei der Gesetzgebung zum Zuge. Er verlangt von der Sozial- und Wirtschaftspolitik die Maximierung der langfristigen Aussichten der am wenigsten Bevorzugten unter den Bedingungen der fairen Chancengleichheit, wobei die gleichen Freiheiten für alle gewahrt bleiben müssen. An diesem Punkt spielen alle allgemeinen wirtschaftlichen und gesellschaftlichen Tatsachen eine Rolle." (S. 277)

4. Auf der vierten Stufe schließlich werden die gegebenen gesetzlichen Regeln auf *Einzelfälle* angewandt, sei es in Form der staatlichen Rechtsanwendung durch Verwaltung und Justiz, sei es in Form der Befolgung gesetzlicher Vorschriften durch die Bürger.

Dieser Anwendungsprozeß der Gerechtigkeitsgrundsätze im Vier-Stufen-Gang ist natürlich nicht als logische Ableitung der konkreteren Regeln und Entscheidungen aus den jeweils allgemeineren Grundsätzen und Regeln zu verstehen. Die stufenweise Konkretisierung der allgemeinen Gerechtigkeitsgrundsätze geht vielmehr so vor sich: Jede dem Urzustand nachfolgende Stufe bildet eine neuerliche Entscheidungssituation, in der die Beteiligten aus den Regelungen, die im Rahmen der bereits festgelegten allgemeineren Bestimmungen möglich sind, die jeweils gerechteste und praktikabelste auszuwählen haben. So hat die verfassunggebende Versammlung die Aufgabe, aus der Liste der mit den Grundsätzen verträglichen Verfassungsordnungen diejenige herauszufinden, die mit Rücksicht auf die der Versammlung zur Verfügung stehenden Kenntnisse (die – wie erwähnt – über die im Urzustand hinausgehen) die angemessenste ist, d.h. am ehesten zu gerechten und wirksamen Gesetzen führt. Die Gesetzgebung wiederum soll im Rahmen der Verfassung Gesetze beschließen, die im Einzelfall zu möglichst gerechten Ergebnissen führen.

Nun vermag eine solche Vorgangsweise jedoch offenbar keine absolute Garantie dafür zu liefern, daß die Verfahren, auf die man sich festlegt, immer nur gerechte Ergebnisse hervorbringen. Jede praktikable Verfahrensordnung kann in ihren Auswirkungen gegen alle Erwartungen mehr oder minder ungerecht sein. Häufig fehlen auch die notwendigen Kenntnisse, die für eine genaue Anwendung bestimmter Regeln erforderlich wären, z.B. beim Unterschiedsprinzip. Die Anwendung der Gerechtigkeitsgrundsätze ist daher nicht völlig frei von Fehlerquellen, die bewirken können, daß es mitunter auch zu ungerechten Regelungen kommt. Der Vier-Stufen-Gang führt damit nicht mit Notwendigkeit zu vollkommen gerechten Ergebnissen. Rawls meint aber, es sei immerhin möglich, *unvollkommene Verfahrensgerechtigkeit* zu erreichen, d.h. im Lichte der Kenntnis und Erfahrungen, die man auf den einzelnen Stufen hat, solche Regelungen auszuwählen, von denen man weiß oder vermuten kann, daß sie eher zu gerechten Ergebnissen führen als andere (vgl. S. 225 ff.).

Wie sich Rawls die Anwendung der Gerechtigkeitsgrundsätze auf die in der Verfassung festgelegten politischen Verfahren im einzelnen vorstellt, soll im folgenden am Beispiel einer der politischen Verfahrensregeln, welche er ausführlich diskutiert, etwas genauer demonstriert werden, und zwar am Beispiel des *demokratischen Teilnahmegrundsatzes*:

„Den Grundsatz der gleichen Freiheit für alle in seiner Anwendung auf die durch die Verfassung festgelegten politischen Vorgänge nenne ich den Grundsatz der (gleichen) Teilnahme. Er fordert für alle Bürger ein gleiches Recht zur Teilnahme und Mitbestimmung bei dem verfassungsmäßigen Verfahren, nach dem die Gesetze zustandekommen, denen jene gehorchen sollen. Die Theorie der Gerechtigkeit als Fairneß geht von dem Gedanken aus, daß gemeinsame Grundsätze, die notwendig und zu jedermanns Vorteil sind, aus der Sicht einer passend definierten und ursprünglichen Situation der Gleichheit aufzustellen sind, in der jedermann fair repräsentiert ist. Der Teilnahmegrundsatz überträgt diese Vorstellung vom Urzustand auf die Verfassung als dem höchsten System gesellschaftlicher Regeln für die Aufstellung von Regeln." (S. 251 f.)

Rawls geht davon aus, daß eine repräsentative Demokratie, in der gleiches und geheimes Wahlrecht besteht und in der dieses durch weitere Freiheiten wie Rede-, Versammlungs- und politische Koalitionsfreiheit abgesichert ist, den Teilnahmegrundsatz erfüllt. Auf der Grundlage dieser Voraussetzung versucht er einige Fragen, die sich im Zusammenhang mit der gerechten Ausgestaltung politischer Teilnahme zwangsläufig stellen, näher zu beantworten. So argumentiert er, der Grundsatz „Ein Wähler, eine Stimme" verlange, daß jede Stimme ungefähr das gleiche Gewicht für den Ausgang der Wahlen haben soll; und dies verlangt wiederum, daß die Vertreter im Parla-

ment, sofern sie gleiches Stimmrecht haben, ungefähr die gleiche Zahl von
Wählern repräsentieren. Eine weitere Frage ist, inwieweit der Teilnahmegrundsatz einen Ausgleich sozialer und wirtschaftlicher Ungleichheiten
erforderlich macht, da diese ja den Wert der politischen Teilnahme (also die
faktische Möglichkeit, am politischen Geschehen mitzuwirken) wesentlich
mitbestimmen. Die Verfassung muß – so Rawls – den Wert der politischen
Freiheit für alle Mitglieder der Gesellschaft möglichst groß zu machen
suchen. Daher sollten alle Bürger Mittel zur Verfügung haben, um sich über
politische Fragen zu unterrichten, damit sie beurteilen können, wie sich
politische Programme auf ihr Wohl auswirken und welche Pläne ihrer Vorstellung vom öffentlichen Wohl entsprechen. Ferner sollten sie eine faire
Möglichkeit haben, selbst Vorschläge in die politische Diskussion zu bringen.

Von wesentlicher Bedeutung ist dabei die Frage des *Umfangs der politischen Teilnahme*. Wie Rawls feststellt, ist der Umfang der gleichen politischen Teilnahme dadurch bestimmt, inwieweit die Verfassung für politische
Entscheidungen den Grundsatz der einfachen Mehrheit vorschreibt. Wenn
die Verfassung den Anwendungsbereich der einfachen Mehrheitsregel einschränke, indem sie für bestimmte Entscheidungen qualifizierte Mehrheiten
vorschreibe oder die Befugnisse der Gesetzgebung durch einen Grundrechts-
katalog begrenze, so seien die betreffenden Entscheidungen der Disposition der einfachen Mehrheit der Bürger entzogen und die gleiche politische
Freiheit für alle sei weniger umfangreich. Eine verfassungsmäßige Einschränkung des Umfangs der gleichen Teilnahme dürfe jedoch nicht verwechselt werden mit einer Ungleichheit der politischen Freiheit, etwa wenn
nicht jeder eine Stimme habe. Während diese unmittelbar mit der Forderung der gleichen Freiheit in Konflikt gerate, sei die Einschränkung des
Umfangs des Teilnahmegrundsatzes eher zu rechtfertigen, da sie jedermann
gleichermaßen treffe. Die Rechtfertigung einer verfassungsmäßigen Einschränkung des Mehrheitsprinzips kann nach Rawls nur darin liegen, daß
durch die Einschränkung andere Freiheiten geschützt werden:

> „Es kommt darauf an, daß man zur Rechtfertigung der Einschränkungen behaupten
> muß, aus der Sicht des repräsentativen Bürgers in der verfassunggebenden Versamm-
> lung werde die weniger umfangreiche Teilnahmefreiheit durch die größere Sicherheit
> und den größeren Umfang der anderen Freiheiten aufgewogen. Den uneingeschränk-
> ten Mehrheitsgrundsatz hält man oft für diese Freiheiten schädlich. Die Verfassungs-
> regelungen zwingen die Mehrheit, die Durchsetzung ihres Willens aufzuschieben und
> ihre Entscheidung besser zu überdenken. Auf diese und andere Weise sollen die Ver-
> fahrensbeschränkungen die Schwächen des Mehrheitsgrundsatzes mildern. Die
> Rechtfertigung beruft sich auf eine größere gleiche Freiheit, nirgends auf wirtschaft-
> liche oder soziale Vorteile." (S. 259 f.)

Da, wie erwähnt, die verfassungsmäßige Regelung der politischen Verhältnisse bestenfalls 'unvollkommene Verfahrensgerechtigkeit zu realisieren vermag, ist die Gefahr nicht völlig auszuschließen, daß von gewissen

Konstellationen politischer Macht mitunter eine Bedrohung wesentlicher anderer Freiheiten (z.B. der Gewissensfreiheit oder der Freiheit der Meinungsäußerung) ausgehen kann. Wenn es zur besseren Sicherung anderer Freiheiten erforderlich erscheint, ist es darum nach Rawls' Auffassung gerechtfertigt, diese Freiheiten der Disposition der einfachen Mehrheit zu entziehen und sie durch Verfassungsvorschriften der gleichen politischen Teilnahme überzuordnen (vgl. S. 258 ff.).

Mit diesen Erörterungen betreffend die Anwendung der Gerechtigkeitsgrundsätze schließe ich die Einführung in Rawls' Theorie der Gerechtigkeit ab. Die Ausführlichkeit dieser Darstellung rechtfertigt sich einerseits durch das Bestreben, diese außerordentlich komplexe und weitreichende Theorie in übersichtlicher, verständlicher und doch nicht allzu verkürzter Weise darzulegen; zum anderen war es aber auch erforderlich, für die nachfolgende Erörterung der vielfältigen und umfassenden Kritik, die Rawls' Theorie zuteil wurde, eine einigermaßen solide Grundlage zu schaffen. Dennoch konnten in der vorliegenden Darstellung keineswegs alle Teile der Theorie auch nur annähernd behandelt werden. So habe ich nicht nur darauf verzichtet zu referieren, welche Pflichten und Verpflichtungen sich nach Rawls' Ansicht aus den Gerechtigkeitsgrundsätzen für einzelne Personen ergeben, sondern ich habe auch seine moralpsychologischen Überlegungen, mit denen er zu beweisen sucht, daß eine gerechte Gesellschaft ein sich selbst stabilisierendes Gleichgewichtssystem darstellt, hier völlig außer Betracht gelassen. Auch die behandelten Teile der Theorie konnten nur im Hinblick auf ihre tragenden Argumentationsstränge hin verfolgt werden. Im folgenden Abschnitt will ich versuchen, einige der wichtigsten Problemfelder abzustecken, um die sich die Auseinandersetzungen um Rawls' Theorie vorzugsweise gruppiert haben. Dabei werden die offenen Fragen und Schwierigkeiten der Theorie ausführlich zur Sprache kommen.

2. Kritik an Rawls' Theorie der Gerechtigkeit

Rawls' Theorie hat, vor allem nach Erscheinen von „A Theory of Justice", bei Philosophen, Ökonomen, Soziologen und Juristen nachhaltiges Interesse gefunden und Myriaden von Diskussionsbeiträgen und kritischen Auseinandersetzungen hervorgerufen. Als Niederschlag dieser Diskussion liegt nunmehr eine nicht mehr überschaubare Anzahl von Publikationen vor, die sich – mehr oder minder kritisch, teils ablehnend, teils zustimmend – mit allen nur denkbaren Aspekten von Rawls' Gerechtigkeitstheorie beschäftigen. Unter diesen Publikationen finden sich auch eine Reihe von Sammelbänden und selbständigen Monographien[18].

---

[18] Dazu gehören insbesondere die folgenden Werke: *Barry*, The Liberal Theory of Justice (1973 a); *Daniels*, Reading Rawls (1975 a); *Höffe*, Über John Rawls' Theorie der

Es ist in diesem Rahmen verständlicherweise nicht möglich, auf alle diese Diskussionsbeiträge im einzelnen einzugehen oder sie auch nur überblicksartig zu referieren. Ich möchte im folgenden vielmehr versuchen, die für die Würdigung von Rawls' Theorie besonders bedeutsamen Fragen schwerpunktmäßig zusammenzufassen und anhand einiger wichtiger Diskussionsbeiträge exemplarisch zu behandeln. Eine der interessantesten Stellungnahmen zu Rawls, nämlich die von Robert Nozick, werde ich hierbei allerdings noch nicht berücksichtigen[19]; ich werde mich mit ihr jedoch im nächsten Kapitel im Rahmen der Darstellung von Nozicks Gerechtigkeitstheorie auseinandersetzen.

2.1 Rawls' Methode: Vertrags- oder Kohärenzmodell?

Die von Rawls vorgeschlagene und praktizierte Methode der Rechtfertigung moralischer Grundsätze besteht – wie im vorigen Abschnitt dargelegt – darin, Grundsätze aufzusuchen, die einerseits unsere wohlüberlegten moralischen Urteile in kohärenter Weise zusammenfassen, und die sich andererseits aus allgemeinen Annahmen ableiten lassen, die wir als natürliche und vernünftige Voraussetzungen des moralischen Urteilens ansehen. Dies ist die Methode des *Überlegungs-Gleichgewichts*. Bezogen auf das Problem der Gerechtigkeit geht es darum, diejenige Gerechtigkeitskonzeption zu finden, die unsere wohlüberlegten Gerechtigkeitsurteile, welche uns aufgrund unseres intuitiven Gerechtigkeitsempfindens begründet erscheinen, mit jenen allgemeinen Annahmen in größtmögliche Übereinstimmung bringt, die wir vernünftigerweise als Prämissen für eine angemessene Gerechtigkeitskonzeption voraussetzen. Wir haben es hier also mit einer Methode zu tun, welche die vorherrschenden Gerechtigkeitsvorstellungen des moralischen common sense weder zum alleinigen Maßstab der Gültigkeit bestimmter Grundsätze erhebt, noch völlig über sie hinweggeht. Obwohl eine angemessene Theorie der Gerechtigkeit nach Rawls' Auffassung darauf hinarbeiten muß, die von ihr vertretenen Gerechtigkeitsgrundsätze aus ganz allgemeinen Voraussetzungen (wie etwa den formalen Eigenschaften moralischer Prinzipien und anderen ‚natürlichen' Annahmen) herzuleiten, muß sie immer auch darauf Bedacht nehmen, den moralischen Intuitionen Rechnung zu tragen, die sich in unseren wohlüberlegten Gerechtigkeitsurteilen manifestieren. Die Methode des Überlegungs-Gleichgewichts führt daher zu einem *zweiseitigen Rechtfertigungsverfahren* von Gerechtigkeitsgrundsätzen: einerseits müssen diese Grundsätze durch all-

---

Gerechtigkeit (1977 a); *Wolff,* Understanding Rawls (1977 a); *Nielsen / Shiner,* New Essays on Contract Theory (1977); *Wettstein,* Über die Ausbaufähigkeit von Rawls' Theorie der Gerechtigkeit (1979 a); *Blocker / Smith,* John Rawls' Theory of Social Justice (1980).

[19] Siehe hierzu *Nozick,* Anarchie, Staat, Utopia (1974), S. 170 ff.

gemeine Annahmen begründet werden und andererseits muß auch gezeigt werden, daß sie – im großen und ganzen – mit unseren wohlüberlegten Gerechtigkeitsurteilen in Einklang stehen.

Was Rawls anstrebt, das sind also Gerechtigkeitsgrundsätze, die sowohl mit unseren wohlüberlegten Alltagsurteilen in Fragen der Gerechtigkeit in weitgehender Übereinstimmung stehen und die sich überdies aus einer durch vernünftige und akzeptable Eigenschaften gekennzeichneten Vertragssituation herleiten lassen. Dementsprechend kann man in Rawls' Rechtfertigungsmethode von Gerechtigkeitsgrundsätzen zwei verschiedene Weisen der Argumentation unterscheiden: 1. eine *Kohärenzargumentation*, die belegen soll, daß die Grundsätze unsere moralischen Alltagsurteile im wesentlichen kohärent zusammenfassen; und 2. eine *Vertragsargumentation*, die darauf abzielt zu zeigen, daß sich die Grundsätze aus einer akzeptablen Rekonstruktion einer fiktiven Vertragssituation ergeben[20]. Diese *Doppelseitigkeit* des Rechtfertigungsverfahrens hat einige Autoren veranlaßt zu meinen, Rawls bediene sich überhaupt zweier grundverschiedener Rechtfertigungsmodelle: eines Kohärenzmodells und eines Vertragsmodells[21]. Das trifft zwar – wie eine genauere Betrachtung der Methode des Überlegungs-Gleichgewichts sofort zeigt – gewiß nicht zu, aber das soll nicht darüber hinwegtäuschen, daß jede der beiden Argumentationsweisen dieser Methode mit spezifischen Problemen verbunden ist.

Was etwa Rawls' Ansicht betrifft, moralische Prinzipien müßten mit unseren wohlüberlegten Alltagsurteilen in Einklang stehen, so liegt es nahe, sie als allzu subjektivistisch zu kritisieren, weil sie die Richtigkeit moralischer Grundsätze am Maß ihrer Übereinstimmung mit unseren subjektiven Überzeugungen bemesse. In diesem Sinne hat z.B. R. M. Hare gemeint, Rawls vertrete

„eine Art des Subjektivismus im engsten und veraltetsten Sinn. Er macht die Antwort auf die Frage ‚Ist das richtig, was ich über moralische Fragen sage?' abhängig von der Antwort auf die Frage ‚Stimmen wir, der Leser und ich, überein in dem, was wir sagen?'. Das muß seine Ansicht sein, wenn die wohlüberlegten Urteile von Autor und Lesern seiner Theorie die Bedeutung beanspruchen dürfen, die in einer empirischen Wissenschaft den Beobachtungstatsachen zukommt."[22]

---

[20] In diesem Sinne u.a. *Lyons,* Nature and Soundness of the Contract and Coherence Arguments (1975a); ähnlich: *Dworkin,* The Original Position (1973); *Honderich,* The Use of the Basic Proposition of a Theory of Justice (1975); *Ballestrem,* Methodologische Probleme in Rawls' Theorie der Gerechtigkeit (1977).

[21] So z.B. *Hoerster,* John Rawls' Kohärenztheorie der Normenbegründung (1977), und ihm folgend *Kliemt,* John Rawls' Theorie der Gerechtigkeit und Robert Nozick's Theorie des Minimalstaates (1979). Zum Folgenden siehe auch: *Ballestrem,* Methodologische Probleme in Rawls' Theorie der Gerechtigkeit (1977); *Katzner,* The Original Position and the Veil of Ignorance (1980), S. 58ff.; *Sandel,* Liberalism and the Limits of Justice (1982), S. 47ff.

[22] *Hare,* Rawls' Theory of Justice (1973), S. 82. (Die Übersetzung dieses Zitats sowie auch aller nachfolgenden Stellen, die nach englischen Originaltexten zitiert werden, stammt von mir).

In ähnlicher Weise hat auch David Lyons argumentiert, daß Kohärenzar-
gumente, selbst wenn sie unsere moralischen Überzeugungen adäquat zum
Ausdruck bringen, niemals geeignet sein können, irgendwelche moralischen
Prinzipien zu begründen:

> „Ein Kohärenzargument scheint uns in eine Zirkularität zwischen unseren herr-
> schenden Einstellungen und Prinzipien, die sich in ihnen manifestieren, hineinzufüh-
> ren. Ein derartiges Argument als *Rechtfertigungsgrund* moralischer Prinzipien zu
> betrachten, heißt entweder einen selbstgefälligen moralischen Konventionalismus
> oder aber einen mysteriösen ‚Intuitionismus' in betreff grundlegender moralischer
> Wissens anzunehmen. Es ist eine Argumentform, deren Zulässigkeit niemals klar
> unter Beweis gestellt wurde."[23]

Während Hare und Lyons die Kohärenzargumentation im Rahmen des
Überlegungs-Gleichgewichts als subjektivistisch bzw. intuitionistisch verwerfen, scheinen sie eher geneigt, der Vertragsargumentation rechtfertigende Kraft zuzuerkennen. Demgegenüber bestreiten andere Autoren, wie
z.B. Ronald Dworkin oder Norbert Hoerster, gerade die moralische Relevanz von Argumenten, die sich auf die Konstruktion eines hypothetischen
Gesellschaftsvertrags gründen, währenddessen sie wiederum das Kohärenz-
modell für ein geeignetes Verfahren der Rechtfertigung moralischer Grundsätze zu halten scheinen.

Nach Auffassung von Dworkin kann ein hypothetischer Vertrag, wie ihn
Rawls konzipiert, niemals ein unabhängiges Argument für die Rechtmäßigkeit derjenigen Grundsätze liefern, die man unter hypothetischen Bedingungen als Vertragsinhalt akzeptiert hätte, und zwar einfach deshalb nicht,
weil er überhaupt kein Vertrag ist[24]. Als relevantes Argument für einen
Grundsatz könne vielmehr nur der Nachweis gelten, daß der Grundsatz fair
und vernünftig ist; die Tatsache, daß man ihn unter bestimmten Bedingungen gewählt hätte, sei dagegen völlig belanglos. Um ein unabhängiges Argument für die Fairneß der beiden Prinzipien von Rawls zu führen, könnte
man vielleicht zu argumentieren versuchen, der Urzustand als hypothetische Vertragssituation offenbare, daß die beiden Prinzipien im höchsten
Interesse aller Mitglieder jeder Gesellschaft lägen und daß es daher fair sei,
die gesellschaftlichen Institutionen gemäß diesen Prinzipien zu gestalten.
Und wenn es nachzuweisen gelänge, daß die zwei Prinzipien wirklich in

---

[23] *Lyons,* The Nature of the Contract Argument (1974), S. 1066; ähnlich auch
Lyons, Nature and Soundness of the Contract and Coherence Arguments (1975a),
S. 146f. Siehe hierzu auch: *Care,* Contractualism and Moral Criticism (1969/70);
Tugendhat, Comments on some Methodological Aspects of Rawls' „Theory of Justice"
(1979); *Kulenkampff,* Methodenfragen der Gerechtigkeitstheorie (1979).
[24] Siehe hierzu und zum Folgenden *Dworkin,* The Original Position (1973), neuer-
dings auch in deutscher Übersetzung in: *ders.,* Bürgerrechte ernstgenommen (1977),
S. 252ff. Zur Frage, wodurch das Vertragsmodell, welches Rawls als Grundlage der
Rechtfertigung moralischer Grundsätze dient, seinerseits gerechtfertigt ist, siehe
Höffe, Zur Rolle der Entscheidungstheorie bei der Rechtfertigung von Gerechtigkeitsprinzipien (1977c); vgl. dazu auch *Kern,* Diskussionsbeitrag zu Höffe (1977b).

jedermanns Interesse liegen, wäre dies in der Tat ein gültiges Argument zugunsten ihrer Annehmbarkeit. Doch diesen Nachweis zu erbringen, ist – wie Dworkin meint – schwerlich möglich, und zwar aus folgendem Grund:

> „Wir müssen sorgfältig zwei Bedeutungen unterscheiden, in welchen etwas als in meinem Interesse liegend behauptet wird. Es liegt in meinem *vorgängigen* Interesse, eine Wette auf jenes Pferd abzuschließen, das – unter Berücksichtigung aller zugänglichen Informationen – die besten Gewinnaussichten hat, auch wenn das Pferd dann im Rennen unterliegt. Es liegt in meinem *aktuellen* Interesse, auf ein Pferd zu wetten, das gewinnt, selbst wenn die Wette zur Zeit, als sie abgeschlossen wurde, unklug war. Wenn der Urzustand ein Argument dafür liefert, daß es in jedermanns Interesse liegt, die zwei Prinzipien als Grundlage für die Verfassung anzunehmen, dann offensichtlich eines, das sich auf ein vorgängiges und nicht auf ein aktuelles Interesse bezieht. Denn es liegt nicht in jedermanns aktuellem Interesse, die beiden Prinzipien zu wählen, da manch einer, wenn der Schleier des Nichtwissens gelüftet ist, entdecken wird, daß er besser abgeschnitten hätte, wenn irgendein anderes Prinzip, z.B. das Prinzip des Durchschnittsnutzens, gewählt worden wäre."[25]

Die Tatsache, daß eine bestimmte Wahl zu einem bestimmten Zeitpunkt, wo große Unsicherheit besteht, in jemandes Interesse liegt, kann – so Dworkin – keineswegs als gutes Argument dafür gelten, daß es auch fair ist, diese Wahl später, unter Bedingungen viel größeren Wissens, gegen ihn geltend zu machen. Genau dieses Arguments bediene sich Rawls jedoch, wenn er sich zur Rechtfertigung seiner Grundsätze auf den Urzustand stütze. In dieselbe Kerbe schlägt auch Norbert Hoerster, wenn er sagt:

> „Es will mir nicht einleuchten, warum meine Option für gewisse Moralprinzipien von der völlig fiktiven Frage berührt sein sollte, welche Prinzipien ich *im eigenen Interesse* wünschen würde, wenn ich u.a. alle möglichen Fakten über meine persönliche Lage – Fakten, die mir in Wahrheit täglich vor Augen liegen – nicht kennte."[26]

Beide Argumentationslinien, sowohl die gegen den Kohärenzaspekt wie auch jene gegen den Vertragsaspekt von Rawls' Methode des Überlegungs-Gleichgewichts, scheinen einige Plausibilität für sich zu haben. So könnte man die intuitive Idee, die der Kritik am Kohärenzaspekt zugrundeliegt, in dem sicherlich richtigen Satz zusammenfassen, daß etwas nicht schon deshalb moralisch richtig ist, weil es die meisten von uns für richtig halten. Umgekehrt trifft es aber auch sicherlich zu, daß moralische Grundsätze nicht allein schon deswegen begründet sind, weil sie sich aus einer hypothetischen Vertragsvorstellung ergeben und daß uns solche Grundsätze schwerlich als akzeptabel erscheinen werden, wenn sie nicht im großen und ganzen unser gewöhnliches Verständnis von Moral zum Ausdruck bringen, das sich in unseren intuitiven moralischen Urteilen manifestiert.

---

[25] *Dworkin*, The Original Position (1973), zitiert nach der in *Daniels*, Reading Rawls (1975a) abgedruckten Fassung, S. 20; vgl. die deutsche Übersetzung in: *Dworkin*, Bürgerrechte ernstgenommen (1977), S. 256.

[26] *Hoerster*, John Rawls' Kohärenztheorie der Normenbegründung (1977), S. 64; in ähnlichem Sinne auch: *Honderich*, The Use of Basic Proposition of a Theory of Justice (1975), S. 71f.; *Wolff*, Understanding Rawls (1977a), S. 184ff.; *G. Lübbe*, Die Auferstehung des Sozialvertrags (1977), S. 191f.

Vergegenwärtigen wir uns einmal die Folgen des Standpunktes, den Hare und Lyons in ihrer Argumentation gegen den Kohärenzgedanken einnehmen. Wenn es – wie sie zu meinen scheinen – für die Anerkennung moralischer Prinzipien völlig belanglos wäre, wie diese mit unseren moralischen Alltagsurteilen zusammenstimmen, dann wäre es im Rahmen des moralischen Argumentierens konsequenterweise auch nicht möglich, gegen vorgeschlagene Prinzipien unter Anführung von Gegenbeispielen zu argumentieren, die auf der intuitiven moralischen Bewertung bestimmter einzelner Fälle beruhen. Hierdurch würde man sich einer Argumentationsform des moralischen Räsonierens entledigen, die ein fundamentales Instrument des rationalen moralischen Diskurses ist und in der Moralphilosophie – ungeachtet des jeweiligen Standpunkts – allgemein praktiziert wird. Wenn es zum Beispiel zutrifft, daß das utilitaristische Prinzip des Durchschnittsnutzens Veränderungen der sozialen Güterverteilung, welche die bereits Privilegierten auf Kosten der Benachteiligten noch besser stellen, gutheißt, sofern nur die Nutzenzuwächse der ersteren größer sind als die Nutzenverluste der letzteren, dann bildet diese Tatsache ein mögliches Gegenbeispiel, um das Prinzip des Durchschnittsnutzens als Gerechtigkeitsprinzip zu entkräften. Denn diese Tatsache widerspricht offenbar in fundamentaler Weise unserem intuitiven moralischen Verständnis von Gerechtigkeit.

Natürlich kann nicht jedes beliebige moralische Urteil als Instanz der Widerlegung bzw. der Bestätigung von moralischen Prinzipien fungieren. Da die intuitiven moralischen Urteile verschiedener Personen – mitunter sogar auch einzelne Urteile ein und derselben Person – einander häufig widersprechen, ist eine kohärente Systematisierung aller dieser Urteile schon aus logischen Gründen nicht möglich. Rawls hat daher vorgeschlagen, nur die *wohlüberlegten moralischen Urteile* zu berücksichtigen, also nur diejenigen unserer intuitiven Urteile, bezüglich welcher wir uns ziemlich sicher sind, die relativ unbestritten sind und die frei von den gewöhnlichen interessenbedingten oder erkenntnismäßigen Verzerrungen und Irrtümern sind. Da diese Urteile gleichsam den harten Kern unseres Verständnisses von Moral bilden, besteht in der Tat wenig Grund, sie zugunsten irgendwelcher abstrakter Prinzipien preiszugeben. Es liegt vielmehr nahe, sie als deren Prüfstein zu verwenden. Möglicherweise ist dieses Kriterium zu schwach, aber es scheint, daß irgendein Kriterium dieser Art jedenfalls erforderlich ist, wenn die Moraltheorie irgendwie im intuitiven moralischen Alltagsverständnis verankert werden soll[26a].

Die Gültigkeit moralischer Prinzipien an ihrer Kohärenz mit – wie immer wohlüberlegten – moralischen Urteilen zu messen, bedeute aber doch, so könnte man nun einwenden, moralische Einzelurteile zum Geltungsgrund

---

[26a] In diesem Sinne auch: *Daniels,* Wide Reflective Equilibrium and Theory Acceptance in Ethics (1979); *ders.,* Reflective Equilibrium and Archimedian Points (1980).

moralischer Prinzipien zu machen, wo doch umgekehrt diese als Geltungsgrund jener fungieren sollten[27]. Dieser Schluß ist jedoch nicht zwingend.
Der Grund dafür, warum die Rückkoppelung mit unseren intuitiven Alltagsurteilen sich als notwendig erweist, ist doch der, daß wir uns der allgemeinen Prinzipien, die unser moralisches Alltagsverständnis leiten, keineswegs gewiß sind, sondern daß sie sich vielfach nur indirekt in unseren intuitiv gefaßten Einzelurteilen manifestieren. Wenn die Moraltheorie nicht
Gefahr laufen soll, in ein Wolkenkuckucksheim aprioristischer Moralkon-
struktionen zu entschweben, die mit unserem Alltagsverständnis von Moral
nichts mehr zu tun haben, bleibt sie darauf angewiesen, die Prinzipien, die
unser moralisches Urteilen intuitiv bestimmen, aus diesem mühsam zu
rekonstruieren.

Im Zusammenhang mit dem Kohärenzaspekt der Rechtfertigung moralischer Prinzipien entsteht jedoch noch ein anderes Problem für Rawls'
Gerechtigkeitskonzeption: Rawls ist, wie wir wissen, auf der Suche nach
überhistorischen und endgültigen Gerechtigkeitsgrundsätzen und vermeint
sie in seinen beiden Prinzipien gefunden zu haben. Nun scheint es allerdings
in hohem Maße fraglich, ob unsere wohlüberlegten Alltagsurteile – einmal
vorausgesetzt, sie seien eine tragfähige Basis für die moralische Argumentation – jemals die Überzeitlichkeit und Endgültigkeit moralischer Prinzipien
sicherzustellen vermögen. Einige Autoren, u. a. Allan Bloom, Dean H.
Clarke, C. B. Macpherson und Philip Pettit[28], haben geltend gemacht, Rawls'
Gerechtigkeitskonzeption sei bestenfalls eine Zusammenfassung der liberalen, demokratischen und sozialen Ideale unserer Zeit, nicht aber eine Theorie, die überhistorische oder gar transkulturelle Geltung beanspruchen
kann. Nun, soweit sich Rawls' Konzeption auf unsere wohlüberlegten
Gerechtigkeitsurteile stützt, ist in der Tat schwerlich einzusehen, wie dieser
Anspruch gerechtfertigt werden könnte. Denn selbst wenn man davon ausgeht, daß sich in den wohlüberlegten Urteilen unsere intuitive Gerechtigkeitsvorstellung oder – um mit Rawls zu sprechen – unser Gerechtigkeitssinn im wesentlichen unverzerrt von persönlichen Interessen und erkenntnismäßigen Irrtümern manifestiert, besteht noch kein Grund anzunehmen,
diese unsere moralische Intuition sei völlig unbeeinflußt von kulturellen
bzw. historischen Bedingungen der moralischen Sichtweise. Die transkulturelle und überhistorische Geltung der Gerechtigkeitsgrundsätze kann daher
ihre Begründung – wenn überhaupt – nur durch das Vertragsargument finden. Wenden wir uns diesem zu.

---

[27] So *Tugendhat,* Comments on some Methodological Aspects of Rawls' „Theory of
Justice" (1979), S. 80 f.

[28] Vgl. *Bloom,* Justice: John Rawls vs. The Tradition of Political Philosophy (1975);
Clarke, Marxism, Justice and the Justice Model (1978); *Macpherson,* Demokratietheo-
rie (1973a), S. 149 ff.; *ders.,* Rawls's Models of Man and Society (1973b); *Pettit,* A
Theory of Justice? (1974a); ähnlich *Nielsen,* Unsere wohlerwogenen Urteile (1977b).

Es trifft sicherlich zu, daß die kontrafaktische Annahme eines Gesellschaftsvertrags allein nicht hinreichen kann, um irgendwelche Gerechtigkeitsprinzipien zu begründen. Zweifellos vermag die Annahme einer vertraglichen Vereinbarung, die nie wirklich getroffen wurde und die in Wirklichkeit auch gar nicht möglich ist, für sich allein noch keinen Grund für die
Verbindlichkeit der durch diese Vereinbarung möglicherweise festgelegten
Grundsätze zu liefern. Wenn die Vorstellung eines hypothetischen Sozialkontrakts zur Rechtfertigung sozialer Grundsätze etwas beitragen soll, so
muß es Gründe geben, die uns die Annahme eines solchen Vertrags als plausibel erscheinen lassen, wie auch Gründe dafür, daß wir uns diesen Vertrag
gerade so und nicht anders vorstellen sollten[29]. Man mag finden, daß die
Gründe, die Rawls für die von ihm proponierte Vertragsvorstellung namhaft
macht, unzureichend sind, aber man kann ihm schwerlich vorwerfen, er
lasse es an solchen Gründen überhaupt fehlen. Immerhin gibt er deutlich zu
erkennen, welche Art von Gründen uns diese Vertragsvorstellung nach
seinem Dafürhalten ohne weiteres akzeptabel erscheinen lassen müßte:
nämlich unsere gewöhnlichen Vorstellungen darüber, welchen Bedingungen
moralische Grundsätze entsprechen müssen, um allgemeine Geltung beanspruchen zu können. Rawls erklärt, er gehe davon aus, daß „weithin Übereinstimmung darüber herrscht, daß Gerechtigkeitsgrundsätze unter
bestimmten Bedingungen festgelegt werden sollten. Zur Rechtfertigung
einer bestimmten Konkretisierung dieser Ausgangssituation zeigt man, daß
sie diese allgemein akzeptierten Bedingungen erfüllt.“[30]

Wenn Rawls meint, es herrsche weithin Übereinstimmung darüber, unter
welchen Bedingungen Gerechtigkeitsgrundsätze festgelegt werden sollten,
so nimmt er offenbar auf unsere moralischen Überzeugungen allgemeinster
Art Bezug, die unsere *intuitive Vorstellung des moralischen Standpunkts*
konstituieren, der Betrachtungsweise, die es einzunehmen gilt, wenn wir
auf moralische Urteile und Forderungen abzielen, denen universelle Geltung zukommen soll[31]. Die von Dworkin vermißte Begründung dafür,

---

[29] In diesem Sinne auch *Weinberger,* Begründung oder Illusion? (1977a), S. 203;
ders., Die Rolle des Konsenses in der Wissenschaft, im Recht und in der Politik
(1981a), S. 151.

[30] *Rawls,* Eine Theorie der Gerechtigkeit (1975a), S. 35. Rawls' Rechtfertigung des
Urzustandes als des angemessenen Ausgangspunktes für die rationale Wahl der
Gerechtigkeitsprinzipien geht letztlich dahin, daß der Urzustand diejenigen Bedin-
gungen erfülle, die eine Übereinstimmung der Menschen als autonomer und gleichbe-
rechtigter Vernunftwesen ermöglichen. Und gerade in diesem Punkte beruft sich
Rawls auf Kant, indem er den Urzustand „als eine verfahrensmäßige Deutung von
Kants Begriff der Autonomie" bezeichnet (vgl. S. 283ff.). Zur Frage der Kantischen
Deutung von Rawls' Vertragsmodell siehe: *Levine,* Rawls' Kantianism (1974);
Johnson, The Kantian Interpretation (1974/75); *Darwall,* A Defense of the Kantian
Interpretation (1975/76); *Johnson,* Autonomy in Kant and Rawls: A Reply (1976/77);
Darwall, Is There a Kantian Foundation for Rawlsian Justice? (1980); *Rawls,* Kantian
Constructivism in Moral Theory (1980).

[31] In diesem Sinne auch: *Snare,* John Rawls and the Methods of Ethics (1975/76);

warum die Berufung auf einen hypothetischen Sozialkontrakt überhaupt Gründe für bestimmte Gerechtigkeitsprinzipien zu liefern vermag, läuft somit darauf hinaus, daß die Vorstellung eines solchen Kontrakts geeignet erscheint, um die Idee des moralischen Standpunkts in angemessener Weise zu veranschaulichen und zu präzisieren. Und Rawls ist offensichtlich der Meinung, die Konzeption des Urzustandes biete uns eine passende Veranschaulichung der intuitiven Vorstellung des moralischen Standpunkts[31a].

Diese Ansicht setzt allerdings voraus, daß wir neben unseren moralischen Intuitionen, auf die wir unsere wohlüberlegten Urteile in einzelnen Fällen stützen, auch über hinreichend klare Intuitionen hinsichtlich der Bedingungen des Ausgangspunktes verfügen, von dem eine annehmbare Begründung moralischer Prinzipien auszugehen hat[32]. Denn nur, wenn wir über solche Intuitionen verfügen, besteht überhaupt die Möglichkeit, zu entscheiden, ob eine bestimmte Vorstellung dieses Ausgangspunktes eine tragfähige Grundlage der Rechtfertigung moralischer Grundsätze bereitstellt oder nicht. Um die Tragfähigkeit von Rawls' Vertragskonzeption im einzelnen beurteilen zu können, ist es daher notwendig, etwas genauer zu prüfen, ob und inwieweit die Vorstellung des Urzustandes, die ja den Ausgangspunkt dieser Konzeption bildet, in unserem intuitiven Verständnis von Moralität eine feste Verankerung hat.

Wie wir gesehen haben, bestimmt Rawls den Urzustand durch die folgenden Bedingungen, von denen er meint, daß jede einzelne unserem gewöhnlichen Verständnis von Moral entspreche und daher als allgemein akzeptiert vorausgesetzt werden könne: 1. Schleier des Nichtwissens, 2. Gleichheit aller Beteiligten, 3. Rationalität aller Vertragspartner, 4. gegenseitiges Desinteresse, und 5. Verbindlichkeit der vereinbarten Grundsätze. Es

---

Höffe, Kritische Einführung in Rawls' Theorie der Gerechtigkeit (1977 b), S. 188 f.; *Kohlberg,* Justice as Reversibility (1979), S. 257 f.

[31a] Es ist mehrfach – und meines Erachtens durchaus zu Recht – darauf hingewiesen worden, daß, wenn man den Ausgangspunkt der Begründung politischer Grundsätze in dieser Weise konstruiert, von einem *Sozialkontrakt* im herkömmlichen Sinne eigentlich nicht mehr die Rede sein kann, weil die Perspektive des Urzustandes alle auf eine einheitliche Betrachtungsweise festlegt und sie damit gleichsam in eine einzige Person zusammenfallen läßt. Die Wahl der Grundsätze im Urzustand hat dann aber mit einer vertraglichen Vereinbarung in der Tat nur wenig gemein. Wenn Rawls dennoch am Begriff des Sozialkontrakts festhält, so nicht allein deshalb, um der geistesgeschichtlichen Tradition Tribut zu zollen, in welcher sein Denken steht, sondern vor allem deswegen, weil die Konstruktion des Urzustandes selbst an der Vorstellung einer fairen Übereinkunft freier und gleichberechtigter Personen orientiert ist. Siehe dazu *Rawls,* Reply to Alexander and Musgrave (1974 a). Kritisch zum Vertragskonzept in Rawls' Theorie: *Alexander,* Social Evaluation through Notional Choice (1974); S. 604; *Keyt,* The Social Contract as an Analytic, Justificatory, and Polemic Device (1974/75); *Honderich,* The Use of the Basic Proposition of a Theory of Justice (1975); *Marshall,* The Failure of Contract as Justification (1975); *Hampton,* Contracts and Choices: Does Rawls Have a Social Contract Theory? (1980); *Katzner,* The Original Position and the Veil of Ignorance (1980), S. 65 ff.

[32] Zum folgenden Argument siehe insbesondere *Sneed,* Political Institutions as Means to Economic Justice (1979), S. 128 f.

scheint allerdings mehr als zweifelhaft, ob alle diese Annahmen wirklich von den meisten Leuten als so natürlich und naheliegend betrachtet werden, um sie ohneweiteres als weithin akzeptierte Bedingungen des moralischen Diskurses voraussetzen zu können, wie Rawls dies tun zu können glaubt. Zumindest zwei der genannten Annahmen verstehen sich vor dem Hintergrund unserer gewöhnlichen Vorstellungen von Moral keineswegs von selbst und mögen als ziemlich problematisch erscheinen: die Voraussetzung des Schleiers des Nichtwissens und die Annahme gegenseitigen Desinteresses. Es nimmt daher nicht wunder, daß gerade diese beiden Annahmen heftigen Widerspruch hervorgerufen haben.

Durch den *Schleier des Nichtwissens,* der über die Menschen im Urzustand gelegt ist, bleibt ihnen alles Wissen über ihre persönlichen Umstände verborgen: in welche Gesellschaft sie hineingeboren sind, welche Position sie in ihr einnehmen, welche Anlagen, Bedürfnisse und Neigungen sie haben und welcher Religion sie anhängen. Zugelassen sind dagegen alle Kenntnisse über allgemeine gesellschaftliche Tatsachen, die sich aus dem Alltagsverstand und allgemein anerkannten Analysemethoden ergeben. So sollen die Vertragspartner über politische Fragen und die Grundzüge der Wirtschaftstheorie ebenso informiert sein wie über die Grundfragen der gesellschaftlichen Organisation und die Gesetze der menschlichen Psychologie. Der Schleier des Nichtwissens hat die Aufgabe, den Einfluß zufälliger persönlicher Interessen und Bedürfnisse der Vertragsparteien auf die Wahl der Gerechtigkeitsgrundsätze auszuschalten, um deren Universalität sicherzustellen. Ihm kommt daher in Rawls' Theorie dieselbe Funktion zu, die in anderen Moralkonzeptionen Postulate wie die Vorstellung eines idealen Beobachters, das Prinzip des Rollentausches oder die Forderung der Transsubjektivität erfüllen. Es erhebt sich nun die Frage, ob der Schleier des Nichtwissens eine einleuchtende Bedingung der Rechtfertigung von Gerechtigkeitsprinzipien ist.

P. H. Nowell-Smith hat gegen den Schleier des Nichtwissens eingewandt, daß wir die allgemeinen Kenntnisse, die Rawls im Urzustand als bekannt voraussetzt, weder haben, noch je haben können; und zwar stehen uns derartige Kenntnisse deshalb nicht zur Verfügung, weil es – wie Nowell-Smith glaubt – keine allgemeinen gesellschaftlichen Tatsachen gibt, die man kennen könnte[33]. Wenn wir aber wüßten, daß uns die Kenntnisse fehlen, die wir brauchen, um eine bestimmte Schlußfolgerung zu gewinnen, könne man nicht einfach annehmen, wir würden gerade diese Schlußfolgerung ziehen, stünden uns nur die fehlenden Kenntnisse zur Verfügung:

„Wenn ich mit meinem Auto in der Wüste eine Panne habe, kann ich zu mir (wehmütig und sinnloserweise) sagen: „Wenn ich nur ein bißchen über Maschinen Bescheid wüßte, wüßte ich, was jetzt zu tun wäre." Aber ich kann logischerweise nicht

---

[33] Siehe zum Folgenden *Nowell-Smith,* Eine Theorie der Gerechtigkeit? (1973).

sagen: „Wenn ich nur ein bißchen über Maschinen Bescheid wüßte, wüßte ich, daß jetzt A, und nicht B oder C zu tun wäre." Genausogut könnten Rawls und ich sagen: „Wenn uns nur gewisse allgemeine Tatsachen bekannt wären (von denen wir ... wissen, daß sie uns nicht bekannt sind), könnten wir uns über eine rationale Wahl von Prinzipien einigen." Wir könnten dagegen nicht sagen: „Wenn uns gewisse allgemeine Tatsachen bekannt wären, von denen wir wissen, daß sie uns nicht bekannt sind, wüßten wir, daß wir die Gerechtigkeit als Fairneß als den rationalen Satz von Prinzipien wählen sollten." Der Grund dafür liegt darin, daß die Wahl der Prinzipien von einer *wirklichen* Kenntnis der allgemeinen Tatsachen abhängig sein muß."[34]

Ähnlich wie Nowell-Smith äußern sich auch Robert Paul Wolff und Charles Frankel sehr skeptisch über die Möglichkeit, unser allgemeines Wissen über die Gesellschaft zur Rechtfertigung von Gerechtigkeitsprinzipien verwenden zu können. Denn, so meint Wolff, unser Wissen über die Gesellschaft sei – anders als unser Wissen über die Natur – im Grunde nicht mehr als ein kollektiver menschlicher Entwurf, ein Entwurf des Selbst-Verständnisses und auch der Selbst-Änderung. Soziales Wissen beschreibe nicht eine unabhängige ‚reale Welt‘, sondern eine gesellschaftliche Konstruktion der sozialen Realität, die in den sozialen Interaktionen zum Ausdruck komme und dadurch eben diese soziale Realität aufrechterhalte (oder ändere)[35]. Der Einwand, auf den diese Argumente hinauslaufen, geht also – kurz gesagt – dahin, daß die Vertragsparteien bei Rawls „erheblich besser informiert sind als die meisten von uns, eingeschlossen die Experten in den sozialwissenschaftlichen Bereichen, die Rawls anführt."[36]

Nun, abgesehen davon, daß Nowell-Smith's vehemente Leugnung jeglicher Möglichkeit der Kenntnis allgemeiner gesellschaftlicher Tatsachen entschieden zu weit geht, bleibt offen, inwieweit die erwähnten Einwände die Konzeption von Rawls wirklich treffen. Nowell-Smith und Wolff stützen ihre Behauptung, die Vertragsparteien könnten im Urzustand jene allgemeinen gesellschaftlichen Tatsachen ja gar nicht kennen, die sie kennen müßten, um zu Rawls' Grundsätzen zu gelangen, im wesentlichen auf A-priori-Argumente gegen die Möglichkeit jeglichen allgemeinen gesellschaftlichen Wissens. Obwohl diese Argumente sicherlich einiges für sich haben, tragen sie nicht so weit, wie Nowell-Smith und Wolff annehmen. So trifft Wolffs These, daß unser soziales Wissen immer zugleich auch in gewissem Sinne konstitutiv für den Gegenstand dieses Wissens sei, für unser handlungsleitendes Alltagswissen gewiß in hohem Maße zu; aber daraus folgt weder, daß es nicht einige Bestandteile dieses Wissens geben kann, die gesellschaftlich und kulturell invariant sind und daher für alle möglichen Gesellschaften gelten, noch scheint es plausibel, daß allgemeine gesellschaftliche Tatsachen immer nur durch das Wissen darüber konstituiert werden. Offenbar trifft es für alle Gesellschaften zu, daß immer dann, wenn im Verhältnis zu den

---

[34] *Nowell-Smith*, Eine Theorie der Gerechtigkeit? (1973), S. 83 f.
[35] Vgl. *Wolff*, Understanding Rawls (1977 a), S. 125 f.
[36] *Frankel*, Justice, Utilitarianism, and Rights (1974), S. 35.

Wünschen und Bedürfnissen der Menschen die verfügbaren Ressourcen, sie zu befriedigen, knapp sind, es auch Verteilungskonflikte um diese Ressourcen gibt. Und obwohl es der Fall ist, daß das Wissen um diesen Sachverhalt irgendwie das soziale Selbstverständnis des Menschen und damit das gesellschaftliche Zusammenleben bestimmt, vermag ich nicht zu sehen, warum man nicht dennoch die Ansicht vertreten können sollte, das Auftreten von Interessenskonflikten unter Bedingungen der Knappheit sei eine allgemeine gesellschaftliche Tatsache.

Die Frage, die sich in diesem Zusammenhang nun allerdings erhebt, ist die, welche allgemeinen Kenntnisse die Vertragspartner im Urzustand eigentlich brauchen, um ihre Entscheidung zugunsten der Gerechtigkeitsgrundsätze von Rawls zu treffen, und ob es gerechtfertigt erscheint oder nicht, diese Kenntnisse vorauszusetzen. Ich will dieser Frage in aller Kürze nachgehen. Rawls setzt an Wissen zunächst soviel voraus: Die Vertragspartner wissen, daß sie Ziele, Interessen und Bedürfnisse haben (auch wenn sie nicht wissen, worin diese bestehen) und daß sie diese Ziele, Interessen und Bedürfnisse, welche immer es sein mögen, um so besser verwirklichen können, über je mehr Grundgüter (Grundfreiheiten, Einkommen, Vermögen, Macht und Selbstachtung) sie verfügen; ferner wissen sie über die Anwendungsbedingungen der Gerechtigkeit Bescheid (Knappheit der Grundgüter, Verletzlichkeit des Menschen, mögliche Vorteile der Kooperation). Nach Rawls' Auffassung reicht dieses Wissen in Verbindung mit den Bedingungen der Gleichheit, der Rationalität und des gegenseitigen Desinteresses aus, um die *allgemeine* Gerechtigkeitsvorstellung zu begründen, welcher gemäß alle sozialen Werte gleichmäßig zu verteilen sind, soweit nicht eine ungleiche Verteilung jedermann zum Vorteil gereicht. Die gesellschaftlichen Tatsachen, die dieses Wissen zum Gegenstand hat, sind so trivial, daß nicht einzusehen ist, warum man sie im Urzustand nicht als bekannt voraussetzen können sollte.

 Die Begründung der *speziellen* Gerechtigkeitskonzeption, also der beiden Grundsätze mit dem Vorrang der Freiheit vor dem Differenzprinzip, stößt da auf weitaus größere Schwierigkeiten. Die Anwendung der Maximin-Regel als rationaler Entscheidungsregel, die ja die hauptsächliche Grundlage für die Priorität der Grundrechte und für das Differenzprinzip abgibt, setzt die Annahme einer besonderen Art der Nutzenfunktion voraus, welche die Menschen in bezug auf die verfügbaren Grundgüter haben. So unterstellt Rawls den Vertragsparteien eine Vorstellung von ihrem Wohl, nach der es ihnen so gut wie gleichgültig ist, ob sie über das nach der Maximin-Regel sicher erreichbare Minimum hinaus noch etwas gewinnen; es sei ihnen nicht wichtig, darüber hinausgehende Vorteile zu erlangen, vor allem auch deswegen nicht, weil alle anderen Möglichkeiten mit einem größeren Risiko verbunden sind[37]. Es ist jedoch nicht vorstellbar, daß die Vertragsparteien

---

[37] Vgl. *Rawls,* Eine Theorie der Gerechtigkeit (1975 a), S. 179 f.

eine solche Vorstellung von ihrem Wohl ganz unabhängig von einer Kenntnis der betreffenden Nutzenfunktion der wirklichen Menschen haben können. Daraus ergibt sich aber die Frage, welcher Art diese Nutzenfunktion eigentlich ist und aufgrund welcher Befunde die Vertragsparteien von ihr wissen können. Ich werde auf das Problem der Nutzenfunktion im Zuge der weiteren Erörterungen noch eingehend zu sprechen kommen.

Eine andere, noch problematischere Annahme über allgemeine gesellschaftliche Tatsachen, von welcher Rawls die Vertragsparteien ausgehen läßt, ist die der *Verkettung* ungleicher gesellschaftlicher Positionen. Nach dieser Annahme, die in Rawls' Ableitung der speziellen Gerechtigkeitskonzeption eine wesentliche Voraussetzung für die Sinnfälligkeit des Differenzprinzips bildet, ist eine Verbesserung der Aussichten der schlechtestgestellten repräsentativen Person immer auch mit einer Verbesserung der Aussichten aller anderen Positionen verbunden[38]. Wie wir später sehen werden, wird diese Hypothese keineswegs durch historische Befunde hinreichend gestützt, so daß man sie schwerlich als gesicherte gesellschaftliche Tatsache voraussetzen kann.

Eine andere Art der Kritik hat sich an gewissen Implikationen entzündet, die sich aus dem Schleier des Nichtwissens in Verbindung mit Rawls' Konzept der Rationalität und der Voraussetzung des gegenseitigen Desinteresses ergeben. Durch den Schleier des Nichtwissens sind die Menschen im Urzustand nicht nur der Kenntnis ihrer besonderen Interessen, Bedürfnisse und Neigungen, sondern auch jeder Kenntnis ihrer Vorstellung vom (moralisch) Guten beraubt. Rawls schließt dieses Wissen bekanntlich deshalb aus, um allgemeine Übereinstimmung sicherzustellen und das Erfordernis eines Kompromisses zwischen verschiedenen, miteinander unverträglichen Vorstellungen des Guten zu vermeiden. Doch gerade diesem Erfordernis könne Rawls' Theorie – so behauptet Thomas Nagel – durchaus nicht entgehen, weil schon der Konstruktion des Urzustandes eine bestimmte Konzeption des Guten zugrunde liege:

> „Jede hypothetische Entscheidungssituation, die im Hinblick auf eine Übereinstimmung der Parteien konstruiert ist, muß den Entscheidungsgrundlagen starke Restriktionen auferlegen, und diese Restriktionen können nur *in Begriffen einer Konzeption des Guten* gerechtfertigt werden."[39]

So richtig dieser Hinweis ist, so wenig stellt er einen grundsätzlichen Einwand gegen Rawls dar, der ja gar nicht leugnet, daß die mit der Vertragssituation verbundenen Einschränkungen eine Konzeption des moralisch Guten implizieren; rechtfertigt er diese Einschränkungen doch ausdrücklich damit, sie entsprächen den *allgemein akzeptierten* Bedingungen des

---

[38] Siehe *Rawls,* Eine Theorie der Gerechtigkeit (1975a), S. 100ff.

[39] *Nagel,* Rawls on Justice (1973), S. 9 (Hervorhebung von mir); ähnlich *Siep,* Eine exakte Lösung des Gerechtigkeitsproblems (1977), S. 347f.

moralischen Diskurses. Was Rawls bestreitet, das ist nur, daß man eine vernünftige Übereinstimmung über Gerechtigkeitsgrundsätze erzielen kann, wenn man im Urzustand nicht von den vielfältigen, oft gegensätzlichen *konkreten* Wertvorstellungen der Menschen abstrahiert[40]. Aber da es den Vertragsparteien nichtsdestoweniger darum geht, einen gerechten Ausgleich zwischen ihren konfligierenden aktuellen Interessen und Wertvorstellungen zu finden, müssen sie natürlich zumindest irgendeine allgemeine Idee von ihrem Wohl haben. Als Platzhalter für die wichtigsten Bedürfnisse, Interessen und Werthaltungen, die die Menschen gewöhnlich haben, führt Rawls die Kategorie der *Grundgüter* ein. Grundgüter sind Güter, die fundamental sind für die Aussichten der Menschen, ihre Ziele verfolgen zu können, worin diese im einzelnen auch immer bestehen mögen. Aus diesem Grunde trachten die Beteiligten im Urzustand danach, sich einen möglichst großen Anteil von Grundgütern zu sichern, ungeachtet dessen, wie sehr sich ihre Nutzenvorstellungen sonst unterscheiden mögen.

Die *Konzeption der Grundgüter* ist zweifellos eine außerordentlich bedeutsame und bestechende Idee. Sie gestattet es, eine Reihe notorischer Probleme zu vermeiden, in die sich Moralphilosophie und Wohlfahrtsökonomie bei dem Versuch, mit dem Begriff des Nutzens zu arbeiten, immer verstrickt haben, ohne aber den vernünftigen Kern des Nutzenbegriffs ganz preiszugeben. So umgeht das Konzept der Grundgüter in relativ eleganter Weise das Problem interpersoneller Nutzenvergleiche, d.i. das Problem, wie man die Nutzen verschiedener Personen miteinander vergleichen und gegeneinander abwägen kann: Durch den Begriff der Grundgüter wird die Vielfalt der individuellen Nutzenfunktionen, die die Menschen hinsichtlich bestimmter Güter haben, gleichsam zusammengefaßt zu einer elementaren Nutzenfunktion, von der vernünftigerweise angenommen werden kann, daß sie allen Menschen gemeinsam ist. Dennoch wirft auch das Grundgüter-Konzept eine Reihe von erheblichen Schwierigkeiten auf. Dazu gehört zunächst die Frage, welche Werte in die Liste der Grundgüter aufzunehmen sind. Rawls macht vor allem Freiheiten, Macht, Vermögen, Einkommen und die sozialen Bedingungen der Selbstachtung namhaft.

Kenneth J. Arrow hat demgegenüber darauf hingewiesen, daß die gleiche Teilhabe an diesen Grundgütern noch keineswegs gleiche Aussichten verbürge, denn nicht alle haben mit Bezug auf die von Rawls genannten Grundgüter unbedingt die gleiche Nutzenfunktion. Man stelle sich etwa einen Bluter vor, der jährlich einen hohen Anteil seines Einkommens darauf verwenden müßte, um einen vor Blutungen sicheren Zustand zu erreichen, der sich mit dem Befinden einer normal konstituierten Person vergleichen läßt. Daraus ergibt sich für Arrow die Frage:

---

[40] In diesem Sinne auch Rawls in seiner Replik auf Nagels Kritik: *Rawls,* Fairness to Goodness (1975 b), S. 537 ff.

„Bedeutet gleiches Einkommen Gleichheit? Falls nicht, müßte Rawls, um der Konsistenz willen, seiner Liste von Grundgütern Gesundheit hinzufügen; dann aber fände ein Handel zwischen Gesundheit und Wohlstand statt, der alle begrifflichen Probleme unterschiedlicher Nutzenfunktionen einschlösse."[41]

Mit gleichem Recht könnte man sich ebenso fragen, warum in die Liste der Grundgüter nicht auch Güter wie Muße, Friede, Sicherheit, Liebe und zwischenmenschliche Solidarität aufgenommen werden sollten. Sind das nicht auch Werte, die auf das Wohl der Menschen wesentlichen Einfluß haben?

Da Rawls die Idee der Grundgüter mit der *Voraussetzung gegenseitigen Desinteresses* verknüpft, muß er sich von vornherein auf solche Grundgüter festlegen, aus welchen jedes Individuum für sich allein Gewinn zu ziehen vermag. Kollektive Grundgüter, die – wie Wohlwollen oder Solidarität – aus einer bestimmten Art des gemeinschaftlichen Verhaltens resultieren, scheiden aufgrund dieser Voraussetzung von vornherein aus. Dieser Umstand hat Rawls nicht ganz zu Unrecht den Vorwurf eingetragen, seine Gerechtigkeitskonzeption sei im Grunde eine zutiefst individualistische[42]. Man muß daher Thomas Nagel zustimmen, wenn er meint, das Konzept der Grundgüter, wie Rawls es gebraucht, sei gegenüber verschiedenen Arten konkreter Wertvorstellungen keineswegs neutral. Der stark individualistische Grundzug des Modells, der sich vor allem in der Annahme des gegenseitigen Desinteresses und der Abwesenheit von Neid manifestiert, führt notwendig zu einer Begünstigung liberaler, individualistischer Lebenspläne gegenüber solchen, die das Gute eher in einer bestimmten Art zwischenmenschlicher Beziehungen erblicken[43].

---

[41] *Arrow,* Einige ordinal-utilitaristische Bemerkungen über Rawls' Theorie der Gerechtigkeit (1973), S. 211.

[42] In diesem Sinne etwa: *Teitelman,* The Limits of Individualism (1972); *Nagel,* Rawls on Justice (1973); *Macpherson,* Demokratietheorie (1973 a); *Gauthier,* Justice and Natural Endowment (1974 a); *Bloom,* Justice: John Rawls vs. The Tradition of Political Philosophy (1975). Diesen Vorwurf hat *Rawls* in: Reply to Lyons and Teitelman (1972), und Fairness to Goodness (1975 b) zu entkräften versucht, doch nach meinem Dafürhalten mit wenig Erfolg. Der Klarheit halber ist es vielleicht zweckmäßig, bezüglich der Idee der Grundgüter zwischen dem Begriff und Rawls' Konzeption der Grundgüter zu unterscheiden, wie dies *Sessions,* Rawls's Concept and Conception of Primary Goods (1981), vorgeschlagen hat: Der Begriff des Grundgutes bedeutet dann einfach die Annahme, daß es bestimmte Klassen von Gütern gibt, von denen sich sinnvollerweise annehmen läßt, daß die meisten Menschen sie unabhängig von ihren speziellen Präferenzen und Wünschen erstreben; eine Konzeption der Grundgüter besteht dagegen in einer Anzahl von Hypothesen darüber, welche Gegenstände menschlichen Begehrens solche Grundgüter darstellen. Man könnte dann sagen, daß, während Rawls' Grundgüter-Konzept völlig einleuchtend erscheint, seine Konzeption der Grundgüter in mancher Hinsicht anfechtbar ist.

[43] Vgl. *Nagel,* Rawls on Justice (1973), S. 9 f.; dagegen *Rawls,* Fairness to Goodness (1975 b), S. 536 ff. Siehe zu dieser Problematik auch: *Schwartz,* Moral Neutrality and Primary Goods (1972/73); *Barry,* The Liberal Theory of Justice (1973 a), S. 19 ff.; *Wolff,* Understanding Rawls (1977 a), S. 133 ff.; *McDonald,* Rawlsian Contractarianism: Liberal Equality or Inequality? (1977); *Rapaport,* Classical Liberalism and Rawlsian Revisionism (1977); *Pettit,* Judging Justice (1980), S. 171 ff.; *Sandel,* Liberalism and the Limits of Justice (1982), S. 54 ff.

Eine weitere Schwierigkeit von Rawls' Konzeption der Grundgüter, auf die vor allem Benjamin R. Barber hingewiesen hat, besteht darin, daß die verschiedenen Grundgüter keineswegs notwendig eine harmonische Einheit bilden, sondern zum Teil miteinander konkurrieren[44]. Einige dieser möglichen Unvereinbarkeiten hat Rawls zwar durch Vorrangregeln (Vorrang von Freiheit und fairer Chancengleichheit vor wirtschaftlicher Effizienz) zu beseitigen versucht. Dennoch bleibt ungeklärt, in welchem Verhältnis verschiedene Grundfreiheiten untereinander oder die Grundgüter Einkommen, Macht, Ansehen, Muße und Gesundheit stehen sollen. Die Sachlage kompliziert sich noch erheblich, wenn entgegen den Voraussetzungen von Rawls auch kollektive Güter (wie z. B. Solidarität) als Grundgüter zugelassen werden. Dann müßten etwa Machtprivilegien einzelner Personen nicht nur gegen die dadurch erzielten individuellen Vorteile der anderen, sondern auch gegen einen etwaigen Verlust an Gemeinschaftsgefühl abgewogen werden.

In engem Zusammenhang damit steht die Frage, wie man denn zu einer ordinalen Rangordnung der Aussichten verschiedener Personen nach dem Maß ihrer Teilhabe an den diversen Grundgüter kommt. Rawls scheint darin keine besondere Schwierigkeit zu sehen, da es nach seiner Auffassung genügt, wenn man – vorausgesetzt, die Grundfreiheiten sind für alle gleich – die Personen mit dem geringsten Einfluß und dem niedrigsten Einkommen ausfindig macht und sie als Schlechtestgestellten identifiziert. Es liegt jedoch auf der Hand, daß die Sache in Wirklichkeit nicht ganz so einfach ist[45]. So scheint es – wie Benjamin Barber zurecht bemerkt – in hohem Maße fraglich,

„ob grobe Indikatoren wie Einkommen genügen, einen so komplexen Begriff wie Gerechtigkeit – insbesondere in modernen Industrie-Demokratien – zu messen. In den Vereinigten Staaten haben kürzlich Schwarze, weiße Studenten aus der Mittelklasse, Frauen, die arme Landbevölkerung, Fabrikarbeiter, ja sogar die ‚seit langem leidende‘ Mittelklasse miteinander um den Titel des ‚am wenigsten Begünstigten‘ gewetteifert. Je nachdem, ob Wohlstand, Würde, Lebensziel, politische Macht, Selbsteinschätzung, Beschäftigungsfähigkeit oder irgendwelche anderen Indikatoren verwendet werden, kann jede dieser Gruppen mit triftigen Gründen für sich plädieren. Einkommen läßt nur auf eine Dimension des Problems schließen und nicht notwendig auf die hervorstechendste. Wen soll man denn für den am wenigsten Begünstigten halten: den reichen Schwarzen oder den armen Weißen? Die nicht beschäftigbare, sich selbst verachtende wohlhabende Hausfrau aus dem Vorort oder die sich selbst achtende überlastete Mutter, die Wohlfahrtsempfängerin ist? Den überbesteuerten, unterschätzten Fließbandarbeiter oder den entfremdeten, aus allen sozialen Bindungen gelösten Studienabbrecher? Rawls stellt keine Kriterien bereit, mit deren Hilfe solche sozialen Urteile gefällt werden könnten."[46]

---

[44] Siehe *Barber*, Die Rechtfertigung der Gerechtigkeit (1975), S. 231.

[45] So z. B. *Arrow*, Einige ordinal-utilitaristische Bemerkungen über Rawls' Theorie der Gerechtigkeit (1973), S. 212; *Barber*, Die Rechtfertigung der Gerechtigkeit (1975), S. 236 ff.; *Weinberger*, Begründung oder Illusion (1977 a), S. 205 f.; *Gibbard*, Disparate Goods and Rawls Difference Principle (1979), S. 268 f.

[46] *Barber*, Die Rechtfertigung der Gerechtigkeit (1975), S. 237 f.

Nun wäre es sicherlich zu viel verlangt, von einer allgemeinen Theorie sozialer Gerechtigkeit eine ins einzelne gehende Gewichtung der verschiedenen Grundgüter zu fordern, die unter allen Umständen als Kriterium für die Erstellung einer ordinalen Rangordnung der gesellschaftlichen Aussichten dienen kann[47]. Dieses Unternehmen würde die Verarbeitung einer derartigen Fülle von Informationen über besondere gesellschaftliche Umstände erfordern, die unter den Bedingungen des Urzustandes gar nicht zur Verfügung stehen. Über das Gewicht der wirtschaftlichen und sozialen Grundgüter in ihrem Verhältnis zueinander müßte wohl eher die verfassunggebende Versammlung jeder Gesellschaft mit Rücksicht auf die Besonderheiten der in ihr bestehenden Bedürfnisse befinden. Doch wie auch immer, die genannten Argumente zeigen, daß der Urzustand entgegen der Intention von Rawls keineswegs zu vollkommen klaren und eindeutigen Grundsätzen führt, die sich auf beliebige gesellschaftliche Verhältnisse umstandslos anwenden lassen.

2.2. Die Maximin-Regel und ihre Probleme

Selbst wenn wir davon ausgehen, daß Rawls' Konzeption des Urzustandes eine einigermaßen akzeptable Ausgangssituation für die Wahl von Gerechtigkeitsgrundsätzen darstellt, könnten durchaus noch Bedenken bestehen, ob sich die Vertragsparteien darin überhaupt für die von Rawls vorgeschlagenen Grundsätze entscheiden würden. Die Wahl dieser Grundsätze hängt nämlich ganz entscheidend von der Plausibilität der Annahme ab, daß es den Menschen im Urzustand in erster Linie darum geht, Vorkehrungen gegen die schlimmsten Möglichkeiten zu treffen und sich für alle Fälle das höchsterreichbare Minimum an Lebensaussichten zu sichern, das unter den jeweiligen sozioökonomischen Bedingungen möglich ist. Rawls' Grundsätze beruhen also wesentlich auf der Voraussetzung, daß es im Urzustand das Vernünftigste ist, im Sinne der Maximin-Regel eine Strategie des *minimalen Risikos* zu verfolgen.

Man muß sich vor Augen halten, daß die Maximin-Regel eine extrem konservative und risikofeindliche Entscheidungsregel ist, die auch in Situatio-

---

[47] Zu den Problemen, die mit der Aggregation der verschiedenen Grundgüter zu einem einheitlichen Index verbunden sind, kommt noch die weitere Schwierigkeit, daß für die Beurteilung der Position, die jemand in der Gesellschaft innehat, nicht nur sein Anteil an den Grundgütern, sondern auch seine Teilhabe an den gesellschaftlichen *Lasten* in Rechnung zu stellen ist. So hat *Lessnoff*, Capitalism, Socialism and Justice (1978) völlig zu Recht daran Anstoß genommen, daß Rawls bei der Formulierung der Gerechtigkeitsgrundsätze die gesellschaftlichen Lasten ganz außer Betracht läßt, obwohl er das Problem der sozialen Gerechtigkeit als das Problem der Verteilung der Güter und Lasten der sozialen Zusammenarbeit definiert. Rawls ist möglicherweise davon ausgegangen, daß die Lasten im Konzept der Grundgüter schon irgendwie miteingeschlossen sind; doch dies macht die Handhabung dieses Konzepts noch schwieriger.

nen hoher Unsicherheit (d. h. in Situationen, worin die Eintrittswahrscheinlichkeit bestimmter Folgen der zur Wahl stehenden Alternativen nicht
bekannt ist) vielfach zu unannehmbaren Ergebnissen führt. Die durch die
Maximin-Regel empfohlene Vorgangsweise, jede Handlungsmöglichkeit
immer nur nach ihrem schlechtesten Ergebnis zu bewerten, zeitigt vor allem
in Alltagssituationen Konsequenzen, die sie als höchst kontraintuitiv
erscheinen lassen. Ein Beispiel – es stammt von John C. Harsanyi – soll dies
illustrieren[48]:

Person X wohne in New York City und bekomme zur selben Zeit 2 Jobs
angeboten, und zwar einen unangenehmen und schlecht bezahlten in New
York City und einen interessanten und gut bezahlten in Chicago. X würde
nicht zögern, den Job in Chicago anzunehmen, wenn es nicht notwendig
wäre, von New York City nach Chicago ein Flugzeug zu nehmen (weil er den
Job am nächsten Tag anzutreten hat); denn es besteht eine zwar sehr kleine,
aber immerhin positive Wahrscheinlichkeit, daß X durch einen Flugzeugabsturz den Tod finden könnte. Die Situation läßt sich durch folgende Entscheidungsmatrix veranschaulichen:

	Flugzeug New York-Chicago stürzt ab	Flugzeug New York-Chicago stürzt nicht ab
Entscheidung für den Job in New York	X hat schlechten Job, bleibt aber am Leben	X hat schlechten Job, bleibt aber am Leben
Entscheidung für den Job in Chicago	X wird getötet	X hat exzellenten Job und bleibt am Leben

Nach der Maximin-Regel müßte sich X für den schlechten Job in New York
City entscheiden, da die schlechteste Folge der Entscheidung für den Job in
Chicago (Tod durch Flugzeugabsturz), wie unwahrscheinlich ihr Eintritt
immer ist, natürlich schlimmer ist als die unter allen Bedingungen schlechten Folgen der Entscheidung, den New Yorker Job anzunehmen. Harsanyi
bemerkt dazu sarkastisch:

„Wenn man das Maximin-Prinzip ernst nehmen würde, dann dürfte man nicht einmal mehr eine Straße überqueren (denn schließlich könnte man von einem Auto nie-
dergefahren werden); ferner dürfte man über keine Brücke mehr fahren (denn
schließlich könnte sie ja einstürzen); man dürfte auch nicht heiraten (denn schließlich
könnte das ein schlechtes Ende nehmen) usw. Wenn jemand wirklich in dieser Weise
handelte, er würde bald in einer Irrenanstalt landen.

In begrifflicher Hinsicht besteht die grundlegende Schwierigkeit des Maximin-
Prinzips darin, daß es ein wichtiges Kontinuitäts-Erfordernis verletzt: Es ist extrem
unvernünftig, sein Verhalten gänzlich von einigen sehr unwahrscheinlichen uner-

---

[48] Vgl. *Harsanyi*, Can the Maximin Principle Serve as a Basis for Morality? (1975 a),
S. 39 f.

wünschten Kontingenzen abhängig zu machen, ungeachtet dessen, wie klein die Wahrscheinlichkeit ist, die man ihnen zuzuschreiben geneigt ist."[49]

Entgegen dieser Auffassung hält jedoch Rawls – unter Berufung auf die vorherrschende entscheidungstheoretische Lehre – die Anwendung der Maximin-Regel für Entscheidungen unter Unsicherheit für vernünftig, wenn die betreffende Entscheidungssituation drei Eigenschaften aufweist, die der Urzustand – wie Rawls meint – in hohem Grade erfüllt:

1. Eine Abschätzung der Eintrittswahrscheinlichkeit der möglichen Zustände (in unserem Fall: der Gesellschaft, der man angehört, und der Position, die man darin einnimmt) ist nicht möglich;

2. wenn man die jeweils schlechtesten Auszahlungen der möglichen Zustände (die jeweils ungünstigsten Positionen aller möglichen Sozialstrukturen) vergleicht, so ist die beste darunter immerhin gut genug, daß man damit zufrieden sein kann; während

3. die schlechtesten Auszahlungen der anderen Zustände (die ungünstigsten Positionen im Rahmen der anderen Sozialstrukturen) zum Teil so miserabel sind, daß man sich der Gefahr, sie könnten einen selbst treffen, um keinen Preis aussetzen möchte, und zwar auch dann nicht, wenn die anderen Auszahlungen der betreffenden Zustände relativ gut sind[50].

Es überrascht nicht, daß gerade diese Annahmen von vielen – zumal von ökonomisch geschulten – Kritikern als besonders neuralgische Punkte in Rawls' Argumentationsgebäude lokalisiert wurden. Zunächst erhebt sich natürlich die Frage, welche Gründe dafür sprechen, den Beteiligten im Urzustand genau die Nutzen- und Risikoabwägung zu unterstellen, die in den angeführten Eigenschaften zum Ausdruck kommt. Wie wir bereits wissen, leugnet Rawls die Möglichkeit, im Urzustand die Wahrscheinlichkeit schätzen zu können, daß man irgendeine Position in der Gesellschaft einnehmen werde, da es keine objektiven Gründe für eine derartige Schätzung gebe. Es fragt sich, ob diese Annahme sinnvoll ist und ob die Menschen im Urzustand nicht ebensogut von der Annahme ausgehen könnten, daß die Wahrscheinlichkeit, in einer aus n Individuen bestehenden Gesellschaft den Platz irgendeines Individuums einzunehmen, für alle Individuen dieselbe ($1/_n$) ist. John C. Harsanyi hält diese *Annahme der Gleichwahrscheinlichkeit* (equi-probability assumption), die er im übrigen seiner eigenen, utilitaristischen Konzeption zugrundelegt[51], sogar für die einzig vernünftige. Rawls'

---

[49] *Harsanyi*, Can the Maximin Principle Serve as a Basis for Morality? (1975 a), S. 40.

[50] Vgl. *Rawls*, Eine Theorie der Gerechtigkeit (1975 a), S. 177 ff., sowie *ders.*, Some Reasons for the Maximin Criterion (1974 b).

[51] So vor allem in *Harsanyi*, Cardinal Utility in Welfare Economics and in the Theory of Risk-Taking (1953); *ders.*, Cardinal Welfare, Individualistic Ethics and Interpersonal Comparisons of Utility (1955); *ders.*, Morality and the Theory of Rational Behavior (1977 b).

Ansicht, daß in Ermangelung objektiver Gründe (empirischer Erfahrungen) auch subjektive oder logische Wahrscheinlichkeiten nicht zulässig wären, ist – so meint Harsanyi – ganz unbegründet und inadäquat[52]. Die Verwendung subjektiver Wahrscheinlichkeiten, wie sie die Bayesianische Entscheidungstheorie postuliert, sei vielmehr aus zwei Gründen notwendig: erstens führe die einzige Alternative zur Verwendung subjektiver Wahrscheinlichkeiten, nämlich die Verwendung einer Entscheidungsregel von der Art der Maximin-Regel, zu höchst unvernünftigen Entscheidungen; zweitens bleibe jemandem, der rational handeln wolle, gar nichts anderes übrig als so zu tun, *als ob* er subjektive Wahrscheinlichkeiten verwenden würde, unabhängig davon, ob er objektive Gründe dafür habe oder nicht. Harsanyi verdeutlicht dieses Argument an dem folgenden Beispiel:

„Um zu illustrieren, daß jemand, der rationale Entscheidungen treffen will, einfach *nichts anderes tun kann* als subjektive Wahrscheinlichkeiten zu verwenden, nehmen wir an, ich hätte Ihnen eine Wahl zwischen zwei alternativen Wetten angeboten und gesagt: ‚*Entweder* ich zahle Ihnen $ 100, wenn Kandidat X die nächste Wahl gewinnt, und ich zahle Ihnen nichts, wenn er nicht gewinnt. *Oder* ich zahle Ihnen $ 100, wenn er nicht gewinnt, und ich zahle Ihnen nichts, wenn er gewinnt. Welche der beiden Wetten nehmen Sie an?' Zunächst einmal ist klar, daß es irrational für Sie wäre, beide Wetten zu verweigern, da *irgendeine* Chance, $ 100 zu erhalten, sicher besser ist als überhaupt keine Chance – weil Sie ja diese Chance ohne Gegenleistung bekommen. Wenn Sie rational sind, werden Sie daher eine der beiden Wetten annehmen. Nun, wenn Sie die erste Wette wählen, dann kann ich schließen, daß Sie der Möglichkeit, daß Mr. X die nächste Wahl gewinnt, (zumindest implizit) eine subjektive Wahrscheinlichkeit von ½ oder *mehr* zuschreiben. Andererseits kann ich, wenn Sie die zweite Wette wählen, schließen, daß Sie der Gewinnaussicht von Mr. X eine subjektive Wahrscheinlichkeit von ½ oder weniger geben. Daher läuft jede Wahl, welche immer Sie auch treffen, darauf hinaus, dem Ereignis, daß Mr. X die Wahl gewinnt, eine subjektive Wahrscheinlichkeit zuzuschreiben – entweder eine Wahrscheinlichkeit im Bereich [½, 1], oder eine im Bereich [0, ½]. Desgleichen kann jemand, der seine Entscheidungen im Sinne des Maximin-Prinzips trifft, die Wahl subjektiver Wahrscheinlichkeiten nicht wirklich vermeiden, zumindest implizit. Natürlich kann es sein, daß er explizit überhaupt nicht in Begriffen von Wahrscheinlichkeiten denkt. Aber sein Verhalten wird – ob ihm das gefällt oder nicht – tatsächlich darauf hinauslaufen, daß er in jedem vorliegenden Fall der jeweils schlechtesten Möglichkeit die Wahrscheinlichkeit 1 (oder fast 1) gibt. Er mag die Aufgabe, subjektive Wahrscheinlichkeiten zu wählen, als noch so schwere Verantwortung empfinden, doch gibt es keinen Weg, sich dieser Verantwortung zu entziehen."[53]

Die Maximin-Regel ist daher nach Harsanyi auch deshalb unangebracht, weil ihre Anwendung gleichbedeutend damit ist, der Möglichkeit, als schlechtestgestelltes Individuum in der Gesellschaft zu enden, eine Wahrscheinlichkeit von 1 (oder fast 1) zuzuschreiben[54]. Doch damit nicht genug.

---

[52] Siehe hierzu und zum Folgenden *Harsanyi*, Can the Maximin Principle Serve as a Basis for Morality? (1975 a), insbes. S. 46 ff.

[53] *Harsanyi*, Can the Maximin Principle Serve as a Basis for Morality? (1975 a), S. 47 f.

[54] In diesem Sinne auch *Pettit*, A Theory of Justice? (1974 a), S. 315 f.

Auch Rawls' Argument, daß man im Urzustand nicht zuletzt mit Rücksicht auf andere Personen, vor allem auf die eigenen Nachkommen, Vorsicht üben sollte, spricht nach Harsanyis Auffassung keineswegs für die Maximin-Regel. Vielmehr scheint ihm die Annahme der Gleichwahrscheinlichkeit weit eher dem moralischen Prinzip zu entsprechen, daß im Urzustand den Interessen jedes Individuums das gleiche A-priori-Gewicht zukommen sollte[55].

Harsanyis Überlegungen zur Verwendung subjektiver Wahrscheinlichkeiten führen ziemlich weit in methodologische Grundlagenprobleme der Wahrscheinlichkeits- und Entscheidungstheorie hinein, Grundlagenprobleme, über die sich die sogenannten Objektivisten auf der einen und die Vertreter einer subjektivistischen oder Bayesianischen Konzeption auf der anderen Seite seit langem in den Haaren liegen[56]. Wir können uns hier auf diese subtilen Probleme nicht einlassen. Bemerkenswert erscheint allerdings, daß der Frage der *Wahrscheinlichkeit* bei der Rechtfertigung von Gerechtigkeitsgrundsätzen überhaupt ein so entscheidendes Gewicht zukommt. Wenn man an die Sache intuitiv herangeht, könnte man meinen, es sei einigermaßen gleichgültig, ob man im Urzustand die Wahrscheinlichkeit, einen beliebigen Platz in der Gesellschaft einzunehmen, überhaupt nicht abschätzt oder ob man von der Annahme gleicher Wahrscheinlichkeit ausgeht. Rekonstruiert man dagegen den Urzustand – wie Rawls und Harsanyi – mit Mitteln der Entscheidungstheorie, dann zeigt sich, daß sich im einen Fall das Maximin-Prinzip, im anderen das Prinzip der Maximierung des Durchschnittsnutzens ergibt. Daraus wird deutlich, wie sensibel der formale Apparat der Entscheidungstheorie auf geringfügige Änderungen in den Annahmen reagiert, auch wenn sie aus intuitiver Sicht als ganz harmlos erscheinen. Dieser Umstand könnte – wie Joseph Sneed meint – Anlaß dazu geben, die Anwendung der rationalen Entscheidungstheorie im Bereich der Ethik mit einer gewissen Skepsis zu beurteilen[57]. Wie Sneed bemerkt, ist es

---

[55] Ähnliche Einwände gegen die Anwendung der Maximin-Regel finden sich bei: *Brock,* Contractualism, Utilitarianism and Social Inequalities (1971); *Lyons,* Rawls Versus Utilitarianism (1972), S. 543 ff.; *Barry,* The Liberal Theory of Justice (1973 a), S. 92 ff.; *Hare,* Rawls' Theory of Justice (1973), S. 102 ff.; *Alexander,* Social Evaluation through Notional Choice (1974), S. 609 ff.; *Mueller / Tollison / Willett,* The Utilitarian Contract (1974); *Kaplan,* Justice, Human Nature, and Political Obligation (1976), S. 116 ff.; *Wolff,* Understanding Rawls (1977 a), S. 164 ff.; *Kaye,* Playing Games with Justice: Rawls and the Maximin Rule (1980). Siehe zu dieser Thematik auch *Ellsworth,* Decision-Theoretic Analysis of Rawls' Original Position (1978); *H. S. Goldman,* Rawls and Utilitarianism (1980).

[56] Kritik an der subjektivistischen Konzeption der Maximierung des Erwartungsnutzens üben etwa: *Hansson,* The Appropriateness of the Expected Utility Model (1975); *Watkins,* Vollkommene Rationalität (1977). Für weitere Argumente zugunsten der Maximin-Regel und gegen das Prinzip der Nutzenmaximierung siehe: *Phelps,* Social Policy and Uncertain Careers: Beyond Rawls's Paradigm Case (1976); *Corrado,* Rawls, Games and Economic Theory (1980).

[57] Siehe dazu *Sneed,* Political Institutions as Means to Economic Justice (1979), S. 131 f.

schwer einzusehen, daß die Frage, ob Ungleichheiten, die das Prinzip des Durchschnittsnutzens zuläßt, moralisch gerechtfertigt sind oder nicht, von der intuitiv kaum entscheidbaren Frage abhängen sollte, welche subjektiven Wahrscheinlichkeitseinschätzungen die Leute haben und was der beste theoretische Ansatz ist, diese Informationen bei der Entscheidungsfindung zu verwenden. Die moralischen Intuitionen, die wir über die angemessene Ausgangssituation für die Rechtfertigung von Gerechtigkeitsgrundsätzen haben, sind viel zu vage, um ihnen im begrifflichen Rahmen der rationalen Entscheidungstheorie eine so eindeutige Interpretation geben zu können, daß man überzeugt sein könnte, die Folgerungen gerade dieser Interpretation seien begründet und keine anderen. Daraus schließt Sneed:

„Grob gesprochen, ist der Output der rationalen Entscheidungstheorie, hier in terms von Prinzipien der Gerechtigkeit, außerordentlich sensitiv für den Input in terms von subjektiver Wahrscheinlichkeit und Nutzenfunktionen. Sicherlich gibt es, wie Rawls demonstriert, Möglichkeiten, diese Intuitionen in der Sprache einer Theorie zu reformulieren, welche die von uns bevorzugten Prinzipien liefert. Aber wenn man nur geringfügige Änderungen an wesentlichen technischen Details vornimmt, so kann es passieren, daß die Theorie eine Mehrzahl anderer Prinzipien liefert, wovon wir eines moralisch unannehmbar finden. Dieser Umstand läßt mich glauben, daß die rationale Entscheidungstheorie ein viel zu empfindliches Instrument ist, um für die ziemlich kruden ethischen Intuitionen, die wir in dieser Hinsicht haben, verwendbar zu sein."[58]

Obwohl die von Sneed genannten Gründe durchaus einen gewissen Vorbehalt gegen den Gebrauch des entscheidungstheoretischen Instrumentariums für die Begründung moralischer Prinzipien zu begründen geeignet sind, erweist sich dieses Instrumentarium – wie wir gleich sehen werden – für Zwecke der rationalen Rekonstruktion von moralischen Begründungszusammenhängen dennoch als sehr nützlich, da es helfen kann, versteckte Annahmen aufzudecken.

Die Annahme, es sei im Urzustand nicht möglich, die Wahrscheinlichkeit zu bestimmen, mit der uns die Auswirkungen verschiedener sozialer Arrangements treffen, reicht allein zur Begründung der Maximin-Regel nicht aus. Wenn jeder Zuwachs von Grundgütern – unabhängig davon, wem er zugute kommt – denselben Nutzenzuwachs bedeuten würde (was der Fall wäre, wenn jedermann eine lineare Nutzenfunktion mit derselben Neigung hätte), dann müßte man sich im Urzustand für ein Prinzip der Maximierung von Grundgütern entscheiden. Rawls muß daher, um die Maximin-Regel als vernünftige Entscheidungsregel ausweisen zu können, auch eine bestimmte *Nutzenfunktion* der Vertragsparteien annehmen. Die Form dieser Nutzenfunktion geht aus den zwei weiteren Eigenschaften hervor, die nach Rawls' Auffassung die Entscheidungssituation des Urzustandes kennzeichnen. Danach geht es den Beteiligten vor allem darum, sich mindestens die Menge an Grundgütern zu sichern, die der Schlechtestgestellte im günstigsten Fall

---

[58] *Sneed*, Political Institutions as Means to Economic Justice (1979), S. 132.

noch bekommen kann, während ihnen wenig darin liegt, mehr zu erlangen. In Begriffen von Nutzenbewertungen bedeutet das, daß unter den Bedingungen des Urzustandes jeder Zuwachs an Grundgütern bis zu dem Ausmaß, den das Maximin-Prinzip dem Schlechtestgestellten gewährleistet, außerordentlich viel Nutzen bringt, während jeder darüber hinausgehende Zuwachs den Nutzen kaum mehr ansteigen läßt. Die entsprechende Nutzenfunktion läßt sich daher – im Anschluß an Wolff[59] – graphisch folgendermaßen darstellen:

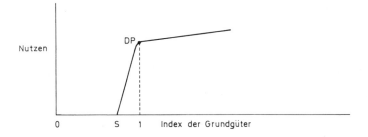

Der Punkt S auf der Nullkoordinate der Nutzenskala gibt jene Menge von Grundgütern an, die zum Überleben gerade noch nicht ausreicht. Jeder Zuwachs an Grundgütern ab diesem Punkt bedeutet eine ganz erhebliche Verbesserung und läßt die Nutzenkurve steil ansteigen; und zwar bis zum Differenzpunkt DP, der jener Menge von Grundgütern (Punkt 1) entspricht, die unter günstigen institutionellen Bedingungen jedem Mitglied der Gesellschaft garantiert werden kann. Jeder Grundgüterzuwachs über 1 hinaus wird nur mehr als geringfügige Verbesserung der Lebenschancen empfunden; die Nutzenkurve steigt daher nur ganz flach an.

Wenn man mit Rawls davon ausgeht, daß die Menschen im Urzustand eine derartige Nutzenfunktion haben, dann scheint die für sie vernünftigste Strategie in der Tat darin zu bestehen, eine institutionelle Struktur zu wählen, die ihnen allen einen möglichst hohen Grundstock von Grundgütern sichert, selbst auf die Gefahr hin, daß dadurch einige von ihnen um die Chance gebracht werden, einen wesentlich größeren Anteil an Grundgütern zu erlangen. Doch sofern man eine derartige Nutzenfunktion voraussetzt, bedarf es nicht unbedingt der Maximin-Regel, um diese Strategie zu rechtfertigen; denn unter der Voraussetzung der beschriebenen Nutzenfunktion erscheint die vorrangige Sicherung einer größtmöglichen Minimalausstattung mit Grundgütern nicht nur im Sinne der Maximin-Regel, sondern ebenso auch im Sinne des Durchschnittsnutzenprinzips als die vernünftigste Strategie: Da der individuelle Grenznutzen jeder Grundgütereinheit im Bereich S bis 1 um ein Vielfaches größer ist als der Grenznutzen einer ent-

---

[59] Vgl. *Wolff*, Understanding Rawls (1977 a), S. 167.

sprechenden Grundgütereinheit über 1 und es daher – interpersonelle Ähnlichkeit der Nutzenbewertung vorausgesetzt – praktisch kaum vorstellbar ist, daß ein Nutzenzuwachs von Personen, die DP bereits überschritten haben, zu Lasten anderer, die DP noch nicht erreicht haben, den Durchschnittsnutzen vergrößern kann, ergibt sich zwangsläufig das Erfordernis, zunächst und vor allem die entsprechende Grundausstattung für alle sicherzustellen. Eine derartige Nutzenfunktion vorausgesetzt, erweisen sich das Prinzip des Durchschnittsnutzens und die Maximin-Regel als ergebnisäquivalent. Man kann auch sagen, daß die Maximin-Regel ein Grenzfall des Durchschnittsnutzenprinzips ist: Während dieses Prinzip grundsätzlich auf alle beliebigen Nutzenfunktionen anwendbar ist, setzt die Anwendung der Maximin-Regel eine Nutzenfunktion der oben beschriebenen Form voraus; aber immer dann, wenn eine solche Nutzenfunktion vorliegt, generiert das Durchschnittsnutzenprinzip dieselben Ergebnisse wie die Maximin-Regel.

Ob die Maximin-Regel zu einer annehmbaren Entscheidung betreffend die Verteilung sozialer Güter führt, hängt damit letztlich davon ab, ob und inwieweit die Annahme der ihr zugrundeliegenden Nutzenfunktion unter den Bedingungen des Urzustandes als begründet erscheint. Was spricht eigentlich dafür, gerade diese Nutzenfunktion anzunehmen und nicht eine andere zu wählen, etwa eine solche, die einen kontinuierlich abnehmenden Grenznutzen jedes über das Existenzminimum hinausgehenden Zugewinns an Grundgütern unterstellt? Rawls' Begründung hierfür ist offenbar die, daß die Vertragsparteien im Urzustand angesichts der grundlegenden Bedeutung der zu treffenden Entscheidung besondere Vorsicht walten lassen und nicht das Risiko einzugehen bereit sind, die ihnen durch die Maximin-Strategie jedenfalls garantierte Güterausstattung für die bloße Chance auf einen größeren, aber nicht gesicherten Anteil an Grundgütern aufs Spiel zu setzen[60].

Um zu verstehen, was es mit dieser Begründung auf sich hat, muß man sehen, daß die Nutzenfunktion einer Person stets auch ihre Risikobereitschaft zum Ausdruck bringt, d.i. ihre Bereitschaft, einen bestimmten Betrag, über den sie verfügt, für eine Wette einzusetzen, die ihr eine gewisse Aussicht verschafft, entweder einen höheren Betrag zu erhalten oder aber den eingesetzten Betrag zu verlieren. Während eine linear ansteigende Nutzenkurve bedeutet, daß die betreffende Person bereit ist, jeden ihr zur Verfügung stehenden Betrag auf eine Wette zu setzen, deren Gewinnerwartungswert (= möglicher Gewinn × Wahrscheinlichkeit des Gewinns) den Einsatz übersteigt, signalisiert eine konkave, also zuerst steil ansteigende und dann nach rechts hin abflachende Nutzenkurve stets eine mehr oder

---

[60] Siehe dazu: *Mueller / Tollison / Willett*, The Utilitarian Contract, (1974); *Lambert / Weale*, Equality, Risk-Aversion and Contractarian Social Choice (1981). Zum Folgenden vgl. z.B. *Lindley*, Einführung in die Entscheidungstheorie (1971), S. 61 ff., insbes. 70 ff.

minder große *Risikoabneigung:* eine mit der Höhe der in Frage kommenden Beträge sinkende Bereitschaft, einen sicheren Betrag für die bloße Aussicht eines höheren Betrags einzusetzen, auch wenn der Gewinnerwartungswert den eingesetzten Betrag numerisch übertrifft. Normalerweise geht man davon aus, daß die Risikobereitschaft der meisten Menschen mit zunehmender Höhe der Werteinsätze abnimmt[61]. Je weniger jemand bei steigenden Wetteinsätzen geneigt ist, einen ihm zur Verfügung stehenden Betrag auf die Aussicht eines entsprechend höheren Betrags zu setzen, desto größer ist seine Risikoabneigung und um so stärker ist die Krümmung seiner Nutzenkurve. Die von Rawls vorausgesetzte Nutzenfunktion, die eine extreme Risikoabneigung zum Ausdruck bringt, ergibt sich daher aus seiner Annahme, unter den Bedingungen des Urzustandes erscheine es ratsam, jedes Risiko möglichst zu vermeiden. Doch was rechtfertigt diese Annahme?

Rawls argumentiert dahingehend, daß die Vertragsparteien wegen des Schleiers des Nichtwissens keine Kenntnis davon hätten, welche Einstellung zum Risiko sie in der Realität haben; da sie also nicht davon ausgehen könnten, daß sie besonders risikofreudig seien, hätten sie allen Grund, so meint Rawls, sich im Urzustand eher risikoscheu zu verhalten. Es bedarf keiner Erläuterung, um zu sehen, daß dieses Argument äußerst fragwürdig ist[62]. Da man im Urzustand nicht weiß, ob man selber zu Risiken neigt oder sie eher scheut, jedoch die allgemeine Tatsache kennt, daß es immer einige Menschen gibt, die das Risiko lieben, während andere extrem vorsichtig sind, und daß die meisten Menschen hinsichtlich ihrer Einstellung zum Risiko sich auf einem Kontinuum zwischen diesen Extremen bewegen, müßte Rawls gemäß seinen eigenen Annahmen wohl eher zu einer Nutzenfunktion gelangen, die eine durchschnittliche Einstellung zum Risiko repräsentiert[63].

---

[61] So ist etwa die Bereitschaft eines Durchschnittsbürgers, eine Wette bei einem Einsatz von S 50,– mit gleicher Wahrscheinlichkeit der Aussichten, entweder S 100,– zu gewinnen oder aber nichts zu bekommen, einzugehen, erheblich größer als seine Bereitschaft, S 5 000,– einzusetzen, um mit gleicher Wahrscheinlichkeit entweder S 10 000,– zu gewinnen oder nichts zu bekommen; dies deshalb, weil der Verlust von sicheren S 5 000,– (die man ja haben muß, um sie einsetzen zu können) im Verhältnis zum Nutzen zusätzlicher S 5 000,– für Personen mit einem Durchschnittseinkommen gewöhnlich eine erheblich größere Nutzeneinbuße darstellt als der Verlust von sicheren S 50,– gegenüber dem möglichen Gewinn von zusätzlichen S 50,–. Wenn die Wahrscheinlichkeit, mit der man die S 10 000,– gewinnen könnte, demgegenüber 3/4 betragen würde und das Verlustrisiko infolgedessen auf 1/4 reduziert wäre, würden einige die Wette vermutlich annehmen. Je höher der Einsatz der Wette, um so höher müßte die Gewinnwahrscheinlichkeit oder, was dasselbe ist: desto geringer muß das Verlustrisiko sein, damit die Wette für den Menschen einer bestimmten Einkommensklasse annehmbar ist. Je größer die Gewinnwahrscheinlichkeit, die jemand von einer Wette verlangt, damit sie für ihn annehmbar ist, desto größer ist seine Risikoabneigung.

[62] Siehe dazu auch: *Hare,* Rawls' Theory of Justice (1973), S. 103 f.; *Barber,* Die Rechtfertigung der Gerechtigkeit (1975), S. 230.

[63] Vgl. *Pettit,* A Theory of Justice? (1974 a); *Rae,* Maximin Justice and an Alternative Principle of General Advantage (1975 a).

Ebenso problematisch erscheint auch die Annahme, es gebe eine *Sätti-gungsschwelle* der wesentlichen menschlichen Bedürfnisse, um deren Befriedigung es aus der Sicht des Urzustandes in erster Linie geht, und diese Schwelle sei identisch mit genau dem Güterniveau, welches die Maximin-Regel den Schlechtestgestellten gewährleistet. Diese Annahme ergibt sich unmittelbar aus Rawls' Behauptung, daß den Menschen im Urzustand wenig daran liege, mehr Grundgüter zu erlangen, als die Maximin-Regel ihnen garantiere, während es für sie unerträglich sei, weniger zu bekommen. Zweifelhaft ist in diesem Zusammenhang – wie Brian Barry und Douglas Rae mit Recht vermerken – nicht nur, daß es überhaupt eine derartige Bedürfnisschwelle geben soll, sondern auch, daß sie für alle Menschen genau dieselbe sein sollte[64]. Doch selbst wenn es einen solchen allgemeinen Schwellenwert der Bedürfnisse geben sollte, mag man bezweifeln, daß dieser Wert gerade mit dem Maximin-Niveau koinzidieren würde. Die Wahrscheinlichkeit hierfür müßte doch als ziemlich gering veranschlagt werden[65].

Um die Kritik, die sich gegen die Anwendung der Maximin-Regel unter den Bedingungen des Urzustandes ins Treffen führen läßt, abschließend zusammenzufassen, möchte ich wieder Benjamin Barber zitieren, der die vielfältigen Probleme dieser Regel sehr treffend wie folgt charakterisiert hat:

„Meines Erachtens enthält die ursprüngliche Situation nichts, was Maximin als die einzig vernünftige oder als die vernünftigste Lösung des Problems der Entscheidung unter Unsicherheit nahelegt; außerdem läßt sich meiner Meinung nach die Frage, welche Strategie die vernünftigste wäre, nicht ohne ein zusätzliches Wissen über die Einstellungen zu Risiko und Unsicherheit sowie zu Freiheit und Sicherheit lösen, nicht ohne ein Wissen, welches durch die formalistischen Bedingungen der ursprünglichen Situation nicht geliefert wird; und schließlich muß Rawls, um diese Einstellungen angemessen berücksichtigen zu können, in die ursprüngliche Situation unterderhand besondere psychologische Annahmen von der Art einführen, wie sie die ursprüngliche Situation ausdrücklich ausschließen sollte. Rawls springt in der Tat von der ursprünglichen Situation, in welcher der Schleier der Unwissenheit Menschen daran hindert zu wissen, was ihre besonderen Positionen sein werden, zu der ungerechtfertigten Schlußfolgerung, diese Unsicherheit werde bei ihnen eine rationale Präferenz für die Minimierung von Risiken hervorrufen."[66]

2.3. Der Vorrang der Grundfreiheiten

Rawls begründet die von ihm vorgeschlagenen Grundsätze der sozialen Gerechtigkeit vor allem durch die dargelegte Konstruktion des Urzustandes

---

[64] In diesem Sinne: *Barry,* The Liberal Theory of Justice (1973a), S. 95ff.; *Rae,* Maximin Justice and an Alternative Principle of General Advantage (1975a), S. 636f.; vgl. auch *Fishkin,* Justice and Rationality (1975), S. 618f.

[65] So auch *Barry,* The Liberal Theory of Justice (1973a), S. 97f.

[66] *Barber,* Die Rechtfertigung der Gerechtigkeit (1975), S. 230.

in Verbindung mit der Maximin-Regel. Obwohl diese Entscheidungsregel nach den bisherigen Erörterungen schwerlich als eine taugliche Grundlage für die Rechtfertigung von Gerechtigkeitsgrundsätzen angesehen werden kann, ist damit über die Plausibilität der beiden Grundsätze als solcher noch nichts gesagt. Es wäre ja möglich, daß sie sich aus einer weniger anfechtbaren Vorstellung des Gesellschaftsvertrags ebenfalls ergeben würden. Ferner ist zu bedenken, daß die Vertragskonzeption nur einen Teil der Begründung von Rawls' Grundsätzen darstellt. Die zweite Argumentationslinie, die deren Überzeugungskraft belegen soll, zielt auf den Nachweis ab, daß sie unsere wohlüberlegten Alltagsurteile in Gerechtigkeitsfragen auf kohärente Weise zusammenfassen. Es gilt daher zu prüfen, ob Rawls' Gerechtigkeitsgrundsätze unseren grundlegenden moralischen Intuitionen im großen und ganzen entsprechen und wenigstens von diesem Standpunkt aus als akzeptabel erscheinen.

Beginnen wir mit dem ersten Grundsatz, dem *Grundsatz der größtmöglichen gleichen Freiheit für alle.* Danach stehen die bürgerlichen Grundfreiheiten, also vor allem Gewissens- und Gedankenfreiheit, Rede- und Versammlungsfreiheit, politische Freiheit, persönliche Freiheit und das Recht auf Eigentum, allen Menschen im gleichen Ausmaß zu, und zwar im größtmöglichen Ausmaß, das für alle zugleich möglich ist. Diese Forderung ist heutzutage gewiß Gemeingut aller aufgeklärten und demokratisch gesinnten Menschen. Der Grundsatz als solcher stimmt daher mit den zeitgenössischen moralischen Einstellungen sicherlich weitgehend überein. Dies mag erklären, daß er in der akademischen Diskussion kaum auf Widerspruch gestoßen ist. Wenn man allerdings bedenkt, daß es einige Jahrhunderte brauchte, bis die Idee der bürgerlichen Grundrechte gegen religiöse Monopolansprüche der Kirchen, gegen Institutionen wie Leibeigenschaft und Sklaverei, gegen die Vorstellung einer natürlichen Aristokratie und des Gottesgnadentums sowie gegen rassistische und sexistische Ideologien zum Durchbruch gelangen konnte, muß die Unterstellung, diese Idee entspreche unumstrittenen moralischen Intuitionen, die auch über den geschichtlichen Wandel hinweg stabil bleiben, einigermaßen illusionär erscheinen. Unsere wohlüberlegten moralischen Einzelurteile allein liefern daher wohl kaum eine tragfähige Basis für den Grundsatz der größtmöglichen gleichen Freiheit; seine Sinnfälligkeit ergibt sich nur, wenn wir den Urzustand als moralischen Standpunkt akzeptieren (ohne hierbei notwendig die Maximin-Regel voraussetzen zu müssen).[67]

---

[67] Zum Prinzip der größtmöglichen gleichen Freiheit und seinem Vorrang vor wirtschaftlichen Vorteilen siehe vor allem: *Barry,* John Rawls and the Priority of Liberty (1972/73); *Hart,* Freiheit und ihre Priorität bei Rawls (1973); *Scanlon,* Rawls' Theory of Justice (1973); *Shue,* Liberty and Self-Respect (1974/75); *Daniels,* Equal Liberty and Unequal Worth of Liberty (1975 b); *Ladenson,* Rawls' Principle of Equal Liberty (1975); *DeMarco / Richmond,* A Note on the Priority of Liberty (1976/77); *Weinberger,* Begründung oder Illusion (1977 a); *Bowie,* Equal Basic Liberty for All (1980).

Was freilich an Rawls' Grundsatz der gleichen Freiheit zu kritisieren ist, auch wenn man ihn im Ergebnis akzeptiert, das ist der Umstand, daß er keine hinreichend entwickelte Konzeption der Freiheit zur Grundlage hat, die die verschiedenen Arten von Freiheit und deren vielfältige Beziehungen zueinander expliziert. In Ermangelung einer solchen Konzeption bleibt – wie Ota Weinberger gezeigt hat – der Grundsatz derart vage, daß man ihm ganz unterschiedliche und zum Teil implausible Interpretationen geben kann[68]. So bleibt z.B. völlig offen, welchen Umfang die Glaubensfreiheit haben soll, um mit der Glaubensfreiheit der anderen verträglich zu sein. Soll etwa jeder die Freiheit haben, seine Glaubensüberzeugungen mit Feuer und Schwert zu verbreiten, sofern nur den anderen dasselbe Recht zusteht? Wenn nicht, wo sollte dann die Grenze des Erlaubten gezogen werden? Und wie weit sollte die Befugnis einer Religionsgemeinschaft gehen, ihre Anhänger in der Ausübung anderer Freiheiten zu beschneiden? Die Schwierigkeit ist, wie Weinberger bemerkt, die folgende:

„Schon bei relativ ‚harmlosen' Glaubensgeboten können andere bürgerliche Grundfreiheiten eine gewaltige Einschränkung erfahren. Ich weise nur auf die Auswirkungen von Eheverboten mit Andersgläubigen hin, die die Freiheit des Bürgers, seinen Lebensweg zu bestimmen und seine Lebensgemeinschaften zu wählen, ganz wesentlich einschränken. Es scheint ein soziologisches Gesetz zu sein, daß Glaubenssysteme häufig eine gewisse Tendenz zum Dogmatismus haben. Dann gerät die Glaubensfreiheit auch leicht in Konflikt mit der Meinungs- und Redefreiheit."[69]

Obwohl diese Unklarheiten sicherlich als Mangel von Rawls' erstem Grundsatz zu verbuchen sind, stellen sie dessen Grundgedanken meines Erachtens nicht in Frage. Denn wie auch immer die Beziehungen zwischen den verschiedenen Grundfreiheiten untereinander in vernünftiger Weise zu konkretisieren sind, so muß doch jede Konkretisierung, die vom Standpunkt des Urzustandes aus akzeptabel sein soll, davon ausgehen, daß jedem in gleichem Maße der größtmögliche Gesamtumfang von Grundfreiheiten zustehen soll. Das Postulat der gleichen Freiheit für alle stellt dann zwar keine hinreichende, wohl aber eine notwendige Bedingung der Verteilung der bürgerlichen Grundrechte dar.

Ein anderes Problem ist allerdings die Frage, unter welchen Umständen es zulässig sein könnte, dieses Prinzip einzuschränken, sei es durch ein geringeres Maß an Freiheit für alle, sei es durch eine Ungleichverteilung von Freiheiten. Rawls vertritt bekanntlich die Auffassung, die Grundfreiheiten dürften nur um ihrer selbst willen eingeschränkt werden, niemals aber um wirtschaftlicher oder sozialer Vorteile willen. Daraus ergibt sich für ihn die lexikalische Überordnung des Grundsatzes der gleichen Freiheit über den

---

[68] Siehe dazu *Weinberger*, Begründung oder Illusion (1977 a), S. 208 f.; zu den Interpretationsproblemen, die Rawls' Freiheitsgrundsatz aufwirft, siehe vor allem auch *Hart*, Freiheit und ihre Priorität bei Rawls (1973), S. 135 ff.

[69] *Weinberger*, Begründung oder Illusion (1977 a), S. 209.

zweiten Grundsatz, oder anders ausgedrückt: die *absolute Priorität der Freiheit* vor wirtschaftlichen und sozialen Grundgütern. Der einzige Fall, der nach Rawls eine Einschränkung von Grundrechten im Interesse der Produktion und Allokation wirtschaftlicher und sozialer Grundgüter rechtfertigt, bildet nur scheinbar eine Ausnahme vom Vorrang der Freiheit: und zwar der Fall, wo es um die wirtschaftlichen und sozialen Verhältnisse so schlecht bestellt ist, daß die Freiheitsrechte ohnehin keinen Wert haben, und wo Freiheitsbeschränkungen wesentlich dazu beitragen würden, die Verhältnisse so zu konsolidieren, daß die Freiheiten faktisch ausgeübt werden können. Denn auch in diesem Fall sind die Freiheitsbeschränkungen nicht eigentlich durch die von ihnen erhofften wirtschaftlichen und sozialen Vorteile allein gerechtfertigt, sondern nur wegen der zu erwartenden Verbesserung der sozialen und wirtschaftlichen Bedingungen der Freiheitsausübung.

Diese absolute Priorität, die Rawls den Grundrechten vor allen anderen Grundgütern einräumt, dürfte sich allerdings in dieser extremen Form schwerlich rechtfertigen lassen und sie hat denn auch eine Vielzahl von kritischen Einwänden auf sich gezogen. So bemerkte Kenneth J. Arrow, daß Rawls' Schlüsselargument für den Vorrang der Freiheit in der Annahme bestehe, daß jeder den Vorrang der Freiheit wünsche[70]. In der englischen Originalausgabe von „A Theory of Justice" hat Rawls diese Auffassung tatsächlich vertreten. Er schreibt dort: „Die Voraussetzung ist, daß die Menschen im Urzustand, wenn sie davon ausgehen, daß sie ihre Grundfreiheiten wirklich ausüben können, für eine Verbesserung ihres wirtschaftlichen Wohlergehens keine geringere Freiheit eintauschen werden, wenigstens nicht, sobald ein gewisses Niveau an Wohlstand erreicht worden ist."[71] Wie Arrow völlig zutreffend feststellt, ist dies ein empirisches Urteil, dessen Tragfähigkeit im Lichte der Alltagserfahrung als einigermaßen fragwürdig erscheint. Offensichtlich durch diesen kritischen Hinweis beeindruckt, hat Rawls dieses Argument in der revidierten Fassung, die der deutschen Übersetzung seines Werks zugrundeliegt, etwas modifiziert und sich vorsichtiger auszudrücken versucht. Das Argument lautet dort folgendermaßen: „... jeder hat – und ist sich dessen bewußt – grundlegende Ziele und Interessen, um deretwillen er sich zu Ansprüchen gegenüber den anderen berechtigt fühlt; ... und da ihre grundlegenden Ziele und Interessen durch die unter den ersten Grundsatz fallenden Freiheiten geschützt werden, räumen sie diesen den Vorrang ein."[72] Doch wie immer Rawls das Argument auch drehen und wenden mag, der Sachverhalt bleibt derselbe: Für den Vorrang der

---

[70] Vgl. *Arrow*, Einige ordinal-utilitaristische Bemerkungen über Rawls' Theorie der Gerechtigkeit (1973), S. 205.

[71] *Rawls*, A Theory of Justice (1971), S. 542 (Übersetzung in Anlehnung an die Übersetzung dieses Zitats in der deutschen Version von Arrow, Einige ordinal-utilitaristische Bemerkungen über Rawls' Theorie der Gerechtigkeit (1973), S. 205).

[72] *Rawls*, Eine Theorie der Gerechtigkeit (1975a), S. 588.

Freiheit würden nur dann zureichende Gründe sprechen, wenn man vom Standpunkt des Urzustandes aus annehmen könnte, daß die Grundfreiheiten unter allen Umständen wichtiger und grundlegender seien als die anderen Grundgüter; diese Annahme wäre aber nur dann begründet, wenn man im Urzustand wüßte, daß die Menschen tatsächlich immer ihre Freiheiten (gleichgültig, wie klein sie sind) über alle wirtschaftlichen und sozialen Vorteile stellen (gleichgültig, wie groß diese sind). Und dies ist in der Tat eine empirische Behauptung, die damit steht und fällt, ob es sich wirklich so verhält. Doch daß es sich so verhält, daran kann man füglich zweifeln, wenn man bedenkt, daß die Menschen nur allzu häufig bereit sind, ihre moralischen und religiösen Anliegen ihren ökonomischen Interessen unterzuordnen.[73]

Vielleicht hat H. L. A. Hart recht, wenn er meint, daß Rawls durch einen Trugschluß dazu gekommen sei, die Priorität der Freiheit unter allen Umständen zu behaupten[74]. Denn Rawls gehe zunächst davon aus – und Hart scheint ihm darin zuzustimmen –, daß die Menschen der Freiheit einen um so höheren Wert beimessen, je besser es um ihre materiellen Verhältnisse bestellt sei; dies deshalb, weil mit der Anhebung des Wohlstandes immer weniger dringliche Bedürfnisse offenbleiben und das grundlegende Interesse, den eigenen Lebensplan zu bestimmen, schließlich vordringlich werde. Und er leite daraus die Schlußfolgerung ab, daß es vom Standpunkt des Urzustandes rational sei, sich das Verbot aufzuerlegen, Freiheit gegen andere Güter einzutauschen, weil im Lauf der Entwicklung das Bedürfnis nach Freiheit ‚schließlich' vordringlich werde. Doch dieser Schluß ist – wie Hart betont – falsch. Denn es leuchte nicht ein,

„warum es rational sein sollte, daß Menschen etwas, das sie in einer bestimmten Stufe ihrer gesellschaftlichen Entwicklung vielleicht gerne tun möchten, sich deshalb verbieten, weil sie es in einer späteren Stufe (‚schließlich' oder ‚zu gegebener Zeit') nicht tun möchten. Es scheint keinen Grund dafür zu geben, warum ein Verzicht auf politische Freiheiten, zu dem Menschen sich ausschließlich zugunsten einer erheblichen Verbesserung ihres materiellen Wohlstandes bereit fänden – was durch die Prioritätsregel untersagt wäre –, auch von Dauer sein sollte; so daß deshalb später, wenn großer Wohlstand herrscht, und sie den Wunsch hätten, die Freiheiten wiederherzustellen, ihnen das nicht möglich wäre."[75]

In diesem Zusammenhang erhebt sich überhaupt die Frage, ob es möglich und sinnvoll ist, die Grundfreiheiten von den sozialen und wirtschaftlichen Grundgütern so scharf abzugrenzen, wie Rawls das durch seine lexikalische Vorrangregel tut. Eine derartige Abgrenzung wäre offensichtlich nur unter der Voraussetzung einleuchtend, daß sich die Interessen der Menschen ganz selbstverständlich in zwei Gruppen einteilen lassen: in eine Gruppe höherer

---

[73] Vgl. *Nowell-Smith,* Eine Theorie der Gerechtigkeit? (1973), S. 91.
[74] Siehe zum Folgenden *Hart,* Freiheit und ihre Priorität bei Rawls (1973), S. 158 ff.
[75] *Hart,* Freiheit und ihre Priorität bei Rawls (1973), S. 159.

Interessen, die genau die von Rawls aufgezählten Freiheiten zum Gegenstand haben, und in eine Gruppe niederer Interessen, die wirtschaftliche und soziale Güter betreffen. Rawls versucht in der Tat zu suggerieren, es gebe eine selbstverständliche Hierarchie menschlicher Interessen dieser Art. Diese Unterstellung wird von ihm jedoch nirgends systematisch begründet, und es erscheint zweifelhaft, ob es hiefür eine allgemein akzeptable Begründung gibt. So liefert Rawls – wie H. L. A. Hart und Jan F. Narveson zurecht bekritteln[76] – keinerlei Begründung dafür, warum er nur das Recht auf persönliches Eigentum und nicht überhaupt die ökonomische Freiheit in seine Liste der Grundrechte aufnimmt. Schließlich halten manche diese Freiheit für das grundlegendste Grundgut überhaupt[77]. Es versteht sich, daß Rawls die ökonomische Freiheit als Grundrecht deshalb nicht einführen konnte, weil sonst der erste Grundsatz ganz offensichtlich mit dem zweiten in Konflikt geraten würde, der ja gerade die Einschränkung der ökonomischen Handlungsmöglichkeiten im Hinblick auf eine bestimmte erwünschte Struktur der Verteilung ökonomischer Güter zum Thema hat. Woran Rawls es aber fehlen läßt, ist eine befriedigende Rechtfertigung der Annahme, daß ökonomische Freiheit nicht zu den Grundrechten zu zählen ist.

Umgekehrt ist es nicht ganz einsichtig, warum Rawls bestimmte Freiheiten, die er zu den Grundrechten rechnet, diesen und nicht den sozialen Grundgütern zuordnet. Nehmen wir z. B. die religiöse Freiheit. Wenn es zutrifft, wie die Religionswissenschaft behauptet, daß Religion in vielen Gesellschaften eine vorrangige Instanz der gemeinschaftlichen Sinngebung ist und der Konstruktion einer gesellschaftlichen Sinnstruktur dient[78], dann resultiert der Wert von Religion für diese Gesellschaften im allgemeinen und für die Gläubigen im besonderen (zumindest teilweise) aus der sozialen Integrationsfunktion, die religiöser Glaube und die Ausübung religiöser Praktiken haben. Wenn man es ferner als Erfahrungstatsache betrachtet, daß die Freiheit des religiösen Bekenntnisses auch die Wirkung haben kann, den Verfall gemeinsamer religiöser Haltungen und Praktiken zu beschleunigen, dann scheint es im Urzustand nicht unbedingt vernünftig, größtmögliche religiöse Freiheit für alle Gesellschaften zu postulieren[79]. Dasselbe gilt im übrigen auch für politische Ideologien. Dieses Argument besagt natürlich nichts gegen die Freiheit der Religionsausübung und der politischen Über-

---

[76] Vgl. *Hart,* Freiheit und ihre Priorität bei Rawls (1973), S. 138 ff.; *Narveson,* Rawls on Equal Distribution of Wealth (1978 a), S. 282 ff.; ähnlich *Michelman,* In Pursuit of Constitutional Welfare Rights: One View of Rawls' Theory of Justice (1973), S. 972; *Kern,* Neue Vertragstheorie (1980 a), S. 51 f.

[77] So z.B. *Mises,* Liberalismus (1927), und *Hayek,* Die Verfassung der Freiheit (1960).

[78] Vgl. dazu *Berger / Luckmann,* Die gesellschaftliche Konstruktion der Wirklichkeit (1966).

[79] In diesem Sinne auch: *Barry,* Das Wesen der Herleitung (1977), S. 50 f.; *Narveson,* Rawls on Equal Distribution of Wealth (1978 a), S. 282 ff.

zeugung in unseren modernen, hochkomplexen Gesellschaften; es zieht aber Rawls' Standpunkt in Zweifel, daß religiöse und politische Freiheit niemals als Gegenstand einer Abwägung mit der sozialen und wirtschaftlichen Funktion von Religionen und Ideologien zur Disposition stehen können.

Überhaupt dürfte die Hauptschwierigkeit der lexikalischen Ordnung der Grundsätze darin liegen, daß sie zu einer starren Hierarchisierung der Grundgüter führt, die unserem intuitiven moralischen Verständnis vom komplexen Verhältnis derselben in vieler Hinsicht unangemessen ist. Nowell-Smith hat die Frage so gestellt: Ist es vernünftiger, Rawls' Grundsätze – entsprechend der Unterscheidung von Ronald Dworkin – eher als *Regeln* oder eher als *Prinzipien* zu deuten[80]? Der Unterschied zwischen Regeln und Prinzipien besteht nach Dworkin in folgendem: Während Regeln für jeden Anwendungsfall entweder gelten oder nicht gelten und – sofern sie gelten – die Entscheidung im voraus vorschreiben (z.B. „In allen Hörsälen ist Rauchen strengstens verboten"), geben Prinzipien Entscheidungskriterien an, nach denen man sich in konkreten Anwendungsfällen, je nach Beschaffenheit der Situation, mehr oder minder zu richten hat (z.B. „Versprechen sind zu halten, es sei denn, der Bruch eines Versprechens ist im Interesse eines höherwertigen Anspruchs notwendig"). Wie Nowell-Smith feststellt, versteht Rawls seine Grundsätze offensichtlich als absolute Regeln, die keine Ausnahmen zulassen; Kollisionen zwischen ihnen versucht er zu vermeiden, indem er sie strikt hierarchisch ordnet. Auf diese Weise macht er das Verhältnis von Grundrechten und anderen Grundgütern zu einer Alles-oder-Nichts-Angelegenheit: wenn die Grundfreiheiten auch nur irgendwie berührt sind, zählen nur sie und die anderen Grundgüter nichts. Diese Interpretation muß jedoch zu intuitiv ganz unannehmbaren Ergebnissen führen, wenn man nicht nur – wie Rawls – ganz drastische Fälle von Freiheitsbedrohung im Auge hat, sondern angesichts der vielfältigen graduellen Abstufungen von Freiheitseinschränkungen auch Situationen in Betracht zieht, wo einer geringfügigen Beschränkung einer Freiheit große wirtschaftliche oder soziale Vorteile gegenüberstehen. So macht es z.B. einen wesentlichen Unterschied, ob etwa die Erhaltung wirtschaftlicher Vorteile um den Preis der Verfolgung und Unterdrückung wesentlicher religiöser Überzeugungen zur Wahl steht, oder ob es darum geht, eher periphere religiöse Gewohnheiten im Interesse der Sicherstellung lebenswichtiger Güter aufzugeben. Demgegenüber erscheinen – wie Nowell-Smith überzeugend zeigt – Rawls' Grundsätze als wesentlich plausibler, wenn man sie im Dworkinschen Sinne als konkurrierende *Prinzipien* versteht; d.h. als Prinzipien, die, sofern sie in Anwendungsfällen miteinander im Widerspruch

---

[80] Vgl. *Nowell-Smith,* Eine Theorie der Gerechtigkeit? (1973), S. 87ff. Zur Dworkinschen Unterscheidung zwischen Regeln und Prinzipien siehe: *Dworkin,* The Model of Rules (1967); auch in *ders.,* Taking Rights Seriously (1977), S. 24ff.; dt. Ausgabe S. 42ff.; vgl. dazu auch *Alexy,* Zum Begriff des Rechtsprinzips (1979).

stehen, nach Maßgabe der jeweils bestehenden Konstellation der entscheidungsrelevanten Merkmale gegeneinander abgewogen werden können[81].

Wenn man sich zu diesem Verständnis der Gerechtigkeitsgrundsätze entschließt, dann muß man allerdings Rawls' Postulat preisgeben, daß die im Urzustand beschlossenen Grundsätze die Grundstruktur der Gesellschaft eindeutig bestimmen müssen und intuitiven Gewichtungen keinen Raum lassen dürfen. Dieses Postulat ist sicherlich nicht ganz unbegründet. Es fragt sich jedoch, ob es in annehmbarer Weise erfüllbar ist. Der Preis, den Rawls zu zahlen bereit ist, um der Forderung nach Bestimmtheit Rechnung zu tragen, scheint jedenfalls zu hoch. Im übrigen aber ist das Konzept des Urzustandes überhaupt viel zu abstrakt, sind die in ihm verfügbaren Kenntnisse der gesellschaftlichen Randbedingungen und der Rangordnung der Bedürfnisse und Interessen viel zu gering, um eine tragfähige Basis für die Wahl von Grundsätzen abzugeben, die nicht nur für alle möglichen Gesellschaften Geltung beanspruchen können, sondern zugleich auch deren Grundstruktur im Hinblick auf bestimmte Grundgüter eindeutig festlegen. Vielleicht wäre Rawls besser beraten gewesen, wenn er sich mit weniger bestimmten und offeneren Prinzipien begnügt hätte, um dann zu sehen, wie sie in der verfassunggebenden Versammlung, bei genauerer Kenntnis sowohl der sozialen Verhältnisse wie auch der Wertschätzung elementarer Güter, konkretisiert und womöglich eindeutiger gefaßt werden könnten.

2.4. Deutungen und Probleme des Differenzprinzips

Die Verteilung wirtschaftlicher und sozialer Grundgüter wird durch Rawls' zweiten Grundsatz geregelt, der aus zwei Prinzipien besteht: aus dem *Unterschiedsprinzip* und dem *Prinzip der fairen Chancengleichheit*. Nach diesem Grundsatz ist es gerechtfertigt, bei wirtschaftlichen und sozialen Grundgütern (so insbesondere bei der Zuteilung von Einkommen, Vermögen, Status und Macht) von der Gleichverteilung insoweit abzugehen, als eine Ungleichverteilung dazu beiträgt, die Position der schlechtestgestellten Gruppe absolut zu verbessern (Unterschiedsprinzip); dabei wird vorausgesetzt, daß die Ungleichheit mit der Institutionalisierung von Positionen und Ämtern verbunden ist, die im Sinne eines fairen Wettbewerbs für alle zugänglich sind (Prinzip der fairen Chancengleichheit).

Dieser Grundsatz wirft eine Reihe von Interpretationsproblemen auf. Wir müssen daher versuchen, einige Präzisierungen vorzunehmen. Betrachten wir zunächst den Begriff der *Chancengleichheit*: Die Chancengleichheit in einer Gesellschaft ist offenbar um so größer, je weniger die Zuteilung sozialer Positionen von moralisch irrelevanten Umständen und Merkmalen der

---

[81] So *Nowell-Smith,* Eine Theorie der Gerechtigkeit? (1973), S. 92 ff.; in ähnlichem Sinne auch *Feinberg,* Justice, Fairness and Rationality (1971/72), S. 1007 ff. u. 1028 ff.

um sie konkurrierenden Individuen abhängt. Irrelevante Umstände und Merkmale sind nach dem heutigen Verständnis vor allem Herkunft, Rasse, Geschlecht, Hautfarbe und dergleichen mehr. Chancengleichheit wäre demnach voll erfüllt, wenn irrelevante Merkmale für die Positionszuteilung überhaupt keine Rolle spielen, d.h. wenn die statistische Wahrscheinlichkeit p für die betreffenden Individuen, irgendeine (i-te) von n Positionen (P) einzunehmen, $p(P_i)$, nur von relevanten Merkmalen abhängt, oder – was denselben Sachverhalt beschreibt: wenn die Wahrscheinlichkeit $p(P_i)$ unter der Bedingung, daß irrelevante Merkmale (sagen wir: M_1, M_2, M_3) vorliegen, und unter Vernachlässigung der relevanten Merkmale mit der reinen Zufallswahrscheinlichkeit $p(P_i) = \dfrac{1}{n}$ zusammenfällt. Als Maß von Chancengleichheit kann man daher die bedingte Wahrscheinlichkeit $p(P_i / M_1, M_2, M_3)$ verwenden. Die Chancengleichheit ist daher in einer Gesellschaft um so größer, je höher in ihr der Anteil der Personen ist, deren $p(P_i / M_1, M_2, M_3)$ sich dem Wert $\dfrac{1}{n}$ nähert.

Hat der Grundsatz der gleichen Freiheit bei Rawls Vorrang vor beiden Prinzipien des 2. Grundsatzes, so genießt innerhalb dieses Grundsatzes das Prinzip der fairen Chancengleichheit Vorrang vor dem Unterschiedsprinzip. Ähnlich wie eine Einschränkung des größtmöglichen Systems gleicher Grundfreiheiten nach Rawls nur im Interesse der Freiheit selbst erfolgen darf, hält er eine Chancen-Ungleichheit nur dann für zulässig, wenn dadurch die Chancen der Beteiligten verbessert werden können. Allerdings geht daraus nicht deutlich genug hervor, was dabei eigentlich unter ‚Chancen‘, die durch Chancengleichheit verbessert werden, zu verstehen ist. Ist damit die *bloße Wahrscheinlichkeit* gemeint, mit der Personen, ungeachtet ihrer Geburt, Klassenzugehörigkeit, Rasse, Hautfarbe und dergleichen, eine bestimmte Position in der Gesellschaft erlangen können, also ohne Bedachtnahme darauf, welche wirtschaftlichen und sozialen Aussichten diese Position verleiht? Oder soll darunter verstanden werden, daß diese *Wahrscheinlichkeit unter Berücksichtigung der mit ihr verbundenen wirtschaftlichen und sozialen Aussichten* zu bewerten ist? Rawls scheint sich in dieser Frage nicht ganz sicher gewesen zu sein. Denn auf der einen Seite betont er wiederholt, eine Einschränkung der Chancengleichheit sei – entsprechend einer Einschränkung der Freiheit – nur im Dienste einer Verbesserung der Chancen selbst zulässig, andererseits aber läßt er mehrmals durchblicken, daß für die Beurteilung von Verletzungen der fairen Chancengleichheit durchaus auch etwaige wirtschaftliche Vorteile derer, die von der geringeren Chancengleichheit betroffen sind, von Bedeutung sind. Erinnern wir uns etwa an Rawls' Analyse der Frage, ob die Klassen-Privilegierung des Besitzbürgertums im 19. Jahrhundert möglicherweise durch ihre langfristig günstigen Folgen für die unterprivilegierte Arbeiterklasse gerechtfertigt gewesen sein könnte. Seine diesbezüglichen Überlegungen führen ihn schließlich zum

Ergebnis, daß Verletzungen der Chancengleichheit als zulässig anzusehen wären, sofern sie den benachteiligten Gruppen langfristig zum Vorteil gereichten bzw. wenn diesen Gruppen hierdurch ein größerer Bereich erwünschter Lebensaussichten eröffnet werde. Diese Äußerungen suggerieren also eher jene Deutung des Vorrangs der Chancengleichheit, die als ,Chancen', um derentwillen Chancengleichheit beschränkt werden darf, nicht die bloße Wahrscheinlichkeit des durch irrelevante Faktoren nicht behinderten Zugangs zu sozialen Positionen begreift, sondern neben dieser Wahrscheinlichkeit auch die Grundgüterausstattung der betreffenden Positionen in Rechnung stellt. Wenn dem aber so ist, dann bedarf es irgendeiner Art der Abwägung von Zugangschancen einerseits und von Positionsausstattungen andererseits. In welcher Weise diese Abwägung allerdings vorgenommen werden soll, darüber gibt Rawls keine Auskunft.

Zu den originellsten und zugleich umstrittensten Teilstücken der Gerechtigkeitskonzeption von Rawls gehört ohne Zweifel das *Unterschiedsprinzip* oder *Differenzprinzip,* welches als das eigentliche Verteilungsprinzip seiner Theorie betrachtet werden kann, da es ja die Verteilung sozialer und wirtschaftlicher Grundgüter regelt. Dieses Prinzip hat großen Widerhall gefunden und viele Diskussionen hervorgerufen, nicht nur im Bereich der politischen Philosophie und der Moraltheorie, sondern vor allem auch im Rahmen der ökonomischen Theorie.

Die Resonanz des Unterschiedsprinzips im Bereich der Ökonomie erklärt sich daraus, daß die ökonomische Theorie seit mehreren Jahrzehnten bemüht ist, konsensfähige und praktikable Kriterien für die Bewertung der Wohlfahrt wirtschaftlicher bzw. gesellschaftlicher Zustände zu entwickeln; allerdings bisher ohne durchschlagenden Erfolg[82]. Trotz zahlreicher Versuche, das Problem der sozialen Wohlfahrt auf Fragen der Effizienz in Gestalt der Pareto-Optimalität von wirtschaftlichen bzw. sozialen Zuständen zu reduzieren, sieht sich die Wohlfahrtsökonomie immer wieder auf Fragen der Verteilungsgerechtigkeit zurückgeworfen. Doch obwohl die Frage der sozialen Gerechtigkeit seit jeher zu den Hauptthemen der politischen Philosophie und Theorie gehört und Legionen von Denkern beschäftigt hat, haben wir eigentlich kaum Regeln der Verteilungsgerechtigkeit zur Hand, die nicht entweder so einseitig sind, daß ihre Unannehmbarkeit von vornherein feststeht, oder die so unbestimmt sind, daß sie als Kriterien der Beurteilung gesellschaftlicher bzw. wirtschaftlicher Gesamtzustände nicht Anwendung

---

[82] Siehe zu dieser Problematik *Mishan,* Ein Überblick über die Wohlfahrtsökonomik 1939 - 1959 (1960). Zur Einführung in die traditionelle Wohlfahrtsökonomik siehe z.B.: *Little,* A Critique of Welfare Economics (1950); *Bohnen,* Die utilitaristische Ethik als Grundlage der modernen Wohlfahrtsökonomik (1964); zur Einführung in die neuere Wohlfahrtsökonomik seit der durch Kenneth Arrow ausgelösten Wende in Richtung Social-Choice-Theorie siehe *Arrow,* Social Choice and Individual Values (1951); *Sen,* Collective Choice and Social Welfare (1970a); *Schauenberg,* Zur Logik kollektiver Entscheidungen (1978).

finden können. Rawls' Unterschiedsprinzip ist da eine der wenigen Ausnahmen: Es bringt nicht nur einen einigermaßen ausgewogenen Standpunkt zum Ausdruck, der nicht von vornherein verdächtig ist, ideologische Extrempositionen zu vertreten, sondern es gibt darüber hinaus auch ein Kriterium an, das – zumindest in der Theorie – relativ einfach handhabbar zu sein scheint.

Die Bemühungen, Rawls' Gerechtigkeitskonzeption für Zwecke der Ökonomie nutzbar zu machen, sind einmal deswegen von Interesse, weil durch sie die Rawls-Debatte um viele Problemstellungen und Aspekte bereichert wurde. Bemerkenswert ist aber auch, daß der Versuch, das Unterschiedsprinzip in den kategorialen Rahmen der Wohlfahrtsökonomie einzupassen, unter der Hand zu einer Reformulierung dieses Prinzips geführt hat, die die ursprüngliche Formulierung von Rawls vielfach verdrängt hat und von vielen Autoren als gängige Version des Unterschiedsprinzips angenommen wird. Rawls' endgültige Formulierung des Unterschiedsprinzips lautet bekanntlich so: „Soziale und wirtschaftliche Ungleichheiten müssen so beschaffen sein, daß sie (...) den am wenigsten Begünstigten den größtmöglichen Vorteil bringen."[83] Die reformulierte Version, in welcher uns das Unterschiedsprinzip in der Rawls-Diskussion vielfach entgegentritt, kann demgegenüber etwa folgendermaßen gefaßt werden:

> Von mehreren realisierbaren Verteilungsarrangements sozialer und wirtschaftlicher Güter ist dasjenige das beste (gerechteste), dessen schlechteste Position besser ist als die schlechtesten Positionen der anderen Verteilungen. Oder: Von mehreren realisierbaren Verteilungsarrangements ist dasjenige vorzuziehen, dessen schlechteste Position eine größere Auszahlung (pay-off) wirtschaftlicher und sozialer Grundgüter sicherstellt als die jeweils schlechtesten Positionen der anderen Verteilungen.

Da es nach dieser Fassung des Unterschiedsprinzips ausschließlich darauf ankommt, die Position des Schlechtestgestellten zu verbessern, das soziale Minimum zu maximieren, wird diese Version in der ökonomischen Literatur vielfach auch als *Maximin-Prinzip* bezeichnet. (Dieses Maximin-Prinzip der Verteilungsgerechtigkeit darf jedoch nicht verwechselt werden mit der früher erörterten Maximin-Regel für Entscheidungen unter Unsicherheit.) In diesem Sinne hat Amartya Sen das Maximin-Prinzip in folgender Weise definiert (wobei x, y für beliebige Verteilungszustände stehen, R schwache Präferenz, also strikte Präferenz oder Indifferenz, und $W_i(x_i)$ die Wohlfahrt einer beliebigen Person i im Zustand x bedeuten):

$$x \, R \, y \longleftrightarrow \operatorname*{Min}_{i} W_i(x_i) \geq \operatorname*{Min}_{i} W_i(y_i),$$

in Worten: eine Verteilung x ist einer Verteilung y vorzuziehen oder zu ihr indifferent genau dann, wenn die Wohlfahrt des in x schlechtestgestellten

---

[83] *Rawls,* Eine Theorie der Gerechtigkeit (1975a), S. 336.

Individuums größer oder gleich ist der Wohlfahrt des schlechtestgestellten Individuums in y[84].

In inhaltlich ähnlicher, wenn auch der Form nach variierter Gestalt begegnet uns Rawls' Unterschiedsprinzip etwa auch bei Rae, Hammond, Pazner & Schmeidler, Arrow, Plott, Gibbard, Strasnick und Wittman[85]. Ferner kann man bei vielen anderen Autoren aus dem Kontext ihrer Ausführungen erkennen, daß sie das Differenzprinzip als Maximin-Prinzip interpretieren. Gemäß dieser Interpretation besagt Rawls' Differenzprinzip also soviel, daß von mehreren möglichen Arrangements der Verteilung sozialer und wirtschaftlicher Güter dasjenige das gerechteste ist, dessen mindestbegünstigte Position im Verhältnis zu den mindestbegünstigten Positionen der anderen Verteilungsarrangements die beste Grundgüter-Ausstattung bietet. Die Gerechtigkeit hinsichtlich der Verteilung wirtschaftlicher und sozialer Güter ist damit einzig und allein durch die Position der jeweils mindestbegünstigten Individuen bestimmt.

Wenn man davon ausgeht, daß das Maximin-Kriterium eine angemessene, d.h. bedeutungsmäßig äquivalente Reformulierung von Rawls' Unterschiedsprinzip darstellt, dann ist dieses Prinzip vom Standpunkt unserer moralischen Intuitionen ganz erheblichen Einwänden ausgesetzt. Nehmen wir zum Beispiel an, die in der folgenden Tabelle aufgelisteten Verteilungsarrangements U, V, X, Y, Z mit jeweils 6 Positionen stünden zur Wahl (die Ziffern sollen dabei die Grundgüter-Ausstattung der betreffenden Positionen nach einem geeigneten Index ausweisen).

Tabelle 1

	U	V	X	Y	Z
P_1	80	50	50	50	80
P_2	50	40	40	40	50
P_3	12	30	30	30	12
P_4	11	20	20	25	11
P_5	10	15	15	20	10
P_6	7	7	8	8	9
Σ	170	162	163	173	172

[84] *Sen*, Rawls versus Bentham (1974a), S. 288; eine formal etwas andere, im Ergebnis aber ähnliche Rekonstruktion findet sich bei *Sen*, Collective Choice and Social Welfare (1970a), S. 157.

[85] Vgl. *Rae*, Maximin Justice and an Alternative Principle of General Advantage (1975a); *Hammond*, Equity, Arrow's Conditions and Rawls' Difference Principle

Wenn wir diese Verteilungszustände nach dem Maximin-Prinzip ordnen, dann müssen wir sie nach der jeweils schlechtestgestellten Position reihen. Wir erhalten also folgende Präferenzordnung: U ist indifferent mit V, und X ist indifferent mit Y; X und Y sind jeweils besser als U und V; die beste aller Verteilungen ist Z, da in ihr die schlechtestgestellte Position die höchste Auszahlung aufweist.

Wie man sofort sieht, steht diese Ordnung in mehrfacher Hinsicht zu unseren intuitiven Gerechtigkeitsvorstellungen im Widerspruch. Intuitiv scheint es wohl kaum einsichtig, daß Verteilungen von der Art U und V als indifferent angesehen werden können: wir würden wahrscheinlich ohne langes Zögern V als gerechter einstufen, da sie die verfügbaren Grundgüter wesentlich gleichmäßiger verteilt und ihr Sozialprodukt trotzdem nicht wesentlich hinter dem der Struktur U zurückbleibt. Ebensowenig ist plausibel, daß Verteilung Z, nur weil in ihr die schlechtestgestellte Position geringfügig besser ausgestattet ist als in den anderen Zuständen, als die gerechteste Verteilung betrachtet werden sollte. Die meisten würden wohl den Verteilungsarrangements V, X und Y ein höheres Maß an Gerechtigkeit zuerkennen. Weniger Schwierigkeiten entstehen daraus, daß X und Y jeweils als besser eingestuft werden als V. Daß aber X und Y gleich gut sein sollen, obwohl zwei niederrangige Positionen in Y besser ausgestattet sind und keine Y-Position schlechter ist als die entsprechende X-Position, muß als einigermaßen problematisch empfunden werden.

Die Tatsache, daß Verteilungen von der Art X und Y nach dem Maximin-Prinzip als gleichwertig anzusehen wären, bildet ferner den Grund für einen weiteren Einwand, den man gegen das Differenzprinzip in dieser Form vorbringen kann: das Maximin-Prinzip verletzt die (starke) Pareto-Bedingung. Diese Bedingung, die von den meisten Ökonomen als unabdingbare Adäquatheitsbedingung der Aggregation individueller Wohlfahrtspräferenzen in eine kollektive Wohlfahrtsfunktion angenommen wird, besagt[86]:

(1976 a); *Pazner & Schmeidler,* Social Contract Theory and Ordinal Distributive Equity (1976); *Arrow,* Extended Sympathy and the Possibility of Social Choice (1977 a); *Plott,* Rawls' Theory of Justice: An Impossibility Result (1978); *Gibbard,* Disparate Goods and Rawls' Difference Principle (1979); *Strasnick,* Extended Sympathy Comparisons and the Basis of Social Choice (1979 a); *Wittman,* A Diagrammatic Exposition of Justice (1979).

[86] Vgl. z.B.: *Sen,* Collective Choice and Social Welfare (1970 a); S. 21; *Schauenberg,* Zur Logik kollektiver Entscheidungen (1978), S. 91 f. Die Pareto-Bedingung besagt wohlgemerkt nicht, daß ein Zustand nur dann kollektiv vorgezogen werden sollte, wenn er von mindestens einem Individuum vorgezogen wird, während ihm die anderen im Verhältnis zu seinen möglichen Alternativen wenigstens indifferent gegenüberstehen, sondern sie besagt nur, daß, wenn es sich so verhält, dann sollte jedenfalls dieser Zustand auch kollektiv vorgezogen werden, unabhängig davon, unter welchen Bedingungen er sonst noch kollektiv vorgezogen werden sollte. Neben der starken Pareto-Bedingung gibt es noch eine schwächere Version der Pareto-Bedingung, welcher gemäß eine soziale Situation, die von allen Individuen ihren möglichen Alternativen vorgezogen wird, auch kollektiv vorgezogen werden sollte. Die schwache Pareto-Bedingung ist also eine Art Einstimmigkeitsregel in dem Sinne, daß, wenn ein

Wenn jedes Individuum hinsichtlich zweier alternativer sozialer Situationen X und Y indifferent ist, dann sollte auch die Gesellschaft bezüglich dieser Situationen indifferent sein; wenn jedoch mindestens ein Individuum X gegenüber Y strikt vorzieht und alle Individuen X für wenigstens so gut halten wie Y, dann sollte auch die Gesellschaft X gegenüber Y vorziehen.

Nun, es ist offensichtlich, daß diese Bedingung verletzt wird, wenn zwei Verteilungen – wie in unserem Fall X und Y – als indifferent eingestuft werden, von denen die eine einige Personen besser stellt als die andere, ohne aber zugleich irgendwelche andere Personen schlechter zu stellen. Bezogen auf unser Beispiel, trifft dieses Argument allerdings nur unter der Voraussetzung zu, daß für die Präferenzen der Individuen nur die Auszahlungen der betreffenden Postitionen, bemessen am numerischen Wert ihrer Güter-Ausstattung, relevant sind, nicht aber die Bewertung des relativen Verhältnisses der Positionen zueinander; d. h. jeder ist gegen Änderungen der relativen Position der anderen indifferent. Diese Voraussetzung wäre etwa nicht erfüllt, wenn sich jemand allein schon dadurch schlechtergestellt fühlte, daß ein anderer mehr bekäme, ohne daß er selbst deswegen weniger hätte. Obwohl – worauf Hans Albert mit Recht hingewiesen hat[87] – derartige Vergleiche der relativen Stellung verschiedener Personen zueinander vielfach in deren individuelle Wohlfahrtsurteile mit einfließen, spielt diese Möglichkeit im Rawls'schen Urzustand keine Rolle, da dort die Vertragspartner einander als gegenseitig desinteressierte Egoisten gegenübertreten. Der Umstand, daß das Maximin-Prinzip den Erfordernissen der (starken) Pareto-Bedingung nicht genügt, ist mehrfach als Einwand gegen Rawls' Unterschiedsprinzip ins Treffen geführt worden[88]. Und unter der Voraussetzung, daß das Maximin-Prinzip als eine adäquate Reformulierung des Unterschiedsprinzips gelten könnte, wäre das in der Tat ein entscheidendes Argument gegen Rawls, der ja selbst davon ausgeht, daß seine Gerechtigkeitsgrundsätze mit dem Konzept der Pareto-Optimalität verträglich sind[89].

Angesichts dieser Einwände drängt sich einem unwillkürlich die Frage auf, wie Rawls überhaupt zu der Auffassung gelangen konnte, daß ein Prinzip, das in so hohem Maße gegen unsere Gerechtigkeitsintuitionen und

---

sozialer Zustand einstimmig vorgezogen wird, er auch gesellschaftlich angenommen werden sollte, nicht aber in dem Sinne, daß ein sozialer Zustand nur dann kollektiv vorgezogen werden sollte, wenn er einstimmig vorgezogen wird.

[87] Vgl. *Albert*, Traktat über rationale Praxis (1978), S. 213.

[88] Siehe dazu z. B.: *Sen*, Collective Choice and Social Welfare (1970a), S. 138 f.; *ders.*, Welfare Inequalities and Rawlsian Axiomatics (1976a), S. 251; *Hammond*, Equity, Arrow's Conditions, and Rawls' Difference Principle (1976a), S. 798; *Gibbard*, Disparate Goods and Rawls' Difference Principle (1979), S. 281 f.; *Rothkirch*, Rationales Handeln im öffentlichen Interesse (1981), S. 145 f. Die Verletzung der Pareto-Bedingung durch das Maximin-Prinzip liegt offenbar auch dem „Unmöglichkeitsbeweis" zugrunde, den Plott gegen Rawls geführt hat: *Plott*, Rawls's Theory of Justice: An Impossibility Result (1978).

[89] So *Rawls*, Eine Theorie der Gerechtigkeit (1975a), S. 92.

gegen weithin als unabdingbar gehaltene Adäquatheitserfordernisse ver-
stößt wie das Maximin-Prinzip, ein akzeptables Gerechtigkeitsprinzip sein
könnte, für welches man sich im Urzustand entscheiden würde. In diesem
Zusammenhang ist es vielleicht zweckmäßig, daran zu erinnern, daß Rawls'
Überlegungen ihren Ausgang genommen haben von einer allgemeineren
Gerechtigkeitsvorstellung, nach der Ungleichheiten insoweit als gerechtfertigt erscheinen, als sie zu *jedermanns* Vorteil gereichen. Wenn Rawls dann
im Unterschiedsprinzip nur mehr auf den ‚größtmöglichen Vorteil der
schlechtestgestellten (repräsentativen) Person' abstellt, so intendiert er
damit – wie er ausdrücklich betont – nicht eine inhaltliche Einschränkung
dieser allgemeinen Version seiner Gerechtigkeitsvorstellung. Das Differenzprinzip soll vielmehr nur die Funktion erfüllen, einen brauchbaren empirischen Indikator für den allgemeinen Wohlfahrtsvergleich anzugeben. Dabei
geht er von der Vorstellung aus, daß das Wohl des Schlechtestgestellten mit
hinreichender Verläßlichkeit auch die Wohlfahrt der weniger Benachteiligten anzeigt. Die Aufgabe, die Rawls dem Differenzprinzip zuweist, besteht
demnach vor allem darin, eine vereinfachte, dafür aber praktisch leichter
handhabbare Konkretisierung seines allgemeinen Grundsatzes bereitzustellen. Nach den vielfältigen Einwänden, denen das Maximin-Prinzip – wie wir
gesehen haben – ausgesetzt ist (die jedoch Rawls' allgemeine Version nicht
berühren), erscheint es aber kaum als geeignet, um diese Aufgabe zu erfüllen. Wo liegt hier der Fehler?

Erinnern wir uns, daß Rawls, um das Differenzprinzip als brauchbare
Konkretisierung seiner allgemeinen Gerechtigkeitsvorstellung zu erweisen,
von einer ziemlich problematischen Annahme Gebrauch macht: der
Annahme, daß alle gesellschaftlichen Positionen miteinander durch eine Art
Kettenverbindung (chain-connection) verkoppelt seien. Diese Kettenverbindung hat nach Rawls' Ansicht zur Folge, daß, wenn immer die Privilegierung einer Position dazu führt, die Aussichten der mindestbegünstigten
Position zu verbessern, sich damit gleichzeitig auch die Aussichten aller
Positionen dazwischen verbessern. Rawls muß dabei natürlich voraussetzen,
daß sich diese Annahme aus den allgemeinen gesellschaftlichen Tatsachen
ergibt, von denen die Menschen im Urzustand Kenntnis haben, da sie ja
sonst keine Grundlage für die Akzeptierung des Unterschiedsprinzips
hätten.

Diese Voraussetzung ist nun sicher ein höchst zweifelhafter Punkt in
Rawls' Konzeption. Denn wenn wir uns fragen, ob die Annahme der Kettenverbindung durch die historische Erfahrung hinreichend bestätigt
erscheint, um sie als allgemeine soziale Gesetzmäßigkeit ansehen zu können,
so ist eine positive Antwort wohl kaum möglich. Viele Umschichtungen
und Veränderungen, die verschiedene Gesellschaften im Verlauf ihrer
Geschichte erfahren haben, widerlegen die Annahme, soziale Stratifikation
vollziehe sich immer nach dem Modell der Kettenverbindung. Die

Geschichte kennt mehrere Beispiele sozialer Revolutionen, die die Sozial-
struktur auf eine Weise verändert haben, wie sie die folgende – von Douglas
Rae stammende – Graphik für den Übergang eines Verteilungszustandes X
in einen Verteilungszustand Y veranschaulicht[90]:

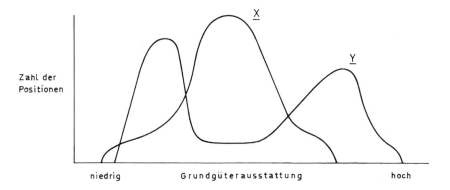

Kurve X repräsentiert eine typische ‚Middle-class-Gesellschaft' mit
jeweils einer kleinen Minorität von Armen einerseits und von Reichen andererseits; man stelle sich nun eine soziale Umschichtung vor, aus der sich eine
Verteilung mit dem durch Kurve Y dargestellten Profil ergibt, d.h.: das
Wohlfahrtsniveau der Ärmsten wird leicht angehoben, ein Teil der Mittelklasse schwingt sich zur herrschenden Klasse auf, die den Löwenanteil
gesellschaftlicher Grundgüter für sich beansprucht, während zugleich die
Aussichten des verbleibenden Teils der Mittelklasse auf ein Niveau absinken, das jenes der Armen nur wenig übersteigt. Wenn soziale Umschichtungen dieser Art nicht ausgeschlossen werden können, dann erweist sich
die These der Kettenverbindung als willkürliche und ungerechtfertigte
Annahme, die als Grundlage einer vernünftigen Entscheidung für einen fairen Verteilungsmodus wohl kaum in Frage kommt[91].

Angesichts der vielfältigen Schwierigkeiten, die mit dem Maximin-Prinzip verbunden sind, kann dieses Prinzip schwerlich als ein annehmbarer
Grundsatz der gerechten Verteilung wirtschaftlicher und sozialer Grundgüter betrachtet werden. Sofern das Differenzprinzip überhaupt geeignet ist,
uns einen solchen Grundsatz zu liefern, ist es notwendig, nach einer anderen, weniger anfechtbaren Deutung dieses Prinzip zu suchen. Eine aus-
sichtsreiche Interpretation scheint mir das sogenannte *Leximin-Prinzip* von

---

[90] Vgl. *Rae,* Maximin Justice and an Alternative Principle of General Advantage
(1975 a), S. 640.

[91] Siehe dazu *Rae,* Maximin Justice and an Alternative Principle of General Advantage (1975 a). S. 641; vgl. auch die Beispiele bei *Barber,* Die Rechtfertigung der
Gerechtigkeit (1975), S. 236 ff., die zeigen, daß das Maximin-Prinzip bei der Bewertung längerfristiger sozialer Veränderungen völlig versagt.

Amartya Sen vorzustellen. Um den Erfordernissen der Pareto-Bedingung Genüge zu tun, hat Sen eine modifizierte Fassung des Maximin-Prinzips vorgeschlagen, die er als „lexikographisches Maximin-Prinzip" oder kurz: „Leximin-Prinzip" bezeichnet. Dieses Prinzip definiert für eine Gemeinschaft von n Individuen folgende lexikographische Ordnung:

(1) Maximiere die Wohlfahrt des schlechtestgestellten Individuums;
(2) bei gleicher Wohlfahrt der schlechtestgestellten Individuen maximiere die Wohlfahrt des zweitschlechtestgestellten Individuums;

.
.
.

(n) bei gleicher Wohlfahrt der schlechtestgestellten, der zweitschlechtestgestellten Individuen, ..., der $(n-1)$-schlechtestgestellten Individuen, maximiere die Wohlfahrt des bestgestellten Individuums[92].

Die Vorzüge dieses Prinzips gegenüber dem Maximin-Prinzip sind offensichtlich. So ist es zum einen verträglich mit der Pareto-Bedingung und räumt zum anderen auch einige intuitive Ungereimtheiten aus, mit welchem das Maximin-Prinzip behaftet ist. Wenn wir etwa wieder die Verteilungsarrangements betrachten, die uns früher als Beispiele gedient haben (Tabelle 1, S. 113), so würde sich nach dem Leximin-Prinzip folgende Reihung ergeben: $Z > Y > X > V > U$ (wobei „>" hier für „ist besser als" bzw. „genießt Vorzug vor" steht). Diese Rangordnung trägt unseren intuitiven Einstellungen insofern eher Rechnung, als zwischen U und V sowie zwischen X und Y nun nicht mehr Indifferenz besteht, sondern – entsprechend der Regel, daß bei gleicher Ausstattung der jeweils schlechtergestellten Positionen die Verteilung mit der besseren Ausstattung der nächstschlechtestgestellten Position Vorrang genießt – V vor U und Y vor X rangiert. Als intuitiv äußerst unbefriedigend mag jedoch der Umstand erscheinen, daß Z weiterhin den Rang der besten (gerechtesten) Verteilung einnimmt, obwohl diese Verteilung im Vergleich zu Y die unteren Positionen insgesamt wesentlich schlechter stellt. Angesichts dieses Umstandes mag der Schluß naheliegen, daß auch das Leximin-Prinzip nicht geeignet ist, um die Formel „zum größtmöglichen Vorteil aller" in angemessener Weise zu konkretisieren. Aber dieser Schluß wäre voreilig. Denn das Leximin-Prinzip führt zu dieser als problematisch erscheinenden Konsequenz nur dann, wenn die in Tabelle 1 aufgelisteten Verteilungsarrangements U, V, X, Y, Z eine erschöpfende Aufzählung aller tatsächlich realisierbaren Verteilungsmöglichkeiten darstellen. Doch daß dies der Fall ist, scheint aus *empirischen Gründen* kaum wahrscheinlich. Wie aber müssen wir dann vorgehen, um mit dem Leximin-Prinzip überhaupt arbeiten zu können?

---

[92] Vgl. *Sen,* Collective Choice and Social Welfare (1970a), S. 138; *ders.,* Rawls versus Bentham (1974a), S. 285; *Kern,* Neue Vertragstheorie (1980a), S. 44f. Eine Andeutung in Richtung auf diese Deutung des Differenzprinzips hin findet sich auch schon bei *Rawls,* Eine Theorie der Gerechtigkeit (1975a), S. 103f.

Vergegenwärtigen wir uns noch einmal den Gedankengang, der Rawls zum Differenzprinzip geführt hat: Wenn die Gesamtheit sozialer Grundgüter eine Art nicht vermehrbarer Kuchen wäre, würde man sich unter den Bedingungen des Urzustandes vernünftigerweise auf eine völlige Gleichverteilung aller Grundgüter einigen. Nun ist jedoch bekannt, daß die Produktion wirtschaftlicher Güter durch bestimme Formen gesellschaftlicher Arbeitsteilung, die Ungleichheit involvieren, gesteigert werden kann. Solche Formen gesellschaftlicher Arbeitsteilung haben allerdings nur dann Aussicht, die Zustimmung aller Beteiligten zu finden, wenn alle davon profitieren; d. h. wenn die Vorteile der gesellschaftlichen Produktivitätssteigerung nicht nur denjenigen zugute kommen, die aufgrund ihrer besseren Anlagen, Fähigkeiten und Kenntnisse ohnehin in den Vorzug der Begünstigungen gelangen, welcher es zur Bereitstellung entsprechender Leistungsanreize bedarf, sondern auch denjenigen, die keine bevorzugten Positionen einnehmen. Da Grundgüterzuwächse für die, die wenig haben, wertvoller sind als für jene, die sowieso schon begünstigt sind, und da zugleich jeder damit rechnen muß, selbst nicht zu den Begünstigten zu gehören, sind Ungleichheiten vor allem danach zu beurteilen, ob und inwieweit sie – langfristig gesehen – dazu beitragen, die Aussichten der weniger Begünstigten zu verbessern. Eine Ungleichverteilung gesellschaftlicher Güter läßt sich demgemäß gegenüber einer gleichen oder einer weniger ungleichen Verteilungsstruktur nur dann und insoweit rechtfertigen, als sie für die weniger Begünstigten mit Vorteilen verbunden ist, die für sie im Rahmen einer gleichen oder weniger ungleichen Struktur nicht erreichbar wären. Trägt dagegen die Ungleichverteilung nichts zur Verbesserung der Situation der Schlechtergestellten bei, würden also die Minderbegünstigten auch im Rahmen einer gleichmäßigeren Güterverteilung zumindest gleich gute Aussichten haben, so ist sie nicht gerechtfertigt.

Diese Überlegung macht deutlich, daß die Legitimität einer ungleichen Verteilungsstruktur stets nur mit Rücksicht darauf beurteilt werden kann, ob und inwieweit ihre Ungleichheit – verglichen mit einer weniger ungleichen Struktur – notwendig ist, um die Aussichten der Minderbegünstigten zu verbessern. Die Beurteilung der Zulässigkeit bzw. Unzulässigkeit einer Verteilung muß also immer auf der Vergleichsbasis der faktischen Möglichkeiten einer gleichmäßigeren Verteilung vorgenommen werden. Zur Bewertung einer Verteilungsstruktur genügt es daher nicht, sie mit x-beliebigen anderen möglichen Verteilungsarrangements zu vergleichen, sondern es müssen immer alle faktisch möglichen Verteilungssysteme in Betracht gezogen werden, die den Minderbegünstigten zumindest ebenso gute Aussichten bieten.

Um das Gesagte zu veranschaulichen, möchte ich am Beispiel der in Tabelle 2 aufgeführten Verteilungsarrangements zu demonstrieren versu-

chen, wie eine Bewertung sozialer Ungleichheiten dieser Überlegung
zufolge durchgeführt werden müßte.

Tabelle 2

	A	B	C	D	D'
P_1	10	20	22	25	23
P_2	10	17	18	18	19
P_3	10	15	16	16	16
P_4	10	13	13	13	14
P_5	10	11	12	12	12
P_6	10	11	11	11	11
Σ	60	87	92	95	95

Angenommen, wir könnten von einem Zustand völliger Gleichverteilung
(A) ausgehen und hätte zunächst die Alternativen B, C und D zur Wahl, so
müßten wir – wenn wir nur diese Verteilungszustände vergleichen, ohne
Rücksicht darauf, welche Möglichkeiten sonst noch bestehen – schon aufgrund der Pareto-Bedingung folgende Rangordnung bilden: D > C > B > A.
Das wäre jedoch nach der oben angestellten Überlegung etwas zu kurz
geschlossen. Ihr folgend können wir diese Rangordnung nur unter der Voraussetzung bilden, daß erstens B im Verhältnis zu A die geringstmögliche
Abweichung von der Gleichheit involviert, die erforderlich ist, um die Wohlfahrt der Minderbegünstigten, sagen wir P_5 und P_6, auf das Niveau von 11 zu
bringen (nehmen wir an, daß dies der Fall sei); daß zweitens C im Verhältnis
zu B die geringstmögliche Steigerung von Ungleichheit bedeutet, die zur
Verbesserung der Aussichten von P_5 notwendig ist, wenn es nicht möglich
ist, auch die Lage von P_6 zu fördern (nehmen wir auch an, dies treffe ebenfalls zu); und daß drittens D in gleicher Weise erforderlich ist, um ... Ja,
um was? Wenn bereits die weniger ungleiche Verteilung C genügt, um den
Minderbegünstigten dasselbe Wohlfahrtsniveau zu garantieren wie D, kann
D nicht die geringstmöglich ungleiche Verteilung sein, um den Minderbegünstigten zumindest jene Aussichten zu verschaffen, die sie in C ohnehin
schon haben. D käme demnach nicht von vornherein der Vorzug vor C zu.

Nun mag dieses Vorgehen allerdings problematisch erscheinen, weil es
ganz offensichtlich mit der Pareto-Bedingung in Konflikt gerät. Das ist
jedoch nur unter der Voraussetzung der Fall, daß es nicht möglich sein
sollte, auch nur einen Teil der Wohlfahrtszuwächse, die in D gegenüber C

erzielt werden, von P_1 auf die weniger begünstigten Positionen zu transferieren. Wenn es der Fall ist, daß die in der Struktur C vergebenen Begünstigungen einen hinreichenden Anreiz für die Tüchtigen und Begabten bieten, um zum gesellschaftlichen Wohlstand so viel beizutragen, daß die Minderbegünstigten Vorteile der angegebenen Art haben, dann erscheint es als äußerst unwahrscheinlich, daß die Wohlfahrtszuwächse, die in D im Vergleich zu C erzielt werden, nur dann und genau in dem Umfang erzielt werden können, wenn sie den Begünstigten allein zugute kommen. Viel wahrscheinlicher ist es, daß diese – oder vielleicht etwas geringere – Zuwächse auch dann erzielbar wären, wenn man die durch die vermehrten Anstrengungen der Tüchtigen und Begabten erzielte Wohlfahrtsvermehrung nicht zur Gänze und ausschließlich diesen zugute kommen läßt, sondern wenn man einen Teil davon auch den weniger Begünstigten zukommen lassen würde. Das bedeutet nichts anderes, als daß es zu D mit großer Wahrscheinlichkeit *Umverteilungsmöglichkeiten* gibt, durch die ein Teil der zusätzlichen Auszahlungen, die P_1 in D gegenüber C genießt, zum Vorteil Minderbegünstigter umverteilt werden kann. Nehmen wir an, es gebe im Verhältnis zu C genau eine derartige Umverteilungsmöglichkeit und sie ergebe die Verteilung D'. Wir können nun voraussetzungsgemäß davon ausgehen, daß D' gegenüber C die geringstmögliche Abweichung in Richtung Ungleichheit darstellt, die erforderlich ist, um auch den Inhabern der weniger begünstigten Positionen (hier P_2 und P_4) zusätzliche Vorteile zu verschaffen; nach unserer Deutung des Leximin-Prinzips wären damit die Bedingungen für die Zulässigkeit von D' erfüllt. Da D' mit D nach dem Pareto-Kriterium nicht vergleichbar ist (und jede aus einer Umverteilung der beschriebenen Art entstehende Alternativverteilung ist notwendig mit der Ausgangsverteilung pareto-unvergleichbar), bedeutet es keinen Verstoß gegen das Pareto-Prinzip, D' statt D zu wählen, weil das Pareto-Kriterium natürlich nichts darüber aussagt, welchem von mehreren vorziehenswerten, nach ihm aber unvergleichbaren Zuständen der Vorzug gegeben werden soll.

Ausgehend von der Überlegung, daß ein ungleiches Verteilungssystem den Minderbegünstigten gerade insoweit zum Vorteil gereicht, als es zu ihm keine Umverteilungsmöglichkeit gibt, die deren Aussichten langfristig verbessern würde, kann man das Leximin-Prinzip auch in die Form des folgenden Prinzips bringen, das ich als *Leximin-Umverteilungsprinzip* bezeichnen möchte:

Wirtschaftliche und soziale Grundgüter sind möglichst gleichmäßig zu verteilen. Jedoch ist eine Ungleichverteilung insoweit und nur in dem Maße zulässig, als es unmöglich ist, eine Umverteilung von den Begünstigten auf die Minderbegünstigten vorzunehmen, durch die – auf lange Sicht – die Aussichten der Minderbegünstigten verbessert werden können[93].

---

[93] Ich habe dieses Prinzip zuerst in meinem Aufsatz: Rawls' Differenzprinzip und seine Deutungen (1983a) als eine mögliche Interpretation von Rawls' Differenzprin-

Wie man leicht feststellen kann, ist dieses Prinzip mit dem Pareto-Kriterium verträglich. Wenn es zu D keine Umverteilungsmöglichkeit in Richtung auf eine weniger ungleiche Verteilung gibt, die die Aussichten der Minderbegünstigten verbessert, dann ist D der Verteilung C vorzuziehen. Wenn aber eine Umverteilung von D in Richtung auf eine Verteilung der Art D' möglich ist, dann ist D' vorzuziehen. Allerdings ist die Verträglichkeit dieses Prinzips mit dem Pareto-Kriterium noch kein hinreichender Nachweis seiner Funktionstüchtigkeit. Ich möchte daher im folgenden an einem weiteren Beispiel zu erläutern versuchen, wie das Umverteilungsprinzip arbeitet und wo seine Probleme liegen. Betrachten wir die in Tabelle 3 aufgelisteten Verteilungsmöglichkeiten.

Tabelle 3

	D'	E_1	E_2	F_1	F_2	G
P_1	23	23	23	24	23	19
P_2	19	20	19	20	19	18
P_3	16	17	16	16	17	17
P_4	14	14	15	15	16	16
P_5	12	13	13	14	14	15
P_6	11	12	12	13	12	14
Σ	95	99	98	102	101	99

Als Ausgangsverteilung diene die Verteilung D' aus unserem letzten Beispiel. Nehmen wir an, sie sei gerechtfertigt. Nun gebe es zwei Möglichkeiten, E_1 und E_2, um wenigstens einem Teil der Minderbegünstigten einen Vorteil zu verschaffen, und zwar entweder durch zusätzliche Begünstigung der Positionen P_2 und P_3 (E_1), oder aber durch die Begünstigung der Position P_4 (E_2); die beiden Möglichkeiten schlössen einander aus und jede stelle die

---

zip vorgeschlagen. Ich habe dort allerdings die Auffassung vertreten, daß dieses Prinzip eine vom Leximin-Prinzip wesentlich unterschiedene Deutung des Differenzprinzips ergebe: Während das Leximin-Prinzip zu kontraintuitiven Konsequenzen führe, liefere das Umverteilungsprinzip eine annehmbare Interpretation des Differenzprinzips. Doch dieser Standpunkt läßt sich nicht aufrechterhalten, weil ich meinerseits von einem allzu simplen Verständnis des Leximin-Prinzips ausgegangen bin. Bei genauerer Betrachtung zeigt sich nämlich, daß das Leximin-Prinzip und das Umverteilungsprinzip ergebnisäquivalent sind. Wenn ich die Reformulierung des Leximin-Prinzips in Form des hier vorgeschlagenen Leximin-Umverteilungsprinzips dennoch für zweckmäßig halte, dann deshalb, weil mir diese Reformulierung den eigentlichen Gehalt des Leximin-Prinzips besser zum Ausdruck zu bringen scheint als seine übliche Formulierung und weil das Leximin-Umverteilungsprinzip gewisse Mißverständnisse vermeidet, die das Leximin-Prinzip oft hervorruft.

jeweils geringstmögliche Änderung dar, die notwendig ist, um P_6 auf das Niveau von 12 zu heben. Da das Umverteilungsprinzip nicht nur auf die Mindestbegünstigten allein abstellt, sondern jede Art der Umverteilung von Begünstigten auf weniger Begünstigte gutheißt, die deren Los zu verbessern geeignet ist, genießt die Verteilung E_2 den Vorzug. Nehmen wir also an, E_2 sei zulässig.

Nun gebe es wieder zwei sich gegenseitig ausschließende Verteilungsmöglichkeiten, F_1 und F_2, durch die der Standard der Minderbegünstigten gehoben werden könnte: Während eine weitere Privilegierung von P_1 und P_2 die Wohlfahrt von P_5 und P_6 um je einen Punkt erhöhen könnte, würden zusätzliche Begünstigungen für P_3 und P_4 zwar das Wohlfahrtsniveau von P_5, nicht aber von P_6 um einen Punkt verbessern; beide Verteilungen seien im Verhältnis zu E_2 jeweils geringstmögliche Veränderungen, die erforderlich sind, um die Aussichten der Minderbegünstigten in eben diesem Ausmaß zu verbessern. Wenn man streng nach dem Leximin-Prinzip verfährt, so gebührt der Verteilung F_1 sicherlich der Vorzug. Doch diese Lösung mag intuitiv nicht unbedingt befriedigend erscheinen. Um diesen Fall entscheiden zu können, müßte man wissen, was dringlicher ist: die Hebung der Wohlfahrt der mindestbegünstigten Position P_6, selbst um den Preis einer weiteren Privilegierung derer, die ohnehin schon am besten dran sind, oder die Verbesserung der Aussichten der mittleren Positionen, wenn auch unter Verzicht auf eine Verbesserung des Loses der Schlechtestgestellten. Unter den Bedingungen des Urzustandes läßt sich das jedoch nicht a priori entscheiden. Vielleicht wäre es möglich zu behaupten, derartige Fälle kämen faktisch niemals vor; in der sozialen Realität ließen sich die verschiedenen Strata der Gesellschaft immer so aufeinander abstimmen, daß ein höheres Wohlfahrtsniveau der Mindestbegünstigten stets auch bessere Aussichten der mittleren Positionen ermögliche. Wenngleich eine Reihe von Gründen für diese Annahme sprechen, können wir keineswegs ausschließen, daß Situationen wie die beschriebene vorkommen. Wenn sie aber vorkommen, so liefert das Umverteilungsprinzip keine vollkommen zufriedenstellende Antwort und es ist kein akzeptables Verteilungsprinzip in Sicht, das uns eine solche Antwort geben würde.

Sehen wir uns schließlich noch folgenden Anwendungsfall an: Angenommen, nach Ablauf einer gewissen Zeit hätten die in der gewählten F-Verteilung – auf welche immer die Entscheidung gefallen sein mag - vergebenen Begünstigungen ihren Dienst getan, sie hätten z. B. Fortschritte der Produktionstechnik hervorgerufen, die gesellschaftliches Allgemeingut geworden sind und zu deren Aufrechterhaltung die alten Begünstigungen – auch langfristig betrachtet – nicht mehr erforderlich sind, so daß nunmehr die Privilegien zum Vorteil der Minderbegünstigten, etwa durch Übergang auf die Verteilung G, abgebaut werden könnten. Wenn eine Situation dieser Art besteht, ist es nach dem Umverteilungsprinzip ohne Zweifel geboten, diese die Minderbegünstigten besser stellende Umverteilung zu realisieren: G wäre also jeder der beiden F-Verteilungen vorzuziehen.

Unter der Voraussetzung, daß das Leximin-Umverteilungsprinzip eine mögliche und im großen und ganzen auch intuitiv akzeptable Interpretation von Rawls' Differenzprinzip abgibt – eine Voraussetzung, von der ich ausgehe, bedeutet dies für die Gerechtigkeitstheorie allerdings auch einige unerfreuliche Konsequenzen. Rawls stellt außerordentlich hohe Anforderungen an Gerechtigkeitsgrundsätze: Sie sollen nicht nur der Sache angemessen, sondern zugleich auch klar, eindeutig und leicht anwendbar sein. Sofern man das Differenzprinzip im Sinne des Maximin-Prinzips versteht, so trägt es den letztgenannten Anforderungen sicher im allerhöchsten Maße Rechnung; aber dann ist es alles andere als sachlich adäquat. Interpretiert man es dagegen im Sinne des Umverteilungsprinzips, so zieht das wieder einen Rattenschwanz von Anwendungsproblemen nach sich, angesichts welcher Rawls' Präzisions- und Einfachheitsansprüche als ziemlich illusionär erscheinen müssen.

Abgesehen von der Frage eines akzeptablen Grundgüter-Index, mit der ohnehin jeder Verteilungsgrundsatz konfrontiert ist, genügt es dann eben nicht, Verteilungsarrangements nur im Hinblick auf die Wohlfahrt der jeweils schlechtestgestellten Personen zu vergleichen, sondern es müssen die Aussichten aller repräsentativen Personen berücksichtigt werden. Auch kann man sich bei der Anwendung des Umverteilungsprinzips nicht damit begnügen, beliebige mögliche Verteilungszustände zu vergleichen; vielmehr ist zu prüfen, ob die betreffenden Verteilungssysteme Umverteilungen von Begünstigten auf weniger Begünstigte zulassen, die diesen langfristig zum Vorteil gereichen könnten. Dieses Erfordernis wirft überdies eine Reihe schwerwiegender empirischer Fragen auf, die auf der Grundlage der verfügbaren soziologischen und historischen Kenntnisse zum Teil überhaupt nicht beantwortbar sind oder über die – selbst wenn sie grundsätzlich beantwortet werden können – oft kein Konsens herstellbar ist. Darüber hinaus können Grenzfälle auftreten, in denen der Umverteilungsgrundsatz keine zufriedenstellende Entscheidung ergibt.

Diese Schwierigkeiten bedeuten natürlich nicht, daß das Unterschiedsprinzip als Gerechtigkeitsgrundsatz überhaupt unbrauchbar wäre. Denn auch wenn dieses Prinzip nicht hinreichend präzise, eindeutig und scharf ist, um uns ein Kriterium zu liefern, mit dem wir gerechte Zustände oder geringfügige Verletzungen der Verteilungsgerechtigkeit umstandslos und sicher identifizieren können, so gibt es uns doch einen Maßstab zur Hand, der Ungerechtigkeiten um so sichtbarer werden läßt, je größer sie sind. So dürften angesichts der sozialen Verteilungsverhältnisse, durch die die meisten der bestehenden Gesellschaften charakterisiert sind, kaum Zweifel bestehen, daß Umverteilungen möglich wären, die – langfristig gesehen – die

Aussichten der Minderbegünstigten erheblich verbessern könnten: mithin sind diese Gesellschaften in hohem Maße ungerecht. Ich vermute, daß sich mehr von einem Grundsatz, der für alle Gesellschaften gelten und unter so restriktiven Bedingungen wie jenen des Urzustandes beschlossen werden soll, auch gar nicht verlangen läßt[94].

2.5. Die Ableitung der Grundsätze

Unabhängig davon, ob man Rawls' Konstruktion des Urzustandes als einen akzeptablen Ausgangspunkt für die Begründung von Gerechtigkeitsgrundsätzen betrachtet oder nicht, und ungeachtet dessen, ob die beiden Grundsätze intuitiv einleuchten oder nicht, mag man sich die Frage stellen, ob diese Gerechtigkeitsgrundsätze überhaupt zwingend aus den Bedingungen folgen, durch die Rawls den Urzustand definiert. Über diese Frage hat es viel Diskussion gegeben und es bestehen darüber größere Meinungsdivergenzen, als man naiverweise vermuten würde. Während einige Autoren die Stringenz der Herleitung energisch bestreiten, vermeinen andere nachweisen zu können, daß die Grundsätze sogar ohne Rückgriff auf die Maximin-Regel aus den Bestimmungsmerkmalen des Urzustandes logisch folgen[95]. Ich will mich hier nicht im Detail mit dieser Frage befassen. Dazu besteht schon deswegen keine Veranlassung, weil wir im Verlauf der bisherigen Erörterungen mehrfach zu dem Ergebnis gelangt sind, daß bestimmte Annahmen, die Rawls seiner Argumentation als Prämissen zugrundelegt, modifiziert oder gar aufgegeben werden müssen. Um jedoch wenigstens einen zusammenfassenden Überblick über die vielfältigen Argumentationsstränge zu

---

[94] Für eine weitergehende Erörterung der vielfältigen Probleme, die das Differenzprinzip aufwirft, siehe ferner: *Altham*, Rawls' Difference Principle (1973); *Braybrooke*, Utilitarianism with a Difference: Rawls's Position in Ethics (1973), S. 320 ff.; *Gordon*, John Rawls' Difference Principle, Utilitarianism, and the Optimum Degree of Inequality (1973); *Michelman*, In Pursuit of Constitutional Welfare Rights (1973); *Scanlon*, Rawls' Theory of Justice (1973), S. 191 ff.; *Copp*, Justice and the Difference Principle (1974/75); *Sterba*, Distributive Justice (1977 b); *ders.*, The Demands of Justice (1980), S. 29 ff.; *Beauchamp*, Distributive Justice and the Difference Principle (1980); *A. Buchanan*, A Critical Introduction to Rawls' Theory of Justice (1980), S. 30 ff.; *Corrado*, Rawls, Games and Economic Theory (1980), S. 92 ff.; *Rothkirch*, Rationales Handeln im öffentlichen Interesse (1981), S. 154 ff.; *Reiman*, The Labor Theory of the Difference Principle (1983).

[95] Zu denjenigen, die Rawls' Herleitung der Grundsätze aus den Bedingungen des Urzustandes kritisiert haben, gehören u.a.: *Barry*, The Liberal Theory of Justice (1973 a); *Gauthier*, Justice and Natural Endowment (1974 a); *Mueller / Tollison / Willett*, The Utilitarian Contract (1974); *Fishkin*, Justice and Rationality: Some Objections to the Central Argument in Rawls's Theory (1975). Die strenge Ableitbarkeit des Differenzprinzips aus einem gemäß der Social-Choice-Theorie reformulierten Set von Bedingungen, die dem Urzustand entsprechen, behaupten z.B.: *Strasnick*, The Problem of Social Choice: Arrow to Rawls (1975/76); *ders.*, Social Choice and the Derivation of Rawls's Difference Principle (1976); *ders.*, Extended Sympathy Comparisons and the Basis of Social Choice (1979 a); *Hammond*, Equity, Arrow's Conditions, and Rawls' Difference Principle (1976); *D'Aspremont / Gevers*, Equity and the Informational Basis of Collective Choice (1977).

geben, die Rawls' Theorie zusammenhalten, möchte ich den Begründungs-
zusammenhang der Theorie in Form der auf S. 127 abgebildeten schemati-
schen Skizze veranschaulichen (wobei Folgebeziehungen durch Pfeile sym-
bolisiert werden).

Nun, trotz des bewundernswerten Scharfsinns, den Rawls darauf verwendet hat, um die Folgerichtigkeit dieser Beziehungen möglichst stringent zu
machen, erscheinen einige doch nicht stringent genug, um logisch zwingend
zu sein. So konnten Barry, Fishkin und andere zeigen, daß sich aus dem
Urzustand weder die drei Merkmale der Wahlsituation, auf welchen die
Anwendung der Maximin-Regel beruht, noch Rawls' Konzeption der
Grundgüter mit Notwendigkeit ergeben[96]. Die Herleitung der Grundsätze
hat demnach – entgegen Rawls' Anspruch – bestenfalls den Charakter einer
Plausibilisierung, der an mehreren Stellen des Argumentationsgefüges
erhebliche Gegengründe entgegenstehen.

Dabei bleibt natürlich offen, ob die von Rawls vorgeschlagenen Grundsätze nicht auch in anderer Weise begründet werden können, als Rawls dies
versucht hat, sei es durch Veränderung einiger seiner Annahmen unter Bei-
behaltung seines Konzepts des Gesellschaftsvertrags, sei es auf der Grundlage eines völlig andersartigen Ansatzes. So haben einige Autoren mit Recht
darauf verwiesen, daß man auch aufgrund von Harsanyi's Konzeption der
Maximierung des Erwartungsnutzens zu Rawls' Grundsätzen gelangen
kann, wenn man entsprechende Annahmen über die Nutzenfunktion der
Menschen trifft[97]. Einen anderen Weg, der zwar nicht zur ganzen Gerechtig-
keitskonzeption von Rawls, aber immerhin zum Differenzprinzip führt, hat
Steven Strasnick aufgezeigt. Dieser Begründungsversuch geht – ganz anders
als die Begründung aus dem Sozialkontrakt – im Sinne der Social-choice-
Theorie Arrow'scher Prägung von der Fragestellung aus, wie aus einer
Menge individueller Präferenzordnungen in akzeptabler Weise eine soziale
Präferenzordnung zu gewinnen ist. Es würde jedoch zu weit führen, hier
Strasnicks interessantes und originelles Unterfangen, Arrow in Rawls zu
transformieren, im einzelnen zu erörtern[98].

---

[96] Siehe dazu: *Barry,* The Liberal Theory of Justice (1973 a); *Fishkin,* Justice and
Rationality (1975).

[97] In diese Richtung argumentieren z.B.: *Lyons,* Rawls Versus Utilitarianism
(1972), S. 543 ff.; *Arrow,* Einige ordinal-utilitaristische Bemerkungen über Rawls'
Theorie der Gerechtigkeit (1973), S. 206 ff.; *Wittman,* A Diagrammatic Exposition of
Justice (1979), S. 221 ff.; *Kern,* Zur axiomatischen Charakterisierung alternativer
Vertragsprinzipien (1980 b), S. 27. Eine weitere Möglichkeit der Begründung des Dif-
ferenzprinzips, nämlich eine solche aus dem Hobbes'schen Naturzustand, hat J. M.
Buchanan vorgeschlagen; siehe dazu *Buchanan,* A Hobbesian Interpretation of the
Rawlsian Difference Principle (1976 a); *Buchanan / Faith,* Subjective Elements in
Rawlsian Agreement on Distributional Rules (1980); vgl. dazu auch *Siep,* Vertrags-
theorie – Ermächtigung und Kritik von Herrschaft? (1982).

[98] Siehe hierzu: *Strasnick,* The Problem of Social Choice: Arrow to Rawls (1975/
76); *ders.,* Social Choice and the Derivation of Rawls's Difference Principle (1976);

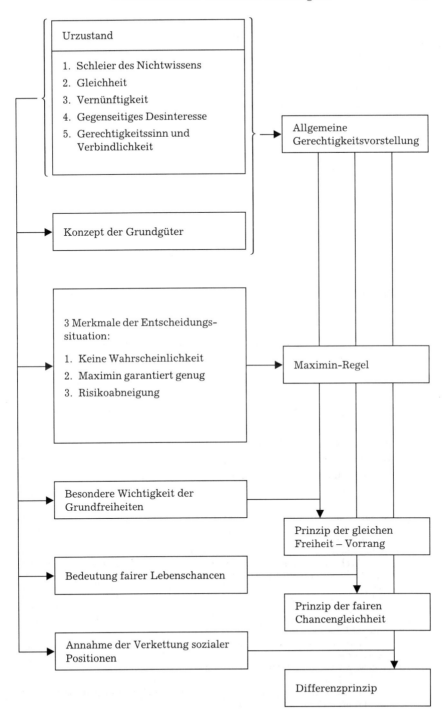

Zum Abschluß möchte ich aber noch auf einen bedeutsamen Punkt zu sprechen kommen, der von Brian Barry gegen Rawls' Vorgehen ins Treffen geführt wurde[99]. Diese Kritik macht – wie mir scheint – eine Einschränkung des zweiten Grundsatzes erforderlich, die sich allerdings ohne besondere Schwierigkeiten in Rawls' Konzeption einfügen läßt. Der Einwand von Barry ist folgender: Rawls konzipiere den Urzustand so, daß die Vertragsparteien sich bei der Wahl der Gerechtigkeitsgrundsätze nur von der Überlegung leiten ließen, welche Art der Verteilung jedem einzelnen von ihnen möglichst viele Grundgüter verspreche. Auf der Grundlage dieser Überlegung komme man dann notwendigerweise zu Grundsätzen, die (zumindest implizit) die Forderung beinhalten, die Gesamtmenge der zu verteilenden Grundgüter solle möglichst groß sein. Diese Schlußfolgerung ist jedoch – wie Barry ausführt – ein Trugschluß: Aus der Tatsache, daß jeder möglichst viel von einem Gut haben wolle, folge nicht unbedingt, daß der Gesamtzustand, in dem jeder möglichst viel von diesem Gut hat, wünschenswert sei. So möchte z.B. jeder gern ein Auto haben und damit fahren können, und zwar so billig wie möglich. Das bedeute aber keineswegs, daß der Zustand, daß jeder ein Auto hat und billig damit fahren kann, zu einem erstrebenswerten Resultat führe. Das Resultat sei vielmehr Lärm, Verpestung der Luft, Gefahren für Gesundheit und Leben, Verkehrschaos u.a.m. Daher könne der Umstand, daß jeder ein Auto haben wolle, nicht ohneweiteres als ein Argument für die Forderung gelten, jeder solle eines haben. Die Vorteile des Autobenutzens für den einzelnen müßten vielmehr abgewogen werden gegen die Nachteile, die das Autofahren vieler mit sich bringe[100].

Der Sache nach ist dieses Argument gewiß richtig, obgleich nicht ganz klar ist, inwieweit Rawls den ihm von Barry angekreideten Fehlschluß wirklich begangen hat. Bei der Formulierung des ersten Grundsatzes hat Rawls die Notwendigkeit der Beschränkung individueller Freiheiten auf ein Ausmaß, welches eine in sich verträgliche und gedeihliche Gesamtheit aller individuellen Freiheiten zusammengenommen ermöglicht, offensichtlich

---

ders., Ordinality and the Spirit of the Justified Dictator (1977); ders., Extended Sympathy Comparisons and the Basis of Social Choice (1979a); ders., Moral Structures and Axiomatic Theory (1979b). In einem ähnlichen Sinne wie Strasnick argumentieren auch: Hammond, Equity, Arrow's Conditions, and Rawls' Difference Principle (1976a); Sen, Welfare Inequalities and Rawlsian Axiomatics (1976a). Zu dieser Problematik siehe insbesondere auch: Kern, Comparative Distributive Ethics (1978); ders., Neue Vertragstheorie (1980a); ders., Zur axiomatischen Charakterisierung alternativer Vertragsprinzipien (1980b). Kritisch zu Strasnicks Versuch einer kollektiv-entscheidungstheoretischen Begründung des Differenzprinzips: A. H. Goldman, Rawls's Original Position and the Difference Principle (1976b); Wolff, On Strasnick's „Derivation" of Rawls's „Difference Principle" (1976).

[99] Zum Folgenden siehe: Barry, The Liberal Theory of Justice (1973a), S. 116ff.; dt.: Das Wesen der Herleitung (1977); vgl. dazu auch Höffe, Kritische Einführung in Rawls' Theorie der Gerechtigkeit (1977b), S. 37ff.

[100] Vgl. Barry, Das Wesen der Herleitung (1977), S. 45ff.; Pettit, Judging Justice (1980), S. 174f. Zu einer ähnlichen Problematik siehe auch Hubbard, Justice, Limits to Growth, and an Equilibrium State (1977/78).

beachtet. Wenn in diesem Grundsatz vom „umfangreichsten Gesamtsystem gleicher Grundfreiheit, das für alle möglich ist" die Rede ist, so dürfte damit – wie man den diesbezüglichen Erörterungen entnehmen kann – nicht nur logische Verträglichkeit der gleichen Freiheiten der Einzelnen, sondern auch ein ausgewogenes Gesamtsystem von Freiheiten gemeint sein.

Was den zweiten Grundsatz betrifft, so ist die Sachlage weniger eindeutig. Allerdings ließe sich auch hier zu Rawls' Verteidigung anführen, daß im Begriff der Grundgüter die Folgen ihrer kollektiven Verfügung sinnvollerweise bereits mitenthalten sind. Wenn die kollektiven Folgen davon, daß alle oder viele ein bestimmtes Gut (z.B. Vermögen) in einem bestimmten Ausmaß innehaben, unerwünscht sind, dann hat – so könnte man argumentieren – dieses Gut auch für den einzelnen nicht mehr den Wert, den es hätte, wenn alle weniger davon hätten; das würde bedeuten, daß ein Gut, dessen Produktion bzw. Konsumtion den Punkt überschritten hat, von dem ab ein Zuwachs dieses Gutes für alle mehr Schaden als Nutzen bringt, eigentlich kein Grundgut mehr wäre, von dem jeder vernünftigerweise noch mehr wollen kann. Obwohl Rawls sich möglicherweise durch Überlegungen dieser Art gegen Barrys Fehlschluß-Argument immunisieren könnte, so mögen sie vielleicht doch als ziemlich weit hergeholt anmuten. Geht man von einem naheliegenden Verständnis des Begriffs Grundgut aus, dann erweist sich Barrys Einwand mit Bezug auf den zweiten Grundsatz sicherlich als berechtigt. Doch wie auch immer, es scheint jedenfalls keine besondere Schwierigkeit zu bestehen, diesem Einwand im Rahmen von Rawls' Begründungsstrategie Rechnung zu tragen und eine ihm entsprechende Einschränkung in den zweiten Grundsatz einzubauen. Daß sich der Wert eines Gutes für alle vermindern kann, wenn alle bzw. viele über dieses Gut über ein bestimmtes Ausmaß hinaus verfügen, kann man die Menschen im Urzustand ja durchaus wissen lassen. Auf der Grundlage dieses Wissens scheint es vernünftig, die Produktion bzw. Konsumtion eines Grundgutes auf ein Maß zu beschränken, welches eine für alle gedeihliche Gesamtmenge dieses Grundgutes nicht überschreitet. Das kann man dadurch bewerkstelligen, indem man das Differenzprinzip durch die Klausel ergänzt: „bis zum Ausmaß einer für alle wünschenswerten Gesamtmenge von Grundgütern". Unter Verwendung des Umverteilungsprinzips und in Anbetracht der Ergebnisse unserer Diskussion der fairen Chancengleichheit könnte somit eine revidierte Version des zweiten Grundsatzes etwa folgendermaßen lauten:

Wirtschaftliche und soziale Grundgüter sind möglichst gleich zu verteilen. Jedoch ist eine Ungleichverteilung bis zum Ausmaß einer für alle wünschenswerten Gesamtmenge von Grundgütern insoweit zulässig, als es unmöglich ist, eine Umverteilung von den Begünstigten auf die Minderbegünstigten durchzuführen, durch die – auf lange Sicht – die Aussichten der Minderbegünstigten verbessert werden könnte; dabei sollen die Ungleichheiten mit Ämtern und Positionen verbunden sein, die – soweit dies im Interesse der Minderbegünstigten liegt – für alle gemäß fairer Chancengleichheit zugänglich sein sollen.

2.6. Zusammenfassende Würdigung

Nachdem wir uns so recht und schlecht durch das Dickicht der Einzelprobleme geschlagen haben, die auf dem Boden von Rawls' Theorie der Gerechtigkeit vielfältig gedeihen, verbleibt uns die Aufgabe, in einer Art Zusammenschau festzuhalten, ob und inwieweit wir diese Theorie als eine brauchbare Explikation und Rechtfertigung sozialer Gerechtigkeit betrachten können. Die Diskussion der zentralen Bestandstücke von Rawls' Theorie gibt meines Erachtens weder zu uneingeschränkter Zustimmung, noch zu vollständiger Ablehnung Anlaß. Obwohl sich mehrere von Rawls' Annahmen und Schlußfolgerungen als in hohem Maße problematisch oder sogar unhaltbar erwiesen haben, erscheinen mir einige seiner grundlegenden Gedanken und Argumente doch richtig und annehmbar. Um zu einer zusammenfassenden Stellungnahme zu gelangen, dürfte es daher zweckmäßig sein, zunächst einmal die Ergebnisse unserer bisherigen Auseinandersetzung kurz zu rekapitulieren[101].

Das Konzept des Sozialkontrakts bildet der Grundidee nach einen durchaus plausiblen Ansatzpunkt der moralischen Rechtfertigung und Kritik politischer Grundsätze. Mit der Idee des Gesellschaftsvertrags allein ist allerdings wenig getan; wie die unterschiedlichen Möglichkeiten der näheren Konkretisierung dieser Idee zeigen, kommt es dabei vor allem darauf an, in welcher Weise die fiktive Vertragssituation und die Ausgangsbedingungen der Vertragsparteien im einzelnen bestimmt werden. Rawls' Urzustand liefert eine Bestimmung der Vertragssituation, die in ihren Merkmalen dem Standpunkt der Moral weitgehend angenähert ist und die daher im großen und ganzen – so meine ich – eine allgemein annehmbare Ausgangsposition für die Begründung von Grundsätzen sozialer Gerechtigkeit abgeben dürfte. Ich sehe jedenfalls nicht, daß triftige Argumente vorlägen, die der Anerkennung des Urzustandes als eines Ausgangspunktes des moralischen Diskurses entgegenstehen. Man kann meines Erachtens immerhin davon ausgehen, daß, selbst wenn Rawls' Konkretisierung des Urzustandes in einigen Hinsichten als anfechtbar und verbesserungsbedürftig erscheint, eine Konstruktion *von der Art* des Urzustandes einen geeigneten Ausgangspunkt von Gerechtigkeitsüberlegungen darstellt.

---

[101] Ich möchte nicht versäumen zu erwähnen, daß Rawls' Theorie – abgesehen von der vielfältigen Kritik, die sie hinsichtlich ihrer philosophischen, methodologischen, ökonomischen und soziologischen Aspekte erfahren hat – auch in politischer Hinsicht von Befürwortern sowohl linker als auch rechter Positionen heftig diskutiert und kritisiert wurde. Ich führe nur einige Beispiele an: *Fisk,* History and Reason in Rawls' Moral Theory (1975); *Miller,* Rawls und der Marxismus (1975 a); *Flew,* A Theory of Social Justice (1976); *Clark / Gintis,* Rawlsian Justice and Economic Systems (1977/ 78); *Schweickart,* Should Rawls Be a Socialist? (1978/79); *Francis,* Responses to Rawls from the Left (1980); *A. H. Goldman,* Responses to Rawls from the Political Right (1980); *Nielsen,* Rawls and the Left: Some Left Critiques of Rawls' Principles of Justice (1980 a); *Doppelt,* Rawls' System of Justice: A Critique from the Left (1981).

Eine andere Frage ist, ob der Urzustand die Gerechtigkeitskonzeption notwendig zur Folge hat, die Rawls aus ihm ableiten zu können glaubt. Aufgrund unserer früheren Erörterungen müssen wir diese Frage verneinen: der Urzustand ist keine hinreichend tragfähige Grundlage für Rawls' Grundsätze der Gerechtigkeit. Die Punkte, in denen sich Rawls' Begründung der Grundsätze aus dem Urzustand als angreifbar erwiesen hat, sind insbesondere die folgenden:

1. Rawls' Liste der gesellschaftlichen Grundgüter, auf deren Verteilung sich die Gerechtigkeitsgrundsätze beziehen, ist in hohem Maße problematisch. Auch wenn die Güter bzw. Güterklassen, denen Rawls den Rang sozialer Grundgüter zuschreibt, diese Auszeichnung ohne Zweifel verdienen, läßt er es an einem begründeten Kriterium dafür fehlen, welche Güter als Grundgüter zu betrachten sind. Rawls' Auswahl erscheint daher als einigermaßen willkürlich. Wenn der Grund dafür, einen Komplex von Gütern als soziales Grundgut anzusehen, der ist, daß die Menschen an Gütern dieser Art ein fundamentales Interesse haben, dann ist schwer einzusehen, warum allgemein geschätzte Dinge wie z. B. die gesellschaftlichen Bedingungen von zwischenmenschlicher Solidarität, von Gesundheit und Muße und dergleichen mehr nicht ebenso als Grundgüter aufscheinen.

2. Rawls' Annahme, der Urzustand verkörpere eine Entscheidungssituation, worin die Anwendung der Maximin-Regel als vernünftig erscheine, hat sich als unbegründet erwiesen. Von den drei Argumenten, die zusammen diese Annahme begründen könnten, ist eines zum mindesten als fragwürdig zu bezeichnen (die These, daß eine Schätzung von Wahrscheinlichkeiten unmöglich sei), und die beiden anderen Argumente halten einer kritischen Prüfung überhaupt nicht stand: weder für die Unterstellung der Nutzenfunktion, welche die Maximin-Regel verlangt, noch für die enorme Risikoabneigung, die sie voraussetzt, sprechen gute Gründe.

3. Mit der Maximin-Regel fällt auch der lexikalische Vorrang des Grundsatzes der gleichen Freiheit vor dem zweiten Grundsatz. Selbst wenn man Rawls darin recht gibt, daß den bürgerlichen Freiheiten und politischen Rechten unter den gesellschaftlichen Grundgütern besonderes Gewicht zukommt, ist das kein hinreichender Grund, ihnen eine absolute Priorität vor wirtschaftlichen und sozialen Gesichtspunkten jedweder Art einzuräumen.

4. Der lexikalische Vorrang der fairen Chancengleichheit vor dem Differenzprinzip erscheint, sofern man faire Chancengleichheit im Sinne der bloßen Wahrscheinlichkeit des Zugangs zu sozialen Positionen ohne Rücksicht auf deren Ausstattung versteht, unvernünftig und unannehmbar. Wenn man eine akzeptable Interpretation des Verhältnisses von Chancengleichheit und wirtschaftlichen bzw. sozialen Aussichten gewinnen will, muß man irgendeine Art der Gewichtung der Zugangswahrscheinlichkeit gegen die

Aussichten, die soziale Positionen verschaffen, vorsehen; damit ist jedoch der absolute Vorrang der fairen Chancengleichheit vor wirtschaftlichen bzw. sozialen Aussichten eigentlich aufgegeben.

5. Unter der Voraussetzung, daß Rawls' Differenzprinzip im Sinne des Maximin-Kriteriums zu verstehen ist, fällt auch dieses Prinzip der Kritik anheim: weder läßt sich seine Herleitung aus dem Urzustand aufrechterhalten, noch entspricht es unseren intuitiven Anforderungen an eine gerechte Verteilung.

Diese zum Teil doch recht gravierenden Schwachstellen von Rawls' Theorie der Gerechtigkeit mögen es naheliegend erscheinen lassen, diese Theorie überhaupt insgesamt für verfehlt zu halten. Dieser Standpunkt wäre ihr jedoch sicherlich nicht angemessen. Trotz ihrer Mängel vermittelt uns die Konzeption von Rawls, alles in allem betrachtet, doch so viele bedeutsame Einsichten, daß unser Verständnis sozialer Gerechtigkeit durch sie in wesentlicher Weise bereichert und erweitert wird.

Abgesehen davon, daß sie mit der Konzeption des Urzustandes einen – wie es scheint – einigermaßen angemessenen Ausgangspunkt für die Rechtfertigung sozialer Grundsätze angibt, liefert sie uns zunächst eine wenn auch noch sehr allgemeine, so doch entwicklungsfähige Grundvorstellung sozialer Gerechtigkeit: die allgemeine Version von Rawls' Gerechtigkeitsvorstellung, derzufolge Ungleichheiten in der Verteilung gesellschaftlicher Grundgüter nur dann als gerechtfertigt erscheinen, wenn sie zum Vorteil aller Beteiligten gereichen. Diese Grundvorstellung sozialer Gerechtigkeit legt das Verhältnis von Gleichheit und Ungleichheit der sozialen Güterverteilung bereits in Grundzügen fest: Eine ungleiche Güterverteilung bedarf gegenüber einer gleichmäßigeren Verteilung der Rechtfertigung, und zwar dahingehend, daß von der Ungleichverteilung nicht nur diejenigen profitieren, die – sei es wegen ihrer besonderen Fähigkeiten oder wegen ihrer Leistungsbereitschaft, sei es aufgrund der Zufälligkeiten der Zuteilung gesellschaftlicher Positionen – ohnehin schon in den Vorzug der begünstigten Güterzuteilung kommen; sie muß vielmehr auch für jene zum Vorteil ausschlagen, die an den relativen Begünstigungen der Ungleichheit nicht teilhaben. Da man a priori unterstellen kann, daß sich die Ungleichheit mit Sicherheit zum Vorteil derer auswirkt, die relativ günstige Positionen erreichen, so verlangt schon die allgemeine Grundvorstellung sozialer Gerechtigkeit, dem Wohl der weniger Begünstigten besondere Aufmerksamkeit zu schenken, d.h. zu prüfen, ob sich die Ungleichheit tatsächlich zu ihrem Vorteil auswirkt. Bereits diese allgemeine Vorstellung von Gerechtigkeit fordert daher, daß soziale Ungleichheiten gegenüber den relativ schlecht gestellten Mitgliedern der Gesellschaft gerechtfertigt werden müssen.

Ausgehend von dieser allgemeinen Grundvorstellung scheint es durchaus möglich, zu einer etwas spezielleren Vorstellung sozialer Gerechtigkeit zu

kommen, die im großen und ganzen der Rawls'schen Konzeption nahekommt, ohne jedoch die Fehlschlüsse von Rawls' Argumentation vollziehen
zu müssen. Auch wenn wir unsere Entscheidung im Urzustand nicht aufgrund der Maximin-Regel treffen, gelangen wir zu einem Grundsatz, der
Rawls' Differenzprinzip – wenn er mit diesem nicht überhaupt gleichbedeutend ist – doch der Intention nach entspricht: zum Umverteilungsprinzip.

Rawls' folgenschwerster Irrtum besteht vielleicht darin, auf der Grundlage so schwacher Voraussetzungen wie derjenigen, die den Urzustand definieren, eine Gerechtigkeitskonzeption begründen zu wollen, die nicht nur
für alle Gesellschaften Geltung beanspruchen kann, sondern darüber hinaus
auch noch inhaltsreich, präzise und leicht anwendbar sein soll. Obschon
Rawls' Grundsätze diesen hohen Ansprüchen ohnehin nicht voll zu entsprechen vermögen, gehen sie meines Erachtens in ihrem Informationsgehalt
weit über das hinaus, was im Verhältnis zu den im Urzustand verfügbaren
Informationen als vernünftig begründbar erscheint. Dieser Vorwurf betrifft
insbesondere die starren Vorrangbeziehungen zwischen dem Grundsatz der
gleichen Freiheit und dem 2. Grundsatz einerseits, sowie – innerhalb des 2.
Grundsatzes – zwischen dem Prinzip der fairen Chancengleichheit und dem
Differenzprinzip andererseits. Es ist schwerlich denkbar, daß sich vernünf-
tige Menschen vom Standpunkt des Urzustandes auf diese absoluten Vor-
rangbeziehungen festlegen würden. Aber selbst in diesen – nach meiner
Auffassung – unschlüssigen Elementen von Rawls' Theorie steckt ein gutes
Stück Wahrheit, welches für die Explikation des Konzepts der sozialen
Gerechtigkeit höchst belangvoll ist.

Rawls hat sicherlich insoweit recht, daß in dem Maße, in dem die wirtschaftlichen Verhältnisse es erlauben, die elementaren Lebensbedürfnisse
der Menschen zu decken, diejenigen Güter, die – wie das Bestehen bürgerlicher Grundfreiheiten und politischer Rechte – ihrerseits erst die Voraussetzung des sinnerfüllten Gebrauchs wirtschaftlicher Güter bilden, für die
Realisierung menschlicher Lebenspläne bedeutsamer und wertvoller werden. Obwohl aus dieser Einsicht nicht schon die absolute Priorität dieser
Grundgüter vor wirtschaftlichen Interessen unter allen Bedingungen abgeleitet werden kann, so folgt aus ihr doch, daß die Einschränkung bürgerlicher Grundfreiheiten und politischer Rechte zugunsten wirtschaftlicher
Vorteile um so problematischer erscheint, je wohlhabender in wirtschaftlicher Hinsicht eine Gesellschaft ist. So haben meines Erachtens die hoch-
industrialisierten Gesellschaften längst ein Niveau wirtschaftlichen Reichtums erreicht, unter dem ein Verzicht auf Grundfreiheiten und politische
Rechte zugunsten wirtschaftlichen Wachstums so wenig gerechtfertigt ist,
daß man mit Bezug auf diese Gesellschaften in der Tat eine absolute Priorität der Freiheit vor wirtschaftlichen Annehmlichkeiten postulieren könnte.
Diese Feststellung erhält einige aktuelle Bedeutung, wenn man sieht, daß

gerade auch in den reichsten Gesellschaften der Erde die Tendenz besteht, die durch den Mangel an sozialer Gerechtigkeit genährte Unzufriedenheit breiter Bevölkerungsteile durch fortgesetztes Wirtschaftswachstum zu besänftigen, um den Preis eines langsamen aber stetigen Abbaus gleicher bürgerlicher Freiheit und politischer Teilnahmechancen, der aus der wachsenden Ausdehnung des ‚militärisch-industriellen Komplexes' resultiert.

Eine erfolgversprechende Möglichkeit, die richtigen und belangvollen Einsichten, die Rawls in die Gerechtigkeitstheorie eingebracht hat, zu retten, ohne aber seine Kurzschlüsse mitzuvollziehen, scheint mir in der folgenden, einigermaßen geringfügigen Modifikation der von ihm vorgeschlagenen Argumentationsstrategie zu bestehen: Unter den Voraussetzungen des Urzustandes – der ersten Stufe der Gerechtigkeitsüberlegungen – empfiehlt es sich, etwas bescheidener zu sein als Rawls und sich zunächst mit einem relativ vagen Grundsatz zufrieden zu geben, der in etwa dem Differenzprinzip in einer verallgemeinerten, nicht hinsichtlich bestimmter Grundgüter spezifizierten Form entsprechen könnte. Viel mehr läßt sich meiner Ansicht nach aus dem Urzustand nicht herausholen, ohne stillschweigend auf Kenntnisse zurückzugreifen, die eigentlich ausgeblendet bleiben sollten. Die Konkretion der Gerechtigkeitsvorstellung, die Rawls angestrebt hat, läßt sich dagegen erst durchführen, wenn man in die zweite Stufe der Gerechtigkeitserwägung eintritt und nun eingehende Kenntnisse über seine Gesellschaft zur Verfügung hat: über Art und Rangordnung der menschlichen Bedürfnisse und Werteinstellungen (die ja weitgehend kulturell und gesellschaftlich geprägt sind), über die Eigenart der gesellschaftlichen Entwicklung (die ebenfalls von Gesellschaft zu Gesellschaft stark variiert), über typische Mentalitätsmerkmale der jeweiligen Bevölkerung und dergleichen mehr. Auf diese Weise kann man vielleicht zu Grundsätzen sozialer Gerechtigkeit gelangen, die Rawls' Anforderungen der Bestimmtheit und der leichten Handhabbarkeit eher Rechnung tragen. Allerdings würden diese Grundsätze weder Geltung für alle Gesellschaften, noch zeitlose Gültigkeit beanspruchen können. Ich sehe jedoch nicht, warum das ein erheblicher Nachteil sein sollte.

Damit dürfte genug gesagt sein, um deutlich zu machen, daß die Schwachstellen, die Rawls' Theorie aufweist, nicht solche sind, die das ganze theoretische Gebäude in sich zusammenstürzen lassen. Einige Mängel lassen sich sogar durch relativ geringfügige Modifikationen im Rahmen der Theorie reparieren. Im gesamten gesehen, ist Rawls' Theorie der Gerechtigkeit eine grandiose Leistung, die nach meinem Dafürhalten zum Besten gehört, was dieses Jahrhundert an politischer Philosophie hervorgebracht hat.

II. Nozicks libertäre Konzeption der Gerechtigkeit

1. Die Anspruchstheorie der Gerechtigkeit

Der amerikanische Philosoph Robert Nozick, wie Rawls Professor an der Harvard Universität, hat in seinem 1974 erschienenen Buch „Anarchy, State and Utopia"[1] eine freiheitliche Konzeption politischer Freiheit und sozialer Gerechtigkeit entwickelt, die in vieler Hinsicht in diametralem Gegensatz zur Gerechtigkeitsvorstellung von Rawls steht, obwohl sie gleich wie diese von einer Vorstellung des Sozialkontrakts als der Rechtfertigungsgrundlage politischer Institutionen ausgeht. Auch Nozicks Konzeption der Gerechtigkeit hat über die Grenzen der Berufsphilosophie hinaus erhebliche Resonanz gefunden. Diese Tatsache ist zum einen sicherlich den unbestreitbaren formalen Qualitäten von Nozicks Buch zuzuschreiben, das nicht nur eine Fülle origineller Ideen und scharfsinniger Argumente enthält, sondern auch wegen seines Witzes eine höchst vergnügliche Lektüre darstellt. Zum anderen aber mag der Erfolg dieses Buches wohl auch darauf beruhen, daß die Theorie Nozicks den politischen Standpunkt der freien Marktwirtschaft und des Unternehmertums in intellektuell anspruchsvoller Weise zu fundieren scheint und daher den Vertretern dieses Standpunkts eine willkommene theoretische Rechtfertigung verschafft.

In sachlicher Hinsicht verdient Nozicks Konzeption vor allem aus zwei Gründen Interesse. Einmal, weil sie ein geläufiges Bestandselement unseres Alltagsverständnisses von Gerechtigkeit aufnimmt und konsequent zu einer allgemeinen Theorie sozialer Gerechtigkeit weiterzuführen versucht: die Vorstellung nämlich, daß Gerechtigkeit in der Achtung gewisser natürlicher und wohlerworbener Rechte bestehe. Zum zweiten ist Nozicks Theorie auch deshalb interessant, weil sie ein Paradigma der Sozialkontraktstheorie wiederbelebt, welches das politische Denken der Neuzeit entscheidend geprägt hat. Nozick greift im wesentlichen auf die Sozialvertragsvorstellung von John Locke zurück, vor allem auf dessen Konzept des Naturzustandes und der natürlichen Rechte des Menschen. Wie Locke vertritt er die Ansicht, daß diese ‚natürlichen' Rechte nicht erst aus dem Gesellschaftsvertrag resultieren, sondern den Menschen schon von Natur aus zukommen, sie bestehen bereits im Naturzustand. Der Naturzustand konstituiert also nicht wie

---

[1] *Nozick*, Anarchy, State, and Utopia, New York 1974, dt.: Anarchie, Staat, Utopia, München o.J. (1976). Die Seitenhinweise im Text des folgenden Abschnitts beziehen sich auf die dt. Ausgabe dieses Buches.

Rawls' Urzustand eine Tabula-rasa-Situation, aus der sich erst die Bedingungen der Moralität der sozialen Ordnung ergeben; ihm liegt vielmehr bereits ein Naturrecht zugrunde, eine Art natürlicher Moral, die jedermann von Anbeginn verpflichtet, das Leben, die Gesundheit, die Freiheit und das Eigentum der anderen zu respektieren. Demgemäß kommt der Annahme des Gesellschaftsvertrags bei Locke und Nozick nicht die Funktion einer obersten normativen Leitvorstellung zu, an der sich die Legitimität aller Grundsätze sozialen Handelns bemißt, sondern sie dient dazu, mit Rücksicht auf die a priori vorausgesetzten natürlichen Rechte der Menschen eine institutionelle Verfassung des gesellschaftlichen Lebens zu bestimmen, die diesen Rechten weitestgehend entspricht. Denn da Nozick ebenso wie Locke die Etablierung einer staatlichen Zwangsgewalt, die das Monopol physischer Gewaltsamkeit ausübt, wegen der Unzukömmlichkeiten des Naturzustandes für unvermeidlich hält, betrachtet er gewisse Einschränkungen der natürlichen Freiheit der Menschen als unumgänglich. Doch da er davon ausgeht, daß solche Einschränkungen nur dann und insoweit legitim sind, soweit sie die schon im Naturzustand bestehenden Rechte der Menschen nicht verletzen, geht es ihm darum zu untersuchen, welche Einschränkungen sich unter der Voraussetzung dieser Rechte rechtfertigen lassen und welche nicht. Nozick argumentiert dahingehend, daß die weitestgehende Einschränkung von Rechten, die sich in diesem Sinne rechtfertigen läßt, diejenige ist, die ein Minimalstaat oder „Nachtwächterstaat" erfordert, um das Leben, die Freiheit und das Eigentum seiner Bürger zu schützen. Jeder weitergehende Staat müsse dagegen die Rechte der Menschen notwendig verletzen, so insbesondere auch ein Staat, der eine wirkliche Umverteilung des Eigentums der Bürger betreibe.

Die *Anspruchstheorie der Gerechtigkeit* bildet nur einen Teil des Argumentationszusammenhanges, den Nozick zu diesem Zweck entfaltet. Die Hauptthese seines Buches besteht, wie gesagt, darin, daß nur ein *Minimalstaat* oder – um einen Begriff des 19. Jahrhunderts zu verwenden – ein ‚Nachtwächterstaat' moralisch gerechtfertigt ist: ein Staat also, der sich darauf beschränkt, das Leben, die Freiheit und das Eigentum der Bürger zu schützen, die Einhaltung von Verträgen zu garantieren, sowie Bedrohungen von außen abzuwehren. Dagegen lasse sich jeder weitergehende Staat, so etwa vor allem ein Staat, der sich anmaße, Umverteilungen vorzunehmen, nicht rechtfertigen. Nozick begründet diese Hauptthese in zwei Schritten: 1. In einem ersten Schritt versucht er nachzuweisen, daß sich aus der Anarchie (in Form von Lockes Naturzustand) ganz automatisch, d.h. ohne daß es in irgendjemandes Absicht zu liegen braucht, ein Staat entwickelt. Im günstigen Fall kann sich diese Entwicklung – so meint er – in einer Weise vollziehen, die niemandes Rechte verletzt. Wenn diese Voraussetzung erfüllt sei, so erscheine das Gewaltmonopol eines solcherart zustandegekommenen Staates als gerechtfertigt; allerdings könne nur ein Minimalstaat diese Voraussetzung erfüllen. 2. Darüber hinaus versucht Nozick – im zweiten Schritt – nachzuweisen, daß sich kein weitergehender Staat als der Minimalstaat rechtfertigen läßt. Seine Argumentation geht dabei dahin, daß die Gründe, die für einen weitergehenden Staat angeführt werden könnten, insbesondere auch die herkömmlichen Vorstellungen sozialer Gerechtigkeit, falsch sind. Zu diesem Zweck entwickelt er die Anspruchstheorie der Gerechtigkeit.

Obwohl für uns hier vor allem der zweite Teil von Nozicks Argumentationsstrategie von Interesse ist, ist es erforderlich, vorweg einige Bemerkungen zum Konzept der ‚natürlichen' Rechte vorauszuschicken, von dem Nozick – mit Berufung auf Locke – von allem Anfang an ausgeht; daran anknüpfend werde ich in aller Kürze Nozicks Rechtfertigung des Minimalstaates darlegen, um dann zu seiner Gerechtigkeitstheorie überzugehen.

1.1. Nozicks Rechtfertigung des Minimalstaates

Nozick geht mit Locke davon aus, daß die Menschen natürliche oder ursprüngliche Rechte haben, die sich aus der Vorstellung ergeben, die Menschen befänden sich anfänglich in einem Naturzustand, worin sie vollkommen frei sind, nach Gutdünken zu handeln und über ihre Person und ihre Besitztümer zu verfügen, ohne irgendeinen anderen Menschen um Erlaubnis bitten zu müssen. Die Menschen haben nach dieser Vorstellung ein natürliches Recht auf ihren Körper und auf ihre Arbeitsprodukte; ferner sind sie berechtigt, Verträge zu schließen. Sie sind dabei nur gebunden an das Naturrecht, welchem gemäß niemand einen anderen an seinem Leben, seiner Gesundheit, seiner Freiheit oder seinem Eigentum schädigen darf und jedermann die von ihm freiwillig eingegangenen Verträge einzuhalten hat. Gegen diejenigen, die Übergriffe gegen Rechte anderer begehen und anderen Schaden zufügen, dürfen die Menschen sich und andere verteidigen; die Geschädigten können von den Schädigern Wiedergutmachung fordern und darüber hinaus hat jedermann das Recht, Verstöße gegen jemandes Rechte zu bestrafen, damit sie künftig unterbleiben, aber nur insoweit, als die Strafen zum Zweck der Wiedergutmachung vergangener und der Prävention weiterer Übergriffe dienen (vgl. S. 25).

Die private und persönliche Durchsetzung der Rechte im Naturzustand führt jedoch zu endlosen Fehden, da es keine tauglichen Verfahren gibt, Streitigkeiten zu schlichten und zu beenden. Während Locke annimmt, daß sich die Menschen angesichts dieser Unzukömmlichkeiten des Naturzustandes in einem Sozialkontrakt einmütig einer mit Zwangsbefugnis ausgestatteten staatlichen Autorität unterwerfen, die die Rechte der Menschen schützt und sozialen Frieden herstellt, stellt Nozick die These auf, daß sich eine staatliche Autorität ganz automatisch, auch ohne einen auf sie abzielenden Willensakt der Beteiligten, gleichsam durch einen *Vorgang der unsichtbaren Hand* aus dem Naturzustand entwickle. Bei Locke leitet sich die Legitimität der staatlichen Gewalt aus der – wenn auch nur kontrafaktisch unterstellten – einmütigen Zustimmung aller Bürger her. Nozick, der auf diese Konstruktion verzichten möchte, meint dagegen, daß auch ein naturwüchsig, ohne Zustimmung der Bürger entstandener Staat moralisch gerechtfertigt sein kann. Voraussetzung hiefür sei, daß sich die staatliche Gewalt aus dem Naturzustand auf eine Weise entwickle, durch die niemandes ursprüngliche bzw. wohlerworbene Rechte verletzt werden.

Den Vorgang, durch den aus dem Naturzustand auf moralisch zulässige Weise ein Staat entsteht, stellt sich Nozick ungefähr folgendermaßen vor[2]: Zunächst komme es zur Bildung von privaten *Schutzvereinigungen,* zu welchen sich mehrere zusammenschließen, um sich gemeinsam gegen Angriffe auf ihre Rechte und Besitztümer zu schützen, solche Angriffe zu verfolgen und zu bestrafen, wobei sich jeder ständig bereithalten müsse, jedem anderen Mitglied beizustehen. Solche einfachen Schutzvereinigungen haben allerdings gravierende Mängel: Diese bestehen 1. im Erfordernis der ständigen Bereitschaft zur Schutztätigkeit, 2. im Umstand, daß jedes Mitglied die anderen in Bewegung versetzen kann, wann immer es behauptet, in seinen Rechten verletzt worden zu sein, und 3. in der Schwierigkeit, die entsteht, wenn sich Mitglieder derselben Schutzvereinigung streiten. Diese Mängel können jedoch leicht behoben werden, nämlich einerseits durch Arbeitsteilung und andererseits durch die Einführung von Verfahren, in denen geprüft werden kann, ob die Rechte eines Mitglieds tatsächlich verletzt wurde. Da private Vergeltungsaktionen einzelner Mitglieder leicht zu Gegenvergeltung seitens anderer Organisationen oder Personen führen können, gegen die die betreffenden Mitglieder wiederum geschützt werden müßten, werden die Schutzorganisationen von ihren Mitgliedern verlangen, sich jeglicher privaten Vergeltung zu enthalten. Ebenso verlangen sie, daß die Mitglieder auf Privatjustiz gegen andere Mitglieder derselben Schutzvereinigung verzichten (vgl. S. 26 ff.).

Zunächst wird es mehrere Schutzvereinigungen oder -firmen im gleichen geographischen Gebiet geben, die miteinander rivalisieren. Bei Konflikten zwischen Klienten verschiedener Organisationen kann es vor allem dann zu Kämpfen kommen, wenn die Organisationen zu verschiedenen Beurteilungen über die Sachlage gelangen. Die eine Organisation möchte ihren Klienten schützen, während die andere ihn bestrafen oder ihm Wiedergutma-

---

[2] Für eine sorgfältige Rekonstruktion und Kritik von Nozicks Vorstellungen betreffend die Entstehung des Minimalstaates aus dem Naturzustand siehe *Kliemt,* Zustimmungstheorien der Staatsrechtfertigung (1980); vgl. dazu auch *ders.,* John Rawls' Theorie der Gerechtigkeit und Robert Nozick's Theorie des Minimalstaates (1979); *Höffe,* Minimalstaat oder Sozialrechte (1982 a); *Böhr,* Liberalismus und Minimalismus (1985), S. 33 ff.

chung auferlegen möchte. Wenn in diesen Kämpfen eine Organisation immer unterliegt, werden die Klienten der Verliererorganisation aus ihr austreten und der anderen beitreten, da sie von ihr besser geschützt werden. Wenn die kämpfenden Organisationen ihre Hauptmacht in verschiedenen geographischen Gebieten haben und jede die Kämpfe gewinnt, die nahe ihrem Machtzentrum ausgefochten werden, wird sich eine stärkere Begrenzung zwischen diesen Gebieten herausbilden und die geographische Verzahnung löst sich auf. Die ein Gebiet beherrschende Schutzvereinigung nennt Nozick *vorherrschende Schutzorganisation.*

Von einem Staat unterscheiden sich vorherrschende Schutzorganisationen laut Nozick insofern, als sie zwei wesentliche Merkmale staatlicher Gewalt nicht aufweisen: 1. Der Staat beansprucht ein *Gewaltmonopol,* d.h. das Monopol für die Entscheidung, wer wann Gewalt anwenden darf, verbunden mit dem Recht, jeden zu bestrafen, der dieses Monopol verletzt; eine vorherrschende Schutzvereinigung habe dieses Monopol nicht, da niemand gezwungen sei, in sie einzutreten, und da jedes Mitglied jederzeit austreten könne. 2. Staaten gewähren jedem Schutz, der sich innerhalb ihrer Grenzen aufhält, auch wenn sie dafür keine Gegenleistung erhalten; Schutzvereinigungen böten dagegen nur denjenigen Schutz, die dafür bezahlen oder an der Schutztätigkeit mitwirken (vgl. S. 29 ff. und 35 ff.).

Aus einem System vorherrschender Schutzvereinigungen entwickeln sich in weiterer Folge staatliche Organisationen. Um zu zeigen, daß dieser Vorgang in einer moralisch zulässigen Weise vonstatten gehen kann, unterscheidet Nozick zwischen einem *Minimalstaat* und einem *Ultraminimalstaat:* Der Minimalstaat beanspruche ein Monopol auf alle Gewaltanwendung (außer bei Notwehr) und garantiere den Schutz aller Bürger durch ein Steuersystem mit geringfügigen Umverteilungseffekten (wobei sich die Umverteilung darauf beschränke, daß auch diejenigen, die keine Steuern zahlen, staatlichen Schutz genießen); der Ultraminimalstaat habe demgegenüber zwar ebenfalls ein Gewaltmonopol, doch biete er nur denjenigen Schutz, die dafür Gegenleistungen erbringen (vgl. S. 38 f.). Nozicks Argumentation geht nun dahin, daß aus dem System privater Schutzvereinigungen zunächst ein Ultraminimalstaat entstehe und daß dieser dann in einen Minimalstaat übergehe, wobei nach seiner Auffassung beide Übergänge als moralisch zulässig anzusehen sind, wenn sie nicht gewisse *moralische Nebenbedingungen* verletzen. Die moralischen Nebenbedingungen verbieten es, so meint er, die Unverletzlichkeit von Menschen irgendwelchen Zielen zu opfern, wie moralisch wertvoll diese Ziele auch sein mögen. Sie seien Ausdruck des Kantischen Grundsatzes, daß die Menschen Zwecke sind und nicht bloß Mittel sein dürfen. Nozick wörtlich:

„Die moralischen Nebenbedingungen für unser Handeln spiegeln, so behaupte ich, die Selbständigkeit unserer individuellen Existenz wider, die Tatsache, daß es zwischen uns keinen moralischen Ausgleich geben kann: ein Leben wird nicht durch andere aufgewogen, so daß sich ein größeres *gesellschaftliches* Gesamtwohl ergäbe. Es ist nicht gerechtfertigt, einige um anderer willen zu opfern. Dieser Grundgedanke, daß es verschiedene Einzelmenschen mit einem je selbständigen Leben gibt, so daß keiner für andere geopfert werden darf, liegt den moralischen Nebenbedingungen zugrunde, führt aber auch, wie ich glaube, zu der freiheitlichen Nebenbedingung, die körperliche Übergriffe gegen andere verbietet." (S. 44)

Damit der Übergang eines Systems privater Schutzvereinigungen in einen Staat moralisch gerechtfertigt werden könne, sei es daher notwendig zu zeigen, daß dieser Übergang moralische Nebenbedingungen nicht verletzt, d. h. daß die Rechte der Menschen dabei gewahrt bleiben. Nozick geht zu diesem Zweck von einer vorherrschenden Schutzorganisation aus, die ein bestimmtes Gebiet beherrscht, in dem jedoch eine kleine Gruppe von Menschen lebt, die ihr nicht beitreten wollen. Diese Außenseiter setzen gemeinsam oder einzeln ihre Rechte gegenüber anderen durch, auch gegenüber Klienten der Organisation. Wie muß sich die Schutzvereinigung gegenüber den Außenseitern verhalten? Kann sie dulden, daß die Außenseiter ihre Rechte nach ihrem Gutdünken und nach ihrer Sicht der Verhältnisse durchsetzen? Sicherlich nicht, denn die Menschen werden eher solchen Organisationen beitreten, die ihren Klienten Schutz gegen jeden bieten, der sie ohne angemessenes Verfahren bestrafen will. Aber kann man den Schutzorganisationen das Recht zuerkennen, Außenseitern einfach zu *verbieten,* ihre Klienten anzugreifen, anstatt für den Fall, daß sich eine Bestrafung durch die Außenseiter als unberechtigt herausstellt, eine Entschädigung an das Opfer zu verlangen? Eine volle Entschädigung würde ja dem Opfer keinen Nachteil bringen gegenüber dem Zustand, in dem es sich vor dem Übergriff befand. Nozick steht damit vor der Frage, unter welchen Bedingungen es überhaupt zulässig ist, Handlungen zu verbieten.

Zunächst – so meint Nozick – können alle Handlungen verboten werden, im Hinblick auf deren negative Folgen nicht die Wahrscheinlichkeit bestehe, daß für sie volle Entschädigung geleistet werden kann (vgl. S. 64 f.). Darüber hinaus könnten auch Handlungen, für deren Folgen eine Entschädigung möglich ist, verboten werden, wenn sie allgemeine Furcht erregen; denn selbst wenn die Opfer tatsächlicher Übergriffe entschädigt würden, hätten doch auch viele andere Menschen aus solchen Handlungen einen Nachteil, nämlich diejenigen, die nicht verletzt werden, aber Furcht empfinden (vgl. S. 70 ff.). Da man aber nicht alle Handlungen verbieten kann, die möglicherweise mit Beeinträchtigungen verbunden sein können, besteht ein weiteres Problem darin, ob und unter welchen Bedingungen *risikobehaftete Handlungen* verboten werden dürfen. Ein Grundsatz dafür wäre etwa der, daß derjenige, dem eine bestimmte Tätigkeit wegen ihrer Risikobehaftetheit verboten wird, für seine Nachteile entschädigt werden muß; d. h. die Nutznießer dieser Risikoverringerung müßten den vom Verbot Betroffenen einen Ausgleich bieten. Doch dieser Grundsatz wäre nach Nozicks Ansicht zu

grob, da man dann auch jemanden entschädigen müßte, den man in Selbst-
verteidigung daran hinderte, durch ihn einem russischen Roulette unterworfen zu werden (vgl. S. 81). Er schlägt daher einen differenzierten Grundsatz vor:

> Um zu einem brauchbaren Entschädigungsgrundsatz zu kommen, muß man die dem
> Anspruch unterliegenden Handlungen abgrenzen. Gewisse Tätigkeiten sind allgemein
> verbreitet und spielen im menschlichen Leben eine wichtige Rolle, und ihr Verbot
> würde den Betroffenen ernsthaft benachteiligen. Ein Grundsatz könnte lauten: Wenn
> eine solche Tätigkeit jemandem verboten wird, weil sie andere schädigen *könnte* und,
> wenn sie von ihm ausgeführt wird, besonders gefährlich ist, dann müssen diejenigen,
> die sie zur Erhöhung ihrer eigenen Sicherheit verbieten, den Betroffenen für den auf-
> erlegten Nachteil entschädigen. Dieser Grundsatz soll das Fahrverbot für einen Epi-
> leptiker rechtfertigen, nicht aber das unfreiwillige russische Roulette und die beson-
> dere Produktionsmethode. Es soll um wichtige Tätigkeiten gehen, die fast jeder aus-
> führt, die aber bei einigen mit größeren Gefahren für andere verbunden sind. Fast
> jeder fährt Auto, aber russisches Roulette oder eine besonders gefährliche Produk-
> tionsmethode gehören nicht für fast jedermann zum normalen Leben." (S. 84)

Die Rechtfertigung dafür, daß die vorherrschende Schutzvereinigung den
Außenseitern die Anwendung unzuverlässiger und riskanter Rechtsverfah-
ren verbieten kann, sieht Nozick in einer Anwendung dieses *Entschädi-
gungsgrundsatzes* auf die Situation, in der sich die Mitglieder der vorherrschenden Schutzvereinigung gegenüber den Außenseitern befinden:
Jedermann sei aufgrund seines Notwehrrechts berechtigt, sich dagegen zu
wehren, daß andere auf ihn ein unzuverlässiges und unfaires Rechtsverfah-
ren anzuwenden versuchen. Jeder werde seine Schutzorganisation ermäch-
tigen, die Anwendung von unzuverlässigen und unfairen Verfahren zu
unterbinden. Die vorherrschende Vereinigung werde daher die Anwendung
derartiger Verfahren auf ihre Mitglieder verbieten. Und Nozick meint, daß,
wenn sie die *Macht* habe, diesen Grundsatz durchzusetzen, dann bestehe
faktisch das Verbot, auf die Mitglieder der Schutzvereinigung Verfahren
anzuwenden, die diese für unfair oder unzuverlässig erklärt. Die vorherrschende Schutzvereinigung, die ihre eigenen Verfahren für zuverlässig und
fair hält, werde ferner dazu tendieren, alle anderen Verfahren als unfair und
unzuverlässig einzustufen und ihre Anwendung in ihrem geographischen
Bereich zu verbieten. Obwohl die vorherrschende Schutzvereinigung kein
Monopol beanspruche, gewinne sie damit doch eine Art *faktisches Monopol:*

> „Wenn die Schutzorganisation die Verfahren der Außenseiter zur Durchsetzung
> ihrer Rechte bei der Anwendung auf ihre Klienten für ungenügend zuverlässig oder
> fair hält, so verbietet sie den Außenseitern diese Selbsthilfe, und zwar mit der
> Begründung, daß sie ihren Klienten gefährliche Risiken auferlegt. Wegen dieses Ver-
> bots können die Außenseiter einem Klienten, der ihre Rechte verletzt, nicht mehr
> glaubhaft mit Bestrafung drohen; daher können sie sich nicht mehr vor Schädigung
> schützen, und ihre täglichen Lebensbedingungen verschlechtern sich ernsthaft. Dabei
> ist es durchaus möglich, daß durch die Handlungen der Außenseiter einschließlich
> ihrer Selbsthilfe niemandes Rechte verletzt werden (wenn man einmal von der Frage
> der Verfahrensrechte absieht). Nach unserem Entschädigungsgrundsatz ... müssen

unter den gegebenen Umständen diejenigen, die das Verbot aufstellen und Vorteil davon haben, die Benachteiligten entschädigen. Demgemäß müssen die Klienten der Schutzorganisation die Außenseiter für die Benachteiligung entschädigen, die sie durch das Verbot der Selbsthilfe zur Durchsetzung ihrer Rechte gegenüber den Klienten der Organisation erleiden. Ohne Zweifel bestünde die am wenigsten aufwendige Entschädigung darin, ihnen bei Konflikten mit den zahlenden Kunden der Schutzorganisation Schutz *angedeihen zu lassen.* Das dürfte weniger aufwendig sein, als sie gegen Verletzungen ihrer Rechte nicht zu schützen (indem Klienten, die sie verletzen, nicht bestraft werden) und hinterher zu versuchen, für den Schaden aufzukommen, den sie durch die Verletzung ihrer Rechte (und dadurch, daß sie sich in einer schutzlosen Lage befanden) erlitten haben." (S. 108 f.)

Damit – so meint Nozick – erfülle die vorherrschende Schutzvereinigung in ihrem Gebiet beide notwendigen Bedingungen für das Vorliegen eines Staates: sie habe ein Gewaltmonopol und sie gewährleiste den Schutz der Rechte aller Bewohner. Sowohl der Übergang vom Naturzustand zum Ultraminimalstaat (Schutzvereinigung mit Gewaltmonopol), als auch jener vom Ultraminimalstaat zum Minimalstaat (Gewaltmonopol mit geringfügigen Umverteilungswirkungen) könne sich in moralisch zulässiger Weise vollziehen, da beide Übergänge möglich seien, ohne jemandes Rechte zu verletzen.

1.2. Die Anspruchstheorie der sozialen Gerechtigkeit

Die Gerechtigkeit der Verteilung von Besitztümern hängt nach Nozicks Auffassung von drei Umständen ab:

1. dem *ursprünglichen Erwerb* von Besitztümern (original acquisition of holdings), also der Aneignung herrenloser Gegenstände: hierzu bedarf es eines Grundsatzes der gerechten Aneignung:

2. der *Übertragung* von Besitztümern (transfer of holdings) von einer Person auf eine andere: hierzu bedarf es eines Grundsatzes der gerechten Übertragung; sowie

3. der Möglichkeit der *Korrektur* früherer Verletzungen der ersten beiden Grundsätze der Gerechtigkeit: hierfür braucht man einen Grundsatz der Berichtigung ungerechter Besitzverhältnisse.

In einer Welt, in der es keine Ungerechtigkeiten gebe, ließe sich die gerechte Verteilung des Besitzes – so meint Nozick – allein durch die folgenden drei Grundsätze regeln:

„1. Wer ein Besitztum im Einklang mit dem Grundsatz der gerechten Aneignung erwirbt, hat Anspruch auf dieses Besitztum.

2. Wer ein Besitztum im Einklang mit dem Grundsatz der gerechten Übertragung von jemandem erwirbt, der Anspruch auf das Besitztum hat, der hat Anspruch auf das Besitztum.

3. Ansprüche und Besitztümer entstehen lediglich durch (wiederholte) Anwendung der Regeln 1 und 2.

Der vollständige Grundsatz der Verteilungsgerechtigkeit würde einfach besagen, eine Verteilung sei gerecht, wenn jeder auf die Besitztümer Anspruch hat, die ihm bei der Verteilung zugehören." (S. 144)

Da diese Grundsätze jedoch nicht immer strikt eingehalten würden, müsse es für jene Fälle, in denen eine Situation nicht im Einklang mit ihnen entstanden sei (z. B. wenn ein Besitztum durch Diebstahl, Betrug und dergleichen angeeignet wurde), einen Grundsatz geben, der es ermöglicht, diese Ungerechtigkeiten zu korrigieren: einen Berichtigungsgrundsatz. Nach diesem Grundsatz ist – so schlägt Nozick vor – jene Verteilung herzustellen, die eingetreten wäre, wenn die Ungerechtigkeit nicht geschehen wäre.

Damit sind die Grundbestandteile der von Nozick vertretenen, von ihm „Anspruchstheorie" („entitlement theory") genannten Gerechtigkeitstheorie angegeben. Er selbst faßt die Grundzüge dieser Theorie wie folgt zusammen:

„Der Besitz eines Menschen ist gerecht, wenn dieser auf ihn im Sinne der Grundsätze der gerechten Aneignung und Übertragung oder der Berichtigung von Ungerechtigkeiten (im Sinne der ersten beiden Grundsätze) einen Anspruch hat. Ist der Besitz jedes einzelnen gerecht, so ist die Gesamtmenge (die Verteilung) der Besitztümer gerecht." (S. 146)

Nozick unterläßt es allerdings, diese allgemeinen Richtlinien auf eine Weise zu konkretisieren, welche die Grundsätze der Erstaneignung, der Übertragung und der Korrektur von Ungerechtigkeiten inhaltlich genau bestimmen würde. Er geht aber davon aus, daß es möglich sei, diese Grundsätze im Detail auszuführen, und daß es genau diese Grundsätze wären, nach denen sich die Beurteilung der Verteilungsgerechtigkeit allein zu richten hat (vgl. S. 146).

Die Anspruchstheorie der Verteilungsgerechtigkeit wird von Nozick als eine *historische* Theorie bezeichnet, weil sie die Beurteilung dessen, ob eine Verteilung gerecht ist oder nicht, allein davon abhängen läßt, wie diese Verteilung zustande gekommen ist. Den historischen Gerechtigkeitsgrundsätzen stellt er die *Endergebnis-* oder *Endzustands-Grundsätze* (end-result principles oder end-state principles) gegenüber, die die Gerechtigkeit einer Verteilung davon abhängig machen, wie die Güter in einem gegebenen Zeitquerschnitt oder in einer Folge von Zeitquerschnittsprofilen verteilt sind. Wenn man von einem Zeitquerschnitts-Grundsatz der Gerechtigkeit ausgehe, beurteile man die Gerechtigkeit von Verteilungen nur nach deren Struktur: Ergebe ein Vergleich zweier Verteilungen, daß sie strukturgleich sind, so würden sie auch als gleich gerecht beurteilt. Als Beispiel einer am jeweils gegebenen Zeitquerschnitt orientierten Theorie nennt Nozick die Wohlfahrtsökonomie. Ein wesentlicher Mangel solcher Gerechtigkeitskonzeptionen besteht seiner Auffassung nach darin, daß sie überhaupt nicht berücksichtigten, ob jemand seinen Anteil auch verdient habe:

> „Die meisten Menschen halten am gegenwärtigen Zeitquerschnitt orientierte Verteilungsgrundsätze nicht für allein maßgebend. Sie halten für die Beurteilung der Gerechtigkeit einer Situation nicht nur die betreffende Verteilung für maßgebend, sondern auch deren Zustandekommen. Wenn einige wegen Mordes oder Kriegsverbrechen im Gefängnis sitzen, so sagt man nicht, zur Beurteilung der Gerechtigkeit der gesellschaftlichen Verteilung müsse man nur feststellen, was dieser und was jener im Augenblick hat. Man hält es für bedeutsam, ob jemand etwas getan hat, aufgrund dessen er eine Strafe, einen schlechteren Anteil *verdient hat*." (S. 147)

Innerhalb der historischen Grundsätze will Nozick ferner die historischen Grundsätze der Anspruchstheorie (kurz: *historisch-anspruchsorientierte Grundsätze*) von einer anderen Unterart historischer Grundsätze unterschieden wissen: von den *strukturellen Grundsätzen* („patterned principles"). Als strukturelle Grundsätze bezeichnet er solche, die fordern, daß die Verteilung einer ,natürlichen' Dimension oder einer Ordnung natürlicher Dimensionen – etwa dem moralischen Verdienst oder der gesellschaftlichen Nützlichkeit – entsprechen soll. So ist der Grundsatz der Verteilung nach dem moralischen Verdienst ein historisch-struktureller Grundsatz, weil er einerseits Ansprüche durch frühere Handlungen begründet und andererseits eine nach einer natürlichen Dimension strukturierte Verteilung fordert. Einen entscheidenden Mangel struktureller Grundsätze sieht Nozick darin, daß sie die Erzeugung und Verteilung von Gütern als weitgehend voneinander unabhängige Dinge behandeln, während wir sie für gewöhnlich nicht als unabhängige Sachverhalte betrachten: denn wenn jemand mit seinen eigenen Hilfsmitteln etwas herstelle, dann erwerbe er auch einen Anspruch darauf. Wenn etwas entsteht, dann ist daher nach Nozick durchaus nicht die Frage offen, wer es bekommen soll (vgl. S. 151 f.).

Des weiteren führt Nozick gegen strukturelle Grundsätze den Umstand ins Treffen, daß es ohne weiters passieren könne, daß eine ihnen entsprechende Verteilung gleichsam von selbst in eine anders strukturierte Verteilung übergehe, die nach denselben Grundsätzen als ungerecht betrachtet werden müsse. Wenn wir etwa eine nach einer natürlichen Dimension strukturierte Verteilung V_1 nehmen, wie sollte es möglich sein zu verhindern, daß sie in eine dieser Dimension nicht entsprechende Verteilung V_2 übergeht, sofern freiwillige Übertragungsakte wie Schenkung, Vererbung, Tausch usw. zugelassen sind? Nozick meint, daß jede einem bestimmten strukturellen Grundsatz entsprechende Verteilung durch freiwillige Handlungen der Einzelnen im Laufe der Zeit eine völlige Umgestaltung erfahren kann und er veranschaulicht diese Möglichkeit an dem folgenden Beispiel[3]:

---

[3] Da mir die folgende Stelle in der von Hermann Vetter besorgten, im großen und ganzen durchaus gelungenen deutschen Übersetzung von „Anarchy, State, and Utopia" viel von ihrem Witz zu verlieren scheint, lege ich dem folgenden Zitat –

„Nehmen wir nun an, Wilt Chamberlain sei ein großer Basketballstar und von Basketballmannschaften sehr gesucht. (Nehmen wir ferner an, die Verträge liefen nur ein Jahr, und die Spieler hätten Handlungsfreiheit.) Er unterschreibt folgenden Vertrag mit einer Mannschaft: Bei jedem Heimspiel bekommt er 25 Cents von jeder Eintrittskarte. (Wir sehen hier von der Frage ab, ob er die Eigentümer ausnützt, sie sollen für sich selber sorgen.) Die Spielzeit beginnt, und die Leute strömen zu den Spielen seiner Mannschaft; sie kaufen Eintrittskarten und stecken jedesmal 25 Cents des Preises in eine besondere Kasse, auf der Chamberlains Name steht. Sie sind begeistert von seinem Spiel; es ist ihnen den gesamten Eintrittspreis wert. Angenommen, in einer Spielzeit besuchten eine Million Menschen seine Heimspiele, und Wilt Chamberlain nimmt eine Viertelmillion Dollar ein, sehr viel mehr als das Durchschnittseinkommen und auch noch mehr als das bisherige Höchsteinkommen. Hat er einen Anspruch auf dieses Einkommen? Ist die neue Verteilung V_2 ungerecht? Wenn ja, warum? Es ist überhaupt keine Frage, ob jeder Anspruch auf seine Besitztümer in V_1 hatte; denn diese Verteilung war ja, wie wir (für den Zweck des Arguments) angenommen hatten, eine zulässige Verteilung. Alle Beteiligten *entschieden sich dafür*, 25 Cents von ihrem Geld Chamberlain zu geben. Sie hätten es ebensogut für Kinokarten oder Süßigkeiten ausgeben können, oder auch dafür, um sich das *Dissent*-Magazine oder *Monthly Review* zu kaufen. Aber sie alle, jedenfalls eine Million, zogen es vor, es Wilt Chamberlain zu geben, um ihn dafür Basketball spielen zu sehen. Wenn V_1 eine gerechte Verteilung war und die Menschen freiwillig zu V_2 übergingen, indem sie einen Teil dessen, was sie in V_1 besaßen, hergaben (doch wohl nicht für nichts und wieder nichts?), ist dann nicht auch V_2 gerecht? Wenn die Leute berechtigt waren, über ihren Besitz zu verfügen, auf den sie (in V_1) Anspruch hatten, waren sie dann auch berechtigt, ihn Wilt Chamberlain zu geben oder mit ihm zu tauschen? Kann sich irgendjemand über eine Ungerechtigkeit beklagen? Jeder andere hat bereits in V_1 seinen gerechten Anteil. In V_1 hat niemand etwas, auf das irgendein anderer einen gerechten Anspruch hätte. Nachdem einige etwas an Wilt Chamberlain übertragen haben, haben Dritte *immer noch* ihre gerechten Anteile; denn *ihre* Anteile haben sich nicht geändert. Aus welchem Grunde könnte eine solche Übertragung zwischen zwei Personen zu einem im Sinne der Verteilungsgerechtigkeit berechtigten Anspruch auf einen Teil des übertragenen Gutes seitens eines Dritten führen, der *vor* der Übertragung keinen gerechten Anspruch auf irgendein Besitztum eines anderen hatte?" (vgl. S. 152 f.)

Die Lehre, die wir nach Nozicks Auffassung aus diesem Beispiel zu ziehen haben, ist die, „daß kein Endzustands-Grundsatz und kein struktureller Grundsatz der Verteilungsgerechtigkeit ohne ständigen Eingriff in das Leben der Menschen auf die Dauer verwirklicht werden kann. Jede zulässige Verteilung würde in eine unzulässige übergehen, indem die Menschen auf verschiedene Weise freiwillig handeln; etwa indem sie Güter und Dienstleistungen untereinander tauschen, oder indem sie anderen Gegenstände übertragen, auf die sie unter der zulässigen Verteilung einen Anspruch haben. Wenn man eine Verteilung aufrechterhalten will, muß man entweder die Menschen ständig davon abhalten, Güter nach ihrem Willen zu übertragen, oder man muß ständig (oder in Abständen) Menschen Güter wegnehmen, die ihnen andere aus irgendwelchen Gründen übertragen

---

anders als bei den übrigen Zitaten – nicht die deutsche, sondern die englische Ausgabe von Nozicks Buch (S. 161 f.) zugrunde, wobei ich die deutsche Übersetzung teilweise übernehme.

haben." (S. 154) Wenn man wolle, daß jeder die Freiheit haben soll, mit seinen Besitztümern zu machen, was er will, dann könne man – so lautet Nozicks Argument – nicht gleichzeitig fordern, die Güterverteilung nach einem strukturellen Grundsatz zu gestalten. Denn da die Wahrscheinlichkeit, daß eine wirklich frei zustandegekommene Besitzverteilung dem betreffenden Grundsatz entspricht, äußerst gering sei, mache jeder strukturelle Grundsatz der Verteilungsgerechtigkeit *Umverteilungen* erforderlich. Jede Umverteilung sei aber notwendig mit der *Verletzung der Rechte der Menschen* verbunden. Daher sei eine Besteuerung von Arbeitsverdiensten, die den Zweck einer Güterumverteilung verfolge, moralisch mit Zwangsarbeit gleichzusetzen (vgl. S. 157 ff.).

Diese Schlußfolgerung werde – so meint Nozick – im übrigen durch Amartya Sens sogenannten Beweis der „Unmöglichkeit des Liberalismus" unterstützt. Wie Sen nachgewiesen hat, gerät selbst eine so bescheidene liberale Forderung wie die, daß jedes Individuum wenigstens für ein Paar von Alternativen die Möglichkeit haben sollte, die soziale Präferenzordnung zu bestimmen (z. B. ob es lieber am Bauch oder am Rücken liegend schläft), mit jeder sozialen Entscheidungsfunktion in Konflikt, die den beiden folgenden Bedingungen genügen soll: der schwachen Pareto-Bedingung und der Bedingung des ‚unrestricted domain', welche besagt, daß der Bereich der zulässigen individuellen Präferenzen, die bei einer sozialen Entscheidung über die Rangordnung verschiedener Alternativen in Betracht kommen, grundsätzlich unbeschränkt ist[4]. Das von Sen aufgezeigte Dilemma hat seinen Grund darin, daß unter den genannten Voraussetzungen auch solche individuelle Präferenzen in die soziale Wahl mit eingehen können, die wir gewöhnlich für gänzlich unangebracht halten, weil sie die höchstpersönlichen Angelegenheiten anderer Menschen betreffen. So würde die Präferenz irgendeiner Person A, der es – aus welchen Gründen immer – lieber ist, daß eine andere Person B am Rücken statt am Bauch liegend schläft, ebenso in die soziale Wahl eingehen wie die Präferenz von B, die es für sich vorzieht, am Bauch liegend zu schlafen. Dieses Beispiel macht deutlich, daß die Bedingung des unbeschränkten Gegenstandsbereichs, nach der für jede soziale Wahl alle beliebigen individuellen Präferenzen gleichberechtigt berücksichtigt werden müssen, schwerlich aufrechterhalten werden kann. Doch daraus folgt entgegen der Ansicht Nozicks durchaus nicht, daß niemand das Recht haben sollte, sich jemals in die Angelegenheiten anderer einzumischen; was folgt, ist vielmehr nur dies, daß der Bereich der für die soziale Wahl relevanten individuellen Präferenzen soweit eingeschränkt

---

[4] Siehe dazu vor allem: *Sen,* Collective Choice and Social Welfare (1970a), S. 79 f. u. 87; *ders.,* The Impossibility of a Paretian Liberal (1970b); *ders.,* Liberty, Unanimity and Rights (1976b); *ders.,* Liberty and Social Choice (1983a). Aus der umfangreichen Literatur zu dieser Frage siehe auch: *Seidl,* On Liberal Values (1975); *Breyer,* Das Liberale Paradox (1978); *Kern,* Neue Vertragstheorie (1980a), S. 36 ff.

werden muß, daß jeder Person ein gewisser Raum für rein private Entscheidungen bleibt, die die anderen nichts angehen[5].

Ein neuralgischer Punkt der Anspruchstheorie ist – wie Nozick selbst zugesteht – die Frage der *gerechten Aneignung,* von der ja letztlich auch die Gerechtigkeit aller auf die Aneignung folgenden Vorgänge abhängt. Da Nozick ferner annimmt, die ursprüngliche Aneignung eines Gegenstandes begründe ein volles, also ausschließliches und unwiderrufliches Eigentumsrecht an diesem Gegenstand, kommt dieser Frage um so größere Relevanz zu. Welches Konzept der ursprünglichen Aneignung bietet er an, aus dem ein so weitgehendes Besitzrecht wie das volle Eigentum abgeleitet werden könnte?

Nozick knüpft an die Aneignungstheorie von Locke an, der meinte, daß man ein Eigentumsrecht an einem herrenlosen Gut dadurch erwerbe, daß man es bearbeitet. Locke ging dabei offenbar von der Vorstellung aus, daß etwas durch die Bearbeitung besser und wertvoller wird. Wie Nozick bemerkt, stellt sich dann allerdings die Frage, warum man auf den ganzen Gegenstand und nicht bloß auf den *Mehrwert* Anspruch haben sollte, der durch die Arbeit entstanden ist. Denn es erscheine wenig plausibel, aus der Verbesserung eines Gegenstandes das volle Eigentum abzuleiten, wenn der Vorrat an verbesserungsfähigen herrenlosen Gegenständen begrenzt sei. Locke stellte daher die Bedingung auf, daß die Verbesserung eines Gegenstandes nur dann ein Eigentum daran begründe, wenn für andere ‚genug und gleich Gutes' übrig bleibe. Mit dieser Bedingung wollte Locke offensichtlich verhindern, daß durch die Aneignung herrenloser Gegenstände die Lage anderer verschlechtert werde, denen es nach der Aneignung ja nicht mehr freisteht, diese Gegenstände zu gebrauchen.

Nun könnte man allerdings argumentieren, daß *jede* Aneignung die Lage der anderen irgendwie verschlechtere, da diese ja durch die Aneignung der Möglichkeit beraubt würden, sich Dinge anzueignen, die sich andere bereits vorher angeeignet haben. Wenn aber durch jede Aneignung die Lage anderer irgendwie verschlechtert werde, dann wäre dieser Interpretation der Locke'schen Bedingung zufolge eine Aneignung überhaupt nicht möglich. Dazu Nozick:

„Doch diese Argumentation ist vorschnell. Jemand kann durch eine Aneignung seitens eines anderen auf zweierlei Weise schlechter gestellt werden: erstens dadurch, daß er die Möglichkeit verliert, seine Lage durch eine bestimmte oder eine beliebige Aneignung zu verbessern; zweitens dadurch, daß er etwas nicht mehr (ohne Aneignung) freizügig nutzen kann. Eine *strenge* Bedingung, daß kein anderer durch eine Aneignung schlechter gestellt werden darf, würde die erste Weise ausschließen, wenn

---

[5] In diesem Sinne auch: *Bernholz,* Is a Paretian Liberal Really Impossible? (1974 b); *Arrow,* Nozick's Entitlement Theory of Justice (1978), S. 272 ff. Siehe dazu ferner: *Perelli-Minetti,* Nozick on Sen: A Misunderstanding (1977); *B. Chapman,* Rights as Constraints: Nozick versus Sen (1983).

die Einschränkung der Möglichkeiten auf keine andere Art ausgeglichen wird, und auch die zweite. Eine *schwächere* Bedingung würde nur die zweite, nicht die erste Weise ausschließen." (S. 165)

Nozick hält die schwächere Bedingung für vollkommen ausreichend, um die Interessen derjenigen zu wahren, die sich aufgrund einer vorhergehenden Aneignung durch andere etwas nicht mehr aneignen können. Denn schließlich dürfe sich niemand darüber beklagen, sich etwas nicht mehr *aneignen* zu können, wenn er es doch immerhin noch frei *nutzen* könne. Nozick meint daher, es genüge, die ursprüngliche Aneignung von Gütern durch folgende *schwache Version* der Locke'schen Bedingung zu beschränken: Ein Vorgang, der zu einem dauernden, erblichen Eigentumsrecht an einer bisher herrenlosen Sache führt, ist zulässig, *wenn er die Lage anderer nicht dadurch verschlechtert, daß sie die Sache nicht mehr frei nutzen können.* Jedenfalls müsse jede brauchbare Theorie der Aneignung eine Bedingung genau dieser Art enthalten.

Obwohl Nozick es unterläßt, seine Konzeption der Aneignung im Detail auszuführen und zu begründen, zögert er nicht zu erklären, ein *freies Marktsystem* mit Privateigentum genüge ohne Zweifel der von ihm vorgeschlagenen schwächeren Version der Locke'schen Bedingung. Immerhin räumt er ein, daß diese die Aneignung limitierende Bedingung teilweise auch die Möglichkeiten späterer Übertragungen einschränke, und zwar deswegen, weil sie keine Eigentumsballungen zulasse, durch die einige wenige Eigentümer imstande wären, alle anderen vom Gebrauch bestimmter Gegenstände auszuschließen. Allerdings gilt nach Nozicks Auffassung die Bedingung, daß eine Aneignung bestimmter Dinge andere Personen nicht in ihrer Möglichkeit beeinträchtigen darf, diese Dinge frei zu nutzen, nur für Sachen, die zur Aneignung bereitstehen, und nicht für lebensnotwendige Sachen schlechthin: Ein medizinischer Forscher z. B., der eine neue Heilsubstanz hergestellt habe und diese nur unter seinen Bedingungen verkaufen wolle, verschlechtere nicht die Lage anderer, indem er ihnen etwas entzöge, was sie sonst nutzen könnten; die anderen könnten sich ja selbst die Materialien aneignen, die der Forscher benutzt hat. Jedenfalls bietet die Sicherung der allgemeinen Nutzungsmöglichkeit von angeeigneten Sachen – so glaubt Nozick – keinen wie immer gearteten Anhaltspunkt für eine über den Minimalstaat hinausgehende Staatstätigkeit (vgl. S. 167 ff.).

1.3. Nozicks Kritik an Rawls' Theorie

Rawls' Theorie der Gerechtigkeit, die ja eine nach bestimmten Grundsätzen *strukturierte* Verteilung als gerechte auszeichnet, wird von Nozick einer scharfen Kritik unterzogen. Seine wichtigsten Einwände sind dabei folgende:

1. Rawls' Grundsätze der Gerechtigkeit fordern eine bestimmte Verteilung der Gesamtmenge der im Rahmen gesellschaftlicher Zusammenarbeit entstehenden Güter und Lasten. Für die Vorstellung, daß die *Gesamtmenge* der aus gesellschaftlicher Zusammenarbeit resultierenden Güter der Verteilungsgerechtigkeit unterliegen soll, gibt es jedoch nach Nozicks Auffassung keinerlei Grundlage. Man stelle sich – so fordert er uns auf – eine Menge von Individuen vor, die nicht zusammenarbeiten, sondern isoliert arbeiten: der Gesamtgewinn ihrer Aktivitäten ist dann natürlich gleich der Summe S aller Einkommen dieser Individuen. Nun sei durch Zusammenarbeit eine größere Summe T erzielbar. Wenn Rawls das Problem der Verteilungsgerechtigkeit darin sehe, die aus der Zusammenarbeit entstehenden Vorteile zu verteilen, so frage sich, was darunter eigentlich zu verstehen sei: das Gesamtprodukt T oder nur der durch die Zusammenarbeit entstehende zusätzliche Vorteil $T - S$? Rawls vernachlässige diesen Unterschied völlig und setze einfach als selbstverständlich voraus, daß es um die Verteilung des Gesamtprodukts T gehe. Es sei aber nicht gut vorstellbar, daß Menschen, die in eine Zusammenarbeit eintreten, dieser Art der Aufteilung der daraus erwachsenden Vorteile zustimmen würden (vgl. S. 171 f.).

Davon abgesehen vermag Nozick überhaupt nicht einzusehen, daß aus der Tatsache der gesellschaftlichen Zusammenarbeit ein Problem der Verteilungsgerechtigkeit entstehen soll. Wenn unter der Voraussetzung, daß es keine gesellschaftliche Zusammenarbeit gebe, wenn also jeder nur von seinen eigenen Anstrengungen lebe, kein Problem der gerechten Verteilung bestehe, dann müsse das Problem der Gerechtigkeit auf irgendwelchen Umständen beruhen, die erst durch die Zusammenarbeit entstünden. Nozick meint allerdings, er sehe nicht, daß allein die Tatsache der Zusammenarbeit gegenüber der isolierten Tätigkeit der Individuen eine so grundlegend neuartige Situation entstehen lasse, daß nun eine ganz andere Art der Verteilung erforderlich sei. Ich glaube, es ist das Beste, Nozicks diesbezügliche Argumentation hier im vollen Wortlaut zu zitieren:

„Was ändert die gesellschaftliche Zusammenarbeit an den Verhältnissen, so daß die gleichen Anspruchsgrundsätze, die in isolierten Fällen gelten, bei Zusammenarbeit unanwendbar oder unangebracht würden? Man könnte sagen, die Beiträge der einzelnen ließen sich nicht isolieren; alles sei das gemeinsame Produkt aller. Auf dieses, oder auf jeden seiner Teile, werde jeder einleuchtenderweise einen gleich starken Anspruch erheben; alle hätten gleich gute Gründe, oder jedenfalls habe niemand wesentlich bessere als irgend jemand sonst. Irgendwie – so fährt dieser Ansatz fort – müsse entschieden werden, wie dieses Gesamtergebnis der gemeinsamen gesellschaftlichen Zusammenarbeit (auf das es keine unterschiedlichen Ansprüche einzelner gebe) aufzuteilen sei: dies sei das Problem der Verteilungsgerechtigkeit.

Gibt es keine Einzelansprüche auf Teile des gemeinschaftlich erstellten Produkts? Nehmen wir als erstes an, die gesellschaftliche Zusammenarbeit beruhe auf Arbeitsteilung, Spezialisierung, Vorteilsabwägung und Austausch; jeder arbeite als einzelner an der Umwandlung eines zugelieferten Gutes und schließe Verträge mit anderen, die es weiter bearbeiten und transportieren, bis es den Endverbraucher erreicht. Die

Menschen sollen in der Produktion zusammenarbeiten, aber jeder für sich tätig sein; jeder sei eine kleine Firma. Die Produkte eines jeden seien leicht auszumachen, und der Austausch erfolge auf offenen Märkten mit Konkurrenzpreisen bei beschränkter Information usw. Was wäre in einem solchen System der gesellschaftlichen Zusammenarbeit die Aufgabe der Gerechtigkeitstheorie? Man könnte sagen, die entstehende Vermögensverteilung hänge in jedem Fall von den Austauschverhältnissen oder Preisen ab, und daher sei es die Aufgabe der Gerechtigkeitstheorie, Kriterien für „faire Preise" aufzustellen. Nun ist hier kaum der Ort, den Schlangenwindungen der Theorien des gerechten Preises nachzugehen. Es ist schwer einzusehen, warum diese Fragen hier überhaupt entstehen sollten. Es finden freiwillige Tauschakte mit anderen und Übertragungen von Ansprüchen statt, ohne daß die Freiheit beschränkt wäre, mit irgendeinem anderen Partner zu einem beiderseits annehmbaren Preis ins Geschäft zu kommen. Warum schafft eine solche Zug um Zug erfolgende gesellschaftliche Zusammenarbeit, die durch lauter freiwillige Tauschakte zusammengehalten wird, irgendwelche Probleme bezüglich der Güterverteilung? Warum ist die angebrachte (oder nicht unangebrachte) Güterverteilung nicht einfach die, die sich durch lauter beiderseitig anerkannte Tauschakte *tatsächlich einstellt,* bei denen sich Menschen dazu entschließen, anderen etwas zu geben, was sie herzugeben oder zu behalten das Recht haben?

Lassen wir nun unsere Voraussetzung fallen, die Menschen arbeiteten unabhängig voneinander und träten nur einer um den anderen in Form freiwilliger Tauschakte zueinander in Beziehung; statt dessen sollen sie gemeinsam an der Herstellung von Gütern arbeiten. Ist es jetzt möglich, ihre einzelnen Beiträge zu isolieren? Es geht hier nicht darum, ob die Grenzproduktivitätstheorie eine brauchbare Theorie der fairen oder gerechten Verteilung ist, sondern ob es einen stimmigen Begriff eines identifizierbaren Grenzprodukts gibt. Die Theorie von Rawls dürfte sich wohl kaum auf die starke Behauptung stützen, es gebe keinen einigermaßen nützlichen Begriff dieser Art. Immerhin liegen ja wiederum viele zweiseitige Tauschakte vor: die Eigentümer von Produktionsmitteln treffen mit Unternehmern einzelne Vereinbarungen über deren Einsatz, die Unternehmer treffen Vereinbarungen mit einzelnen Arbeitern oder Gruppen von Arbeitern, die zunächst unter sich eine Einigung herbeiführen und dann den Unternehmern ein Verhandlungspaket vorlegen, usw. Die Menschen übertragen Eigentum oder Arbeitskraft auf freien Märkten, wobei die Tauschverhältnisse (Preise) in der üblichen Weise bestimmt werden. Wenn die Grenzproduktivitätstheorie einigermaßen brauchbar ist, so erhalten die Menschen bei diesen freiwilligen Übertragungen ungefähr ihre Grenzprodukte." (S. 173 f.)

2. Ein weiteres Argument geht dahin, daß schon die Art und Weise, wie Rawls die Entscheidungssituation für die Wahl der Gerechtigkeitsgrundsätze festlegt, definitionsgemäß nur Endzustands-Grundsätze der Gerechtigkeit zulasse. Denn wenn im Urzustand (wegen des Schleiers des Nichtwissens) niemand wisse, aufgrund welcher persönlichen Eigenschaften man im Rahmen des gesellschaftlichen Zusammenlebens Ansprüche geltend machen könne, so müsse man sich *zwangsläufig* für Grundsätze entscheiden, die jedem – unabhängig von seinen Fähigkeiten und Eigenschaften – einen gewissen Anteil an den gesellschaftlichen Gütern sichern. Damit blieben historisch-anspruchsorientierte Grundsätze von vornherein außer Betracht. Da aber keine Gerechtigkeitsvorstellung auf solche Grundsätze ganz verzichten könne, stehe Rawls nur der Versuch offen, aus seinen Endzustands-Grundsätzen in Verbindung mit Tatsachenkenntnissen historisch-

anspruchsorientierte Grundsätze gleichsam als sekundäre Grundsätze abzuleiten. Nozick glaubt jedoch nicht, daß ein derartiger Versuch die *speziellen* Bestimmungen der historisch-anspruchsorientierten Grundsätze jemals herleiten und erklären kann; denn ein solcher Versuch würde nicht jene spezielle Rechtfertigung von Rechten und Ansprüchen ergeben, die erwünscht sei, sondern bestenfalls eine Annäherung daran; ferner würde die Rawls'sche Konstruktion die falschen Gründe dafür liefern, worum sie sich bemühe. Rawls' Konzeption, wonach die Grundsätze der Gerechtigkeit aus der Sichtweise des Urzustandes gewählt werden, setze daher schon voraus, daß keine historisch-anspruchsorientierte Gerechtigkeitsvorstellung richtig sei. Und Nozick zieht daraus den Schluß, daß die Theorie von Rawls falsch sein muß, wenn *irgendeine* grundlegende historisch-anspruchsorientierte Auffassung der Gerechtigkeit richtig ist (vgl. S. 184 ff.).

3. Rawls wolle seine Grundsätze nur auf die Makro-Grundstruktur der Gesellschaft angewendet wissen, nicht jedoch auf die Beziehungen im sozialen Mikro-Bereich, und er scheine dies für einen Grund zu halten, Mikro-Gegenbeispiele nicht anerkennen zu müssen. Dagegen gibt Nozick zu bedenken, daß, wenn die gesellschaftliche Gesamtstruktur gerecht sei, dann wohl auch die meisten Teile der Gesellschaft, zumindest die gewöhnlichen, gerecht sein müßten. Seines Erachtens kann man daher nicht einfach sagen, die Grundsätze der Gerechtigkeit hätten es nur mit der sozialen Grundstruktur zu tun und Mikro-Beispiele hätten infolgedessen kein Gewicht (vgl. S. 189 ff.).

4. Ein weiterer Punkt betrifft einen Einwand, den Rawls gegen ein System der natürlichen Freiheit erhebt, welches die Güterverteilung vermittels eines Konkurrenzmarktes aufgrund der anfänglichen Verteilung der Vermögenswerte und der natürlichen Fähigkeiten regelt: Rawls' Einwand geht dahin, daß dieses System zu einer Verteilung führe, die letztlich von moralisch völlig willkürlichen Faktoren abhänge, wie beispielsweise von der zufälligen Verteilung natürlicher Fähigkeiten, etwa der Intelligenz. Da die natürlichen Gaben der Menschen weitgehend unverdient, also vom moralischen Gesichtspunkt aus willkürlich seien, erscheine es plausibel, so meint Rawls, daß auch die Verteilung sozialer Güter nicht von diesen Fähigkeiten abhängen sollte. Dieses Argument kann man – wie Nozick zeigt – in zweierlei Weise deuten: a) als *positives* Argument des Inhalts, daß eine Verteilung, die von moralisch willkürlichen Faktoren abhängt, beseitigt und durch eine andere ersetzt werden sollte, in der die Besitztümer nach relevanten moralischen Faktoren verteilt sind; oder b) als *negatives* Argument, demgemäß moralisch willkürliche Faktoren keinen hinreichenden Grund für eine Verteilung abgeben können, die durch sie bedingt ist (vgl. S. 197 ff.). Beide Deutungen werden von Nozick einer gesonderten Untersuchung unterzogen.

Ad a) Wenn man meine, daß jede Verteilung, die von moralisch willkürlichen Faktoren abhängt, beseitigt werden sollte, dann müsse man angeben, von welchen Grundsätzen die Verteilung bestimmt sein sollte. Rawls gehe davon aus, daß als Ausgangspunkt überhaupt eine Gleichverteilung der Güter angebracht sei und daß Abweichungen von der Gleichverteilung moralisch rechtfertigungsbedürftig seien; die Gleichverteilung bilde bei ihm gleichsam den natürlichen Ausgangszustand und erst die Unterschiede bedürfen einer Rechtfertigung. Nozick meint jedoch, daß diese Voraussetzung durch nichts begründet sei:

„Viele Autoren formulieren eine Vermutung zugunsten der Gleichheit wie etwa: ‚Unterschiedliche Behandlung von Menschen bedarf der Rechtfertigung.‘ Die beliebteste Situation dafür ist so beschaffen, daß eine Person (oder Gruppe) gegenüber jedermann handelt und *kein* Recht hat, das nach Belieben zu tun. Aber wenn ich in dieses Kino gehe und nicht in das andere, muß ich dann mein verschiedenes Verhalten gegenüber den beiden Kinobesitzern rechtfertigen? Genügt es nicht, daß ich eben Lust hatte, dorthin zu gehen? Daß unterschiedliche Behandlung gerechtfertigt werden müsse, das trifft allerdings auf die heutigen *Regierungen* zu. Hier liegt eine zentralisierte Behandlung aller vor, die nicht willkürlich sein darf. Doch in einer freien Gesellschaft geschieht die Verteilung nicht hauptsächlich durch die Regierung, und es obliegt auch nicht dem Staat, die Ergebnisse der lokalen einzelnen Tauschakte zu korrigieren. Wenn nicht *eine* Stelle handelt, sondern alle nach Belieben über ihren Besitz verfügen können, dann kann es für den Grundsatz, unterschiedliche Behandlung sei rechtfertigungsbedürftig, nur wenig Anlaß zur Anwendung geben." (S. 205)

Kurzum, nach Nozicks Ansicht spricht nichts dafür, daß ungleiche Besitzverhältnisse – seien sie in moralischer Hinsicht willkürlich oder nicht – beseitigt werden sollten. Positiv verstanden, richte Rawls' Argument also nichts aus.

Ad b) Wenn Rawls hingegen meine, moralisch willkürliche Faktoren lieferten keine hinreichende moralische Begründung dafür, daß die Verteilung durch diese Faktoren bestimmt werde, so ist das nach Nozicks Auffassung in einem gewissen Sinne richtig. Ein Argument, demzufolge die Menschen ihren Besitz verdienen, *weil* sie ihre natürlichen Gaben verdienen und infolgedessen auch alles, was sich daraus ergibt, scheine in der Tat äußerst anfechtbar, da es von der problematischen Voraussetzung ausgehe, daß die Menschen ihre natürlichen Gaben *verdienen*. Es sei jedoch möglich, dieses Argument so umzuformulieren, daß es von Rawls' Bedenken nicht mehr getroffen werde, und zwar indem man „verdienen" durch „einen Anspruch haben" ersetzt. Man gewinne dann das folgende schlüssige Argument:

1. Die Menschen haben Anspruch auf ihre natürlichen Gaben (gleichgültig, ob sie sie verdient haben oder nicht).

2. Wenn die Menschen auf etwas Anspruch haben, haben sie auch Anspruch auf alles, was sich daraus ergibt (sofern es in einer Weise entsteht, die niemandes Rechte oder Ansprüche verletzt).

3. Die Besitztümer ergeben sich aus den natürlichen Gaben der Menschen.

Also:

4. Die Menschen haben Anspruch auf ihre Besitztümer.

Damit habe man ein Argument, dem zufolge die Menschen auf ihre natürlichen Gaben – ob sie nun moralisch willkürlich sind oder nicht – Anspruch haben, ebenso wie sie auch Anspruch haben auf das, was sich aus ihren natürlichen Gaben ergibt (vgl. S. 206 ff.).

1.4. Nozick über Gleichheit, Ausbeutung und Mitbestimmung

Neben Rawls' Gerechtigkeitstheorie unterzieht Nozick auch noch eine Reihe weiterer Argumentationsstrategien, die eine echte Umverteilung und damit einen über den Minimalstaat hinausgehenden Staat zu rechtfertigen versuchen, einer Diskussion. Zu den Argumentationsweisen, die er in Betracht zieht, gehören bestimmte Argumente für die Gleichheit bzw. für Chancengleichheit, die Berufung auf die menschliche Selbstachtung oder auf den Lebenssinn, die Marx'sche Ausbeutungstheorie, das Postulat der Mitbestimmung in allen Angelegenheiten, die einen berühren, u.a.m. Ich beschränke mich im folgenden auf die drei wichtigsten und von Nozick am ausführlichsten behandelten Punkte.

1. Argumente für die Gleichheit: Nozick bemängelt, daß es kaum wohlbegründete Argumente zugunsten der Gleichheit gebe, obwohl unbegründete Gleichheitsvorstellungen weit verbreitet seien. Als eines der beachtlicheren Argumente für die Gleichheit schätzt er ein Argument von Bernard Williams ein, welches sich in dessen Aufsatz „The Idea of Equality" findet[6]. Es geht sinngemäß ungefähr so: Der angemessene Grund für die Bereitstellung medizinischer Versorgung ist das Auftreten von Krankheiten; eine notwendige – wenn auch nicht hinreichende – Bedingung dafür, daß man behandelt wird, ist der Besitz ausreichender Geldmittel, denn die Behandlung kostet Geld; da es die Vernunft erfordert, daß Menschen mit gleichen Bedürfnissen die gleiche Behandlung bekommen, muß man fordern, daß alle Kranken gleiche Geldmittel für die Behandlung haben.

Nozick hält diese Argumentation für nicht schlüssig: Williams' Auffassung, daß das einzige vernünftige Kriterium für die Zuteilung von Dienstleistungen das Bedürfnis danach sei, kontert er mit der Frage, ob sich etwa ein Friseur nicht vorzugsweise solchen Kunden widmen dürfe, die ihn gut bezahlen oder gute Trinkgelder geben. Wenn der Friseur es aber dürfe, warum sollte dann der Arzt bei der Zuteilung seiner Dienstleistungen den angemessenen Grund (das innere Ziel) der ärztlichen Versorgung berück-

---

[6] Vgl. *Williams,* Der Gleichheitsgedanke (1962).

sichtigen? Nach Nozicks Auffassung muß er es nicht. Doch nicht nur dies;
Nozick weist auch die Meinung zurück, nicht der Arzt, sondern die *Gesellschaft* müsse irgendwie dafür sorgen, daß der Arzt bei der Verfolgung seiner
eigenen Interessen gemäß den Bedürfnissen der Menschen tätig werde:

> „Aber warum muß das die Gesellschaft tun? (Sollte sie es auch bei den Friseur-
> dienstleistungen tun?) Vielleicht, weil die medizinische Versorgung wichtig ist, die
> Menschen sie sehr brauchen. Doch das gilt auch für die Ernährung, und trotzdem hat
> die Landwirtschaft kein inneres Ziel, das sich so auf andere Menschen bezieht wie die
> ärztliche Tätigkeit. Wenn man die Schichten von Williams' Argument bloßlegt, stößt
> man schließlich auf die Forderung, die Gesellschaft (d.h. wir alle in Form eines orga-
> nisierten Handelns) sollte für die wichtigen Bedürfnisse aller ihrer Mitglieder sorgen.
> Diese Forderung ist natürlich schon oft aufgestellt worden. Entgegen dem Anschein
> liefert Williams kein Argument für sie. Wie andere auch betrachtet Williams nur Fra-
> gen der Zuweisung. Er übergeht die Frage, wo die zu verteilenden Dinge oder Hand-
> lungen herkommen. Daher fragt er auch nicht, ob sie bereits in Verbindung mit Men-
> schen auftreten, die Ansprüche auf sie haben (das gilt sicher für Dienstleistungen, die
> *Handlungen* von Menschen sind), und die daher selbst entscheiden können, wem und
> aus welchen Gründen sie die Sache zukommen lassen wollen." (S. 216)

Im übrigen erscheine es völlig willkürlich, die Behandlung als einzigen
angemessenen Grund der ärztlichen Versorgung zu betrachten. Ebensogut
könne man eine Dienstleistung namens „Scheilen" einführen, die genau wie
das Heilen vollzogen werde, nur daß ihr Ziel (ihr angemessener Grund) das
Geldverdienen des Arztes sei.

Ein anderes Argument zugunsten sozialer Gleichheit, mit dem sich Nozick
auseinandersetzt, ist die Behauptung, daß Ungleichheit bei jenen, die weniger haben, Neid und mangelnde Selbstachtung hervorrufe. Nozick bezwei-
felt, daß sich aus dieser Tatsache ein Argument für die Gleichheit gewinnen
läßt. Neid bestehe offensichtlich darin, daß es manchen Menschen lieber sei,
wenn andere, die besser dran sind als sie, schlechter gestellt wären, auch
wenn sie selbst dadurch nichts gewinnen. Die Existenz von Neid läßt sich –
so meint er – daraus erklären, daß wir unsere Leistungen im Vergleich zu
anderen bewerten und aus dem Vergleich schließen, wie gut wir selber sind;
die Erfahrung, daß andere einen höheren Wert als wir selber haben, erzeuge
dann ein Gefühl der Unterlegenheit, welches unser Selbstwertgefühl beein-
trächtige und leicht in Neid umschlage. Man müsse sich jedoch fragen, was
passieren würde, wenn alle für die Wertschätzung von Personen relevanten
Unterschiede beseitigt würden. Würde man dadurch mehr Selbstachtung
und Selbstwertgefühl schaffen? Nozick verneint diese Frage, und zwar mit
folgender Begründung: Die Menschen beurteilen sich im allgemeinen
danach, inwieweit sie sich in den für die Bewertung von Personen relevanten Hinsichten *unterscheiden;* sie gewinnen ihre Selbstachtung nicht aus
den allen gemeinsamen menschlichen Fähigkeiten (etwa jenen, durch die sie
sich von den Tieren unterscheiden), sondern aus dem Umstand, daß sie besser sind als andere aus einer vergleichbaren Bezugsgruppe. Nozick resü-
miert:

„Diese Betrachtungen stimmen *einigermaßen* skeptisch bezüglich der Möglichkeiten der Gleichmachung der Selbstachtung und der Verringerung des Neides durch Gleichmachung der Stellung auf der Dimension, auf der die Selbstachtung (zufällig) maßgeblich beruht. Man denke an die vielen Eigenschaften, die man anderen *neiden* kann, und man erkennt die vielfältigen Möglichkeiten für Unterschiede der Selbstachtung. Nun erinnere man sich an Trotzkis Spekulation, unter dem Kommunismus werde jeder die Höhen eines Aristoteles, Goethe oder Marx erreichen, und darüber würden sich neue Gipfel erheben. Daß man sich auf diesem Niveau befindet, würde ebensowenig zu Selbstachtung und Selbstwertgefühl Anlaß geben wie heute die Beherrschung einer Sprache oder der Besitz eines Greifdaumens." (S. 224f.)

2. Das Marx'sche Argument gegen Ausbeutung: Nach Marx besteht Ausbeutung darin, daß sich die Unternehmer einen Teil des Wertes des Arbeitsprodukts aneignen, d.h. daß der Arbeiter nicht dem Ertrag seiner Arbeit entsprechend entlohnt wird. Nach Nozicks Ansicht impliziert diese Definition von Ausbeutung, daß es in *jeder* Gesellschaft Ausbeutung gibt, in der Investitionen um größerer zukünftiger Erträge willen gemacht werden. *Erklärt* werde die Ausbeutung in der marxistischen Theorie dadurch, daß die Arbeiter von den Produktionsmitteln getrennt seien und daher gezwungen seien, ihre Arbeitskraft an die Kapitalisten zu verkaufen. Diese Erklärung impliziere aber ihrerseits, daß es – wenn die Trennung von den Produktionsmitteln das Entscheidende für die Ausbeutung sei – in einer Gesellschaft, in der die Arbeiter nicht gezwungen sind, ihre Arbeitskraft an Kapitalisten zu verkaufen, keine Ausbeutung der Arbeiter gebe.

„Wenn es also einen Sektor von Produktionsmitteln in öffentlichem Eigentum gibt, der sich auch ausdehnen läßt, so daß alle, die es wünschen, darin arbeiten können, so genügt das, um die Ausbeutung der Arbeiter aufzuheben. Wenn es insbesondere neben diesem öffentlichen Sektor einen Sektor von Produktionsmitteln in Privateigentum gibt, der Lohnarbeiter beschäftigt, die dort *freiwillig* arbeiten, dann werden diese Arbeiter *nicht* ausgebeutet. ... Denn sie sind nicht gezwungen, sich mit den privaten Besitzern der Produktionsmittel einzulassen." (S. 232)

Außerdem könne heute, wo große Teile der Arbeiterschaft und die Gewerkschaften über Geldreserven verfügen, von einem *Ausgeschlossensein* der Arbeiter von den Produktionsmitteln nicht mehr die Rede sein; sie könnten dieses Geld ja investieren und zur Errichtung von Betrieben mit Arbeiterselbstverwaltung verwenden. Dann allerdings müßten die Arbeiter auch die Risiken der unternehmerischen Tätigkeit mitübernehmen.

Die Marx'sche Konzeption der Ausbeutung basiert auf der Arbeitswerttheorie, nach der das Verhältnis der Werte zweier Gegenstände gleich ist dem Verhältnis der Maße des in den beiden Gegenständen enthaltenen Produktionsfaktors Arbeit. Nozick macht gegen die Arbeitswerttheorie die bekannten Einwände geltend: daß sie – wenn sie ein einfaches Maß der Arbeit verwende – mit den empirischen Befunden in Widerspruch stehe; daß sie unerklärt lasse, warum Arbeit von bestimmter Qualifikation und Intensität auf *bestimmte* Erzeugnisse verwandt werde; daß sie bestimmten Einwänden nur dann entgehen könne, wenn sie eine Ad-hoc-Bedingung einführe, gemäß welcher die hergestellten Gegenstände auch nützlich sein müssen. Nozick glaubt, daß durch diese Einwände der Marx'schen Ausbeutungstheorie der Boden entzogen ist und daß eine brauchbare ökonomische Theorie, die die Werte von Gegenständen erklären will, auf jeden Fall vom Marktgeschehen ausgehen muß: Nicht der Wert von Gegenständen erkläre sich aus den Produktionsfaktoren, sondern der Wert der Produktionsfaktoren (also auch der Wert der Arbeit) bestimme sich nach dem Wert der Enderzeugnisse, die aus ihnen entstehen. Daher kann – so meint er – auch die Ausbeutungstheorie von Marx kein Argument für eine Staatstätigkeit abgeben, die Eingriffe in das durch den Markt geregelte Konkurrenzverhalten rechtfertigen könnte (vgl. S. 232 ff.).

3. *Mitbestimmung über das, was einen angeht:* Ein weiteres Argument, das für ein über den Minimalstaat hinausgehendes Maß an öffentlicher Gestaltungsbefugnis angeführt wird, ist, daß die Menschen ein Recht darauf hätten, an den Entscheidungen mitzuwirken, die ihr Leben wesentlich beeinflussen. Nozick versucht dieses Argument durch eine Reihe von Beispielen ad absurdum zu führen. Ich greife eines heraus:

„Wenn vier Männer eine Frau heiraten möchten, dann beeinflußt deren Entscheidung, ob und wen sie heiraten möchte, wesentlich das Leben jedes dieser vier Männer, ihr eigenes Leben und das Leben etwaiger anderer Personen, die einen dieser vier Männer heiraten möchten, usw. Würde irgendjemand vorschlagen, auch nur die fünf in erster Linie Betroffenen darüber abstimmen zu lassen, wen die Frau heiraten soll? Sie hat das Recht, über ihren Schritt zu entscheiden, und die anderen vier haben kein Mitspracherecht an Entscheidungen, die ihr Leben wesentlich beeinflussen, das hier unbeachtet bliebe. Sie haben kein Mitspracherecht an *dieser Entscheidung.*" (S. 245)

Die Überzeugungskraft dieses Beispiels beruht offensichtlich darauf, daß hier individuelle Rechte bestehen, die die Befugnis der Einflußnahme auf Entscheidungen, wie sehr sie einen auch berühren mögen, strikt begrenzen. Und Nozick meint, daß die meisten Entscheidungen, bei denen Rechte von Menschen im Spiele sind, von dieser Art sind. Wenn man von Entscheidungen absieht, an welchen mitzuwirken bestimmte Personen ein Recht haben, gibt es seines Erachtens keine Entscheidungen, bei denen jemand nur deshalb ein Mitspracherecht hätte, weil sie ihn stark betreffen (vgl. S. 244 ff.).

Soviel zu Nozicks Erörterung einiger Argumente, die darauf abzielen, eine an der Vorstellung sozialer Gleichheit oder an der Idee der Demokratie orientierte Gestaltung der gesellschaftlichen Verhältnisse zu rechtfertigen. Seiner Auffassung nach halten diese Argumente einer kritischen Prüfung ebensowenig stand wie Rawls' Theorie der Gerechtigkeit. Und die Schlußfolgerung, die er daraus zieht, ist, daß die historisch-anspruchsorientierten Grundsätze der Gerechtigkeit als die einzig richtigen anzusehen seien und daß der Minimalstaat daher den weitestgehenden Staat darstelle, der sich rechtfertigen läßt.

2. Kritik an Nozicks Anspruchstheorie

Wenn man die Resonanz einer wissenschaftlichen Theorie an der Zahl der in Fachjournalen zu ihr veröffentlichten Arbeiten bemißt, dann gehört Nozicks Theorie – mit einigem Abstand hinter Rawls' Theorie der Gerechtigkeit – sicherlich zu denjenigen philosophischen Werken der vergangenen 10 bis 20 Jahre, die ein besonders starkes Echo hervorgerufen haben. Dabei fällt auf, daß, obwohl Nozicks Buch in Fachkreisen nahezu einhellig als genialer Wurf von großer Faszinationskraft akklamiert und als scharfsinnige Gegenposition zu Rawls willkommen geheißen wurde, die Anspruchstheorie im allgemeinen eigentlich kaum als überzeugende Konzeption sozialer Gerechtigkeit aufgenommen wurde. Ihre Faszination scheint demnach weniger aus ihrer inhaltlichen Plausibilität, als vielmehr aus Nozicks unbeirrbarem Bemühen zu resultieren, eine auf den ersten Blick einigermaßen einleuchtende und dem Alltagsverstand durchaus geläufige Grundidee bis zur letzten Konsequenz weiterzuspinnen. Auch wenn die Anspruchstheorie im Ergebnis eine weitgehend unannehmbare, ja teilweise absurde Konzeption sozialer Gerechtigkeit liefert, so erscheint die ihr zugrundeliegende Vorstellung, daß die Gerechtigkeit gesellschaftlicher Verhältnisse wesentlich mit bestimmten Rechten zu tun hat, intuitiv keineswegs ohne Überzeugungskraft. Auch verdient Nozicks Scharfsinn, mit dem er diese Grundvorstellung zu einer allgemeinen Theorie der Gerechtigkeit auszubauen versucht, gewiß Bewunderung. Nichtsdestoweniger krankt seine Argumentation – wie sich bei näherer Untersuchung zeigt – an einer Reihe ebenso gravierender wie irreparabler Mängel, angesichts welcher sich die Anspruchstheorie, im gesamten gesehen, kaum aufrechterhalten läßt[6a].

Im folgenden möchte ich einige der folgenschwersten Fehlschlüsse von Nozick aufzeigen und die nach meiner Auffassung erheblichsten Einwände gegen die Anspruchstheorie zusammenfassen. Nozicks Argumentationsgebäude besteht – wie wir gesehen haben – aus zwei Teilen: einem ersten Teil, in dem er versucht, den Minimalstaat durch den Nachweis der Möglichkeit seines moralisch zulässigen Entstehens aus dem Locke'schen Naturzustand zu rechtfertigen, und einem zweiten Teil, in dem er zeigen möchte, daß sich ein weitergehender Staat als der Minimalstaat nicht rechtfertigen läßt. Den Kern dieses zweiten Teils bildet die Anspruchstheorie. Obwohl Nozicks Rechtfertigung des Minimalstaates alles andere als schlüssig erscheint, kann sie hier außer Betracht bleiben, da sie keine notwendige Voraussetzung für die Anspruchstheorie selbst darstellt[7].

[6a] Eine ausgewählte Dokumentation der umfangreichen Diskussion zu Nozicks Buch und weiterführende Literaturhinweise liefert der Sammelband von *Paul*, Reading Nozick. Essays on Anarchy, State and Utopia (1981).

[7] Für eine eingehende Erörterung und Kritik von Nozicks ‚Rechtfertigung' des Minimalstaates siehe vor allem: *Wolff*, Robert Nozick's Derivation of the Minimal State (1977b); *Christie*, The Moral Legitimacy of the Minimal State (1977); *Scaff*, How

2.1. Nozicks Konzeption der natürlichen Rechte
und des Eigentums

Nozick geht davon aus, daß die Menschen von Geburt an mit bestimmten natürlichen moralischen Rechten ausgestattet sind, die aus der Vorstellung des Naturzustandes gewonnen werden. Sehen wir uns etwas genauer an, wie er diese natürlichen Rechte bzw. Ansprüche, die gleichsam den Angelpunkt der Rechtfertigung seiner Gerechtigkeitsvorstellung bilden, im einzelnen bestimmt. Nozick übernimmt im wesentlichen die Locke'sche Vorstellung, daß die Menschen als freie und gleiche Wesen geboren werden, die – körperliche und geistige Reife vorausgesetzt – keinerlei natürlichen Abhängigkeiten unterliegen und die grundsätzlich das gleiche Recht haben, ihr Leben und ihre Freiheit zu verteidigen und sich zur Fristung ihres Lebens die Umwelt zu eigen zu machen. Jeder Mensch habe demnach ein subjektives moralisches Recht auf Leben, Freiheit und Eigentum.

Diese Vorstellung mag zwar auf den ersten Blick durchaus als verlockend erscheinen, doch was sie wirklich bedeutet, läßt sich erst aus ihrer konkreten Ausdeutung erkennen. Mit der Annahme von subjektiven moralischen Rechten der Einzelmenschen allein ist wenig getan, solange nicht klargestellt ist, wie sich diese Rechte zu einem ,objektiven', d. h. allgemein anwendbaren System von Regeln zusammenfügen, das die wechselseitigen Beziehungen der Menschen in widerspruchsfreier und hinreichend bestimmter Weise regelt. Denn einerseits scheint es nicht von vornherein ausgeschlossen, daß die subjektiven Rechte verschiedener Individuen auf Leben, Freiheit und Eigentum miteinander in Konflikt geraten, und andererseits sind diese Rechte zu unterbestimmt, um von sich aus schon hinreichend klare Richtlinien für ein allgemein gedeihliches soziales Zusammenleben zu ergeben. Es gilt daher, einen objektiven, für alle verbindlichen Rahmen des gegenseitigen Verhaltens zu bestimmen, der die subjektiven Ansprüche der Einzelnen in ihrem Verhältnis zueinander verträglich macht und ihre Unbestimmtheit beseitigt. Die Art und Weise, wie Locke und Nozick dieses Problem lösen, stellt zwar formal die Widerspruchsfreiheit der subjektiven Rechte verschiedener Einzelpersonen sicher, aber sie führt zu einem Beziehungsgefüge der subjektiven Rechte der Menschen zueinander, das vom moralischen Standpunkt aus betrachtet gänzlich unannehmbar erscheint. Ihre Lösung besteht nämlich darin, daß sie die natürlichen Rechte als bloße Abwehrrechte konzipieren, die nur einen rein *negativen* Anspruch jedes Menschen gegenüber seinen Mitmenschen begründen: Dem-

---

not to Do Political Theory: Nozick's Apology for the Minimal State (1977); *Rabinowitz,* Emergent Problems and Optimal Solutions (1977); *G. Lübbe,* Robert Nozicks Naturrechtsidealismus (1978); *Kliemt,* Zustimmungstheorien der Staatsrechtfertigung (1980); *J. Paul,* The Withering of Nozick's Minimal State (1980); *Postema,* Nozick on Liberty, Compensation, and the Individual's Right to Punish (1980); *Böhr,* Liberalismus und Minimalismus (1985), S. 59 ff.

gemäß gewähren die natürlichen Rechte zwar jedem einen Anspruch darauf, vor gewaltsamen Übergriffen auf sein Leben, seine Freiheit und seinen Besitz bewahrt zu bleiben, sie verleihen jedoch niemandem auch nur den geringsten positiven Anspruch auf ein Handeln anderer Menschen, um einen ausreichenden Anteil dieser Güter für alle zu gewährleisten.

Diese Konzeption der natürlichen Rechte erscheint alles andere als einleuchtend, wenn man in Erwägung zieht, welche Konsequenzen sich daraus ergeben. Was das Recht auf Leben betrifft, so hat Peter Singer das klar aufgezeigt:

> „Man betrachte zum Beispiel das Recht auf Leben. So wie man dieses Recht im allgemeinen versteht, beinhaltet es nicht nur das Recht, von anderen nicht getötet zu werden, sondern auch das Recht auf Nahrung, wenn wir verhungern, während andere im Überfluß leben, sowie das Recht auf ein Minimum an medizinischer Versorgung, wenn die Gesellschaft, in der wir leben, es sich leisten kann, sie sicherzustellen. Wenn eine Gesellschaft es zuläßt, daß die Menschen den Hungertod sterben, wenn es ringsum mehr als genug Nahrungsmittel gibt, um alle zu ernähren, oder wenn sie es zuläßt, daß die Menschen an Krankheiten sterben, weil sie zu arm oder zu unwissend sind, um eine einfache und billige Injektion zu bekommen, dann würden wir sicherlich nicht meinen, daß in dieser Gesellschaft das Recht auf Leben in hohem Maße respektiert wird. Mit anderen Worten, das Recht auf Leben wird im allgemeinen ebenso als Recht *auf Unterstützung* (right of *recipience*) wie als Recht gegen Übergriffe verstanden."[8]

Nun scheint es allerdings zuzutreffen, daß, sofern das Recht auf Leben neben seiner negativen Seite auch einen positiven Anspruch auf Unterstützung einschließt, dieser positive Anspruch eigentlich nicht unmittelbar auf die Erhaltung des Lebens von Menschen schlechthin, sondern vielmehr nur auf die Sicherstellung gewisser *Bedingungen* ihres Überlebens gerichtet sein kann. Denn da das Leben von Menschen begrenzt ist, ist es weder möglich, ihnen einen positiven Anspruch auf Leben schlechthin einzuräumen, noch kann der Anspruch alter und kranker Menschen auf Unterstützung so weit gehen, daß es geboten wäre, um der Verlängerung oder Erhaltung ihres Lebens willen jeden Preis zu bezahlen. Wenn also die Menschen ein Recht auf Leben haben, welches ihnen über den Anspruch auf Unverletzlichkeit hinaus auch einen positiven Anspruch auf etwas gewährt, dann muß dieser im Anspruch auf Ressourcen bestehen, die die Menschen zur Erhaltung ihres Lebens brauchen. Ähnliches gilt für das Recht auf Freiheit: Wenn sich die natürliche Freiheit des Menschen nicht in der bloßen Abwesenheit gewaltsamen Zwangs von seiten anderer erschöpft, sondern jedem gewisse Möglichkeiten selbstbestimmten Handelns eröffnen soll, so kann die Sicherung dieser Möglichkeiten sinnvollerweise nur durch die Bereitstellung der hierzu erforderlichen Mittel geschehen. Soweit das Recht auf Leben und das Recht auf Freiheit positive Ansprüche auf etwas enthalten, was Menschen

---

[8] *Singer,* Rights and the Market (1978), S. 209; ähnlich auch *La Follette,* Why Libertarianism Is Mistaken (1978), S. 197.

zum Leben und zur Ausübung ihrer Freiheit gewöhnlich benötigen, erweisen sich diese Ansprüche letztlich als Ansprüche auf die Verfügung über Güter und Dienste, die sich im wesentlichen dem Begriff des Eigentums subsumieren lassen. Nozicks Konzeption der natürlichen Rechte steht und fällt daher mit seiner *Auffassung der Eigentumsrechte*. Doch gerade der Fall des Eigentums macht die Fragwürdigkeit dieser Konzeption natürlicher Rechte vollends deutlich.

Nozick verwendet den Begriff des Eigentums in Übereinstimmung mit Locke im Sinne der *ausschließlichen* und *uneingeschränkten* Befugnis von Personen, über bestimmte Dinge nach Belieben zu verfügen. Und wie Locke geht er von der Annahme aus, es gebe ein natürliches, d.h. unabhängig von jeder Übereinkunft bestehendes Recht auf Eigentum, das einen unwiderruflichen Verfügungsanspruch einzelner Personen nicht nur auf Gegenstände des notwendigen Lebensbedarfs, sondern auch auf *unvermehrbare Ressourcen der natürlichen Umwelt* begründet. Doch diese Annahme entbehrt jeder Plausibilität[9]. Wie ich bereits im Rahmen der Auseinandersetzung mit Lokkes Eigentumskonzeption in der Einleitung ausgeführt habe, dürfte sich eine Art des Eigentumserwerbs, die ein *so weitgehendes* Verfügungsrecht begründen könnte, schwerlich rechtfertigen lassen, weil sie zwangsläufig mit dem ursprünglich gleichen Anspruch aller Menschen auf die Ressourcen dieser Welt in Widerspruch geraten muß. Um diesem Anspruch Rechnung zu tragen, war schon Locke genötigt, die ursprüngliche Aneignung von knappen Gütern an die Bedingung zu knüpfen, daß für die anderen genug und gleich Gutes übrigbleiben müsse. Wie Nozick allerdings völlig zurecht bemerkt hat, führt diese Bedingung, wenn man sie *streng* nimmt, dazu, daß eine Aneignung vieler Gegenstände *überhaupt unmöglich* werde, da fast jede Aneignung knapper Güter die Chancen anderer irgendwie verschlechtere. Um die etablierten Eigentumsverhältnisse seiner Zeit dennoch als Ausfluß eines natürlichen Rechts auf Eigentum erscheinen zu lassen, mußte daher Locke zu teilweise recht windigen Ad-hoc-Annahmen Zuflucht nehmen, durch die er die ungleiche Besitzverteilung mit der genannten Bedingung in Einklang zu bringen versuchte. Doch anstatt daraus die naheliegende Konsequenz zu ziehen, daß sich ein natürliches Recht auf Eigentum im Sinne eines ausschließlichen und unwiderruflichen Verfügungsrechts zumindest mit Bezug auf die unvermehrbaren Ressourcen der natürlichen Umwelt nicht verteidigen läßt, nimmt Nozick eine noch weitergehende Abschwächung der Locke'schen Bedingung vor, die seine Eigentumskonzeption vor dem Hintergrund eines prima facie gleichen Anspruchs aller Menschen auf die Güter dieser Welt noch weniger annehmbar macht. Er

---

[9] Siehe zum Folgenden: *Nagel,* Libertarianism Without Foundations (1975); *O'Neill,* Nozick's Entitlements (1976); *Grey,* Property and Need: The Welfare State and Theories of Distributive Justice (1976), S. 881 ff.; *Thomson,* Some Ruminations on Rights (1977); *Phillips,* Equality, Justice and Rectification (1979), S. 128 ff.

schlägt vor, die Locke'sche Bedingung dahingehend zu interpretieren, daß es jedermann freistehe, sich die Güter dieser Welt anzueignen, solange den anderen noch die Möglichkeit bleibe, Güter der gleichen Art frei zu *nutzen*; und er fügt hinzu, daß ein marktwirtschaftliches System ohnehin die Möglichkeit der freien Nutzung von erwünschten Dingen aller Art verbürge.

Es ist vielleicht zweckmäßig, Nozicks Vorschlag durch ein Beispiel zu veranschaulichen: Nehmen wir an, es gäbe in der Nähe unseres Wohnortes einen See, der noch niemandem gehört und den wir hin und wieder zum Baden benutzen. Nozick scheint zu meinen, es bestehe kein Grund, diesen See als öffentliches Gut zu betrachten, sondern wir könnten ebensogut hingehen und uns die Ufergrundstücke – z.B dadurch, daß wir sie einzäunen – aneignen. Wir müßten dabei nur dafür Sorge tragen, daß diejenigen, die den See ebenfalls gelegentlich zum Baden benutzt haben, das auch weiterhin tun können. Wir könnten das etwa bewerkstelligen, indem einer von uns auf seinem Grundstück eine öffentliche Badeanstalt errichtet, die den anderen gegen einen erschwinglichen Eintrittspreis offensteht.

Während Locke bei seiner Begründung von Eigentumsrechten immerhin noch – wenn auch erfolglos – der Vorstellung Rechnung zu tragen versucht hat, die Welt sei allen Menschen zur Erhaltung ihres Lebens und zum Genuß ihres Daseins gemeinsam gegeben, scheint Nozick den Gedanken, daß eine annehmbare Begründung ausschließlicher und uneingeschränkter Eigentumsrechte deren Vorteilhaftigkeit für alle Beteiligten erweisen muß, überhaupt aufgegeben haben. Was übrigbleibt, ist dann nur mehr die *bloße Behauptung*, daß jeder über die Besitztümer, die er innehat, ein unbedingtes und unwiderrufliches Verfügungsrecht habe und daß daher jede Beschränkung dieser Rechte eine Verletzung der angeborenen menschlichen Freiheit bedeuten müsse[9a].

Nozicks Irrtum liegt – worauf Cheyney C. Ryan hingewiesen hat – hauptsächlich darin, daß er den Begriff des Besitztums, also dessen, was jemand hat (holdings), mit dem Begriff des Eigentums (ownership) konfundiert[10]. Daraus, daß es zweckmäßig ist, Rechte zu etablieren, die Menschen berechtigen, über bestimmte Gegenstände zu verfügen oder die Befugnisse gewisser Positionen auszuüben, leitet sich keineswegs schon die Berechtigung der Rechtsinhaber ab, mit diesen Gegenständen zu machen, was sie wollen, etwa ihre Amtsbefugnisse frei zu tauschen oder sie auf ihre Kinder zu vererben.

[9a] So betrachtet, erscheint es durchaus zutreffend, wenn Virginia Held meint, daß Nozick „nicht berechtigt ist, in den Mantel von Locke zu schlüpfen, und daß er in dem Maße, in dem er dies tut, sich eines Vergehens schuldig macht, das er für eines der schlimmsten hält: nämlich ungerechtfertigter Aneignung". *Held,* John Locke on Robert Nozick (1976), S. 169.

[10] Siehe dazu *C. Ryan,* Yours, Mine, and Ours: Property Rights and Individual Liberty (1976/77), S. 328 ff.; in ähnlichem Sinne auch: *O'Neill,* Nozick's Entitlements (1976); *Senter,* Nozick on Property Rights (1977); *Arrow,* Nozick's Entitlement Theory of Justice (1978).

Ryan erwähnt als Beispiel das Universitätssystem mit seinen Dienstposten für Universitätslehrer: Obwohl es zweifelsohne erforderlich ist, den Inhabern dieser Positionen größtmögliche Freizügigkeit einzuräumen, Richtung und Inhalte ihrer Lehr- und Forschungstätigkeit selbst zu bestimmen, wäre es doch widersinnig, ihnen auch das Recht zu geben, ihre Positionen zu verkaufen oder sie an ihre Kinder zu vererben. Wenn man nicht von vornherein unterstellt, daß alle unsere Rechte den Charakter von strikten Eigentumsrechten haben, dann ist es auch nicht richtig zu sagen, die Beschränkung von Rechten auf bestimmte Befugnisse bedeute notwendig eine Verletzung persönlicher Freiheit[11].

Daraus folgt natürlich nicht, daß es nicht gute Gründe dafür geben kann, unter bestimmten Bedingungen ein weitgehendes Eigentumsrecht an gewissen Gegenständen zu etablieren, etwa an solchen Gegenständen, die die Menschen zur Erhaltung ihrer Existenz notwendig brauchen. Doch gerade wenn man, wie Locke, das Eigentumsrecht als eine Institution versteht, die der Erhaltung der Existenz und der Steigerung der Wohlfahrt gleicher und freier Individuen dienen soll, dann besteht allerdings wenig Grund, eine einmal vorgenommene Aufteilung des Besitztums als unwiderruflich zu betrachten. Katastrophen, Änderungen der Wirtschaftsform oder auch eine unerwünschte Dynamik privater Austauschbeziehungen im Rahmen der gegebenen Güterverteilung können es als gerechtfertigt erscheinen lassen, bestehende Besitzrechte einzuschränken oder überhaupt aufzuheben. Sicherlich aber ist es so, daß ein derartiger Eingriff in wohlerworbene Verfügungsrechte nicht willkürlich vorgenommen werden darf, sondern im Hinblick auf den Bedarf der Menschen und auf die Wahrung gleicher Lebenschancen gerechtfertigt werden können muß.

Ist schon Nozicks Konzeption der Aneignung (des ursprünglichen Erwerbs) eigentumsartiger Besitzrechte unakzeptabel, so gilt dies für seine Theorie der Übertragung (des abgeleiteten Erwerbs) von Rechten nicht minder. Wie wir gesehen haben, ist die These, auf welcher Nozicks Auffassung der Gerechtigkeit als der Ausübung natürlicher und/oder wohlerworbener Rechte beruht, diese: „Alles, was aus gerechten Verhältnissen auf gerechte Weise entsteht, ist selbst gerecht."[12] Ein Zustand entsteht nach Nozicks Auffassung aus einem anderen auf gerechte Weise genau dann, wenn sich der Übergang auf eine Weise vollzieht, die keine *moralischen Nebenbedingungen* verletzt. Und da er meint, daß den moralischen Nebenbedingungen immer dann Genüge getan sei, wenn der Übergang aufgrund *freiwilliger Transaktionen* zwischen denjenigen Personen erfolgt, deren Rechte durch den Übergang berührt sind, muß er – wie G. A. Cohen zurecht bemerkt –

---

[11] Vgl. auch *Thomson,* Some Ruminations on Rights (1977), S. 132 ff. Für weitere Einwände gegen Nozicks Aneignungskonzeption siehe: *Nielsen,* Impediments to Radical Egalitarianism (1981), S. 124 f.; *Sarkar,* The Lockean Proviso (1982).

[12] *Nozick,* Anarchie, Staat, Utopia (1974), S. 144.

auch den folgenden Satz für wahr halten: „Alles, was aus gerechten Verhältnissen als Ergebnis freiwilliger Transaktionen zwischen allen in ihren Rechten betroffenen Personen entsteht, ist selbst gerecht."[13]

Wenn dieser Satz richtig wäre, dann müßten wir alle Rechte und Ansprüche, die von ihren Inhabern im Wege freiwilliger Übertragungsakte erworben wurden, stets auch als moralisch legitime Rechte betrachten. Das tun wir jedoch häufig nicht, und ich meine, in vielen Fällen mit gutem Grund. Die Auffassung, die Freiwilligkeit der Weitergabe von Rechten allein genüge schon, um deren moralische Legitimität sicherzustellen, hält denn auch einer kritischen Prüfung nicht stand. Unter anderem sprechen folgende Argumente gegen sie.

(1) Zur Begründung seiner Doktrin beruft sich Nozick auf die zweite Formulierung von Kants Kategorischem Imperativ, die von uns verlangt, unsere Mitmenschen niemals nur als Mittel, sondern immer zugleich auch als Zweck zu behandeln[14]. Angesichts der Implikationen von Nozicks Konzept moralischer Rechte klingt das wie ein schlechter Witz. Denn nach seinem Verständnis würde *jede* Art der Behandlung anderer diesem Prinzip Genüge tun, sofern sie nur mit deren freiwilligem Einverständnis geschieht, gleichgültig unter welchen Bedingungen die Betroffenen ihr Einverständnis erklären. So verstanden, würde Shylocks Forderung gegen Antonio, diesem bei lebendigem Leibe ein Pfund Fleisch nächst dem Herzen herausschneiden zu dürfen, dem Gebot, andere auch als Zweck zu achten, ebenso entsprechen wie die Versklavung von Menschen, die sich selbst der Sklaverei unterwerfen, oder der Zustand, daß kleine Kinder zum Schaden ihrer Gesundheit schwere Fabriksarbeit verrichten müssen, um die Hungerlöhne ihrer Eltern aufzubessern. Die Meinung, all dies stehe vollkommen in Einklang mit der Würde des Menschen, muß in hohem Maße als absurd anmuten, wenn der Begriff der menschlichen Würde irgendeinen vernünftigen Inhalt haben soll. Obschon Kants Prinzip natürlich die Forderung miteinschließt, daß wir in die Rechte anderer Personen nicht einfach ohne ihre Zustimmung eingreifen dürfen (weil wir sie sonst als bloße Mittel gebrauchten), erlegt es uns ebenso die Pflicht auf, andere so zu behandeln, daß sie gleich uns ihren eigenen Willen überhaupt geltend machen können, um sich nicht als bloßes Mittel benutzen lassen zu müssen[15]. Bereits dieser Hinweis reicht aus, um Nozicks

---

13 Siehe dazu *G. A. Cohen*, Robert Nozick and Wilt Chamberlain (1977 a), S. 248.

14 Der genaue Wortlaut dieser Version des Kategorischen Imperativs lautet bekanntlich bei *Kant*, Grundlegung zur Metaphysik der Sitten (1785), S. 61, folgendermaßen: „Handle so, daß du die Menschheit, sowohl in deiner Person, als in der Person eines jeden anderen, jederzeit zugleich als Zweck, niemals bloß als Mittel brauchest."

15 Kant betont ausdrücklich, sein Prinzip sei nicht nur negativ in dem Sinne zu verstehen, daß es uns verbietet, den vernünftigen Willen anderer zu mißachten, sondern daß es darüber hinaus auch positiv von uns verlangt, die Glückseligkeit anderer Menschen als vernünftiger Wesen zu befördern. Ein weiteres Mißverständnis von Kants

Annahme zu entkräften, daß ein System, in dem die Menschen ihre wohlerworbenen Ansprüche und Besitztümer nur im Wege freiwilliger Transaktionen übertragen, zwangsläufig dem Kantischen Grundsatz entspreche und
damit notwendig die moralischen Nebenbedingungen erfülle. Die moralische Zulässigkeit sozialer Umstände läßt sich eben nicht allein daran fest-
machen, daß sie durch freiwillige Transaktionen zustandegekommen sind,
sondern es kommt auch darauf an, ob die *Randbedingungen,* unter denen
diese Transaktionen stattgefunden haben, ihrerseits moralisch zulässig
waren. Wenn die gesellschaftlichen Verhältnisse durch krasse Ungleichheiten von Macht und Besitz gekennzeichnet sind, aufgrund welcher manche
Menschen gar keine Chance haben, um ihren elementaren Interessen in entsprechender Weise Geltung zu verschaffen, und sich daher genötigt sehen,
unvorteilhaften Transaktionen zuzustimmen, dann verletzt ein derartiger
Zustand moralische Nebenbedingungen kaum weniger als bestimmte Formen manifesten Zwangs[15a].

(2) Die Aussichten der einzelnen Individuen, ihre Interessen im Rahmen
vertraglicher Austauschbeziehungen zur Geltung zu bringen, hängen
wesentlich von ihren wechselseitigen *Verhandlungspositionen* ab, die ihrerseits maßgeblich durch die institutionellen Regeln und Rahmenbedingungen
bestimmt sind, unter denen sich die betreffenden Transaktionen vollziehen[16]. Die moralische Bewertung freiwilliger Vereinbarungen hängt daher
nicht zuletzt von diesen Regeln und Rahmenbedingungen ab. Betrachten wir
zum Beispiel den Arbeitsvertrag: Wenn es institutionelle Beschränkungen
der Kinderarbeit, Schutz der Frauenarbeit und Vorsorge für kranke oder
alte Arbeiter gibt, dann sind die Arbeiter in der Lage, Arbeitsverträge zu
erreichen, die für sie wesentlich vorteilhafter sind, als wenn diese Beschränkungen nicht bestehen. Wie die Geschichte der sozialen Bewegung zeigt, hat
das Fehlen solcher institutioneller Schutzmaßnahmen eine Schwächung der
Verhandlungsposition der Arbeiter zur Folge, aus der heraus sie genötigt
sind, nolens volens in Arbeitsbedingungen einzuwilligen, die – wenn die

---

Prinzip liegt vor, wenn Nozick meint, der Begriff des Zwecks umfasse jede beliebige
freie Willensäußerung, also jeden subjektiven Zweck von Menschen. Kant hatte vielmehr so etwas wie ‚objektive‘ Zwecke im Auge, die, „wir mögen Zwecke haben, welche wir wollen, als Gesetz die oberste einschränkende Bedingung aller subjektiven
Zwecke ausmachen" sollen. Vgl. *Kant,* Grundlegung zur Metaphysik der Sitten
(1785), S. 61 ff. Siehe dazu auch *Paton,* Der Kategorische Imperativ (1947), S. 199 ff.
Kants Prinzip ist zweifelsohne nicht sehr klar und es wirft gewiß viele Interpreta-
tionsprobleme auf, aber soviel läßt sich mit Sicherheit behaupten, daß Nozick es nicht
verstanden hat. Siehe hierzu auch: *Goldman,* The Entitlement Theory of Distributive
Justice (1976a); *Norton,* Individualism and Productive Justice (1976/77), S. 117 ff.;
Neumann, Side Constraint Morality (1982), S. 138 ff.

[15a] Für eine weitergehende Erörterung dieser Thematik siehe: *Sterba,* Neo-Libertarianism (1978a); *Exdell,* Liberty, Equality, and Capitalism (1981); *Zimmermann,*
Coercive Wage Offers (1981).

[16] In diesem Sinne auch *Scanlon,* Nozick on Rights, Liberty, and Property (1976/
77), S. 116 ff.

Forderung der Achtung der menschlichen Würde nicht vollends zur Leerformel verkommen soll – jeglicher Menschenwürde Hohn sprechen. Nozick kann daher nicht recht haben, wenn er meint, der Moral sei allein schon durch die *Freiwilligkeit* der Transaktionen zwischen den Individuen Genüge getan, ohne Rücksicht darauf, ob die *institutionellen Rahmenbedingungen* des Marktgeschehens auch einen fairen Interessenausgleich zwischen den Verhandlungspartnern gewährleisten.

(3) Aber selbst unter der Voraussetzung, daß wir es nur mit Übertragungsakten zu tun haben, die sowohl von einer anfänglich gerechten Situation ihren Ausgang nehmen als auch unter moralisch einwandfreien Rahmenbedingungen stattfinden, ist es nicht in jedem Falle möglich, auf die Gerechtigkeit der sich aus diesen Übertragungsakten ergebenden Verhältnisse zu schließen. Denn dieser Schluß setzt – wie G. A. Cohen plausibel gemacht hat – die stillschweigende Annahme voraus, daß die Menschen bei Übertragungsvorgängen vollkommen oder zumindest weitgehend *rational* handeln und überdies die Folgen ihres Handelns vollständig überblicken können[17]. Nur wenn jeder Beteiligte seine wohlerwogenen Absichten im Bewußtsein der vollen Konsequenzen seines Tuns mit den bestmöglichen der ihm verfügbaren Mittel zu verfolgen imstande ist, kann man wirklich sagen, niemand habe einen guten Grund, später die Ergebnisse der von ihm mitbeschlossenen Transaktionen zu bedauern. Nozick selbst gesteht das mehr oder minder zu, wenn er meint:

> „Immerhin ist zuzugeben, daß man nicht so recht zufrieden wäre, wenn die Menschen Eigentumsübertragungen stets nur aus irrationalen oder willkürlichen Gründen vornähmen. (Man stelle sich vor, die Menschen entschließen stets mittels eines Zufallsmechanismus, welche Besitztümer sie wem übertragen wollen.) Man ist eher geneigt, an die Gerechtigkeit eines reinen Anspruchssystems zu glauben, wenn die meisten Übertragungen aus Gründen heraus erfolgen. Das bedeutet nicht unbedingt, daß alle die Besitztümer verdienten, die sie erhalten. Es bedeutet nur, daß es einen Zweck oder Grund gibt, wenn jemand ein Besitztum diesem und nicht jenem Menschen überträgt; daß man gewöhnlich erkennen kann, was der Überträger zu gewinnen glaubte, an welchen Zielen er mitzuwirken glaubte usw. Da in einer kapitalistischen Gesellschaft die Menschen Besitztümer an andere oft im Einklang damit übertragen, wieviel ihnen nach ihrem Empfinden diese anderen nützen, ist die durch die einzelnen Übertragungen zustandekommende Struktur weitgehend vernünftig und einsichtig."[18]

Wenn wir die soziale Realität betrachten, besteht allerdings kein Zweifel, daß die Menschen keineswegs stets wohlüberlegt und vernünftig handeln und daß sie die Konsequenzen ihres Handelns nur zu einem kleinen Teil überschauen. Die Menschen können sich irren, sind sich oft gar nicht über ihre Ziele im klaren und jede ihrer Handlungen zieht Nebenfolgen nach sich,

---

[17] Siehe zum Folgenden *Cohen,* Robert Nozick and Wilt Chamberlain (1977 a), S. 248 ff.

[18] *Nozick,* Anarchie, Staat, Utopia (1974), S. 151.

die sie nicht beabsichtigten und die sie häufig auch nicht voraussehen konnten. Die Unterstellung, die Menschen handelten bei Übertragungsvorgängen im großen und ganzen rational und sie seien sich aller Folgen ihres Handelns voll bewußt, ist daher in hohem Maße irreal. Da diese Unterstellung jedoch eine notwendige Voraussetzung für Nozicks Konklusion ist, daß sich aus der moralischen Zulässigkeit von Übertragungsakten zwingend auch die Gerechtigkeit der Ergebnisse derselben ergebe, ist dieser Schluß – wie Cohen völlig zu Recht feststellt – einfach nicht gültig:

> „Nozick sagt, eine Übertragung sei frei von Ungerechtigkeit, wenn ihr jede betroffene Partei zustimmt. Vielleicht ist dies so. Darüber hinaus nimmt er jedoch an, die so charakterisierte Übertragungsgerechtigkeit verbürge – unter der Voraussetzung einer anfänglich gerechten Situation – Gerechtigkeit auch der Verhältnisse, die daraus resultieren. ... Und dies ist fraglich. Mit Bezug auf jede Person, die einer Übertragung zustimmt, können wir fragen: *würde sie ihr auch zugestimmt haben, wenn sie gewußt hätte, was ihr Ergebnis sein würde?* Da die Antwort negativ sein kann, ist es alles andere als evident, daß die Übertragungsgerechtigkeit, wie beschrieben, die Gerechtigkeit auf ihre Ergebnisse vererbt. Vielleicht aber ist das der Fall, wenn die Antwort positiv ist."[19]

Dementsprechend müßte ein Grundsatz der Übertragungsgerechtigkeit, der uns die Möglichkeit bieten soll, unter der Voraussetzung eines gerechten Anfangszustandes von der Gerechtigkeit der Übertragungsvorgänge auf die Gerechtigkeit der daraus resultierenden Verhältnisse zu schließen, folgendermaßen lauten: „Alles, was aus gerechten Verhältnissen als Ergebnis freiwilliger Transaktionen resultiert, denen alle Beteiligten auch dann zugestimmt hätten, wenn sie gewußt hätten, was die Ergebnisse ihrer Transaktionen sein würden, ist selbst gerecht."[20] Und es versteht sich von selbst, daß, wenn wir diesen Satz als Prinzip der Übertragungsgerechtigkeit annehmen, Nozicks Auffassung, freiwillige Übertragungsvorgänge allein böten schon eine hinreichende Gewähr für die moralische Legitimität abgeleiteter Rechte und Pflichten, nicht aufrechterhalten werden kann.

2.2. Der Markt als Verteilungsmedium

Den strukturellen Konzeptionen der Verteilungsgerechtigkeit ist die Vorstellung gemeinsam, daß das Faktum der sozialen Zusammenarbeit gegenüber der isolierten Tätigkeit von Individuen eine Art des gesellschaftlichen Zusammenlebens entstehen läßt, aus der sich die Forderung sozialer Gerechtigkeit, die Forderung nach einer Verteilung der sozialen Güter im Sinne moralisch relevanter Kriterien ergibt. Nozick tritt dieser Vorstellung mit dem Einwand entgegen, er sehe nicht, daß die Zusammenarbeit von

---

[19] *Cohen,* Robert Nozick and Wilt Chamberlain (1977a), S. 250.
[20] *Cohen,* Robert Nozick and Wilt Chamberlain (1977a), S. 250; siehe zu dieser Thematik auch: *Rachels,* What People Deserve (1978); *Becker,* Against the Supposed Difference Between Historical and End-State Theories (1982).

Individuen gegenüber ihrer isolierten Tätigkeit irgendwelche besonderen
Kennzeichen aufweise, die eine solche Forderung rechtfertigen würden,
während sie unter der Bedingung der isolierten Tätigkeit nicht bestehe. Ein
offener Markt mit Konkurrenzpreisen stelle ein Regelsystem bereit, in dem
sich der gegenseitige Austausch von Gütern und Leistungen im Wege freiwilliger Tauschakte und damit in moralisch völlig unbedenklicher Weise
vollziehe. Selbst unter der Voraussetzung, daß mehrere Individuen gemeinsam an der Herstellung von Gütern arbeiten, bestehe kein Grund, die Verteilung der gemeinsam erwirtschafteten Gewinne nach einem strukturellen
Grundsatz vorzunehmen, da es bei Bestehen eines offenen Marktes überhaupt keine Schwierigkeiten gebe, die Anteile der Beteiligten zu isolieren:
jeder erhalte ungefähr sein Grenzprodukt[21].

Dieser Argumentation, mit der Nozick den Markt als Lösung des Problems der gerechten Verteilung darzustellen versucht, liegt jedoch nicht nur
eine gänzlich verfehlte *theoretische* Vorstellung des Prozesses gesellschaftlicher Arbeitsteilung zugrunde, sondern sie ist auch *in moralischer Hinsicht*
ohne Belang. Wie die meisten Ökonomen klassischer und neoklassischer
Provenienz unterstellt Nozick, die Arbeitsteilung in der Produktion und
Distribution von Gütern und Dienstleistungen diene ausschließlich einer
möglichst effektiven Nutzung der Ressourcen und komme letztlich jedem
Beteiligten zugute: Wenn mehrere Indiviuen zunächst isoliert und nur für
ihren eigenen Bedarf produzieren und dann nach und nach dazu übergehen,
sich auf die Herstellung bestimmter Dinge zu verlegen, die sie untereinander
austauschen, so wird – jedenfalls auf längere Sicht – jeder mehr produzieren
und gegen andere Güter eintauschen können, so daß alle einen Vorteil davon
haben. Die Einsicht in die Möglichkeit der ökonomischen Effizienzsteige-
rung durch Arbeitsteilung, die wir bekanntlich vor allem Adam Smith verdanken[22], ist gewiß außerordentlich bedeutsam, aber sie ist nur die halbe
Wahrheit.

Es bleibt das große Verdienst von Marx, gezeigt zu haben, daß die ökonomische Arbeitsteilung im Rahmen gesellschaftlicher Beziehungen nicht bloß
zu einer Differenzierung der Produktion in eine Vielzahl spezialisierter Pro-
duktionsaktivitäten führt, sondern gewöhnlich einhergeht mit einer *Gliede-
rung der Gesellschaft in verschiedene soziale Gruppen*, die nach Maßgabe
ihrer Verfügungsgewalt über Produktionsmittel ein geschichtetes Gefüge

---

[21] Unter dem *Grenzprodukt* eines Produktionsfaktors (z.B. des Faktors Arbeit) versteht man den Produktivitätszuwachs, den eine zusätzliche Einheit dieses Faktors
(z.B. eine zusätzliche Arbeitsstunde oder eine zusätzliche Arbeitskraft) bei Konstant-
haltung aller übrigen Faktoren erbringt. Eine einführende und leicht verständliche
Darlegung der Grenzproduktivitätstheorie gibt z.B. *Samuelson,* Volkswirtschaftslehre (1970), Bd. 2, S. 211 ff.

[22] Siehe dazu A. *Smith,* Der Wohlstand der Nationen (1776), 1. Buch, Kap. 1 - 3,
S. 9 ff.

gesellschaftlicher Strata (Stände, Klassen, Schichten) bilden[23]. Die Arbeitsteilung der wirtschaftlichen Produktion geht in der Regel mit einer Ungleichverteilung ökonomischer Ressourcen, der Möglichkeiten sozialer Machtausübung und des Zugangs zu lebenspraktisch bedeutsamen Informationen Hand in Hand, die ihrerseits mit einer Ausdifferenzierung der sozialen Struktur in verschiedene gesellschaftliche Aggregate mit unterschiedlichen Lebensbedingungen, Sozialisationsformen und Verhaltensmustern verbunden ist[24]. Demgemäß vollziehen sich die marktvermittelten Tauschbeziehungen stets im Rahmen eines – teils durch Gewaltmittel gestützten, teils sich selbst reproduzierenden – Systems sozialer Verhältnisse, dessen Mitglieder ungleiche Machtpositionen, ungleiche Zugangschancen zu materiellen und immateriellen Ressourcen und damit ganz unterschiedliche Voraussetzungen des Eintritts in die Marktvorgänge haben.

Dieser Umstand läßt die von Nozick vertretene Ansicht, im Rahmen einer marktwirtschaftlichen Regelung der gesellschaftlichen Zusammenarbeit erhalte jeder Beteiligte ungefähr das *Grenzprodukt* seines Beitrags, als völlig irreal erscheinen. Denn diese Ansicht setzt voraus, daß die gesellschaftlichen Marktbeziehungen einschließlich des Arbeitsmarktes zumindest annähernd die Kennzeichen *vollkommener Konkurrenz* aufweisen: freien Zugang zum Markt, große Zahl von Nachfragern und Anbietern, gewinnmaximierendes Verhalten der Menschen, Markttransparenz, Homogenität und Substituierbarkeit von Produktionsfaktoren[25]. Doch wie sich zeigt, treffen diese Kennzeichen – auch wenn sie für manche Teilmärkte mehr oder minder gelten mögen – für die gesamtgesellschaftlichen Austauschverhältnisse nicht einmal näherungsweise zu. So geht die Annahme eines homogenen Arbeitsmarktes an der gesellschaftlichen Realität schon deshalb gänzlich vorbei, weil die soziale Schichtung unvermeidlich eine Differenzierung des gesellschaftlichen Arbeitsmarktes in verschiedene Sektoren mit sich bringt, innerhalb welcher die Zuteilung von Berufspositionen entsprechend der klassenspezifischen Verteilung von Bildungsvoraussetzungen und Berufsqualifikationen erfolgt. Die Unterschiede der klassenspezifischen Sozialisationsbedingungen und Bildungschancen bewirken dabei, daß die relevante Nachfrage nach den besten Positionen durch das begrenzte Angebot entsprechend qualifizierter Bewerber relativ gering bleibt, während gleichzei-

---

[23] Siehe hierzu insbesondere: *Marx / Engels,* Die deutsche Ideologie (1845/46), S. 50 ff.; sowie *Marx,* Das Kapital, 1. Bd. (1867), 12. u. 13. Kap., S. 356 ff., insbes. 371 ff.; vgl. dazu auch *Giddens,* Die Klassenstruktur fortgeschrittener Gesellschaften (1973), S. 25 ff. u. 98 ff.

[24] Für eine ebenso eingehende wie ausgezeichnete Darstellung dieses Phänomens siehe *Lenski,* Macht und Privileg (1966).

[25] Vgl. *Samuelson,* Volkswirtschaftslehre (1970), Bd. 2, S. 221; *Hunt / Sherman,* Ökonomie (1972), Bd. 1, S. 57.

tig das Angebot an weniger qualifizierter Arbeitskraft hochgehalten wird[26]. Unter diesen Bedingungen sind die Gutausgebildeten und Hochqualifizierten imstande, für ihre Arbeit einen Preis zu erzielen, der das Grenzprodukt ihres Beitrags unter Voraussetzungen vollkommener Konkurrenz erheblich übersteigt. Ähnliches gilt, wie uns die Preistheorie lehrt, für den Gütermarkt: Das Kapital kann unter Bedingungen monopolistischer Konkurrenz oder gar des Monopolkapitalismus ein wesentlich höheres Produkt für sich erzielen als unter Wettbewerbsverhältnissen, die der vollkommenen Konkurrenz nahekommen[27]. Wenn sich nun aber je nach Beschaffenheit der sozialen Grundstruktur, in deren Rahmen sich die gesellschaftlichen Austauschbeziehungen vollziehen, ganz unterschiedliche ‚Grenzprodukte' für ein- und denselben Beitrag zur gesellschaftlichen Produktion ergeben, dann macht es wenig Sinn, die Gerechtigkeit von Austauschverhältnissen ohne Rücksicht auf die soziale Grundstruktur beurteilen zu wollen[28].

Doch abgesehen von diesen und anderen Einwänden, die sich gegen die Grenzproduktivitätstheorie hinsichtlich ihrer Brauchbarkeit zur *Erklärung* der Verteilung sozialer Güter ins Treffen führen lassen[29], trägt diese Theorie entgegen der Auffassung vieler ihrer Vertreter zur *Rechtfertigung* marktförmiger Verteilungsvorgänge ohnehin nichts bei. Die Grenzproduktivitätstheorie gibt uns – unter Bedingungen vollkommenen Wettbewerbs – über den Beitrag der einzelnen am arbeitsteiligen Produktionsprozeß mitwirkenden Faktoren insofern Aufschluß, als sie das Ausmaß angibt, bis zu dem verschiedene *Produktionsfaktoren* (etwa Arbeit und Kapital) rationalerweise eingesetzt werden, um bestimmte Güter zu erzeugen. Da sie dabei jedoch stets annimmt, daß diese Produktionsfaktoren bestimmten Personen gehören, die über sie zu verfügen berechtigt sind, kann sie – wenn überhaupt – die Verteilung der aus dem Zusammenwirken verschiedener Produktionsfaktoren resultierenden Vorteile stets nur unter Voraussetzung der jeweils gegebenen Verfügungsverhältnisse über diese Produktionsfaktoren erklären. Weil sie also bestimmte Verfügungsverhältnisse immer schon voraussetzt, läuft die Meinung, die Grenzproduktivitätstheorie liefere neben einer Erklärung auch eine Rechtfertigung der gesellschaftlichen Güterverteilung in Marktsystemen auf eine petitio principii hinaus. Tatsächlich ist daher mit

---

[26] Zu den schichtenspezifischen Ungleichheiten der Berufsausbildung und ihren ökonomischen Auswirkungen siehe: *Jencks,* Chancengleichheit (1972); *Bowles / Gintis,* Pädagogik und die Widersprüche der Ökonomie (1976).

[27] Vgl. *Hunt / Sherman,* Ökonomie (1972), Bd. 1, S. 66ff.

[28] Ähnlich *Varian,* Distributive Justice, Welfare Economics, and the Theory of Fairness (1974/75), S. 230ff.

[29] Für eine weitergehende Erörterung und Kritik der Grenzproduktivitätstheorie siehe etwa: *Albert,* Marktsoziologie und Entscheidungslogik (1967), S. 429ff.; *Hunt / Sherman,* Ökonomie (1972), Bd. 1, S. 50ff.; *Hirsch,* Die sozialen Grenzen des Wachstums (1976), S. 217ff.

der Behauptung, in einer Marktgesellschaft erhalte jeder sein Grenzprodukt, über die moralische Legitimität der Verteilung gar nichts ausgesagt.

Aus alledem folgt natürlich nicht, daß marktvermittelte Austauschverhältnisse notwendig zu Ungerechtigkeiten führen müssen. Soviel aber kann man sagen, daß Nozick keinen triftigen Grund für seine These liefert, der freie Markt biete – unter der Voraussetzung einer gerechten Anfangsverteilung – eine perfekte Lösung des Problems der Verteilungsgerechtigkeit. Und ich sehe auch nicht, daß es für diese These irgendwelche anderen Argumente gibt, die sie uns annehmbar machen könnten. Einige prinzipielle Erwägungen sprechen jedenfalls gegen die Vorstellung, der Marktmechanismus sei in der Lage, eine gerechte Verteilung des Sozialprodukts auf Dauer sicherzustellen[30].

1. Marktsysteme sind – wie die historische Erfahrung lehrt – tendenziell *instabil*: Ihnen ist eine Entwicklungstendenz immanent, welche die Grundlagen ihres Funktionierens zunehmend zerstört oder zumindest ihre erwünschte Funktionsweise weitgehend verändert. Marktsysteme, die anfänglich den Merkmalen eines vollkommenen Wettbewerbs annähernd entsprochen haben mögen, verwandeln sich nach und nach in Systeme, die von Monopolen beherrscht sind; aus Marktbeziehungen, die ursprünglich ein hohes Maß an Gleichheit der Lebenschancen gewährleisten, können solche entstehen, in welchen die einen in Müßiggang und Überfluß leben, während die anderen Not leiden. Dieser Umstand spricht vor allem gegen die utilitaristischen Rechtfertigungsversuche der Marktgerechtigkeit, die darauf hinauslaufen, der freie Markt sei die wichtigste Antriebskraft des ökonomischen Fortschritts und fördere damit in bestmöglicher Weise die Wohlfahrt aller. Dieser Argumentation haben sich insbesondere die Vertreter des klassichen Liberalismus, wie z.B. Adam Smith und John Stuart Mill, bedient. Doch es fragt sich, was die von liberalen Ökonomen immer wieder beschworene Leistungsfähigkeit des Marktsystems bringt, was der ökonomische Fortschritt nützt, wenn die Vorteile und Annehmlichkeiten dieses Systems vorwiegend einer kleinen Minderheit von Wohlhabenden zugute kommen. Wie der Markt unter der Bedingung starker Einkommensdisparitäten Leistungen der medizinischen Versorgung verteilt, läßt sich aus dem folgenden – zwar hypothetischen, aber durchaus realistischen – Beispiel deutlich ersehen, das ich einem Werk der amerikanischen Ökonomen E.K.Hunt und Howard J.Sherman entnehme:

„Um diesen letzten Punkt näher zu beleuchten, stellen wir uns eine Gesellschaft auf einer Insel vor, die von Zeit zu Zeit von einer Seuche heimgesucht wird, die allerdings nur für Kinder gefährlich ist. Aus früheren Erfahrungen weiß man, daß ihr etwa 80%

---

[30] Zum Folgenden siehe die eingehenderen Analysen der vielfältigen Formen des ‚Marktversagens' bei: *Gäfgen,* Wirtschaftsordnung und Marktversagen (1976); *Lindblom,* Jenseits von Markt und Staat (1977), S. 134ff.; *Singer,* Rights and the Market (1978).

Kinder erliegen. Man verfügt auf der Insel auch über einen Impfstoff, der die Sterbewahrscheinlichkeit verringert, wenn er vor Ausbruch der Seuche verabreicht wird. Infiziert sich ein ungeimpftes Kind, so stirbt es mit einer Wahrscheinlichkeit von 90%. Bei einer Impfung reduziert sich die Sterbewahrscheinlichkeit auf 10%, bei zwei Impfungen auf 8%, bei drei auf 6% und bei vier auf 5%. Erhöht man die Anzahl der Impfungen über vier hinaus, so ändert sich nichts mehr, und die Sterbewahrscheinlichkeit bleibt bei 5%.

Nehmen wir an, auf der Insel gibt es 1000 Kinder, und die Inselbewohner haben bis zu den ersten Anzeichen eines neuen Ausbruchs der Seuche 1000 Einheiten des Impfstoffes hergestellt. Er muß sofort verabreicht werden, wenn das Leben der Kinder gerettet werden soll. Welches Verteilungssystem sollten die Inselbewohner für dieses höchst wichtige und knappe Gut anwenden? Wenn die Regierung der Insel den Impfstoff so rationiert, daß jedes Kind eine Impfung erhält, so würde sich vermutlich folgendes ergeben: 800 Kinder werden erkranken; da aber jedes Kind geimpft ist, werden nur 80 sterben und 920 werden die Epidemie überleben.

Nun gehen wir davon aus, daß die Einkommensverteilung auf der Insel exakt der in den USA von heute entspricht. Die Inselbewohner überlassen das Verteilungsproblem dem Marktmechanismus des kapitalistischen Wirtschaftssystems, so daß sich der Impfstoff wie das Einkommen verteilt. Das Resultat wäre: die 250 Kinder mit den reichsten Eltern werden je viermal geimpft. Von ihnen werden etwa 200 erkranken, 10 davon tödlich. 600 der übrigen 750 Kinder werden ebenfalls erkranken, und 540 von ihnen werden sterben.

Wenn sie den Markt als Verteilungssystem aufgeben würden, könnten die Inselbewohner 920 von 1000 Kindern retten. Geht man von der ungleichen Einkommens- und Vermögensverteilung eines privatwirtschaftlichen Systems aus, so würden die Inselbewohner 450 Kinder retten und 550 würden der Seuche zum Opfer fallen. Das ist zugegebenermaßen ein ziemlich ausgefallenes Beispiel mit hypothetischen Prozentsätzen, aber es unterstreicht drastisch den entscheidenden Punkt."[31]

Der Einwand, den man der utilitaristischen Konzeption der Marktgerechtigkeit entgegenhalten kann, besagt wohlgemerkt nicht, daß der Marktmechanismus *stets* Konsequenzen hervorbringt, die für die Mehrheit der Beteiligten schlecht sind; es genügt zu behaupten, daß ein Marktsystem unter bestimmten Bedingungen zu Konsequenzen führen *kann*, die wir als zutiefst ungerecht empfinden. Und allein schon diese Möglichkeit widerlegt die Annahme, daß der Marktmechanismus aus sich heraus die Gerechtigkeit sozialer Zustände – gerechte Ausgangsverhältnisse vorausgesetzt – über alle Veränderungen hinweg garantiert.

2. Die Austauschbeziehungen des Marktes bilden auch in marktwirtschaftlich organisierten Gesellschaften nur einen *Teilbereich* des sozialen Systems, auf dessen Struktur sich zwar die Marktbeziehungen wesentlich niederschlagen, das sich aber in seiner Gesamtheit dennoch nicht auf Marktbeziehungen reduzieren läßt. Das Marktsystem ist vielmehr stets eingebettet in ein System von Institutionen, die – wie Familie, Verwandtschaftsbeziehungen und soziale Gruppen verschiedener Art – der Fortpflan-

---

[31] *Hunt / Sherman*, Ökonomie (1972), Bd. 1, S. 28f.

zung, der Sozialisation und Reproduktion des Menschen dienen und die ihrerseits weitgehend nicht dem Muster marktförmiger Austauschvorgänge entsprechen. Diese Institutionen stellen teilweise überhaupt erst die *Vorbedingungen* dafür dar, daß es so etwas wie marktförmige Austauschprozesse zwischen selbständigen und für ihr Wohl verantwortlichen Individuen geben kann, und teilweise haben sie maßgeblichen Einfluß darauf, in welcher Weise diese Prozesse arbeiten. Man braucht nur die Schriften von Marx, Max Weber oder Schumpeter zu lesen, um zu erkennen, wie sehr die marktgeregelten Austauschverhältnisse sogar in einer durch und durch kapitalistischen Gesellschaft von naturwüchsiger Gewalt, gruppenspezifischen Sozialisations- und Lebensweisen, kollektiven Wissensformen und Werteinstellungen und anderem mehr geprägt sind, ja wie unentbehrlich bestimmte dieser institutionell tradierten Handlungs- und Einstellungsmuster für den Bestand und das Funktionieren der Marktbeziehungen sind[32].

Die funktionale Interdependenz zwischen den Austauschprozessen des Marktes und den sie umgebenden gesellschaftlichen Institutionen, innerhalb welcher sich Fortpflanzung, Sozialisation und überhaupt die soziale Reproduktion des Individuums vollziehen, erhellt den kardinalen Irrtum, dem Nozick und andere Vertreter der Marktgerechtigkeit unterliegen, wenn sie meinen, daß ein freies Marktsystem unter der Voraussetzung gerechter Aneignungsvorgänge von vornherein die Gerechtigkeit der sozialen Grundstruktur als ganzer verbürge. Ihr Irrtum besteht in der verfehlten Vorstellung, gesellschaftliche Zusammenarbeit sei im wesentlichen nichts anderes als ein Austausch von Gütern und Diensten, der sich als eine Summe unabhängiger Übertragungsvorgänge zwischen selbständigen und gleichberechtigten Individuen darstellt. Wenn gesellschaftliche Zusammenarbeit tatsächlich nur in solchen Übertragungsakten bestünde, wäre es in der Tat schwerlich einzusehen, warum sich die Forderungen der Gerechtigkeit nicht bloß auf diese Übertragungsakte selbst, sondern auch auf die hinter ihnen bestehende ‚Struktur' der Gesellschaft beziehen sollten. Eine solche Vorstellung ist jedoch schon deshalb völlig verfehlt, weil sie von der Annahme ausgeht, die Menschen träten gleichsam aus einem Zustand vorgängiger Vereinzelung und sozialer Beziehungslosigkeit in das Medium des Marktes ein, um dort miteinander als selbständige und mündige Individuen in Beziehung zu treten[33]. Diese Vorstellung gesellschaftlicher Zusammenarbeit ignoriert nicht nur den banalen Umstand, daß Menschen erst im Rahmen bestimmter institutionell verfaßter Formen des sozialen Zusammenlebens gezeugt, geboren, aufgezogen und einsozialisiert werden, um schließlich am gesell-

---

[32] Für eine eingehende Erörterung dieser Thematik siehe allgemein: *M. Weber,* Wirtschaft und Gesellschaft (1921), 2. Teil, Kap. I - III, S. 181 ff.; *Schumpeter,* Kapitalismus, Sozialismus und Demokratie (1942), S. 198 ff.; *Polanyi,* The Great Transformation (1957), S. 51 ff.; *Hirsch,* Die sozialen Grenzen des Wachstums (1976), S. 169 ff.

[33] Vgl. hierzu *Barber,* Absolutization of the Market (1977), S. 26 f.

schaftlichen Produktionsprozeß teilzunehmen; sie vernachlässigt auch die weniger banale Tatsache, daß die ökonomische Arbeitsteilung, die sich über den Markt einspielt, eine hierarchische Ausdifferenzierung der sozialen Lebensbedingungen nach sich zieht, aufgrund welcher die Menschen je nach ihrer Herkunft und ihrer Umwelt höchst unterschiedliche Chancen haben, ihr Selbstinteresse in den marktförmigen Austauschbeziehungen zu verfolgen.

Ich habe bereits früher darauf hingewiesen, daß die ökonomische Arbeitsteilung einer Gesellschaft in der Regel verbunden ist mit einer ‚gesellschaftlichen Arbeitsteilung' im Sinne einer – meist durch Macht und Gewalt forcierten – Absonderung verschiedener gesellschaftlicher Klassen oder Schichten, in die die Menschen hineingeboren werden und die ihre Lebenschancen von Geburt an maßgeblich bestimmen. Ein adäquates Konzept gesellschaftlicher Zusammenarbeit kommt um diesen Sachverhalt nicht herum, ohne deshalb leugnen zu müssen, daß die Unterstellung, die Menschen träten einander als autonome und souveräne Individuen gegenüber, unter bestimmten Voraussetzungen einen guten moralischen Sinn hat. Ein angemessener Begriff gesellschaftlicher Zusammenarbeit muß daher neben den ökonomischen Austauschbeziehungen zwischen den Menschen stets auch die ihnen vor- und zugeordnete *soziale Struktur* mitumfassen. Wenn aber gesellschaftliche Zusammenarbeit etwas ist, was immer schon in der Grundstruktur der Gesellschaft als ganzer angelegt ist, dann können die Forderungen der sozialen Gerechtigkeit, die aus dieser Zusammenarbeit resultieren, nicht auf die marktförmigen Austauschprozesse allein beschränkt sein, sondern sie müssen die soziale Grundstruktur selbst einschließen[34].

2.3. Historische und strukturelle Elemente der Gerechtigkeit

Nozicks Einwände sowohl gegen ein bloß auf einen bestimmten Endzustand hin gerichtetes Verständnis sozialer Gerechtigkeit, als auch gegen eine rein strukturelle Vorstellung von Gerechtigkeit sind – so glaube ich – in hohem Maß überzeugend. Auf der Grundlage unserer wohlerwogenen Gerechtigkeitsurteile erscheint ein Grundsatz, der die Gerechtigkeit einer Verteilung nur nach der *Struktur* derselben beurteilt, ohne die Art ihres *Zustandekommens* zu berücksichtigen, ebenso verfehlt wie eine Gerechtigkeitsvorstellung, die die Verteilung sozialer Güter gänzlich von bestimmten vorangehenden Handlungen oder persönlichen Merkmalen (wie z.B. von moralischem Verdienst oder gesellschaftlicher Nützlichkeit) abhängen läßt und damit die Möglichkeiten eines freizügigen zwischenmenschlichen Han-

---

[34] Siehe ergänzend hierzu die Ausführungen von *Koslowski*, Ethik des Kapitalismus (1982 a), S. 48 ff.

delns in unerträglicher Weise einschränken muß. So hätten wir nicht einmal die Freiheit, anderen gegenüber aus bloßer Freundschaft oder Barmherzigkeit zu handeln oder etwas nur zu unserem wechselseitigen Vergnügen zu tun. Doch so treffend Nozicks Kritik an derartigen Auffassungen ist, ein zwingendes Argument für seine historisch-anspruchsorientierten Grundsätze ergibt sich daraus nicht.

Nozick suggeriert, bei der Entscheidung über die angemessene Gerechtigkeitsvorstellung bestehe nur die Wahl zwischen *strukturellen* Grundsätzen (patterned principles) einerseits, die die Struktur der Gesellschaft bis in die letzte Einzelheit festlegen, oder aber *historisch-anspruchsorientierten* Grundsätzen andererseits, welche die Verteilung sozialer Güter gänzlich der Beliebigkeit freiwilliger Transaktionen unter Bedingungen eines schrankenlosen Besitzindividualismus anheimstellen. Und er tut so, als sei ein Drittes nicht möglich. Aber es ist einfach nicht notwendig, diese Alternative als erschöpfende zu betrachten, sofern man nicht von der ganz unbegründeten Annahme ausgeht, daß eine angemessene Wahrung wohlerworbener Rechte und Ansprüche die schrankenlose Freiheit ihres Gebrauchs einschließt, oder umkehrt, daß die Gewährleistung einer bestimmten Grundstruktur der Verteilung notwendig eine totale Beeinträchtigung der Freizügigkeit aller sozialen Beziehungen bedingt. Es lassen sich viele mögliche Gerechtigkeitsvorstellungen denken, die strukturelle Kriterien mit Prinzipien einer (begrenzten) Handlungsfreiheit der Individuen in irgendeiner Weise kombinieren. Einige der respektabelsten Gerechtigkeitstheorien, darunter etwa auch die Theorie von Rawls, sind dieser Gruppe zuzurechnen.

Man kann Nozick ohne weiteres darin zustimmen, daß die Freiheit, wohlerworbene Rechte und Ansprüche nach selbstgewählten Zwecken ausüben zu können, ein elementarer Gesichtspunkt der sozialen Gerechtigkeit ist, ohne seiner Präsumtion folgen zu müssen, diese Freiheit könne nur in der unbeschränkten Ausübung ausschließlicher und unwiderruflicher Besitzrechte bestehen. Im Gegenteil, es scheint eher der Fall zu sein, daß ein angemessenes Konzept menschlicher Rechte *sowohl* Prinzipien des gerechten Erwerbs und der gerechten Übertragung von Gegenständen *als auch* strukturelle Grundsätze notwendig macht[35]. Denn wenn wir davon ausgehen, daß ein akzeptabler Begriff der Rechte auch positive Rechte der Menschen, wie die auf Leben und Gesundheit (im Rahmen der für die Gesellschaft verfügbaren Ressourcen) einschließt, dann müssen wir eine gesellschaftliche Struktur, die einer Menge von Personen die zum Leben und zur Gesundheit notwendigen Mittel trotz hinreichend verfügbarer Ressourcen vorenthält,

---

[35] Zum Folgenden siehe insbesondere: *Nagel,* Libertarianism Without Foundations (1975), S. 200 f.; *Scheffler,* Natural Rights, Equality, and the Minimal State (1976); *Scanlon,* Nozick on Rights, Liberty, and Property (1976/77); *Hodson,* Nozick, Libertarianism, and Rights (1977 a); *Nielsen,* Impediments to Radical Egalitarianism (1981), S. 123 ff.

als ungerecht betrachten, ohne uns um ihr Zustandekommen kümmern zu müssen. Umgekehrt folgt aus der Tatsache, daß eine Verteilungsstruktur diese Mittel allen garantiert, nicht auch schon die Gerechtigkeit dieser Struktur, da sie möglicherweise auf eine Weise zustande gekommen sein könnte, durch die menschliche Rechte eklatant verletzt wurden. Die Einsicht, daß eine Gerechtigkeitskonzeption, die im Gegensatz zu Nozicks Annahme Freiheit nicht bloß als schrankenlose Ausübung von Rechten, und Rechte nicht nur als ausschließliche Besitzansprüche begreift, beide Arten von Grundsätzen, nämlich Grundsätze des freizügigen Gebrauchs von Besitztümern *und* strukturelle Grundsätze erfordert, hat Hodson veranlaßt, zwischen zwei Arten von Strukturprinzipien zu unterscheiden:

„Die Tatsache, daß Rechte die Anwendung beider Arten von Prinzipien der Verteilungsgerechtigkeit erfordern, die von Nozick als miteinander unvereinbar dargestellt werden, macht eine weitere Unterscheidung in der Klassifikation der Prinzipien der Verteilungsgerechtigkeit notwendig. Auf der einen Seite haben wir Prinzipien, die sich auf die Verteilung der *totalen* Menge von Besitztümern beziehen; alles, was verteilt werden kann, wird nach einem derartigen Prinzip auf den jeweiligen Personenkreis verteilt. Auf der anderen Seite haben wir Prinzipien, welche die Verteilung jeweils nur eines *Teils* der totalen Menge von Besitztümern spezifizieren; Prinzipien dieser Art verlangen, daß ein Anteil der totalen Menge in bestimmter Weise verteilt werden soll, stellen aber hinsichtlich der verbleibenden Menge keine Forderung auf. Die erste Art von Prinzipien legt eine *totale Struktur (total pattern)* fest, die zweite Art eine *Teilstruktur (partial pattern)*."[36]

Diese Unterscheidung ist insofern nützlich, als sie deutlich macht, daß sich in allen Einwänden, die Nozick gegen strukturelle Grundsätze vorbringt, die Unterstellung verbirgt, diese zielten darauf ab, die Struktur der Gesellschaft total, bis in die letzte Einzelheit hinein zu bestimmen. Diese Unterstellung erweist sich jedoch hinsichtlich der geläufigen Erscheinungsformen einer strukturellen Gerechtigkeitsvorstellung als unbegründet, so jedenfalls hinsichtlich der utilitaristischen Gerechtigkeitskonzeption (zumindest in der von John Stuart Mill vertretenen Version) und der Theorie von Rawls, der den Geltungsbereich seiner Gerechtigkeitsgrundsätze ja ausdrücklich auf die gesellschaftliche *Grund*struktur beschränkt und überdies die Freizügigkeit der Ausübung bestimmter Rechte durch den ersten seiner beiden Grundsätze, den Grundsatz der gleichen Freiheit, unterstreicht.

Dessen ungeachtet bleibt allerdings ein Problem struktureller Gerechtigkeitsgrundsätze, welches Nozick am Beispiel des Basketballspielers Wilt Chamberlain diskutiert, bestehen: das Problem nämlich, daß, wenn die Menschen bestimmte Rechte der freizügigen Verfügung über Besitztümer haben, die wiederholte Ausübung dieser Rechte langsam eine Veränderung der grundlegenden gesellschaftlichen Verteilungsstruktur bewirken *kann*, durch die eine zunächst als gerecht bewertete Grundstruktur nach und nach in eine andere übergeht, die nach denselben Grundsätzen als ungerecht

---

[36] *Hodson*, Nozick, Libertarianism, and Rights (1977a), S. 223.

erscheint. Dieses Problem setzt nicht unbedingt die Existenz ausschließlicher und beliebig übertragbarer Eigentumsrechte voraus; es besteht auch dann, wenn man die individuellen Rechte mit Rücksicht auf deren Auswirkungen auf die soziale Grundstruktur begrenzt, weil man diese Rechte erstens mit Rücksicht auf den hohen Wert freier Austauschbeziehungen nicht allzu restriktiv fassen kann und zweitens mit der Begrenzung von Verfügungsrechten schwerlich alle unerwünschten Folgen unterbinden kann, die aus den kumulativen Wirkungen vieler Verfügungs- bzw. Austauschakte resultieren.

Dennoch ist es keineswegs so, daß dieser Umstand – wie Nozick behauptet – *ständige* Eingriffe in das Leben der Menschen notwendig machen würde, um eine bestimmte Struktur der Verteilung aufrechtzuerhalten; das wäre nur der Fall, wenn die Verteilungsstruktur bis ins einzelne total festgelegt wäre und jede Abweichung von dieser Struktur als unerträglicher Zustand empfunden würde. Wenn dagegen nur die grundlegenden gesellschaftlichen Institutionen und Austauschbeziehungen strukturell bestimmt sind und wenn man ferner einräumt, daß geringfügige Abweichungen, die innerhalb gewisser Grenzen bleiben, Eingriffe in die freien Verfügungsrechte nicht schon rechtfertigen, dann genügt es, die sozialen Verhältnisse *von Zeit zu Zeit* im Sinne der als gerecht vorgestellten Struktur zu korrigieren. Das Erfordernis solcher Maßnahmen steht dabei nicht unbedingt im Widerspruch zu dem Standpunkt, daß Eingriffe in wohlerworbene Rechte etwas Unerwünschtes sind und daher nach Möglichkeit vermieden werden sollten. So sollte man versuchen, ein System von Institutionen und Rechten zu etablieren, welches aus sich heraus individuelle Ansprüche und Freiheiten mit einer akzeptablen Struktur der sozialen Verteilung in ein gewisses Gleichgewicht bringt, um damit die Notwendigkeit von Eingriffen möglichst gering zu halten. Aber natürlich gibt es kein Rezept dafür, wie ein in diesem Sinne wohlgeordnetes System des gesellschaftlichen Zusammenlebens zu organisieren ist, und es gibt keine Garantie, daß es jemals gelingt, einen Gleichgewichtszustand der sozialen Gerechtigkeit auf Dauer zu stabilisieren. Dazu ist die Funktionsweise sozialer Systeme viel zu kompliziert. Jedenfalls haben sich alle Verheißungen harmonischer gesellschaftlicher Verhältnisse, innerhalb welcher individuelle Freiheit und eine gerechte Verteilung sozialer Güter endgültig zur Übereinstimmung gelangen sollten, bisher nicht erfüllt. Das gilt im besonderen auch für das Versprechen des wirtschaftlichen Liberalismus, ein freies Marktsystem mit Privateigentum an Produktionsmitteln führe von sich aus zu einem Zustand größtmöglicher Wohlfahrt für alle. Solange wir jedoch kein soziales System haben, in dem die Verfügungsrechte der Individuen und die Vorstellung einer gerechten Verteilungsstruktur so aufeinander abgestimmt sind, daß die wiederholte Ausübung der Rechte die erwünschte Struktur immer wieder von selbst generiert, so lange ist es unumgänglich, bestimmte individuelle Rechte im

Sinne der Forderungen der sozialen Gerechtigkeit da und dort zu verändern und bestehende Besitzverhältnisse von Zeit zu Zeit umzugestalten.

Nozicks Haupteinwand gegen Rawls' Gerechtigkeitsvorstellung, wie auch gegen die meisten anderen Konzeptionen sozialer Gerechtigkeit, richtet sich gegen deren Annahme, den natürlichen Ausgangspunkt der Gerechtigkeit gesellschaftlicher Verhältnisse bilde die *Gleichbehandlung* aller Menschen, während jede Ungleichbehandlung der Rechtfertigung bedürfe; eine ungleiche Verteilung sozialer Güter sei daher nur dann zulässig, wenn sie durch moralisch relevante Gründe gerechtfertigt werden könne. Nozick meint dagegen, es spreche überhaupt nichts dafür, diese Annahme zu akzeptieren, und er befürchtet, daß man – würde man sie anerkennen – nicht einmal nach Lust und Laune ins Kino gehen könnte, ohne sein Verhalten rechtfertigen zu müssen. Nun, diese Befürchtung ist natürlich absurd, da ja keine Gerechtigkeitstheorie das Prinzip der Gleichbehandlung so versteht, daß es buchstäblich *alle* zwischenmenschlichen Handlungen einbezieht. Die meisten Gerechtigkeitskonzeptionen, so insbesondere auch die von Rawls, geben freizügigen Handlungsmöglichkeiten, die jeder im Rahmen bestimmter Rechte und Freiheiten nach Belieben wählen kann, durchaus Raum, ohne allerdings wie Nozick die Dispositionsfreiheit zu verabsolutieren.

Sicherlich muß jede gerechte Verfassung des gesellschaftlichen Zusammenlebens den Bürgern einen Bereich privater Handlungs- und Interaktionsfreiheit einräumen, sowohl im Interesse einer effizienten Güterallokation, als auch um der Vielfalt individueller Lebenspläne Rechnung zu tragen. Doch es besteht umgekehrt auch wenig Grund, private Handlungsfreiheit im negativen Sinne für sich allein schon als ein absolutes und uneingeschränktes Recht zu betrachten, sofern nicht auch sichergestellt ist, daß die Bedingungen ihrer Ausübung überhaupt im erforderlichen Ausmaß gegeben sind. So läßt sich Nozicks Kino-Beispiel gegen ihn selbst wenden: Was bringt uns die Freiheit, nach Belieben ins Kino zu gehen, wenn wir nicht einmal genug haben, um uns satt zu essen, geschweige denn, um uns den Luxus eines Kinobesuchs zu leisten? Da die von Nozick propagierten Rechte und Freiheiten allein jedenfalls nicht geeignet sind, um allen Menschen den Genuß dieser Rechte und Freiheiten wenigstens in einem gewissen Umfange zu gewährleisten, geht seine Berufung auf den Wert individueller Handlungsfreiheit völlig ins Leere. Gerade um allen Menschen einen Bereich freier Selbstbestimmung zu eröffnen, erscheint eine institutionelle Verfassung der Gesellschaft als erforderlich, die die Bedingungen der Freiheitsausübung in einem angemessenen Ausmaß für jedermann sicherstellt.

Selbst wenn man von dem sehr schwachen Postulat ausgeht, daß alle Mitglieder der Gesellschaft – innerhalb der Grenzen des gesellschaftlich erreichten Niveaus der Daseinsgestaltung – wenigstens Anspruch auf gewisse, wenn auch nicht unbedingt auf gleiche Lebenschancen haben,

bedarf es sozialer Basisinstitutionen, die für eine Gleichverteilung gesellschaftlicher Grundgüter und -lasten zumindest bis zu dem Niveau sorgen,
das jedermann die Befriedigung der elementarsten Grundbedürfnisse
ermöglicht. Schon dieses *schwache* Postulat führt zu einem – wenn auch auf
die Bereitstellung bestimmter lebensnotwendiger Güter beschränkten –
Prinzip der Gleichverteilung, welches die Aufrechterhaltung eines Systems
zügelloser Eigentumsfreiheit unannehmbar macht. Die meisten Menschen
dürften aber ein *stärkeres* Postulat anerkennen, nämlich das Postulat, daß
alle Menschen im Rahmen der gegebenen gesellschaftlichen Verhältnisse
möglichst große Lebenschancen haben sollten und daß sie daher Anspruch
auf die weitestgehende Realisierung ihrer Lebenspläne haben, die sich mit
dem gleichen Anspruch jedes anderen vereinbaren läßt. Wenn man von
diesem Postulat ausgeht und ferner annimmt, daß die Menschen im großen
und ganzen ähnliche Grundbedürfnisse haben und zur Realisierung ihrer
Lebenspläne bestimmte grundlegende Güter in ungefähr dem gleichen Ausmaß benötigen, so liegt es nahe, von den die Verteilung sozialer Güter und
Lasten regelnden Institutionen sowie deren Organen zu verlangen, für eine
Gleichverteilung der grundlegenden gesellschaftlichen Güter und Lasten zu
sorgen, soweit nicht allgemein akzeptable, also von einem allgemeinen und
unparteilichen Standpunkt aus annehmbare Gründe eine andere Verteilung
rechtfertigen. Das bedeutet jedoch nicht, daß jede Handlung dem Gebot der
Gleichbehandlung unterliegt; dieses Gebot betrifft vielmehr nur diejenigen
Handlungen, die irgendwelchen Funktionen und Rollen im Rahmen der die
Verteilung grundlegender sozialer Güter und Lasten regelnden gesellschaftlichen Institutionen entspringen. So unterliegen insbesondere alle diejenigen Handlungen, die von Inhabern öffentlicher Ämter in Ausübung ihrer
Funktionen gesetzt werden, der Verpflichtung zur Gleichbehandlung[37].

Damit ist allerdings noch nichts darüber gesagt, *welche* Güter überhaupt
zu den grundlegenden sozialen Gütern und Lasten gehören, deren ausgewogene Verteilung die soziale Grundstruktur sicherstellen soll. Ebenso bleibt
die Frage offen, ob und inwieweit die Verteilung solcher Güter der Kontrolle
öffentlicher Institutionen unterliegen soll und in welchem Umfange sie der
Allokation von Gütern und Diensten durch freie Austauschbeziehungen
überlassen bleiben kann. Ich beschränke mich auf einige knappe Andeutungen zu diesen beiden Fragen.

Da das, was die Menschen als ihre Grundbedürfnisse ansehen, in hohem
Maße durch ihre kulturelle Lebenswelt und durch den ökonomischen bzw.
sozialen Entwicklungsstand ihrer Gesellschaft geprägt zu sein scheint, läßt
sich die Frage, welche Güter und Dienste als grundlegende soziale Güter zu
betrachten sind, die die Grundstruktur der Gesellschaft in möglichst ausgewogener Weise verteilen sollte, nicht philosophisch abstrakt, sondern nur im

---

[37] In ähnlichem Sinne auch *Höffe,* Minimalstaat oder Sozialrechte (1982a).

Hinblick auf die konkrete Beschaffenheit bestimmter Gesellschaften angemessen behandeln. Dies zu tun, ist hier nicht der Ort. Wovon wir aber dennoch ausgehen können, ist, daß jede Gesellschaft einen Unterschied zwischen *essentiellen* oder grundlegenden Gütern und eher *akzidentellen* Gütern kennt: einen Unterschied zwischen Gütern, die die Menschen zur Erhaltung ihrer leiblichen Existenz und zu einer gewissen sozialen Selbstbehauptungsfähigkeit dringend benötigen, und Gütern, die – bemessen am Wohlfahrtsniveau der Gesellschaft – eher der Befriedigung luxuriöser Lebensbedürfnisse dienen. (Die Behauptung dieses Unterschieds setzt nicht voraus, daß es sich dabei um eine scharfe Abgrenzung handelt.) Darüber hinaus scheint es doch eine gewisse Konstanz der als grundlegend anerkannten Güter zu geben – bei aller Verschiedenheit ihrer kulturellen und gesellschaftsspezifischen Ausformungen: Als grundlegendste Güter gelten fast überall diejenigen, die zunächst den Grundbedarf an Nahrung, Kleidung und Behausung decken, die zur Verhütung von Krankheiten und Leiden als geeignet betrachtet werden und die zu den Grundvoraussetzungen persönlicher Sicherheit und sozialer Integration gehören[38].

Diese Feststellungen mögen banal erscheinen, sie genügen jedoch, um Nozicks Einwänden gegen die Idee der Gleichheit als einer Grundforderung sozialer Gerechtigkeit entgegentreten zu können. Nozick mag zwar recht haben, wenn er – gegen Bernard Williams – meint, der Anspruch auf gleiche medizinische Versorgung für alle könne nicht dadurch begründet werden, daß der angemessene Grund für die Bereitstellung medizinischer Leistungen in der Behandlung derer, die krank sind, bestehe; denn in der Tat könnte man dann ja ebensogut sagen, Friseurdienstleistungen sollten auf alle, die sie brauchen, gleich verteilt werden. Gewiß, das ‚innere Ziel' einer Tätigkeit allein, worin es immer liegen möge, ist nicht der entscheidende Punkt bei der Begründung von Gleichbehandlungsansprüchen. Der entscheidende Punkt ist vielmehr, wie wichtig bestimmte Güter für das Leben der Menschen sind. Wenn es wahr ist, daß medizinische Versorgung im Gegensatz zu Friseurdienstleistungen zu den grundlegenden sozialen Gütern gehört, von deren Bereitstellung die Lebenschancen der Menschen wesentlich abhängen, dann ist das ein guter Grund für die Forderung, daß die medizinischen Versorgungsleistungen nach Maßgabe der dafür verfügbaren Ressourcen möglichst allen Menschen in dem Maße zugute kommen sollten, in dem sie sie zur Sicherung ihrer fundamentalen Lebensinteressen brauchen. Damit ist natürlich nicht von vornherein gesagt, daß das System der medizinischen Versorgung ein System öffentlicher bzw. staatlicher Dienstleistungen sein muß. Wie das System der Verteilung derartiger Güter und Dienste organisiert ist, ist weitgehend eine Frage der *Effizienz*; worauf es ankommt, ist, daß die Verteilung im Sinne des Gleichbehandlungsprinzips rechtfertigungsbe-

---

[38] Siehe hierzu z.B.: *Maslow*, Motivation und Persönlichkeit (1954), S. 62ff.; *Meyer-Abich / Birnbacher*, Was braucht der Mensch um glücklich zu sein? (1979).

dürftig ist und damit der öffentlichen Kontrolle untersteht. Wenn ein gänzlich oder teilweise nach privatwirtschaftlichen Prinzipien organisiertes Versorgungssystem geeignet ist, die betreffenden Güter und Leistungen wenigstens im großen und ganzen ausgewogen (im Sinne der als gerecht angesehenen Struktur) zu verteilen, dann ist gegen ein solches System vom Standpunkt der Gerechtigkeit aus nichts einzuwenden. Dies und nichts anderes ist auch der Grund für den von Nozick als widersprüchlich qualifizierten Umstand, daß das privatwirtschaftlich organisierte Gesundheitssystem der USA vielfach als höchst ungerecht kritisiert wird, während am privatwirtschaftlichen System der Versorgung mit Nahrungsmitteln und landwirtschaftlichen Produkten niemand Anstoß nimmt, obwohl diese ja zweifellos auch zu den grundlegenden Gütern gehören. Dieser Umstand hat nichts Widersprüchliches an sich, sondern er ergibt sich einfach daraus, daß das privatwirtschaftliche System alle US-Bürger im großen und ganzen hinreichend mit den wichtigen Nahrungsmitteln versorgt, während das stark privatwirtschaftlich geprägte Gesundheitssystem der Vereinigten Staaten nach Ansicht seiner Kritiker die medizinischen Versorgungsleistungen nicht so sehr denen zukommen läßt, die sie brauchen, als denjenigen, die sie sich leisten können – eine Diskrepanz, die deswegen besteht, weil Nahrungsmittel im Verhältnis zum Mindesteinkommen relativ billig und medizinische Leistungen extrem teuer sind[39].

2.4. Das Problem der Anwendung von Nozicks Theorie

Selbst wenn wir einmal annehmen, die von Nozick vorgeschlagenen Anspruchsgrundsätze der Gerechtigkeit ließen sich in überzeugender Weise begründen, so daß wir die Gerechtigkeit sozialer Verhältnisse nach ihnen zu beurteilen hätten, bleibt die Frage, ob es überhaupt möglich ist, diese Grundsätze auf die Gesellschaften der heutigen Welt anzuwenden. Dem ersten Anschein nach scheinen sie gesellschaftliche Verhältnisse liberalkapitalistischer Prägung zu verlangen. Nun gilt es aber zu sehen, daß Nozicks Gerechtigkeitstheorie – unter der Voraussetzung ihrer Triftigkeit – eine Rechtfertigung solcher Verhältnisse nur zu liefern vermag, wenn vorausgesetzt werden kann, daß die Eigentumsverteilung in der betreffenden Gesellschaft *zur Zeit der Entstehung eines freien Güter- und Arbeitsmarktes* gerecht war und daß die Marktbeziehungen selbst stets den moralischen Nebenbedingungen entsprochen haben und ihnen weiter entsprechen. Die Anwendbarkeit von Nozicks Anspruchsgrundsätzen auf die heute bestehenden sozialen Verhältnisse hängt demnach davon ab, ob die folgende Frage positiv beantwortet werden kann: Gibt es eine Gesellschaft, von der wir begründetermaßen behaupten können, ihre anfängliche Besitzverteilung zur

---

[39] Für eine radikale Kritik des US-Gesundheitssystems siehe z.B. die Studie von *Schnorr,* Don't Get Sick in America (1970).

Zeit der Herausbildung von Marktbeziehungen sei im großen und ganzen (nach Nozicks Verständnis) gerecht gewesen und die in ihr institutionalisierten Austauschbeziehungen hätten stets den moralischen Nebenbedingungen entsprochen?

Man braucht nicht über mehr als die einer durchschnittlichen Allgemeinbildung angemessenen historischen Kenntnisse zu verfügen, um ohne langes Zögern sagen zu können, daß keine der bestehenden Gesellschaften entsprechend den von Nozick formulierten Grundsätzen gerechter Aneignung und Übertragung zustandegekommen ist. Ein Blick in die Geschichte der neuzeitlichen Gesellschaften zeigt uns, in welch eminentem Ausmaß bei der Herausbildung der Besitzverhältnisse Landraub, räuberische Ausplünderung, Vertreibung von Bauern, gewaltsame Unterdrückung, Sklaverei und Genozid im Spiele waren[40]. So kann man annehmen, daß die wirtschaftliche Entwicklung in vielen europäischen Ländern wesentlich anders verlaufen und daß die Besitzverteilung in ihnen eine ganz andere wäre, wenn nicht die Kleinbauern und Pächter über Jahrhunderte hindurch von dem zuvor im gemeinschaftlichen Besitz stehenden Gemeindeland gewaltsam vertrieben und zugunsten des Großgrundbesitzers enteignet worden wären[41]. Ist das heutige Amerika nicht darauf gegründet, daß die indianischen Ureinwohner von den europäischen Einwanderern betrogen, vertrieben, unterdrückt und zum größten Teil ausgerottet wurden? Hat man nicht Millionen von Afrikanern in die Sklaverei verschleppt?

Nozick meint, bei Verletzungen des Aneignungs- oder des Übertragungsgrundsatzes könne die Gerechtigkeit der sozialen Verhältnisse dadurch wieder hergestellt werden, indem man den Zustand realisiert, der ohne die betreffenden Verletzungen eingetreten wäre. Man fragt sich, was das angesichts von Geschehnissen heißen soll, die zum Teil einige Jahrhunderte zurückliegen und die nicht selten mit der Vertreibung oder Ausrottung ganzer Völker endeten. Wer soll wem das Land rückerstatten, das vor langer Zeit vielen Bauern und Pächtern genommen wurde? Haben die überlebenden Indianer einen Anspruch auf das gesamte Gebiet, das ihre Vorfahren besessen haben und das ihnen die Einwanderer durch Betrug oder Gewalt entrissen haben?[42]

---

[40] Ich verweise hier nur exemplarisch auf die diesbezüglichen Darstellungen dieser Entwicklung bei: *Elias*, Über den Prozeß der Zivilisation (1939), Bd. 2; *Moore*, Soziale Ursprünge von Diktatur und Demokratie (1966).

[41] Für eine nähere Beschreibung dieses Prozesses im England des 16. bis 18. Jahrhunderts, vor allem der sog. Enclosures, siehe: *Marx*, Das Kapital, 1. Bd. (1867), 24. Kap., S. 741 ff.; *Hill*, Von der Reformation zur industriellen Revolution (1967). Zum analogen Vorgang in Österreich siehe insbesondere die wunderbare Schrift von *Otto Bauer*, Der Kampf um Wald und Weide (1925).

[42] Siehe zu dieser Frage: *Davis*, Comments on Nozick's Entitlement Theory (1976); *Lyons*, The New Indian Claims and Original Rights to Land (1977); *Phillips*, Equality, Justice and Rectification (1979), S. 102 ff.; *Sher*, Ancient Wrongs and Modern Rights (1981); *Böhr*, Liberalismus und Minimalismus (1985), S. 94 ff.

Ebensowenig wie es angesichts der historischen Tatsachen möglich erscheint, die von Nozick postulierten Bedingungen der Gerechtigkeit der ursprünglichen Aneignung als erfüllt anzusehen, so wenig besteht Veranlassung anzunehmen, die marktförmigen Transaktionsbeziehungen der kapitalistischen Gesellschaften hätten im großen und ganzen stets den moralischen Nebenbedingungen, durch die sie nach Nozicks Ansicht beschränkt sein sollten, entsprochen. Bis spät in die Blütezeit des Kapitalismus hinein waren die Austauschbeziehungen zwischen Unternehmern und Arbeiterschaft durch Phänomene wie Kinderarbeit, Trucksystem, Koalitionsverbot, Strafbarkeit des Streiks, militärische und polizeiliche Unterdrückung der Arbeiterschaft und dergleichen mehr geprägt, wodurch moralische Nebenbedingungen in gröbster Weise verletzt wurden[43]. Auch wenn sich die diesbezüglichen Verhältnisse zumindest in den entwickelten kapitalistischen Ländern – nicht zuletzt aufgrund staatlicher, dem Druck starker Arbeiterbewegungen nachgebender Interventionen – erheblich gebessert haben, sind auch die heute in der Wirklichkeit kapitalistischer Systeme vorherrschenden Arbeits- und Austauschbeziehungen weit davon entfernt, Nozicks idyllischer Vision einer freien Marktgesellschaft zu entsprechen.

Offenbar sind in den heute bestehenden Gesellschaften weder die historischen, noch die moralischen Bedingungen gegeben, die erfüllt sein müssen, damit Nozicks Gerechtigkeitskonzeption überhaupt greift. Neben ihren vorher erörterten Mängeln krankt die Anspruchstheorie demnach auch daran, auf die gegebenen gesellschaftlichen Verhältnisse gar nicht anwendbar zu sein: *ihr Anwendungsbereich in der sozialen Wirklichkeit ist leer.* Daher ist sie entgegen dem ersten Anschein weder geeignet, irgendein bestehendes soziales System zu rechtfertigen, noch kann sie uns darüber Auskunft geben, wie die Besitzverhältnisse einer gerechten Gesellschaft beschaffen sein sollten[44].

2.5. *Zusammenfassende Würdigung*

Obwohl Nozicks Anspruchstheorie – wie sich gezeigt hat – den von ihr erhobenen Anspruch, eine freiheitliche Gerechtigkeitsvorstellung in überzeugender Weise zu fundieren, vor dem Tribunal systematischer philosophischer Kritik keineswegs zu behaupten imstande ist, dürfte sie – zumindest für die nächste Zeit – gute Chancen haben, neben egalitären und utilitaristischen Gerechtigkeitskonzeptionen, wie auch neben der Theorie von Rawls als eine der bemerkenswertesten theoretischen Leistungen im Umfeld der neueren politischen Philosophie angesehen zu werden. Diese Vermutung

---

[43] Für eine ins Detail gehende Darstellung dieser Geschichte siehe z.B.: *Dobb,* Die Entwicklung des Kapitalismus (1946); *Abendroth,* Sozialgeschichte der europäischen Arbeiterbewegung (1965); *Hobsbawm,* Die Blütezeit des Kapitals (1975), S. 256 ff.

[44] In diesem Sinne auch *Williams,* The Minimal State, (1975), S. 33.

stützt sich zunächst auf den Umstand, daß es Nozick gelungen zu sein scheint, in seiner Theorie eine Reihe wohlbekannter, meist von konservativer Seite proklamierter Argumentationsmuster zu einer einheitlichen Konzeption zusammenzufassen und damit sozusagen ein ‚Paradigma' libertärer Philosophie wiederzubeleben, welches zu anderen philosophischen Ansätzen wirkungsvoll konstrastiert. Offensichtlich macht dieser Umstand Nozicks Theorie trotz ihrer schwerlich übersehbaren Aporien vor allem für Leute mit ausgeprägt liberalen Neigungen attraktiv, was vielleicht auch die Tatsache erklärt, daß sich ein so sorgfältiger Denker wie Friedrich August von Hayek bereit fand, die Verbreitung von Nozicks Buch durch ein begeistertes Vorwort zur deutschen Ausgabe zu fördern[45].

Die Nachfrage nach einer kompakten philosophischen Begründung libertären Denkens würde allein jedoch wohl nicht ausreichen, um Nozicks Theorie eine über kurzfristige Aktualität hinausreichende Bedeutsamkeit zu verschaffen, wenn diese Theorie nicht doch auch erhebliche Qualitäten in sachlich-argumentativer Hinsicht hätte. Und solche Qualitäten weist sie unbestrittenermaßen auf. Wie aber verträgt sich dieses Urteil mit der harschen und vernichtenden Kritik, die Nozick vielerseits zuteil wurde, einer Kritik, die von seiner Theorie kaum etwas übriggelassen hat? Nun, dieses sonderbare Mißverhältnis klärt sich leicht auf, wenn man zwischen Nozicks eigener Theorie einschließlich der sie stützenden konstruktiven Argumente einerseits und seiner Argumentation gegen andere Konzeptionen andererseits unterscheidet. So wenig es Nozick gelungen ist, seine eigene Konzeption sozialer Gerechtigkeit, die Anspruchstheorie, überzeugend zu begründen, so stark ist seine Argumentation, wenn es darum geht, gegnerische Konzeptionen zu problematisieren. Diese Zwiespältigkeit hat mit der Argumentationstechnik zu tun, deren sich Nozick vorzugsweise bedient: der Argumentation mithilfe von Beispielen. Nozick versteht es meisterhaft, Beispiele zu konstruieren, die nicht nur die Schwierigkeiten der kritisierten Auffassungen sichtbar werden lassen, sondern stets zugleich auch gewisse Verallgemeinerungen in Richtung auf die von ihm vertretene Konzeption hin suggerieren. Auf diesen Punkt hat schon Kenneth Arrow hingewiesen:

„Darüber hinaus glaube ich nicht, daß Nozick ein in sich kohärentes Gefüge von tragfähigen Argumenten aufgebaut hat. Tatsächlich beruht seine Beweisführung in erster Linie auf einigen dramatischen Beispielen, viel mehr als auf irgendeinem syste-

---

[45] Als weitere Proponenten einer von Lockes Konzeption der natürlichen Rechte ausgehenden libertären Gerechtigkeitsauffassung Nozick'schen Musters seien hier insbesondere auch Eric Mack, Hillel Steiner und Anthony Fressola genannt. Siehe dazu z.B.: *Mack,* Liberty and Justice (1978); *ders.,* How to Derive Libertarian Rights (1981b); *Steiner,* Justice and Entitlement (1976/77); *ders.,* Can a Social Contract be Signed by an Invisible Hand? (1978); *ders.,* Slavery, Socialism, and Private Property (1980); *Fressola,* Liberty and Property (1981). Für eine Übersicht über zeitgenössische Tendenzen libertären Denkens siehe den Sammelband von *Machan,* The Libertarian Reader (1982b).

matischen Argument. Auch läßt sich sein System, so wie es dasteht, wohl schwerlich verteidigen. Es kann durch Beispiele widerlegt werden, die zumindest genauso überzeugend sind wie die seinen."[46]

Nehmen wir etwa das berühmte Beispiel mit dem Basketballspieler Wilt Chamberlain: Was Nozick mit diesem Beispiel demonstrieren kann, ist, daß in einer Gesellschaft, in der jeder über seinen Besitz frei verfügen kann, eine nach einem bestimmten strukturellen Grundsatz gerechte Verteilung durch eine Reihe freiwilliger Transaktionen in eine Verteilungsstruktur übergehen kann, die nach demselben Grundsatz als ungerecht erscheint. Damit wirft er zweifellos ein schwerwiegendes Problem auf, mit dem sich jede angemessene Konzeption der Verteilungsgerechtigkeit auseinandersetzen muß und welches gegen allzu einfache Strukturvorstellungen sozialer Gerechtigkeit sicherlich zu Recht ins Treffen geführt werden kann. Nozick versucht jedoch, mit dem Chamberlain-Beispiel eine über dessen verallgemeinerungsfähigen Gehalt weit hinausgehende Suggestion hervorzurufen, nämlich die, daß die Idee einer freien Gesellschaft mit jedweder strukturellen Gerechtigkeitsvorstellung unvereinbar ist und daß daher kein struktureller Grundsatz akzeptabel sein kann. Die in diese Richtung drängende suggestive Wirkung des Beispiels verflüchtigt sich allerdings sofort, wenn man einige seiner – für die eigentliche Aussage unwesentliche – Bestimmungsmerkmale ändert. Gesetzt den Fall, Wilt Chamberlain wäre nicht ein harmloser Basketballspieler, sondern der Entdecker des Penicillin, der sich weigerte, das Geheimnis seines Heilmittels preiszugeben, es vielmehr fläschchenweise gegen horrende Summen an freiwillig zahlende Patienten verkaufte und so aus der Not kranker Menschen rücksichtslos Kapital schlüge. Ein Beispiel mit dieser Story würde wohl kaum jemand – Nozick vielleicht ausgenommen – auf den Gedanken bringen, daß die Forderung, die betreffenden Transaktionen einer an bestimmten strukturellen Gerechtigkeitsgesichtspunkten orientierten Regelung zu unterwerfen, nur um den Preis ständiger und unerträglicher Eingriffe in die persönliche Freiheit erfüllbar wäre.

Der Hinweis auf Nozicks mitunter etwas zweifelhafte Strategie, Beispiele anstelle systematischer Argumente zu verwenden, soll den argumentativen Wert von Beispielen in keiner Weise schmälern. Ich möchte im Gegenteil betonen, daß Beispiele im Rahmen moralischer oder politischer Argumentation neben ihrer Funktion der Konkretisierung und Veranschaulichung abstrakter Problemstellungen auch von erheblicher sachlich-argumentativer Relevanz sein können; und zwar deshalb, weil sich in den intuitiven Stellungnahmen, zu denen wir uns in Anbetracht konkreter Fälle veranlaßt sehen, oft erst unsere eigentlichen, vielfach nicht explizierten moralischen

---

[46] *Arrow,* Nozick's Entitlement Theory of Justice (1979), S. 265. In ähnlichem Sinne *Fowler,* Self-Ownership, Mutual Aid, and Mutual Respect: Some Counterexamples to Nozick's Libertarianism (1980).

Einstellungen offenbaren. Es ist jedoch eine gewisse Vorsicht am Platz, wenn es darum geht, aus Beispielen Schlußfolgerungen zu ziehen. Beispiele sind im allgemeinen ein gutes Mittel, um allgemeine moralische bzw. politische Thesen zu widerlegen oder zu problematisieren. Voraussetzung hierfür ist nur, daß es gelingt, einen in seinen wesentlichen Bestimmungsmerkmalen nicht allzu unwahrscheinlichen Fall zu konstruieren, der bei allen oder wenigstens bei den meisten Menschen relativ eindeutige moralische Intuitionen hervorruft, die den Folgerungen der in Frage stehenden allgemeinen These widersprechen. So scheint Nozicks Chamberlain-Beispiel offenbar geeignet zu sein, alle strukturellen und Endzustands-Grundsätze der Gerechtigkeit zu widerlegen, die auf eine totale, alle Güter einschließende Struktur abzielen, denn *gewisse* Möglichkeiten der freien Verfügung über Güter und Dienste halten wir doch alle für unverzichtbar. Wesentlich problematischer ist es, wenn Beispiele für Zwecke der systematischen Rechtfertigung allgemeiner Thesen oder Grundsätze verwendet werden. Die moralisch-praktischen Urteile, die wir anhand konkreter Fallbeispiele intuitiv treffen, mögen noch so eindeutig und allgemeiner Zustimmung teilhaftig sein, ein allgemeines moralisches Prinzip läßt sich auf sie nur dann gründen, wenn wir wissen, inwieweit solche Urteile auf anders gelagerte Fälle, die durch das betreffende Prinzip ebenfalls berührt sind, übertragbar sind. Doch gerade dieses Wissen steht uns in der Regel nicht zur Verfügung, da es die Kenntnis des gesuchten Prinzips ja bereits voraussetzen würde[47].

Um aber wieder auf Nozick zurückzukommen: So wenig es ihm nach Auffassung der meisten Philosophen und auch nach meinem Dafürhalten gelungen ist, eine nicht nur für manche Leute ideologisch attraktive, sondern auch durch ihre systematische Begründung überzeugende Theorie sozialer Gerechtigkeit zu entwickeln, so unbestritten ist sein Verdienst, das vielfach vernachlässigte Konzept wohlerworbener Rechte und Ansprüche für die politische Rechtfertigung wieder fruchtbar gemacht zu haben. Nozick hat uns dabei erst die Probleme vor Augen geführt, die aus der Gewährleistung weitgehend akzeptierter individueller Rechte für andere moralisch-politische Konzepte erwachsen. Zu erwähnen bleibt schließlich auch die Tatsache, daß er mit seinen originellen Einwänden und treffenden Fragen an den vorherrschenden theoretischen Konzeptionen von Wohlfahrt, Freiheit und Gerechtigkeit eine ganze Reihe von Schwierigkeiten und Ungereimtheiten

---

[47] Hierin zeigt sich eine gewisse Ähnlichkeit der Methode des moralischen Argumentierens mit derjenigen der Begründung theoretischer Aussagen. Die Rolle, die singuläre empirische Beobachtungsaussagen bei der Bestätigung von nomologischen Gesetzeshypothesen spielen, ist in mancher Hinsicht analog dem Verhältnis zwischen moralischen Einzelurteilen und allgemein moralischen Grundsätzen: Während singuläre Urteile in beiden Bereichen ein geeignetes Mittel sind, um allgemeine Sätze, die ihnen widersprechen, zu widerlegen bzw. zu erschüttern, kann ein singuläres Urteil einen mit ihm übereinstimmenden allgemeinen Satz niemals endgültig rechtfertigen, sondern bestenfalls bestätigen oder erhärten.

aufgezeigt hat, an denen vermutlich noch Generationen von Philosophen zu klügeln haben werden. Sollte dabei wirklich etwas Konstruktives herauskommen, so wäre dies ein Gewinn, an dem Nozick kein geringer Anteil gebührte.

III. Buchanans Theorie politischer Legitimität

1. Zwischen Anarchie und Leviathan

Der bedeutende amerikanische Ökonom James M. Buchanan, der aufgrund seiner wichtigen Arbeiten zu Themen der Wirtschaftstheorie, der Finanzwissenschaft und der politischen Ökonomie zu den bekanntesten Ökonomen der Gegenwart zählt[1], ist wiederholt auch mit Erörterungen hervorgetreten, die das eigentliche Gebiet der positiven Wirtschaftstheorie überschreiten und zentrale Probleme der Ethik und der politischen Philosophie betreffen[2]. In seinem 1975 erschienenen Buch „The Limits of Liberty. Between Anarchy and Leviathan"[3] hat Buchanan schließlich eine umfassende Theorie der politischen Rechtfertigung auszuarbeiten versucht, die nach meinem Dafürhalten zu den beachtlichsten Beiträgen zur normativen politischen Theorie der jüngsten Zeit gehört. Dies zunächst deswegen, weil Buchanan in diesem Buch den Versuch unternimmt, eine Vertragstheorie der politischen Rechtfertigung auf der Grundlage des Hobbes'schen Modells des Sozialkontrakts zu formulieren; seine Theorie bildet somit ein bemerkenswertes Gegenstück zu den Theorien von Rawls und Nozick. Dazu kommt, daß Buchanans Konzeption – ungeachtet des Umstandes, daß man

---

[1] Aus der Vielzahl von Buchanans ökonomischen Schriften seien hier nur einige seiner Bücher genannt: Fiscal Theory and Political Economy (1960); Public Finance in Democratic Process (1967); The Demand and Supply of Public Goods (1968); Cost and Choice (1969); The Bases for Collective Action (1971).

[2] So vor allem mit dem gemeinsam mit Gordon Tullock verfaßten Buch: The Calculus of Consent (1962a), sowie z.B. mit den Aufsätzen: Ethical Rules, Expected Values, and Large Numbers (1965/66); Equality as Fact and Norm (1970/71); Criteria for a Free Society (1977h).

[3] *Buchanan,* The Limits of Liberty (1975a); dt.: Die Grenzen der Freiheit. Zwischen Anarchie und Leviathan, Tübingen (J. C. B. Mohr) 1984. (Da ich das vorliegende Kapitel verfaßt habe, bevor die deutsche Ausgabe dieses Buches erschienen war, nehme ich in der folgenden Darstellung stets auf die amerikanische Originalausgabe Bezug; die Übersetzung der Zitate stammt von mir. Um das Nachlesen in der deutschen Ausgabe zu erleichtern, habe ich den sich auf die Originalausgabe beziehenden Seitenvermerken jeweils die entsprechenden Hinweise auf die deutsche Ausgabe hinzugefügt.) In Ergänzung zu diesem Werk siehe auch die bald darauf publizierte Aufsatzsammlung: *Buchanan,* Freedom in Constitutional Contract (1977a); in diesem Band sind neben einigen Aufsätzen, die sich thematisch mit einzelnen Teilen von „The Limits of Liberty" decken – wie z.B.: Before Public Choice (1972a), A Contractarian Perspective on Anarchy (1977b), The Use and Abuse of Contract (1977f) –, auch solche abgedruckt, die die Ausführungen dieses Werkes ergänzen, so vor allem Buchanans Auseinandersetzungen mit den Theorien von Rawls und Nozick: A Hobbesian Interpretation of the Rawlsian Difference Principle (1976a), The Libertarian Legitimacy of the State (1977d), Notes on Justice in Contract (1977e).

über ihre grundlegenden Annahmen und über ihre Ergebnisse natürlich diskutieren kann – ein Maß an theoretischer Radikalität, an systematischer Kompaktheit und an argumentativer Schärfe aufweist, das dem der anderen Theorien durchaus ebenbürtig ist. Buchanans Theorie gehört neben den Theorien von Rawls und Nozick zweifellos zu den bedeutendsten Bestrebungen innerhalb der politischen Philosophie der jüngsten Zeit, die Idee des Sozialkontrakts gegen die vorherrschende utilitaristische Tradition der letzten hundert Jahre zu rehabilitieren und sie für die Rechtfertigung und Kritik sozialer Institutionen wieder fruchtbar zu machen.

Wie erwähnt, knüpft Buchanan – anders als Rawls und anders als Nozick – im wesentlichen an das Vertragsmodell an, das Thomas Hobbes im „Leviathan" entwickelt hat. Dennoch gelangt Buchanan auf der Grundlage dieses Modells zu Ergebnissen, die – wie wir bald sehen werden – von denen Hobbes' weit abweichen, ja diesen in relevanten Hinsichten geradezu entgegengesetzt sind. Die Erklärung hierfür liegt darin, daß Buchanan, obwohl er die konstitutiven Annahmen des Hobbes'schen Vertragsmodells im wesentlichen übernimmt, doch hinsichtlich einiger empirischer Voraussetzungen von Hobbes' Theorie entscheidend abweicht. Erinnern wir uns, daß Hobbes zur Begründung seiner politischen Vorstellung, die ausgehend von der Idee anfänglicher Freiheit in eine Apologie des absolutistischen Staates mündet, unter anderem auch von zwei empirischen Annahmen Gebrauch macht, die in hohem Grade problematisch erscheinen. Die eine ist die Annahme, daß die Menschen von Natur aus in ihren körperlichen und geistigen Kräften annähernd *gleich* seien, so daß im Naturzustand niemand irgendeinen Vorteil für sich beanspruchen könne, den nicht jeder andere ebensogut zu erlangen fähig wäre[4]. Die zweite Annahme ist die, daß die staatliche Autorität ihren Anordnungen nur dann hinreichenden Respekt verschaffen könne, wenn ihre Herrschaftsbefugnis *unbegrenzt* sei, und daß jede Beschränkung der staatlichen Autorität notwendig zu ihrer Auflösung führen müsse[5]. Da sich jedoch – wie bereits in der Einleitung ausgeführt – keine dieser Annahmen im Lichte der empirischen Erfahrung aufrechterhalten läßt, hält Buchanan es für notwendig, das Hobbes'sche Vertragsmodell in diesen beiden Punkten zu modifizieren. Obwohl er also mit der individualistischen Grundauffassung dieses Modells vollkommen übereinstimmt, unterstellt er weder, daß die Menschen über annähernd gleiche körperliche und geistige Kräfte verfügen, noch akzeptiert er die These, nur eine unbeschränkte Herrschaftsgewalt sei imstande, die soziale Ordnung aufrechtzuerhalten. Ich möchte nun versuchen, die diesbezüglichen Überlegungen Buchanans zusammenzufassen, und beginne damit, die theoretischen Voraussetzungen, von denen er ausgeht, noch einmal kurz zu rekapitulieren.

---

[4] Vgl. *Hobbes,* Leviathan (1651), S. 94.
[5] Siehe dazu *Hobbes,* Leviathan (1651), S. 136 ff. Zur Kritik dieser Annahme siehe *Höffe,* Widersprüche im Leviathan (1981 c), S. 129 ff.

1.1. Von der Anarchie zum konstitutionellen Kontrakt

Buchanan charakterisiert seinen Ansatz der politischen Rechtfertigung durch die zwei folgenden Kennzeichen: 1. Sein Ansatz sei rein *individualistisch* im ontologisch-methodologischen Sinne, d. h. er gehe einzig und allein von den Zielsetzungen und Interessen realer Individuen aus, ohne irgendwelche überindividuellen Normen als gegeben vorauszusetzen; daher sei es für ihn auch unmöglich, irgendwelche objektiven Kriterien anzuerkennen, die als allgemein verbindliche Richtigkeitsmaßstäbe für die Politik Geltung hätten. 2. Sein Ansatz sei überdies *demokratisch* in dem Sinne, daß in ihm jeder Mensch als ein Individuum zähle und daß er die Zielsetzungen und Interessen jedes Menschen in Betracht ziehe; aus dieser Voraussetzung ergebe sich ein *Präferenzkriterium sozialer Zustände,* welchem zufolge ein Zustand in dem Maße als ‚gut' zu beurteilen sei, in dem die beteiligten Individuen die Möglichkeit haben, ihre individuellen Ziele und Interessen unter der *Bedingung wechselseitiger Übereinstimmung* zu verwirklichen. Aus diesen beiden Voraussetzungen folgt, so meint Buchanan, daß das vorrangige Ziel jeder Politik die *individuelle Freiheit* sei – nicht weil sie den Status eines metaphysischen Höchstwertes habe, sondern einfach weil sie sich aus der individualistisch-demokratischen Methodologie zwangsläufig ergebe (vgl. S. 1 f.; dt. Ausg. S. 1 ff.).

Der Idealzustand, in dem die Menschen nach der Vorstellung Buchanans am liebsten leben würden, wäre ein Zustand der *geordneten Anarchie:* ein Zustand, in dem jedermann von sich aus das notwendige Minimum an Verhaltensnormen respektiert, welches für ein gedeihliches Zusammenleben erforderlich ist, in dem sonst aber jede Person völlige Freiheit hat, zu tun und zu lassen, was sie will. In einem solchen Zustand wären alle kooperativen Unternehmungen ausschließlich freiwilliger Natur und es gäbe keine äußere Zwangsgewalt, der die Menschen gehorchen müßten, es gäbe keinen Staat. Die geordnete Anarchie erweist sich jedoch, so fügt Buchanan hinzu, als eine Utopie, als eine gedankliche Illusion (conceptual mirage). Denn wenn keine Übereinstimmung über die Grenzen der individuellen Handlungsbereiche bestehe, dann sei es mit der anarchistischen Utopie schon vorbei: Sofern nur eine Person daran Anstoß nehme, was andere tun, und sie versuche, diese Personen zu einem bestimmten Verhalten zu zwingen, dann breche die Anarchie in sich zusammen. Jeder potentielle Konflikt mache daher die geordnete Anarchie als Organisationsprinzip des sozialen Zusammenlebens unannehmbar (vgl. S. 3 ff.; dt. Ausg. S. 4 ff.).

Die Anarchie kann nach Buchanans Ansicht vor allem deshalb nicht funktionieren, weil es im Naturzustand keine allgemein anerkannten Trennungslinien zwischen den individuellen Interessenssphären gebe. In Ermangelung ‚natürlicher' Grenzen zwischen individuellen Handlungsbereichen bedürfe es irgendwelcher allgemein verbindlicher Regeln, die die Grenzen zwischen ,Mein' und ,Dein' definieren und die Rechte der Individuen festlegen. Wenn beständiger Konflikt vermieden werden soll, so müssen *Eigentumsrechte* etabliert werden, die die Handlungsbereiche der Individuen abgrenzen: Eigentumsrechte (worunter Buchanan nicht nur räumliche Besitzrechte, sondern ganz allgemein sämtliche Arten von individuellen Verfügungsrechten versteht) gewährleisten also erst die individuelle Freiheit, nach der die Menschen streben (vgl. S. 8 ff.; dt. Ausg. S. 11 ff.).

Selbst der extreme Individualist sehe sich daher gezwungen, die Notwendigkeit einer institutionalisierten Form zwischenmenschlicher Beziehungen und einer *staatlichen Zwangsgewalt,* die die individuellen Rechte sichert, anzuerkennen. Die Notwendigkeit des Staates als einer Zwangsgewalt, die der Aufrechterhaltung der sozialen Ordnung dient, ergebe sich aus den Konflikten zwischen individuellen Interessen, die ein gedeihliches Zusammenleben ohne eine solche Zwangsgewalt unmöglich machen. Allerdings, so schränkt Buchanan ein, habe der Staat nicht die Aufgabe, die Regeln des zwischenmenschlichen Verhaltens selbst festzulegen; denn die Festlegung dieser Regeln müsse im Rahmen des individualistischen Ansatzes einzig und allein der *vertraglichen Übereinkunft* der beteiligten Individuen überlassen bleiben. Der Staat habe nur die Aufgabe, die durch Übereinkunft festgelegten Rechte zu schützen. Diese Sicht impliziere die Forderung, daß die staatliche Zwangsgewalt sich *neutral* zu verhalten und alle Personen in der Anwendung von Zwang *gleich* zu behandeln habe. In diesem Zusammenhang stelle sich das Problem, welche Befugnisse dem Staat als überparteilicher Zwangsinstitution eigentlich zukommen, und wie er gehindert werden könne, die Grenzen seiner Machtbefugnis zu überschreiten (vgl. S. 11 ff.; dt. Ausg. S. 15 ff.).

Nur wenn wechselseitiges Einverständnis über die individuellen Rechte bestehe, sei *ökonomischer Austausch* zwischen den Individuen möglich. Daher müssen die individuellen Rechte festgelegt sein und von den Beteiligten anerkannt werden, damit sich ökonomischer Austausch zum gegenseitigen Vorteil der Beteiligten vollziehen könne. Ökonomische Austauschbeziehungen, die der freiwilligen Übereinkunft der Beteiligten entspringen, stellen nach Buchanan die Interaktionsform dar, die dem Ideal der geordneten Anarchie weitestgehend entspricht, da Austauschbeziehungen unter der Voraussetzung wechselseitiger Übereinstimmung eine unendliche Vielfalt von Gestaltungsmöglichkeiten der zwischenmenschlichen Beziehungen zulassen. *Eigentumsrechte* und *Vertragsfreiheit* sind daher für Buchanan die Grundlagen einer sozialen Ordnung, die dem Ideal der Anarchie unter Bedingungen des Konflikts um knappe Ressourcen soweit wie möglich nahekommt (vgl. S. 17 ff.; dt. Ausg. S. 23 ff.).

Wenn man wie Buchanan die Anarchie des Naturzustandes als gedanklichen Ausgangspunkt wählt, so fragt sich allerdings, wie und auf welcher
Grundlage die Beteiligten je zu einem vertraglich begründeten Zustand
sozialer Ordnung gelangen sollen, da in der Anarchie ja noch keinerlei anerkannte Regeln des gegenseitigen Verhaltens existieren. Um den Übergang
von der Anarchie zu einem Zustand institutionell gesicherter Rechte im
Rahmen seines individualistischen Ansatzes zu demonstrieren, bedient sich
Buchanan mehrerer einfacher Modelle.

Als erstes schlägt er vor, sich eine aus zwei Personen, A und B, bestehende
anarchische Welt vorzustellen, in der alle Güter außer einem, Gut x, in
Überfluß vorhanden sind; nur x sei knapp, seine Menge sei fix vorgegeben
und es verteile sich zunächst nach einem feststehenden Verhältnis auf die
beiden Personen. Da es in dieser Welt keine Eigentumsrechte gibt, rufe jeder
Gebrauch einer x-Einheit durch A negative externe Effekte für B hervor
und umgekehrt. Jede der beiden Personen habe daher einen Anreiz, soviel
von x zu verbrauchen, wie sie kann. Jede Person werde also danach trachten, einen möglichst großen Anteil von x zu erlangen, wobei ihre relativen
Fähigkeiten, sich ein gewisses Quantum zu sichern, von ihren Eigenschaften
wie ihrer physischen Kraft, Intelligenz und dergleichen abhängen. Als Folge
dieser (aktuellen oder potentiellen) Konflikte betreffend die relativen
Anteile an x stellt sich nach Buchanans Auffassung schließlich eine ‚natürliche Verteilung‘ ein, die er folgendermaßen kennzeichnet:

„Diese kann aber noch nicht als eine Struktur von *Rechten* bezeichnet werden, da
keine förmliche Vereinbarung getroffen wurde, obwohl eine wechselseitige Anerkennung der angemessenen Grenzen individuellen Handelns bestehen mag. Dennoch
stellt die natürliche Verteilung – theoretisch gesehen – ein Gleichgewicht dar, in dem
jede Person ihre Bemühungen um Sicherung (Verteidigung) von x-Anteilen bis zu
einem Ausmaß ausdehnt, bei dem sich der Grenznutzen des zusätzlichen Aufwandes
und die Grenzkosten, die er erfordert, die Waage halten. (...)

Die ‚natürliche Verteilung‘, die sich aus dem Einsatz von Bemühungen um die
Eroberung und/oder Verteidigung von Konsumanteilen an x ergibt, kann nun dazu
dienen, um eine Identifikation oder Definition eines Verhältnisses zwischen den Individuen vorzunehmen, *wovon aus* vertragliche Vereinbarungen möglich werden. In
Ermangelung eines solchen Ausgangspunktes besteht einfach keine Möglichkeit, um
sinnvolle Verträge, sei es tatsächlich oder theoretisch, in die Wege zu leiten. In einem
Zustand natürlicher Verteilung aber werden sowohl A als auch B aufgrund rationaler
Überlegungen erkennen, daß ein großer Teil ihrer Aufwendungen für die Sicherung
und Verteidigung ihres Besitzstandes verschwenderisch ist. Wie immer diese Verteilung auch beschaffen sein mag – ob sie nun im großen und ganzen symmetrisch oder
aber in hohem Maße ungleich ist, und sei es selbst so, daß ein Teil über den ganzen
Bestand an x verfügt –, *beide* Parteien können sich besser stellen, wenn sie eine Vereinbarung herbeiführen. Sie können einen Tauschhandel im Sinne einer Vereinbarung über eine Reihe von Verhaltensbeschränkungen eingehen. Auf diesem Wege
bestehen für sie vielfältige Möglichkeiten der Aufteilung ihrer Konsummengen, wor-
aus sie beiderseits Vorteil ziehen können, wobei die spezielle Zuteilung, die jeweils
ausgehandelt wird, vom Verhandlungsgeschick und anderen Faktoren abhängt.“
(S. 24 f.; vgl. dt. Ausg. S. 34 f.)

Dieses Modell trägt der Möglichkeit Rechnung, daß im Naturzustand vielfältige Unterschiede zwischen den Menschen bestehen, die, wenn sie groß genug sind, natürlich auch zu erheblichen Ungleichheiten in den vertraglich vereinbarten Besitzverhältnissen führen können. Buchanan sieht jedenfalls keinen Grund, für die natürliche Verteilung des vorgestellten Ausgangszustandes Gleichheit unter den Menschen anzunehmen, ebensowenig wie es für ihn einen Grund gibt, Gleichheit als Ergebnis der vertraglich vereinbarten Zuteilung von Rechten im nachvertraglichen Zustand zu postulieren. Er läßt die Menschen in den anfänglichen Verhandlungsprozeß vielmehr als diejenigen eintreten, die sie im Naturzustand sind; und als solche weisen sie höchstwahrscheinlich signifikante Ungleichheiten auf, die aus vielen möglichen Quellen herrühren können, wie beispielsweise aus ihren unterschiedlichen Kräften, Fähigkeiten oder Anstrengungen (vgl. S. 25 f.; dt. Ausg. S. 35 ff.).

Obwohl die Beteiligten die Vorteile erkennen, die sie durch eine Übereinkunft über ihre wechselseitigen Rechte erzielen können, weil eine solche Übereinkunft gewisse Anstrengungen für defensive und offensive Aktivitäten überflüssig macht, bleibt eine einmal vereinbarte Zuweisung von Rechten doch in einer Hinsicht instabil: Denn ist eine solche Übereinkunft einmal getroffen, so kann es einigen oder allen Beteiligten vorteilhaft erscheinen, vom Vertrag zurückzutreten oder ihn zu verletzen. Und zwar gilt dies für alle möglichen Zuteilungsweisen. Buchanan veranschaulicht diese Situation durch folgende – dem berühmten Gefangenen-Dilemma entsprechende – Entscheidungsmatrix[6]:

		B	
		respektiert die Rechte	respektiert die Rechte nicht
respektiert die Rechte	I	A : 19, B : 7	II A : 3, B : 11
A			
respektiert die Rechte nicht	III	A : 22, B : 1	IV A : 9, B : 2

Diese Matrix, in der die Zahlen die jeweiligen Nutzeneinheiten der Personen A und B unter den entsprechenden Alternativen bezeichnen, zeigt, daß

---

[6] Vgl. hierzu auch die spieltheoretische Rekonstruktion des Hobbes'schen Naturzustandes im Sinne einer Gefangenen-Dilemma-Situation bei: *Watkins,* Unvollkommene Rationalität (1970), S. 71 ff.; *Ullman-Margalit,* The Emergence of Norms (1977 a), S. 62 ff. Für eine formale Darstellung der Vorstellung des Naturzustandes als eines natürlichen Gleichgewichts siehe: *Bush / Mayer,* Some Implications of Anarchy for Distribution of Property (1974); *Fritsch,* Ökonomische Ansätze zur Legitimation kollektiven Handels (1983), S. 108 ff.

es für jede Person vorteilhaft sein kann, einmal vereinbarte Rechte zu verletzen, mit dem Ergebnis, daß beide Personen zuletzt schlechter dastehen,
als wenn sie die Rechte respektieren würden. Allerdings sei das Problem der
Vertragsverletzung, so betont Buchanan, in einem Setting mit nur zwei Personen nicht so gravierend, weil der Umstand, daß eine·Vertragsverletzung
seitens einer Person zwangsläufig die Aufkündigung des Vertrags durch die
andere und damit den Rückfall in den Naturzustand (Feld IV) zur Folge
hätte, beide Parteien von Vertragsverletzungen abhalte. Daher stelle in
einem Zwei-Personen-Setting Feld I den Gleichgewichtszustand dar, weil
sich die Beteiligten nur bei universeller Bereitschaft, die vereinbarten
Rechte zu respektieren, die Vorteile wechselseitiger Verhaltensbeschränkung sichern können. Diese Stabilität verschwinde jedoch, wenn die Zahl
der Beteiligten zunimmt (vgl. S. 26 ff.; dt. Ausg. S. 37 ff.).

Während Buchanan für seine bisherige Überlegungen ein Modell verwendet hat, in dem es nur zwei Personen und ein knappes Gut gab und in dem
der Faktor Zeit keine Rolle spielte, lockert er nun diese Einschränkungen
und geht im folgenden davon aus, daß *viele* Güter knapp sind und daß Interaktionen zwischen *vielen* Personen bestehen. Die Rolle der Zeit läßt er vorläufig noch unberücksichtigt; ihre Effekte werden später in Betracht gezogen werden.

Wie vorher bildet die natürliche Verteilung die Grundlage, von welcher
aus eine wechselseitige Anerkennung von Rechten für alle Beteiligten vorteilhaft ist; es kommt daher zu vertragsförmigen Vereinbarungen, durch die
sie sich auf solche Rechte festlegen. Dieser Prozeß der vertraglichen Einigung findet nach Buchanan auf *zwei Stufen* statt: 1. Auf der ersten Stufe
stellen die Beteiligten eine Übereinkunft über ihre wechselseitigen Rechte
und über eine bestimmte Anfangsausstattung an knappen Gütern her, um
ihren verschwenderischen Aufwand für Verteidigungs- und Angriffsaktivitäten zu reduzieren; diese Stufe des Vertragsprozesses nennt Buchanan
„konstitutionellen Kontrakt". 2. Unter der Voraussetzung des Vorhandenseins vieler Güter gibt es jedoch über die Übereinkunft des konstitutionellen
Kontrakts hinaus noch die Möglichkeit, weitere Gewinne durch Austauschbeziehungen zu realisieren; daher werden die Beteiligten auf einer zweiten,
von Buchanan als *„postkonstitutionell"* bezeichneten Stufe, auf der ihre
Rechte auf eine bestimmte Anfangsausstattung bereits als wechselseitig
akzeptiert vorausgesetzt werden können, in weitere vertragliche Transaktionen eintreten, die entweder im *Austausch privater Güter* oder aber in der
Bereitstellung öffentlicher Güter bestehen können. Dieser zweistufige Vertragsprozeß wird von Buchanan durch folgendes Diagramm veranschaulicht:

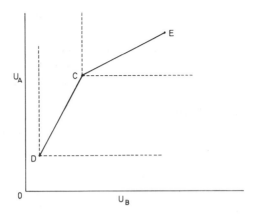

Buchanan erläutert dieses Diagramm wie folgt:

„Der Nutzen des Individuums A ist auf der Ordinate, der Nutzen von B auf der Abszisse aufgetragen. Die natürliche Verteilung, also der Zustand, der sich als ein Quasi-Gleichgewicht im eigentlichen Naturzustand ergibt, wird durch D dargestellt. Der anfängliche konstitutionelle Kontrakt, der nicht mehr als eine wechselseitige Vereinbarung über eine gewisse Rechtsstruktur umfaßt, führt zu einem Ergebnis irgendwo in nordöstlicher Richtung, begrenzt durch die strichlierten Linien, die von D ausgehen. Nehmen wir an, die aktuelle Vereinbarung hebe die Nutzenpositionen auf C. Sofern es nur ein Gut gibt, ist kein weiterer Tauschhandel möglich und die Nutzenmöglichkeitsgrenze ist für die Zwei-Personen-Gemeinschaft erreicht. Im Mehr-Güter-Modell kann jedoch zwischen den Beteiligten ein weiterer Güteraustausch zu ihrem beiderseitigen Vorteil stattfinden. Das wird immer dann möglich sein, wenn die persönlichen Geschmacksrichtungen differieren und wenn die vereinbarte Anfangsverteilung nicht vollständig den erwünschten Finalgüterbündeln entspricht. (...) Bei jeder Kombination von Bedingungen, unter denen keine vollständige Übereinstimmung zwischen der ursprünglich vereinbarten Ausstattung und dem als optimal bevorzugten Güterbündel besteht, können weitere Tauschakte stattfinden, die die Nutzenpositionen noch weiter in die nordöstliche Richtung verschieben, wobei diese postkonstitutionellen Transaktionen durch die von C weggehenden strichlierten Linien begrenzt sind. In irgendeinem Tauschgleichgewicht, sagen wir E, ist die Nutzenmöglichkeitsgrenze erreicht. Während der konstitutionelle Kontrakt die anfängliche Verschiebung von D zu C bewirkt, bewirkt der postkonstitutionelle Kontrakt die Verschiebung von C zu E." (S. 29 f.; vgl. dt. Ausg. S. 41 f.)

Unter der Voraussetzung der Existenz vieler Beteiligter könne der konstitutionelle Kontrakt – so meint Buchanan – entweder durch paarweise Übereinkünfte zwischen je zwei Personen oder aber durch Übereinkünfte zwischen Koalitionen bzw. Gruppen von Personen, die sich untereinander bereits geeinigt haben, stattfinden. Der konstitutionelle Kontrakt sei vollständig, wenn die Rechte aller Mitglieder der Gemeinschaft festgelegt sind. Auf diese Grundlage könnten dann die Vertragsprozesse der zweiten oder postkonstitutionellen Phase beginnen. Diese Vertragsprozesse können, wie schon erwähnt, entweder auf den Austausch privater Güter oder aber auf Übereinkünfte zur Bereitstellung öffentlicher Güter oder Dienstleistungen zielen. Während aber bei einem Austausch privater Güter, der ja in der Regel nur zwischen zwei oder wenigen Personen stattfindet, kein Grund bestehe, die übrigen Mitglieder der Gemeinschaft in die vertragliche Übereinkunft einzubeziehen, müßten bei öffentlichen Gütern alle betroffenen Gemeinschaftsmitglieder in die Vertragsverhandlungen mit einbezogen werden. Im Falle der Bereitstellung öffentlicher Güter handelt es sich daher laut Buchanan ebenso wie beim konstitutionellen Kontrakt, aber anders als bei privaten Austauschbeziehungen, um eine genuine Art eines *Sozialkontrakts* (vgl. S. 31ff.; dt. Ausg. S. 44ff.).

1.2. Der konstitutionelle Kontrakt

Buchanan will seine Konzeption einer vertraglichen Begründung individueller Rechte nicht als einen Versuch der historisch-deskriptiven Erklärung der Entstehung von Rechten verstanden wissen, sondern als ein rein *hypothetisches Modell.* Doch anders als diejenigen Theoretiker, die die Struktur einer freien Gesellschaft aus dem rationalen selbstinteressierten Verhalten der Menschen nur unter der Annahme der grundlegenden Gleichheit der Menschen in einem anfänglichen Zustand ableiten zu können glauben, möchte er zeigen, wie die Konzepte von Recht und Gesetz aus dem selbstinteressierten Verhalten der Menschen hervorgehen, ohne irgendeine Annahme der Gleichheit in einem Urzustand zu präsumieren. Obwohl Buchanan zugesteht, daß auch sein Ansatz grundsätzlich *normativer* Art ist, sei er doch – so meint er – *weniger* normativ als andere Ansätze, die die Analyse des Rechtszustandes auf eine hypothetische Präsumtion der Gleichheit gründen (vgl. S. 53f.; dt. Ausg. S. 76ff.).

Um die Konstruktion des konstitutionellen Kontrakts so allgemein wie möglich zu halten, will Buchanan substantielle Unterschiede zwischen den Menschen in der gedanklichen Vorstellung des Naturzustandes nicht ausschließen. Das heißt nicht, daß er Ungleichheit postuliert, sondern nur, daß er es vermeiden will, die Ergebnisse der Analyse von einer willkürlichen Annahme natürlicher Gleichheit abhängen zu lassen. Wenn nun aber substantielle Ungleichheiten zugelassen sind, dann ist klar, daß sie in die Beschreibung der anfänglichen Position der Menschen eingehen müssen, da sie die Struktur der Rechte, worüber die Menschen im konstitutionellen Kontrakt übereinkommen, zwangsläufig mitbestimmen. Dabei sind nach Buchanan zwei Arten von Ungleichheiten in Rechnung zu stellen: (1) Ungleichheiten der *Neigungen* oder *Präferenzen,* und (2) Ungleichheiten der *Fähigkeiten.* Mit Rücksicht auf diese Eigenschaften kann jedes Individuum durch eine *Präferenz-* oder *Nutzenfunktion* einerseits und durch eine *Produktionsfunktion* andererseits beschrieben werden. Die Präferenz- oder Nutzenfunktion einer Person gibt die Preise an, zu welchen sie bereit ist, Güter (und Lasten) gegen andere auszutauschen. Jedes Individuum hat darüber hinaus eine Menge von Fähigkeiten, vermöge welcher es – wenn es sie in einer bestimmten Umgebung einsetzt – nach Maßgabe seiner Anstrengungen in der Lage ist, Ergebnisse in Gestalt von Gütern zu erzielen: diese Beziehung ist die Produktionsfunktion des Individuums (vgl. S. 54f.; dt. Ausg. S. 79f.).

Von zwei Personen, die völlig isoliert leben, würde jede ein persönliches Verhaltensgleichgewicht haben, welches sich aus dem Zusammenwirken ihrer Nutzenfunktion, ihrer Fähigkeiten und ihrer Umgebung ergibt. Wenn wir nun aber annehmen, daß diese Personen (A, B) nicht in totaler Isolation, sondern unabhängig voneinander auf einer kleinen Insel leben, so wird jede Person die andere als zu ihrer Umgebung gehörig betrachten. In einer Welt knapper natürlicher Ressourcen werden dann die *terms of trade* jeder Person schlechter sein, als wenn sie völlig isoliert lebte. Die natürliche Umgebung wird gleichsam ‚gemeinsames Eigentum‘ und externe Effekte treten auf. Wenn die Individuen Güter für den künftigen Konsum lagern, so ist jede Person durch die Anwesenheit des anderen genötigt, Anstrengungen zu erbringen, um ihren Vorrat gegen den Zugriff des anderen zu sichern. Da diese Anstrengungen sonst wahrscheinlich dafür eingesetzt worden wären, um Güter zu produzieren, wird die Produktivität jedes Individuums durch das Erfordernis der Verteidigung eingeschränkt. Auf der anderen Seite ergeben sich jedoch aus der Anwesenheit des anderen für jeden neue Gelegenheiten. Jeder kann nun Güter bekommen, die er bei völliger Isolation nicht bekommen könnte: wenn B Güter lagert, kann es für A produktiver sein, diese Güter B wegzunehmen, als selbst welche zu produzieren. Die Fähigkeit der Individuen, ihre Güter zu verteidigen bzw. dem anderen Güter zu rauben, braucht dabei nicht direkt zu korrelieren mit ihrer Fähigkeit, Güter selbst zu produzieren; auch können ihre Präferenzen betreffend die Verteidigung ihrer Güter verschieden sein von ihren Präferenzen mit Bezug auf räuberische Übergriffe gegen andere.

Diese Umstände haben zur Folge, daß eine Vereinbarung zwischen A und B dahingehend, daß jeder alle Störungen des anderen unterlassen soll, nicht unbedingt zu einem Gleichgewichtszustand führen muß; und zwar deshalb nicht, weil jede Person weiterhin Anreiz verspürt, Konflikte zu initiieren, solange sie die Möglichkeit sieht, ihre Situation zu verbessern, indem sie dem anderen etwas wegnimmt. Ein *Gleichgewichtszustand* ist erst erreicht, wenn keine Person einen Anreiz hat, ihr Verhalten zu ändern: diese Bedingung erfüllt in der Anarchie nur der Zustand der *natürlichen Verteilung*. Und dieser Zustand kann nicht seinerseits durch Vertrag hergestellt werden, da es – solange das natürliche Gleichgewicht nicht erreicht ist – keine Grundlage gibt, von der aus unter den von Buchanan getroffenen Voraussetzungen Verträge geschlossen werden könnten. Bis dieses Gleichgewicht hergestellt ist, dauert daher das vorvertragliche Stadium des anarchischen

Naturzustandes an. Und es ist nur folgerichtig, wenn Buchanan meint, daß es in diesem Stadium streng genommen noch keine Eigentumsrechte geben könne (vgl. S. 55 ff.; dt. Ausg. S. 80 ff.).

Im natürlichen Gleichgewichtszustand muß jede Person Ressourcen dafür einsetzen, um sich gegen andere zu verteidigen oder andere anzugreifen. Da jedermann besser gestellt wäre, wenn er diese Ressourcen unmittelbar für die Güterproduktion einsetzen könnte, wird daher die erste vertragliche Vereinbarung – so folgert Buchanan – auf die *wechselseitige Bereitschaft zur Entwaffnung aller Beteiligten* zielen. Durch diesen Vertrag willigt jeder darin ein, auf einen Teil seiner Verteidigungs- bzw. Angriffsaktivitäten zu verzichten, insoweit dies auch die anderen tun. Obwohl dieses *Entwaffnungsabkommen* für sich allein noch nicht die wechselseitige Anerkennung von ‚Eigentumsrechten‘ beinhaltet, läßt es laut Buchanan doch eine Art ‚Recht‘ entstehen, da es Handlungen in Richtung auf Verteidigung oder Angriff einschränkt; die Personen definieren damit bereits gewisse *Grenzen ihrer Handlungsfreiheit*. Der erste Schritt aus dem Dschungel der Anarchie sei damit getan (vgl. S. 58 f.; dt. Ausg. S. 84 f.). Da Buchanan keine Gleichheit der Menschen im Naturzustand unterstellt, muß er einräumen, daß die Herstellung des vertraglichen Zustands unter bestimmten Bedingungen für einige Beteiligte durchaus auch Sklaverei oder dauernde Unterdrückung bedeuten kann. So meint er lakonisch:

„Nun, wenn die persönlichen Unterschiede hinreichend groß sind, dann haben einige Personen möglicherweise sogar die Fähigkeit, andere Menschen umzubringen. In diesem Fall ist das natürliche Gleichgewicht vielleicht erst hergestellt, wenn die Überlebenden die alleinige Herrschaft über ihre Umwelt ausüben.

Es kann allerdings sein, daß die vollständige Ausrottung anderer Menschen nicht unbedingt im bevorzugten Interesse derer liegt, die über größere Kräfte verfügen. So könnte ihnen ein Zustand erwünschter sein, in dem sie die ‚Schwachen‘ Arbeiten zur Produktion von Gütern verrichten lassen, um sich danach des Großteils dieser Güter für ihren eigenen Gebrauch zu bemächtigen. Unter solchen Bedingungen wird der Entwaffnungsvertrag, der ausgehandelt wird, wahrscheinlich in einer Art Versklavungsvertrag bestehen, durch den die ‚Schwachen‘ einwilligen, für die ‚Starken‘ zu arbeiten, um sich wenigstens das bloße Überleben zu sichern, das sie sich im Zustand der Anarchie nicht zu sichern vermögen. Ein solcher Versklavungsvertrag würde ebenso wie andere Verträge individuelle Rechte festlegen und in dem Maße, in dem die Festlegung wechselseitig akzeptiert wird, wird die nachfolgende Einschränkung der Verteidigungs- und Eroberungsbemühungen allen Beteiligten Vorteile bringen. Diese Interpretation der Sklaverei als sozialer Institution mag zwar etwas sonderbar erscheinen, aber sie zielt darauf ab, den hier entwickelten analytischen Rahmen ganz allgemein zu halten." (S. 59 f.; vgl. dt. Ausg. S. 85 f.)

Während historische Konzeptionen der Eigentumsrechte, so insbesondere die Konzeption von John Locke, vielfach davon ausgegangen sind, daß in Ermangelung eines Rechtszustandes jeder ein natürliches Recht auf die Erzeugnisse seiner eigenen Arbeit habe, gibt es nach Buchanan keinen Grund, den Zustand, in dem jeder ein Verfügungsrecht an den Produkten der eigenen Arbeit habe, vor allen anderen Zuständen als den natürlichen auszuzeichnen. Die einzig identifizierbare Position, auf die der konstitutionelle Kontrakt gegründet werden könne, bilde vielmehr das *natürliche Gleichgewicht*, und zwar unabhängig davon, ob der Zustand der direkten Produktion, in dem jeder über das verfügt, was er selbst produziert, für einige besser wäre als das natürliche Gleichgewicht oder nicht. Wenn Ungleichheiten im Naturzustand zugelassen sind, gibt es nämlich keinerlei Gewähr, daß der Zustand der direkten Produktion gegenüber dem Zustand des natürlichen Gleichgewichts Pareto-besser (also für alle zumindest gleich gut und für einige besser) ist. Wie wir bereits im Fall der Sklaverei gesehen haben, kann es Personen geben, die, wenn sie nur für sich selbst produzierten, schlechter dran wären als im anarchischen Gleichgewicht. Wenn aber die Position der direkten Produktion nicht Pareto-besser ist als das natürliche Gleichgewicht, dann – so argumentiert Buchanan –, dann werden positive Eigentumsrechte auf die direkt produzierten Güter nicht aus vertraglichen Vereinbarungen entstehen, weil unter diesen Umständen eben nicht jeder bereit wäre, solchen Vereinbarungen zuzustimmen. Wenn die Beteiligten dem Dschungel der Anarchie entkommen wollen, sei daher *mehr* als eine bloße Übereinkunft über die wechselseitigen Grenzen des Verhaltens erforderlich: Einer solchen Übereinkunft müsse vielmehr unter Umständen erst ein *Transfer von Gütern oder Ausstattungen* vorangehen, um die Grundlage zu schaffen, von der aus eine Einigung über Eigentumsrechte stattfinden kann. So mag es beispielsweise vorkommen, daß eine Person A eine Person B erst dann veranlassen kann, in ein beiderseitiges Recht auf ihre jeweils selbsterzeugten Güter einzuwilligen, wenn A gleichzeitig einen Teil ihrer Güter und Ressourcen an B überträgt; denn B ist möglicherweise erst aufgrund dieses Transfers einverstanden, das Eigenprodukt von A zu respektieren. Positive Besitzrechte können daher laut Buchanan erst etabliert werden, wenn die Beteiligten einen Zustand hergestellt haben, in dem die Anerkennung eines Eigentumsrechts an den Erträgnissen der eigenen Arbeit tatsächlich Pareto-besser ist als das anarchische Gleichgewicht. Buchanan zeigt damit, daß es im Rahmen seines Ansatzes keine Basis für eine anfängliche Übereinkunft gibt, kraft welcher das Recht eines jeden auf die Produkte seiner eigenen Arbeit notwendig akzeptiert werden müßte. Wenn man annimmt, daß manche es vorziehen, sich gewaltsam Güter anzueignen, die andere produziert haben, statt selber Güter zu produzieren, dann kommt eine anfängliche Übereinkunft über positive Besitzansprüche möglicherweise erst zustande, nachdem ein Transfer, eine ,Redistribution' von Gütern stattgefunden hat (vgl. S. 60 ff.; dt. Ausg. S. 86 ff.).

Für seine bisherigen Überlegungen ist Buchanan einfachheitshalber von der stillschweigenden Annahme ausgegangen, daß die im konstitutionellen Kontrakt vereinbarten Rechte von allen Beteiligten *freiwillig* respektiert werden. Da diese Voraussetzung jedoch in Wirklichkeit keineswegs als erfüllt betrachtet werden kann, erhebt sich das Problem der *Erzwingung der vertraglichen Übereinkünfte*. Einseitige Vertragsverletzungen können für die Beteiligten vielfach nutzbringend sein, weshalb diese der ständigen Versuchung unterliegen, ihre vertraglichen Verpflichtungen zu verletzen, sofern sie glauben, dies ungestraft tun zu können. Jede gegebene Struktur von Rechten ist daher extrem verletzlich, solange die Befolgung der vertraglichen Übereinkünfte der freien Bereitschaft der Beteiligten anheimgestellt bleibt. Aus diesem Grunde werden die Beteiligten ein Arrangement über irgendeine Form der Erzwingung der vereinbarten Verpflichtungen treffen: Sie werden zur Sicherung ihrer Ansprüche eine Zwangsinstitution, eine *Institution staatlicher Gewalt* einrichten, die die Aufgabe hat, die vereinbarten Rechte notfalls auch gegen den Widerstand einzelner Beteiligter zu sichern.

Um wirksam zu sein, muß der Zwang die Ausübung physischer Gewalt gegen diejenigen inkludieren, die das Recht verletzen oder zu verletzen versuchen. Dieser Umstand mache es notwendig sicherzustellen, daß die staatliche Zwangsinstitution den beteiligten Parteien als eine unparteiliche und externe Instanz gegenüberstehe. Dabei gelte es aber zu beachten, so betont Buchanan mit Nachdruck, daß zwischen der *Erzwingung der konstitutionell festgelegten Rechte* und ihrer *vertraglichen Festlegung im konstitutionellen Kontrakt* ein kategorialer Unterschied bestehe. Buchanan bedient sich folgender Analogie, um diesen Unterschied zu verdeutlichen:

„Die Analogie zu einem einfachen Spiel mag hier hilfreich sein. Zwei Buben sind sich über irgendeine Aufteilung von Murmeln einig und wollen ein Spiel spielen. Jeder Bub weiß aber, daß der andere versucht sein wird zu schwindeln, wenn er nicht scharf überwacht wird. Sie einigen sich und bestimmen einen Schiedsrichter oder Unparteiischen, informieren diesen über die speziellen Regeln, nach denen sie spielen wollen und beauftragen ihn, über die Befolgung dieser Regeln zu wachen. Das ist genau die Funktion, die dem Staat in bezug auf seine Aufgabe der Rechtsdurchsetzung zukommt. Der Staat ist die institutionalisierte Verkörperung eines Schiedsrichters oder Unparteiischen und seine einzige Rolle besteht darin, sicherzustellen, daß die vertraglichen Übereinkünfte eingehalten werden.

Diese Analogie läßt einen Fehlschluß offenbar werden, der in Diskussionen über Eigentumsrechte und über die Funktion des Staates bei der Durchsetzung dieser Rechte immer wieder auftritt. Es besteht ein kategorialer Unterschied zwischen der Durchsetzung von Ansprüchen und der vorherigen Festsetzung dieser Ansprüche. Die Ansprüche resultieren begrifflich aus der Übereinkunft aller Parteien im konstitutionellen Stadium des Sozialkontrakts. Der Staat wird dann eingesetzt, um diese Ansprüche zu schützen; er hat nur den Zweck einer Zwangsinstitution, die sicherstellen soll, daß die vertraglichen Vereinbarungen eingehalten werden. Zu sagen, daß Rechte durch den Staat festgelegt würden, wäre dasselbe wie zu sagen, daß der Schiedsrichter, und nicht die Spieler, sowohl die anfängliche Aufteilung der Murmeln wie auch die Spielregeln selbst bestimmt." (S. 67 f.; vgl. dt. Ausg. S. 96 f.)

1.3. Der postkonstitutionelle Kontrakt

Nachdem die individuellen Rechte der Beteiligten durch den konstitutionellen Kontrakt festgelegt sind, stehen den Individuen laut Buchanan zwei Möglichkeiten offen, um durch vertragliche Übereinkünfte weitere Gewinne zu erzielen:

1. durch den *Austausch privater Güter auf der Grundlage zweiseitiger Transaktionen,* und

2. durch die *Bereitstellung öffentlicher Güter auf der Grundlage von Viel-Parteien-Übereinkünften.*

Wenn die Rechte der Individuen einmal festgelegt und von allen Beteiligten akzeptiert seien, werden sich die Menschen veranlaßt sehen, teilbare Güter und Dienste auszutauschen, sofern sie aus solchen Tauschbeziehungen Vorteile zu ziehen vermögen. Aus dem selbstinteressierten Verhalten der Individuen entstünden daher mehr oder minder spontan *Marktbeziehungen,* durch die sich alle Beteiligten besser stellen können. Doch diese Märkte sind, wie Buchanan betont, nicht geeignet, effiziente Ergebnisse zu liefern, wenn die potentiellen Verträge die gleichzeitige Übereinstimmung vieler Personen erfordern. Denn bei Viel-Parteien-Übereinkünften seien die *Transaktionskosten* wegen der großen Zahl der Personen, die in die Verhandlung eintreten müßten, ungleich höher als bei zweiseitigen Verträgen. Buchanan macht den maßgeblichen Unterschied zwischen zweiseitigen Tauschbeziehungen und der Situation, die bei der Bereitstellung öffentlicher Güter besteht, am sogenannten *Free-Rider-Problem* deutlich. Während sich bei zweiseitigen Übereinkünften betreffend den Austausch teilbarer Privatgüter jeder Beteiligte dessen bewußt sei, daß das Verhalten seines Partners unmittelbar von seinem eigenen Verhalten abhängt, sei das bei Übereinkünften über unteilbare oder öffentliche Güter ganz anders: Hier bestehe für jeden die Verlockung, den *‚free rider'* oder ‚Schwarzfahrer' zu spielen, d.h. zwar die Vorteile eines gemeinschaftlich bereitgestellten Guts in Anspruch zu nehmen, ohne sich aber an den Kosten der Bereitstellung dieses Guts zu beteiligen. Daher würden einige der potentiellen Gewinne aus Austauschbeziehungen, die für die Mitglieder der Gemeinschaft möglich wären, spontan nicht zustandekommen (vgl. S. 36 ff.; dt. Ausg. S. 51 ff.)[7].

Der Austausch privater Güter erfordert die *einmütige Zustimmung* der beteiligten Tauschpartner. Solange die externen Effekte solcher Tauschbeziehungen unerheblich sind, erfüllen zweiseitige Transaktionen unter der

---

[7] Zur Theorie öffentlicher Güter siehe auch Buchanans Werk: The Demand and Supply of Public Goods (1968). Instruktive Einführungen in diese Thematik bieten ferner auch: *Musgrave / Musgrave / Kullmer,* Die öffentlichen Finanzen in Theorie und Praxis (1975), Bd. 1; *Bödecker,* Allokations- und Distributionsprobleme bei Kollektivgütern (1972); siehe auch den Sammelband von *Haveman / Margolis,* Public Expenditures and Policy Analysis (1970).

Voraussetzung der einmütigen Zustimmung der Beteiligten auch das Erfordernis der *Effizienz*. Wenn wir es aber mit Gütern zu tun haben, deren Bereitstellung – sei es, weil sie *unteilbar* sind, sei es, weil sie erhebliche *externe Effekte* haben – die Beteiligung aller Mitglieder der Gemeinschaft erfordert, dann verlange die Bedingung der Einmütigkeit viel mehr: nämlich die *Einstimmigkeit aller Personen*. Damit erweise sich die *Einstimmigkeitsregel* im Rahmen der Bereitstellung *öffentlicher Güter* als das institutionelle Pendant zur wechselseitigen Übereinstimmung beim zweiseitigen Austausch privater Güter, wie schon Knut Wicksell festgestellt habe[8]. Das Problem bestehe nun aber darin, daß eine solche Koalition aller Beteiligten nicht spontan als Folge des eigennützigen nutzenmaximierenden Verhaltens der Individuen zustandekomme. Ein natürlicher Gleichgewichtszustand, in dem eine bestimmte Gruppe von Personen über gewisse öffentliche Güter verfügt, während die anderen davon ausgeschlossen bleiben, stelle sich hier nicht von selbst ein. Da es immer *free riders* gebe, die an den Annehmlichkeiten des öffentlichen Guts teilhaben können, ohne dafür zu zahlen, seien die Ergebnisse von Koalitionen zur Bereitstellung solcher Güter nicht effizient. Es zeige sich also, daß, wenn öffentliche Güter zum Vorteil aller auf effiziente Weise bereitgestellt werden sollen, eine Art ,*Sozialkontrakt*' zwischen *allen* Beteiligten geschlossen werden müsse, durch den eine *kollektive Entscheidung* aller Mitglieder der Gemeinschaft getroffen werde. Zunächst scheine es naheliegend, für solche kollektiven Entscheidungen *Einstimmigkeit* zu verlangen, da die Einstimmigkeitsregel gewährleiste, daß kein Individuum durch die kollektive Entscheidung in seinen Rechten verletzt oder benachteiligt werden könne (vgl. S. 38 f.; dt. Ausg. S. 54 ff.).

Das Erfordernis der Einstimmigkeit werde jedoch einige Mitglieder veranlassen, Koalitionen zur Bereitstellung öffentlicher Güter – selbst wenn diese für sie vorteilhaft wären – nicht beizutreten, da sie höhere Gewinne erzielen können, wenn sie sich heraushalten und sich an den Kosten nicht beteiligen. Einige könnten sogar versuchen, sich ihre Bereitschaft zur Kooperation abkaufen zu lassen und dadurch noch höhere Gewinne zu erzielen. Eine derartige Bevorzugung dieser Personen wäre jedoch für die anderen, die freiwillig zustimmen, nicht akzeptabel. Daher käme eine alle Beteiligten umfassende Kooperation auch dann nicht spontan zustande, wenn alle kollektiven Entscheidungen Einstimmigkeit erfordern. Aus diesen und anderen Gründen hält Buchanan es für ratsam, vom Erfordernis der Einstimmigkeit kollektiver Entscheidungen abzugehen und eine weniger anspruchsvolle Entscheidungsregel zu verwenden (vgl. S. 39 ff.; dt. Ausg. S. 57 ff.).

Buchanan zieht zunächst die *Mehrheitsregel* in Betracht. Während die Einstimmigkeitsregel gerade deswegen, weil sie die Zustimmung aller Betei-

---

[8] Siehe dazu auch die klassische Abhandlung von *Wicksell,* Über ein neues Prinzip der gerechten Besteuerung (1896).

ligten verlangt, eine kollektive Entscheidung über die Bereitstellung eines öffentlichen Gutes nur dann ermöglicht, wenn dieses Gut für jedermann von Nutzen ist, garantiere die Mehrheitsregel ein solches Ergebnis nicht. Denn unter der Mehrheitsregel könne es vorkommen, daß jemand aufgrund einer Mehrheitsentscheidung für ein bestimmtes öffentliches Gut eine Nutzenein-buße erleide, die ihn schlechter stelle, als wenn diese Entscheidung nicht getroffen worden wäre. Die Mehrheitsregel lasse es daher zu, Güter, die bestimmten Personen aufgrund des konstitutionellen Kontrakts zuständen, diesen Personen gegen ihren ausdrücklichen Willen zu entziehen. Buchanan hält es deswegen nicht für angemessen, einen von der Mehrheitsregel beherrschten kollektiven Entscheidungsprozeß ,vertraglich' zu nennen. In einer Verfassung mit einer Entscheidungsregel, die zu weit von der Einstimmigkeit abweiche, seien die Individuen nicht mehr im vollen Sinne des Wortes ,Eigentümer' ihrer anfänglichen Ausstattung, da sie ihnen durch Mehrheitsentscheidungen jederzeit entzogen werden könnten (vgl. S. 42 f.; dt. Ausg. S. 61 f.).

Da ihm die Mehrheitsregel keine hinreichende Garantie konstitutioneller Rechte zu bieten scheint, will Buchanan den kollektiven Entscheidungsprozeß durch eine andere Form eines nichteinstimmigen Entscheidungsverfahrens geregelt wissen, welche die allgemeine Vorteilhaftigkeit kollektiver Entscheidungen eher gewährleistet. Zu diesem Zweck unterscheidet er *zwei Arten einer nichteinstimmigen kollektiven Willensbildung:* eine uneingeschränkte und eine eingeschränkte. Obwohl beide Arten *weniger als die volle Zustimmung aller Beteiligten* erfordern, führen sie zu ganz unterschiedlichen Ergebnissen. Während die erste Art nichteinstimmige kollektive Entscheidungen *uneingeschränkt* zuläßt, selbst auf die Gefahr hin, daß einige Personen durch diese Entscheidungen Nachteile erleiden, ist das Verfahren einer nichteinstimmigen kollektiven Willensbildung der zweiten Art so *eingeschränkt,* daß es im großen und ganzen die gleichen Ergebnisse generiert wie die Einstimmigkeitsregel, ohne jedoch mit deren enormen Verhandlungskosten verbunden zu sein. Ein Verfahren nichteinstimmiger kollektiver Entscheidungsfindung, der *keine konstitutionellen Grenzen* gesetzt sind, würde nach Buchanan darauf hinauslaufen, daß das Kollektiv in die Lage versetzt wäre, uneingeschränkt nichteinstimmige Entscheidungen zu treffen, die mit den im konstitutionellen Kontrakt einmütig vereinbarten Rechten in Konflikt geraten. Damit zeige sich, daß ein solches Verfahren einen *inneren Widerspruch* enthalte, denn es eröffne die Möglichkeit, einmütig beschlossene Rechte des konstitutionellen Kontrakts durch nichteinstimmige kollektive Entscheidungen im postkonstitutionellen Stadium aufzuheben und auf diese Weise zunichte zu machen.

Um diese Konsequenz zu vermeiden, erweise es sich daher als notwendig, *die Entscheidungsbefugnisse des Kollektivs und ihre Grenzen durch den konstitutionellen Kontrakt selbst festzulegen.* Als einen weiteren Grund für die konstitutionelle Beschränkung kollektiver Entscheidungsfindung führt Buchanan den Umstand ins Treffen, daß, wenn es keine Einschränkungen einer nichteinstimmigen kollektiven Willensbildung gebe, die Menschen um so größere Anstrengungen unternehmen würden, um Kontrolle über den kollektiven Entscheidungsprozeß zu erlangen; und dieser Umstand habe eine Verschwendung von Ressourcen zur Folge, die die Kostenvorteile eines uneingeschränkten nichteinstimmigen kollektiven Entscheidungsverfahrens wieder zunichte machen würde. Hobbes' Ansicht, die kollektive Entscheidungsgewalt des Souveräns müsse völlig unbeschränkt sein, lasse sich daher – so meint Buchanan – im Rahmen des Hobbesianischen Ansatzes selbst widerlegen (vgl. S. 43 ff.; dt. Ausg. S. 63 ff.).

Der kategoriale Unterschied zwischen der konstitutionellen und der postkonstitutionellen Stufe des Sozialkontrakts erfordert nun nach Buchanans Ansicht die Unterscheidung *zweier grundsätzlich verschiedener Funktionen des Staates,* die allerdings dauernd vermischt würden. Dabei handle es sich 1. um die Funktion des Staates als einer *Zwangsinstitution, die aus dem konstitutionellen Kontrakt hervorgehe:* In dieser Funktion stehe der Staat den Vertragsparteien gänzlich *extern* gegenüber und habe die ausschließliche Aufgabe, die vereinbarten Rechte in Übereinstimmung mit den freiwilligen Vertragsbeziehungen, vermittels welcher diese Rechte ausgetauscht werden, zu schützen; in dieser Rolle produziere der Staat nichts, was nicht wenigstens indirekt mit der Erzwingung von Verträgen verbunden wäre, und er fungiere daher nicht als kollektives Entscheidungsorgan; hinsichtlich dieser Funktion bezeichnet Buchanan den Staat als *„protektiven Staat".* Davon streng zu unterscheiden sei 2. die Funktion des Staates als einer *Institution, die aufgrund kollektiver Entscheidungen im postkonstitutionellen Stadium öffentliche Güter bereitstelle:* Der Prozeß der kollektiven Willensbildung lasse sich am besten als ein komplexer Austauschprozeß unter Beteiligung aller Mitglieder der Gemeinschaft verstehen, der durch irgendeine Form der ,Gesetzgebung' vollzogen werde; da der Staat in dieser Funktion Güter produziert, die über den bloßen Schutz der konstitutionellen Rechte hinausgehen, spricht Buchanan vom *„produktiven Staat".*

Während dem Prozeß der kollektiven Entscheidungsbildung im Rahmen des produktiven Staates im wesentlichen die *Gesetzgebung* entspreche, sei die *Gerichtsbarkeit* eher als ein Bestandteil des protektiven Staates zu sehen, weil sie zur Zwangsstruktur des Staates gehöre. Daher gelte für den Bereich des produktiven Staates das Erfordernis einer *demokratischen Willensbildung,* wogegen der protektive Staat als solcher *nicht demokratisch* sein könne in dem Sinne, daß seine Funktionen durch kollektive Entscheidungen ausgeübt würden. Denn im Rahmen des protektiven Staates seien, soweit es um die Erzwingung der im konstitutionellen Kontrakt festgelegten

Rechte gehe, keine ‚Wahlentscheidungen' (‚choices') im strengen Sinne zu treffen. Da die Struktur der individuellen Rechte oder Ansprüche, die erzwungen werden sollen, ebenso wie die Art der Zwangsausübung bereits durch den konstitutionellen Kontrakt vorher festgelegt sein müssen, erfordere die Ausübung der Zwangsgewalt – zumindest dem Ideal nach – nur die Feststellung der Tatsache einer Rechtsverletzung und die automatische Verhängung von Sanktionen. Zwar könne für die Feststellung von Tatsachen, wenn sie durch kollektive Organe, z.B. durch eine Jury, erfolge, eine Art der Mehrheitsentscheidung unter den beteiligten Personen vorgesehen sein, doch ziele die Einrichtung solcher Entscheidungsverfahren in diesem Falle nur darauf ab, den Prozeß der Tatsachenfeststellung möglichst akkurat zu gestalten (vgl. S. 68f.; dt. Ausg. S. 97ff.).

Was die Regeln der kollektiven Entscheidungsprozesse betrifft, aufgrund welcher im postkonstitutionellen Stadium kollektive Entscheidungen über die Bereitstellung und Finanzierung öffentlicher Güter getroffen werden können, so meint Buchanan, diese Regeln müßten schon im konstitutionellen Kontrakt festgelegt werden, wenn es zu keinen Widersprüchen zwischen konstitutionell vereinbarten Rechten und kollektiven Entscheidungen kommen soll. Eine teilweise ähnliche Konzeption öffentlicher Entscheidungsprozesse hat Buchanan bereits in dem zusammen mit Gordon Tullock verfaßten Buch „The Calculus of Consent" (1962) vertreten, das sich ebenfalls mit dem Problem der Rechtfertigung von Regeln der kollektiven Willensbildung befaßt und den Vorschlag enthält, als das Kriterium der Legitimität solcher Regeln deren allgemeine Konsensfähigkeit in einer anfänglichen Übereinkunft aller Betroffenen anzusehen[9]. Doch während dort angenommen wurde, daß die Beteiligten sich bei der konstitutionellen Aushandelung dieser Regeln in einer Situation der Unsicherheit über ihre Interessen in künftigen Kollektiventscheidungen befinden und daher eine Übereinkunft über vernünftigerweise ‚faire' und ‚effiziente' Entscheidungsregeln herzustellen bestrebt sind, geht Buchanan in „Limits of Liberty" von einem Modell aus, das die in der Realität bestehenden Ungleichheiten zwischen den Menschen in Rechnung stellt. Daraus ergibt sich, daß Buchanan die Regeln der kollektiven Entscheidungsfindung nun nicht mehr – wie im „Calculus of Consent" – für sich allein schon als eine politische Konstitution im engeren Sinne betrachtet, sondern sie als einen integralen Bestandteil

---

[9] Vgl. *Buchanan / Tullock,* The Calculus of Consent (1962a); siehe dazu auch die Diskussion des in diesem Buch vorgeschlagenen Verfassungsmodells bei: *Rae,* Entscheidungsregeln und individuelle Werthaltungen bei der Wahl einer Verfassung (1969); *Kirsch,* Ökonomische Theorie der Politik (1974), S. 43ff.; *Kirsch / Theiler,* Zur Verallgemeinerung von Buchanan - Tullocks allgemeiner ökonomischer Verfassungstheorie (1976/77); *Eschenburg,* Der ökonomische Ansatz zu einer Theorie der Verfassung (1977), S. 156ff.; *Lehner,* Einführung in die Neue Politische Ökonomie (1981), S. 52ff.; *Fritsch,* Ökonomische Ansätze zur Legitimation kollektiven Handelns (1983), S. 118ff.

eines *umfassenden konstitutionellen Kontrakts* versteht, in dem diese Regeln in einem unmittelbaren Zusammenhang mit den anderen konstitutionell vereinbarten Rechten und Ansprüchen stehen.

Wenn man davon ausgehe, daß die Regeln der kollektiven Willensbildung bereits im Rahmen eines umfassenden konstitutionellen Kontrakts vereinbart werden, dann verfüge man – so meint Buchanan – gleichzeitig über ein weiteres Mittel, um die Ergebnisse des konstitutionellen Kontrakts an die Position im natürlichen Gleichgewichtszustand möglichst gut anzupassen. Betrachten wir beispielsweise ein Individuum, dessen Position im anarchischen Gleichgewicht nicht signifikant schlechter ist als unter den Bedingungen eines einfachen Entwaffnungsvertrags. Wenn dieses Individuum die ihm durch den Zwang (einschließlich der Kosten der Zwangsinstitution) auferlegten Nachteile in Rechnung stellt, mag es zögern, überhaupt in den grundlegenden Sozialkontrakt einzutreten. Doch wenn wir annehmen, daß eine der vorgeschlagenen Klauseln des konstitutionellen Kontrakts zugleich statuiert, daß die öffentlichen Güter durch progressive Einkommenssteuern finanziert werden sollen, und wenn wir ferner annehmen, daß das betreffende Individuum entweder überdurchschnittlichen Bedarf an öffentlichen Gütern oder aber unterdurchschnittliche Einkommenserwartungen hat, dann kann dieser Teil des erweiterten Sozialkontrakts für diese Person einen positiven Anreiz darstellen, um dem Sozialkontrakt auch ohne vorherigen Gütertransfer zuzustimmen (vgl. S. 70 f.; dt. Ausg. S. 100 ff.).

Der *umfassende konstitutionelle Kontrakt,* wie ihn Buchanan sich vorstellt, besteht daher stets aus einer *Mixtur verschiedenartiger Bestandteile,* die in unterschiedlichen Kombinationen miteinander verbunden sein können. So muß der konstitutionelle Kontrakt seiner Ansicht zufolge zumindest folgende Elemente enthalten:

1. irgendeine Art der *Begrenzung des menschlichen Verhaltens gegenüber anderen Mitgliedern der Gemeinschaft* (Entwaffnungsvertrag);

2. eine *Definition der positiven Besitz- bzw. Verfügungsrechte an Gütern und an Ressourcen zur Produktion von Gütern* (wobei zu solchen Ressourcen menschliche Fähigkeiten ebenso gehören wie nicht-menschliche Faktoren, z.B. die Herrschaft über Grund und Boden);

3. die *Bedingungen* und die *Art der Ausübung von Zwangsgewalt,* wodurch die Arbeitsweise und die Grenzen des *protektiven Staates* im Detail geregelt werden; und schließlich

4. die *Regeln, unter welchen das Kollektiv Entscheidungen über die Bereitstellung und Finanzierung öffentlicher Güter treffen kann;* diese Regeln müssen die Arbeitsweise und die Grenzen des *produktiven Staates* im einzelnen spezifizieren.

Diese Elemente des konstitutionellen Vertrags können – je nach den relativen Ausgangspositionen der Beteiligten im anarchischen Gleichgewicht – in verschiedener Weise ausgestaltet werden, wobei zwischen den Elementen ein Verhältnis wechselseitiger Abhängigkeit besteht[10]. Entgegen der orthodoxen ökonomischen Doktrin vertritt Buchanan daher den Standpunkt, daß die privaten Eigentums- und Verfügungsrechte nicht isoliert von denjenigen Rechten betrachtet werden dürften, durch die das Kollektiv konstitutionell ermächtigt wird, öffentliche Entscheidungen zu treffen (vgl. S. 71 ff.; dt. Ausg. S. 102 ff.).

1.4. Dauer und Wandel des konstitutionellen Kontrakts

In seinen bisher referierten Überlegungen hat Buchanan der Einfachheit halber unterstellt, als würde der konstitutionelle Kontrakt ein für allemal abgeschlossen; der Faktor Zeit spielte keine Rolle. Doch gerade das Problem der Zeit ist seit Hume einer der beständigen Kritikpunkte gegen die Kontrakttheorien, die – wie auch Buchanans Konzeption – von einer möglichst realistischen Vorstellung des Naturzustandes ausgehen. Denn selbst wenn man annimmt, daß die soziale Ordnung unter Bedingungen eines solchen Naturzustandes gleichsam durch Vertrag zustandegekommen sei, erhebt sich sofort die Frage, was denn diejenigen Menschen an diese Ordnung binden sollte, die nicht an ihrer vertraglichen Etablierung beteiligt waren. Warum eigentlich sollten die Menschen freiwillig die bestehenden Regeln und Institutionen akzeptieren, selbst wenn diese als Ergebnis eines konstitutionellen Kontrakts zwischen ihren Vorfahren betrachtet werden können? Unter welchen Bedingungen ist es wahrscheinlich, daß Individuen die überlieferten Ordnungsregeln übernehmen und die bestehende Zuteilung individueller Rechte respektieren?

Buchanan meint, um diese Fragen beantworten zu können, sei es erforderlich, die jeweils bestehende Struktur zu betrachten und zu beurteilen, ob sie das Ergebnis eines Dauervertrags oder eines fortgesetzt abgeschlossenen Vertrags sein könnte. Angesichts einer gegebenen sozialen Ordnung, in die sich die Menschen hineingestellt finden, müsse sich jedermann die Frage stellen, welche Position er im Rahmen eines neu ausgehandelten konstitutionellen Kontrakts verglichen mit seiner jetzigen Stellung wahrscheinlich einnehmen würde. Komme eine Person zum Ergebnis, daß die für sie bei einer Neuverhandlung des sozialen Grundvertrags zu erwartende Position im wesentlichen ihrer Stellung im Rahmen der bestehenden Ordnung ent-

---

[10] Wie Buchanan andernorts zu zeigen versucht hat, läßt sich das Hobbes'sche Modell des Sozialkontrakts unter Annahme bestimmter Bedingungen im Naturzustand selbst dazu verwenden, um das Rawls'sche Differenzprinzip als Ergebnis des konstitutionellen Kontrakts zu begründen. Siehe dazu *Buchanan*, A Hobbesian Interpretation of the Rawlsian Difference Principle (1976 a).

spricht, dann werde sie vermutlich die bestehende Ordnung akzeptieren, auch ohne jemals an irgendeinem Kontrakt beteiligt gewesen zu sein. Ob und inwieweit eine bestehende soziale Ordnung von den Individuen akzeptiert werde, hänge daher vor allem davon ab, ob und inwieweit diese Ordnung mit deren *Neuverhandlungserwartungen* (,renegotiation expectations') übereinstimme. Doch da das Ausmaß, in dem dies zutrifft, offenbar von Gemeinschaft zu Gemeinschaft und von Zeit zu Zeit verschieden sei, gebe es, so schließt Buchanan, keinen allgemeingültigen idealen Maßstab, aufgrund dessen sich die Legitimität der rechtlichen oder konstitutionellen Struktur jeder Gesellschaft beurteilen lasse.

Ebenso wie es nach Buchanan eine rein ökonomische Erklärung für das Zustandekommen des konstitutionellen Kontrakts im Zustand der Anarchie gibt, glaubt er, daß auch eine rein ökonomische Erklärung für die Übernahme einer überlieferten Verfassung unter Bedingungen des Status quo möglich ist. Nun sieht sich Buchanan aber gerade an diesem Punkt einer gewissen Schwierigkeit gegenüber: Vom rein ökonomischen Standpunkt aus betrachtet, besteht nämlich überhaupt kein Unterschied zwischen der Verbindlichkeit der konstitutionellen Rechte für jemanden, der an ihrer vertraglichen Etablierung mitgewirkt hat, und ihrer Verbindlichkeit gegenüber Personen, für die dies nicht zutrifft. Rein ökonomisch betrachtet ist der Umstand, ob man an der vertraglichen Institutionalisierung einer Regel mitgewirkt hat oder nicht, für die Annahme oder Nicht-Annahme dieser Regel völlig unerheblich; denn auch wenn die Regel auf einer vertraglichen Vereinbarung beruht, an der man selber beteiligt war, kann es ökonomische Gründe geben, den Vertrag zu verletzen, sofern man sich daraus einen Vorteil verspricht. Umgekehrt gibt es keinen ökonomischen Grund, warum ein Individuum, dessen Neuverhandlungserwartungen mit bestimmten Regeln nicht übereinstimmen, diese Regeln eher verletzten sollte als ein Individuum, das ihnen im Sinne seiner Position im natürlichen Gleichgewicht zugestimmt hat; das Risiko, für die Regelverletzung bestraft zu werden, wäre ja für beide das gleiche. Da Buchanan realistischerweise aber dennoch behaupten möchte, daß verschiedene Individuen eine unterschiedliche Bereitschaft zur Anerkennung bestehender Normen zeigen, je nachdem, ob diese Normen ihren vernünftigen Neuverhandlungserwartungen im großen und ganzen entsprechen oder nicht, greift er hier entgegen seiner sonstigen Argumentationsweise auf die *ethischen Motivationen* der Individuen zurück: Da allgemein Konsens darüber bestehe, daß jemand dadurch, daß er einem Vertrag ausdrücklich zugestimmt habe, zur Einhaltung dieses Vertrags verpflichtet sei, hätten diejenigen, die an der vertraglichen Vereinbarung der konstitutionellen Rechte unmittelbar beteiligt waren, neben den ökonomischen Gründen, die sie von Normverletzungen abhalten, gewöhnlich auch *moralische* Beweggründe, die vereinbarten Regeln zu befolgen. Ein Nachlassen dieser Beweggründe werde daher wahrscheinlich dazu führen, daß, wenn sonst alle äußeren Umstände gleich bleiben, die rein ökonomisch motivierten Normverstöße zunehmen. Und da Buchanan annimmt, daß die Menschen eine moralische Verpflichtung zur Normbefolgung um so weniger verspüren, je weniger die bestehende Ordnung ihren Neuverhandlungserwartungen entspricht, gelangt er zur Schlußfolgerung, daß in dem Maße, in dem die Neuverhandlungserwartungen der Individuen vom Status quo abweichen, auch deren Gehorsamsbereitschaft gegenüber der etablierten Ordnung schwindet (vgl. S. 74 ff.; dt. Ausg. S. 106 ff.).

Die Gemeinschaft hat nun nach Buchanan zwei Möglichkeiten, um *auf eine wachsende Distanz zwischen dem Status quo und den Neuverhandlungserwartungen ihrer Mitglieder zu reagieren:* (1) sie kann die *Sanktionen für Normverletzungen verschärfen,* um potentielle Rechtsbrecher abzuschrecken, oder (2) sie kann die *Grundvereinbarung,* den Sozialkontrakt, *neu aushandeln,* um die konstitutionellen Rechte mit den geänderten Verhältnissen in Übereinstimmung zu bringen (vgl. S. 77 f.; dt. Ausg. S. 111 f.). Buchanan beschäftigt sich in seinen weiteren Überlegungen vor allem mit dem zweiten Weg, also mit der *Möglichkeit einer vertraglichen Veränderung* jener Regeln und Institutionen, die den *Status quo* bestimmen. Als Ausgangspunkt, von dem alle Veränderungsversuche ausgehen müssen, kommt dabei für ihn nur der *konstitutionelle Status quo* in Frage, schon deswegen, weil dieser Zustand tatsächlich besteht. Wie also kann ausgehend vom Status quo ein konstitutioneller Wandel vonstatten gehen? Buchanan meint, ein solcher Wandel lasse sich überhaupt nur vorstellen, wenn man von der dynamischen Betrachtungsweise ausgehe, daß sich der *Wert* von Rechten für die Individuen ändern könne. Denn nur wenn man annehme, daß sich die Rechte der Individuen in ihrem Wert ändern können, erscheine es möglich, daß es zu vertraglichen Vereinbarungen zwischen den Individuen kommt, durch die einige von ihnen freiwillig einer Einschränkung ihrer Rechte zustimmen: Sofern nämlich bestimmte Rechte ihren ursprünglichen Wert einzubüßen drohen, mag es im Interesse der Rechtsinhaber liegen, eine Einschränkung dieser Rechte gegen größere Sicherheit einzutauschen. Angenommen etwa, eine Person, die über ein bestimmtes Recht verfügt, komme zur Ansicht, dieses Recht werde aller Voraussicht nach seinen Wert verlieren, wenn die bestehende Struktur nicht geändert werde; unter dieser Voraussetzung dürfte sie einer Einschränkung ihres Rechts schon deshalb zustimmen, um größeren Schaden zu vermeiden. Auf diese Weise trage sie dem Umstand Rechnung, daß das anarchische Spiel der Kräfte, welches unter der Oberfläche der etablierten Ordnung ständig wirksam bleibe, eben zu einer Veränderung der natürlichen Verteilung geführt habe. Eine gute Illustration eines solchen Vorgangs liefert das folgende Beispiel:

„Nehmen wir an, zwei Personen, A und B, verfügen im natürlichen Gleichgewicht der Anarchie jeweils über einen Bestand von Konsumgütern im Werte von 10 bzw. 2 Einheiten. Diese Bestände sind der Nettoertrag ihres Aufwandes für Verteidigung und für Raubzüge. Ein Entwaffnungskontrakt wird ausgehandelt und ihre Bestände wachsen im postkonstitutionellen Stadium auf 15 Einheiten für A und 7 Einheiten für B, womit jede Person den Gegenwert von zusätzlichen 5 Einheiten gewinnt. Dieses Verhältnis bleibt einige Zeit aufrecht, aber nehmen wir an, daß sich nach x Zeiteinheiten die Kräfteverhältnisse zwischen den beiden Parteien ändern. Auch wenn die natürliche Verteilung der Anarchie nicht mehr feststellbar ist, wollen wir annehmen, daß A nun glaubt, beide Parteien würden im anarchischen Naturzustand gleich abschneiden, so daß die Verteilung jetzt eher bei 6 : 6 als beim ursprünglichen Verhältnis 10 : 2 zu liegen käme. In dieser Situation wird A die extreme Anfechtbarkeit der Verteilung von 15 : 7 im Status quo sehr wohl erkennen. Um sich größere Sicherheit zu verschaffen, daß eine voraussagbare Ordnung aufrecht erhalten bleibt, wird A nun wahrscheinlich freiwillig bereit sein, in eine Änderung der nominellen Rechte zu einer neuen Verteilung hin, sagen wir von 13 : 9, einzuwilligen." (S. 79; vgl. dt. Ausg. S. 113)

Diese Betrachtung möglicher Veränderungen des Status quo bzw. des konstitutionellen Kontrakts auf vertraglichem Wege bezieht nur ökonomische Faktoren ein. Das Konzept der Gerechtigkeit kommt in ihr nicht vor. Buchanan räumt zwar ein, daß neben ökonomischen Gründen faktisch sicherlich auch oft Vorstellungen sozialer Gerechtigkeit bei konstitutionellen Veränderungen eine Rolle spielen, doch meint er, der Einfluß des Gerechtigkeitsbewußtseins werde gern überschätzt, und zwar deshalb, weil selbst dann, wenn die Menschen Veränderungen vorwiegend aus ökonomischen Gründen befürworten, die öffentliche Diskussion meist in der Rhetorik von Gerechtigkeitsforderungen geführt werde.

Ausgehend von der Annahme, daß Veränderungen der grundlegenden institutionellen Struktur nur legitim sind, wenn sie einer vertraglichen Übereinkunft aller Beteiligten entspringen, wendet sich Buchanan gegen die seines Erachtens immer mehr um sich greifende Praxis des Staates, konstitutionelle Änderungen willkürlich von sich aus zu oktroyieren. Denn es verstehe sich von selbst, daß, wenn der Status quo eine Struktur von konstitutionellen Grundrechten definiere, diese nicht einfach willkürlich geändert werden dürfe. Die Ansicht, daß der Staat die Kompetenz habe, die konstitutionellen Rechte der Bürger von sich aus festzulegen, stehe der ganzen Vorstellung des Staates als einer durch den konstitutionellen Kontrakt eingerichteten überparteilichen Zwangsagentur diametral entgegen. Der Staat sei vielmehr in seiner Machtbefugnis – abweichend von Hobbes' Ansicht, aber in Übereinstimmung mit Locke – durch die Bestimmungen des konstitutionellen Kontrakts limitiert. Und da Buchanan zusätzlich von der Präsumtion ausgeht, dieser Kontrakt finde im Status quo seinen natürlichen Ausdruck, vertritt er konsequenterweise die Auffassung, daß der Staat von sich aus die bestehenden institutionellen Verhältnisse nicht ändern dürfe. Wenn die staatliche Gewalt die ihr durch den konstitutionellen Kontrakt eingeräumte Machtbefugnis dazu benütze, um die rechtliche Struktur zu ändern, dann, so meint er, verletze sie die konstitutionellen Rechte und ihr Handeln sei ebenso als kriminell zu bezeichnen wie das normverletzende

Handeln einzelner Personen. Das gelte unabhängig davon, in welcher Weise staatliche Entscheidungen getroffen würden, solange nicht Einstimmigkeit bestehe; also auch dann, wenn das Handeln des Staates von einer Mehrheit der Bürger gutgeheißen oder von einer Mehrheit der gewählten Vertreter in der Gesetzgebung beschlossen werde (vgl. S. 82 ff.; dt. Ausg. S. 117 ff.).

Buchanan übersieht nicht, daß seine Annahme, die Verhältnisse des Status quo seien das Ergebnis eines konstitutionellen Kontrakts, alles andere als selbstverständlich ist. Denn was sollte den Status quo eigentlich gerechtfertigt erscheinen lassen, wenn ein ursprünglicher Vertrag niemals geschlossen wurde, oder wenn die Mitglieder der Gemeinschaft keine moralische Verpflichtung empfinden, den Regeln des Status quo zu gehorchen, oder wenn der konstitutionelle Kontrakt seit geraumer Zeit in großem Ausmaß verletzt wurde, sei es von der Regierung, sei es von einzelnen Personen? Kann der Status quo unter diesen Voraussetzungen denn überhaupt als legitimer Ausdruck eines konstitutionellen Kontrakts angesehen werden? Überraschenderweise beantwortet Buchanan diese Frage mit Ja, und zwar mit folgender Begründung:

„Der Status quo definiert das, was besteht. Daher muß er, ungeachtet seines historischen Zustandekommens, so bewertet werden, als ob er vertraglich legitimiert wäre. Die Dinge hätten historisch anders verlaufen können, doch sie sind nun einmal so, wie sie sind. Die Tatsache, daß die Regierung die festgelegten Bestimmungen exzessiv und wiederholt verletzt haben mag, ändert nichts an der Einzigkeit des Status quo. Frühere Verletzungen dürften es allerdings wahrscheinlicher machen, daß die bestehende rechtliche Ordnung von jenen möglichen Ordnungen, die den Neuverhandlungserwartungen einer großen Zahl von Mitgliedern der Gemeinschaft entsprechen, erheblich abweicht." (S. 85; vgl. dt. Ausg. S. 121)

Wenn man den Status quo als vertraglich legitimiert betrachtet, steht es, wie Buchanan glaubt, noch immer offen, ihn in verschiedener Weise zu bewerten: die bestehende Struktur von Rechten könne die Legitimität, die sie beansprucht, verdienen oder nicht verdienen. Wenn sie sie nicht verdiene, dann sollte es Möglichkeiten ihrer *Reformierung* geben, der alle Gesellschaftsmitglieder zustimmen können. Eine Reform, die gewaltsam vollzogen werde, könne dagegen schwerlich Zustände herbeiführen, die als legitim anerkannt werden könnten; eine erzwungene Änderung würde vielmehr nur zu weiteren Verletzungen des impliziten Kontrakts führen. Buchanan gibt sich allerdings nicht der Illusion hin, eine friedliche Änderung der konstitutionellen Ordnung sei immer möglich. Denn er meint, es sei keineswegs ausgeschlossen, daß diejenigen, die innerhalb der bestehenden Ordnung bevorzugte Stellungen einnehmen, nicht bereit sind, auf ihre Privilegien zu verzichten, vor allem dann nicht, wenn sie zugleich den Staatsapparat kontrollieren. Eine solche Situation fordere eine *Revolution* heraus, die die Gesellschaft in die ungeordnete Anarchie des Naturzustandes zurückfallen lasse, bis ein neuer natürlicher Gleichgewichtszustand zu einer neuen konstitutionellen Ordnung führe. Damit sei nicht gesagt, daß nicht auch eine ganz unangepaßte Struktur von Rechten durch Zwang und Gewalt eine Zeitlang aufrechterhalten werden könne; doch werde eine fortdauernde Erzwingung unangepaßter Rechte mehr und mehr unmöglich. Zur fortschreitenden Aushöhlung der legalen Ordnung durch fortgesetzte Verletzungen des impliziten Kontrakts seitens der Staatsmacht oder seitens der Individuen gebe es jedenfalls nur eine wirksame Alternative: die übereinstimmende oder vertragliche Anpassung der konstitutionellen Ordnung an die geänderten Verhältnisse (vgl. S. 84 ff.; dt. Ausg. S. 121 ff.).

Damit ist das ‚individualistisch-demokratische' Modell der politischen Rechtfertigung, das Buchanan in „The Limits of Liberty" entwickelt, in seinen wesentlichen Grundsätzen skizziert. Aus der Fülle weitergehender Betrachtungen, die er in diesem Werk darüber hinaus anstellt, um seine Konzeption anhand spezieller Fragestellungen zu vertiefen und zu verfeinern, fasse ich abschließend nur noch einige seiner Überlegungen über die Gefahren staatlicher Machtexpansion zusammen, weil diese Überlegungen die politische Zielrichtung, die Buchanan mit seiner Theorie verfolgt, besonders deutlich hervortreten lassen.

1.5. Das Paradoxon staatlicher Herrschaft und die Gefahr des Leviathan

Der Prozeß staatlicher Herrschaftsausübung enthält, so behauptet Buchanan, ein Paradoxon, welches sich schon in den äußeren Erscheinungen des öffentlichen Lebens sichtbar manifestiere: das Paradoxon, daß ein permanentes und mit der Zunahme staatlicher Macht wachsendes *Widerstreben gegen die staatliche Herrschaft* – ein Widerstreben, das aus dem menschlichen Drang nach Freiheit erwachse – mit einer fortschreitenden *Expansion staatlicher Herrschaft* Hand in Hand gehe (vgl. S. 91 f.; dt. Ausg. S. 129 ff.).

Als eine der Quellen dieses paradox anmutenden Vorgangs benennt Buchanan die Verquickung der Funktionen des protektiven mit denen des produktiven Staates. Ein gewisses Gefühl der Entfremdung gegenüber dem Staat sei allein schon mit der Erzwingung der konstitutionellen Rechte durch den Staat als einer den Bürgern äußerlich gegenüberstehenden Zwangsgewalt verbunden, einfach deshalb, weil die Ausübung von Zwang immer ein gewisses Unbehagen bei den potentiellen Rechtsbrechern hervorrufe – dies selbst unter den idealisierten Bedingungen eines tatsächlichen Sozialkontrakts und natürlich um so mehr unter den weniger günstigen Umständen der realen Welt (vgl. S. 95 f.; dt. Ausg. S. 135 ff.). Dazu komme, daß nicht nur die Aufgaben des protektiven Staates, sondern auch die des produktiven Staates die staatliche Zwangsgewalt brauchen, um den Ergebnissen der kollektiven Entscheidungen über die Bereitstellung und

Finanzierung öffentlicher Güter Geltung zu verschaffen. Dieser Umstand schaffe zwischen dem protektiven und dem produktiven Staat einen notwendigen Zusammenhang, der das Frustrationsgefühl der Bürger verstärke. Denn obwohl sich die Effizienz des produktiven Staates bei der Bereitstellung öffentlicher Güter und Dienste teilweise aus der kostensparenden Wirkung eines nicht rein freiwilligen Verhandlungs- und Entscheidungsprozesses ergebe, führe gerade dieser kollektive Entscheidungsprozeß dazu, daß durch fast jede kollektive Entscheidung einige Teilnehmer zu etwas gezwungen werden, was sie nicht wollen. In dem Maße, in dem bei Budget- und Besteuerungsentscheidungen von der Einstimmigkeit abgewichen werde, entstünden daher für einen Teil der Bürger Verluste im Sinne von Opportunitätskosten (vgl. S. 97 ff.; dt. Ausg. S. 138 ff.). Buchanan demonstriert das an dem folgenden schönen Beispiel:

> „Stellen wir uns eine politisch organisierte Bürgerschaft vor, die seit langer Zeit mit einer Verfassung operiert hat, die für Budgetentscheidungen die einfache Mehrheitsregel vorsieht. Die Ausgaben- und Besteuerungsentscheidungen werden in Bürgerversammlungen getroffen. (Diese Vereinfachung sei hier gemacht, um unnötige Komplikationen zu vermeiden, die mit der Repräsentation verbunden sind.) Nehmen wir an, es werde der Antrag gestellt, einen neuen Gemeindesaal durch eine Erhöhung des allgemeinen Grundsteuersatzes zu finanzieren. Dieser Antrag findet eine Mehrheit in der Versammlung und ist damit angenommen. Jede Person, die gegen diese Maßnahme ist, wird nun aber durch diese politische Entscheidung einen Opportunitätsverlust erleiden, der sich aus dem Verzicht auf die von ihr bevorzugten Möglichkeiten ergibt. Für diese enttäuschten Mitglieder der unterlegenen Minderheitskoalition ist das Budget zu umfangreich, doch das beobachtete Abstimmungsverhalten läßt vermuten, daß ein Antrag auf Aufhebung des Beschlusses keine Erfolgsaussicht hätte. Die Mitglieder dieser unterlegenen Koalition werden nun, einzeln oder in Gruppen, veranlaßt sein, andere Ausgabenpläne auszuarbeiten und vorzuschlagen, die sie persönlich bevorzugen und die ihnen mehr Vorteile aus den anfallenden Steuerleistungen versprechen. Einige dieser Personen oder ein politischer Unternehmer, der ihr Interesse aufgreift, werden versuchen, neue Budgetvorschläge einzubringen, die die Unterstützung seitens einer Majorität finden könnten. Doch sobald ein zweiter derartiger Vorschlag, sagen wir z. B. für ein neues Schwimmbecken, ins öffentliche Budget aufgenommen wird, gibt es wieder eine enttäuschte Minorität. Das Budget mag nun sogar für manche der Personen, die dem ersten Antrag auf Finanzierung des Gemeindesaales zugestimmt haben, zu groß geworden sein; sie werden ebenfalls Opportunitätsverluste erleiden. Für Personen, die keiner dieser beiden Mehrheiten angehören, nehmen die Opportunitätsverluste mit wachsendem Budget zu und sie sind nun um so stärker motiviert, ‚budgetäre Gerechtigkeit‘ durchzusetzen, indem sie die Beschlußfassung wenigstens einiger Projekte erreichen, die sie höher bewerten." (S. 101; vgl. dt. Ausg. S. 143 f.)

Durch einen fortgesetzten Prozeß dieser Art müsse so jedes Mitglied der Gemeinschaft schließlich das Gefühl bekommen, Opportunitätsverluste zu erleiden. Das gelte selbst dann, wenn das Budget hinsichtlich der Allokation der Budgetmittel vollkommen *effizient* verwendet werde, eine Voraussetzung, die in Wirklichkeit kaum jemals erfüllt sei. Und natürlich nehme diese fiskalische Frustration der Bürger um so mehr zu, je stärker der öffentliche Sektor im Vergleich zum privaten anwachse (vgl. S. 102; dt. Ausg. S. 145 f.).

Nun komme aber noch hinzu, so fährt Buchanan fort, daß die hohen Entscheidungskosten, die ein direktes demokratisches Entscheidungsverfahren verlangen würde, irgendeine Art der *Repräsentation* erfordern, vermöge welcher eine Unterklasse der Beteiligten für alle verbindliche Entscheidungen treffen könne. Und natürlich müßten auch diese Entscheidungen, wenn sie einmal getroffen seien, durchgesetzt werden können. Der produktive Staat bedürfe daher, um seinen Entscheidungen Geltung zu verschaffen, der Zwangsgewalt des protektiven Staates, ein Umstand, den der Bürger, der bestimmten Entscheidungen zur Bereitstellung öffentlicher Güter ablehnend gegenüberstehe, als weitere Beeinträchtigung seiner Rechte empfinden müsse. Denn die Zwangsmaßnahmen des Staates werden, so glaubt Buchanan, im Falle der Durchsetzung von Entscheidungen des produktiven Staates ganz anders aufgefaßt, als wenn sie bloß zur Durchsetzung vertragsmäßiger Rechte dienen: Während hier die Rechte und die Vertragsbedingungen explizit bekannt und zuvor akzeptiert worden seien, werfe die Durchsetzung kollektiver Entscheidungen stets die Frage auf, ob sie die Grenzen des Zulässigen nicht bereits überschreiten (vgl. S. 103 ff.; dt. Ausg. S. 147 ff.).

Die Entfremdung des Bürgers im Verhältnis zum Staat erhalte schließlich dann zusätzliche Nahrung, wenn der Zwangsapparat des protektiven Staates seine Autorität auf den Bereich des produktiven Staates auszudehnen versuche. Die Versuchung hierzu sei jedenfalls vielfach gegeben; denn wenn die Grenze zwischen der protektiven und der produktiven Funktion des Staates allzusehr verwischt werde, dann bestehe die Gefahr, daß auch die staatliche Zwangsgewalt ihrer konstitutionell festgelegten Aufgabe untreu werde und die Grenzen ihrer Befugnis überschreite (vgl. S. 105 f.; dt. Ausg. S. 149 ff.).

Buchanan sieht die Gefahr eines unkontrollierten Überhandnehmens des Staates, seines Anwachsens zu einem ungebändigten ‚*Leviathan*‘, gerade auch in der modernen Demokratie, die sich mit der Idee einer an die Zustimmung freier und unabhängiger Bürger gebundenen staatlichen Machtausübung legitimiert. Denn abgesehen davon, daß auch diese Idee das Entstehen neuer Diktaturen und Elitenherrschaften nicht zu verhindern vermochte, tendiere gerade die moderne Demokratie dazu, ein *bürokratisches Netzwerk* auszubilden, das die Menschen ihrer ursprünglichen Freiheit nach und nach beraube (vgl. S. 147 ff.; dt. Ausg. S. 209 ff.).

Buchanan versucht diesen Prozeß deutlich zu machen, indem er die Ergebnisse von *Mehrheitsentscheidungen in der repräsentativen Demokratie* mit der Idealvorstellung einer politischen Willensbildung konfrontiert, die völlige Einmütigkeit aller Beteiligten erfordert. Wenn wir uns eine Gemeinschaft vorstellen, in der kollektive Entscheidungen nur durch einmütige Zustimmung aller Mitglieder getroffen werden können, und wenn wir ferner die unrealistische Annahme machen, diese Regel arbeite ohne erhebliche Verhandlungskosten, so haben wir nach Buchanans Auffassung ein Entscheidungsmodell, dessen Ergebnisse von den Beteiligten schwerlich als unerwünscht oder ineffizient beurteilt werden könnten. Da jede Person jeder getroffenen Entscheidung positiv zugestimmt haben muß, können die Ergebnisse eines solchen Entscheidungsprozesses – wenn überhaupt – jemandem nur dann als unerwünscht erscheinen, wenn er zunächst zwar jede Einzelentscheidung einer Sequenz von Entscheidungen für sich genommen gebilligt hat, am Ende aber doch findet, daß die Ergebnisse der ganzen Entscheidungssequenz zusammengenommen nicht wünschenswert sind. Obzwar diese Möglichkeit nach Buchanan durchaus besteht – er verweist u.a. auch auf analoge Fälle im persönlichen Bereich, wie z.B. auf die langfristig unerwünschten Folgen übermäßigen Essens –, kann dieser Rationalitätsmangel seiner Ansicht nach unter der Voraussetzung der Einstimmigkeit relativ leicht korrigiert werden: Denn ebenso wie ein Individuum seine Einzelentscheidungen im persönlichen Bereich seiner langfristigen Nutzenkalkulation anpassen könne, wenn es die langfristigen Wirkungen seines Entscheidens erkenne, könne es bei kollektiven Entscheidungen, deren langfristige Folgen es als unerwünscht betrachtet, seine Zustimmung verweigern; daher genüge unter der Einstimmigkeitsbedingung schon die Existenz einer einzigen Person, die sich in ihrem Verhalten beschränke, um auch das kollektive Handeln zu beschränken (vgl. S. 149 f.; dt. Ausg. S. 212 ff.).

Während also die Einstimmigkeitsregel nach Buchanans Ansicht eine hinreichende Gewähr bietet, um die staatliche Machtausübung wirksam unter Kontrolle halten zu können, hält er das bei kollektiven Entscheidungen nach dem *Mehrheitsprinzip* für nicht möglich. Um dies zu demonstrieren, unterstellt er zunächst eine konstitutionelle Struktur, die bestimmte individuelle Rechte definiert, Verträge zwischen Personen schützt und darüber hinaus verlangt, daß alle kollektiven Entscheidungen durch Mehrheitsentscheidungen in bestimmten legislativen Körperschaften stattfinden; dabei setzt er schon voraus, daß diesen Mehrheitsentscheidungen gewisse konstitutionelle Grenzen gesetzt sind, wenn auch die Erfahrung lehre, daß solche Grenzen nicht immer respektiert würden. Buchanan entwickelt nun sein Argument in *zwei Stufen:* Zuerst betrachtet er den Prozeß demokratischer Mehrheitsentscheidungen unter der *Voraussetzung, daß alle Mehrheitsentscheidungen zugunsten öffentlicher Ausgaben effizient im Sinne des Kosten-Nutzen-Kriteriums sein müssen,* d.h. daß die Gesamtvorteile des betreffenden Projekts die Gesamtkosten ungeachtet der Stimmenzahl überwiegen müssen. Da nach dieser Voraussetzung jedes einzelne Projekt staatlicher Tätigkeit dem Effizienzkriterium genügt, könnte es scheinen, daß auch die Gesamtheit aller staatlichen Tätigkeiten, das aggregierte Budget, den Effizienztest bestehen muß. Das ist jedoch – wie Buchanan zeigt – keineswegs notwendig der Fall; denn wenn zu den unmittelbaren Kosten der Einzelprojekte noch *soziale Kosten* kommen, wie etwa durch die externen Effekte mehrerer Projekte zusammen, dann könne dies zur Folge haben, daß diese Projekte, von denen jedes einzelne *für sich genommen* effizient ist, *in ihrer Gesamtheit* nicht effizient seien. Dazu komme, daß die Kosten der Aufbringung der finanziellen Mittel für öffentliche Vorhaben mit zunehmendem Budgetvolumen wachsen; auch werde der Anreiz, Einkommen und Vermögen zu erwerben, durch eine zunehmende Steuerbelastung reduziert. Da diese sozialen Kosten, die nach Buchanans Ansicht mit dem Budgetvolumen überproportional steigen, bei den notwendigerweise stückwerksartigen Budgetentscheidungen meist nicht berücksichtigt würden, garantiere eine Budgetpolitik, in der jede einzelne Budgetentscheidung dem Kriterium der Effizienz genüge, keineswegs auch schon die Effizienz des Gesamtbudgets. Um die Budgetmacher und legislativen Mehrheiten daran zu hindern, Budgets zu beschließen, die sich zu Größen jenseits der Effizienzgrenze aggregieren, sollten daher, so rät Buchanan, *Umfangsgrenzen* und andere Beschränkungen betreffend die öffentlichen Ausgaben ausdrücklich in die Verfassung aufgenommen werden (vgl. S. 151 ff.; dt. Ausg. S. 214 ff.).

Auf der zweiten Stufe seiner Analyse von Mehrheitsentscheidungen in der repräsentativen Demokratie läßt Buchanan die – in Wirklichkeit ja keineswegs immer zutreffende – Voraussetzung fallen, alle Entscheidungen über öffentliche Ausgaben seien per se effizient. Ohne diese Voraussetzung liege es nahe anzunehmen, daß zumindest einige mehrheitlich beschlossene Budgetentscheidungen ökonomisch *ineffizient* seien, d.h. im ganzen gesehen mehr Kosten als Nutzen verursachen. Solche Entscheidungen werden – so behauptet Buchanan – der unterlegenen Minorität nicht nur Nettoverluste bringen, sondern diese Verluste werden auch die Vorteile, die den Angehörigen der Mehrheit zugute kommen, überwiegen.

Ein einfaches Beispiel: Nehmen wir an, es gebe drei voneinander unabhängige Vorhaben über die Bereitstellung kollektiver Güter, von denen jedes $ 99 kostet und durch eine steuerliche Belastung der Personen A, B und C im Ausmaß von je $ 33 finanziert werden soll. Der Nutzen dieser drei Vorhaben teile sich wie folgt auf:

Personen	Vorhaben I Nutzen in $	Vorhaben II Nutzen in $	Vorhaben III Nutzen in $
A	35	35	0
B	35	0	35
C	0	35	35

Demnach würde jedes dieser drei Vorhaben beschlossen werden, sofern sie getrennt zur Entscheidung gestellt werden. Und jede Person würde für alle drei Vorhaben insgesamt $ 99 an Steuern zu zahlen haben, aber daraus nur einen Nutzen von $ 70 ziehen. Alle wären daher mit dem die drei Projekte umfassenden Budget schlechter dran, als wenn keines der öffentlichen Güter bereitgestellt würde. Buchanan folgert daraus, daß Budgets in einem Prozeß einfacher Mehrheitsentscheidungen überexpandieren werden, wenn die Budgetentscheidungen im legislativen Verfahren getrennt behandelt werden und wenn die Vorteile weniger gestreut sind als die Steuern. Dieser Ineffizienz könne jedoch durch eine ‚Internalisierung‘ der Kosten in Form einer *umfassenden Beschlußfassung über das ganze Budget* teilweise entgegengewirkt werden. So würden etwa die drei Projekte aus dem obigen Beispiel, wenn sie zusammen zur Entscheidung gestellt werden, keine Zustimmung finden. Buchanan fordert demgemäß, der staatlichen Budgetpolitik konstitutionelle Restriktionen aufzuerlegen, derart, daß nur solche Vorschläge behandelt werden sollten, die allgemeine Vorteile *für die Gesamtheit der Gemeinschaftsmitglieder* erwarten lassen (vgl. S. 154 f.; dt. Ausg. S. 219 ff.).

Damit aber nicht genug: Der Prozeß kollektiven Entscheidens in der repräsentativen Demokratie erweist sich laut Buchanan noch als erheblich problematischer, wenn man in die Überlegungen auch den *Einfluß der Politiker und Beamten* mit einbezieht, die ja in den bisher verwendeten Modellen keine Rolle spielten. Dieser Einfluß ist sicherlich beträchtlich, da die Entscheidungen über öffentliche Güter und Dienste ja nicht unmittelbar von den Wählern, sondern von den Politikern und Beamten getroffen werden. Denn diese sind es ja, die den Umfang öffentlicher Güter und Dienste und damit das Volumen des Gesamtbudgets einschließlich seiner Verteilung und Finanzierung letztlich bestimmen. Und Buchanan meint, es erscheine nur natürlich, daß auch die Politiker und Beamten gewisse persönliche Interessen am Umfang des öffentlichen Sektors, seinen Einnahmen und der Verwendung seiner Ausgaben haben. Werde das zugegeben, so sei klar, daß die Budgetentscheidungen nicht ausschließlich die Präferenzen der Wähler, sondern vor allem auch die persönlichen Präferenzen der Politiker und Beamten reflektieren werden. Im Rahmen dessen, was der Politiker als seinen Handlungsspielraum betrachte, werde er versuchen, seinen eigenen Nutzen, oder um mit Buchanan zu sprechen: sein ‚politisches Einkommen‘, zu maximieren. Dieses politische Einkommen könne dabei in verschiedenen Dingen bestehen: in Einfluß, Prestige oder, wenn man den ideologisch engagierten Politiker in Betracht ziehe, einfach in der Durchsetzungschance gewisser ideologischer Ziele. Doch gleichgültig, worin die Motivation von Politikern auch bestehen mag, das Ergebnis ihres Handelns ist nach Buchanan immer dasselbe: Alle seien darauf aus, den Umfang des öffentlichen Sektors zu vergrößern, so daß es zu einer *ineffektiven Ausweitung öffentlicher Ausgaben* im Interesse bestimmter Wählergruppen komme. Wenn man hinzunehme, daß die Politiker vielfach auch ihre eigenen pekuniären Interessen durch ihr Amt zu fördern trachten, werde die Ineffizienz wahrscheinlich um so größer, je größer die öffentlichen Haushalte sind, da mit dem Volumen des öffentlichen Sektors auch die Korruptions- und Mißbrauchsmöglichkeiten zunehmen.

Die Agenden des öffentlichen Sektors werden von Beamten und Bürokraten ausgeübt. Je größer der öffentliche Sektor, desto mehr Beamte und Organe gibt es. Da aber die Beamten selbst Wähler seien und da die Bürokratie vielfältige Möglichkeiten der Gewinnerzielung biete, lasse sich annehmen, daß die Budgets um so mehr zur Überexpansion tendieren werden, je größer der Anteil der Beamten an der gesamten Wählerschaft ist. Denn die Beamten einer Regierungsagentur, die ein öffentliches Gut bereitstellt, werden auch dann dazu neigen, einer Ausweitung der dieses Gut betreffenden Budgetausgaben das Wort zu reden und Einschränkungen entgegenzutreten, wenn sie als Steuerzahler und Konsumenten keinen Vorteil aus der Bereitstellung dieses Guts ziehen. Für Buchanan ergibt sich daraus der Schluß, daß es besser wäre, wenn die Beamten und Bürokraten kein volles Wahlrecht hätten, oder wenn wenigstens ihre Gehälter nicht durch den Staat selbst, sondern extern durch den Wettbewerb bestimmt würden (vgl. S. 156 ff.; dt. Ausg. S. 222 ff.).

Angesichts aller dieser verschiedenen Faktoren, die allesamt eine Ausweitung des öffentlichen Sektors bedingen, gelangt Buchanan zum Ergebnis, daß die Funktionsweise des demokratischen Prozesses selbst unter günstigen Bedingungen zu einer Expansion staatlicher Machtausübung führe. Damit drohe die Demokratie zu ihrem eigenen Leviathan zu werden, wenn nicht die konstitutionellen Grenzen von demokratischen Mehrheitsentscheidungen klar definiert seien und auch tatsächlich respektiert würden. Der produktive Staat, in dem die Mehrheitsdemokratie ihren Platz habe, verkörpere idealerweise den postkonstitutionellen Kontrakt zwischen den Bürgern, die auf diese Weise für die Bereitstellung gemeinsam erwünschter Güter und Dienste sorgen. Doch in dem Maße, in dem die Mehrheitsdemokratie sich staatlicher Institutionen bediene, um die durch den präsumtiven konstitutionellen Kontrakt definierte Grundstruktur individueller Rechte zu ändern, greife der produktive Staat auf den Bereich des protektiven Staates über (vgl. S. 161 f.; dt. Ausg. S. 230 f.).

Es verletzte jedoch ebenso die konstitutionellen Grenzen staatlichen Handelns, wenn umgekehrt die Agenturen des protektiven Staates aufgrund vermeintlicher Kompetenzen im postkonstitutionellen Bereich tätig würden. Der protektive Staat habe einzig und allein die Aufgabe, als ein unparteiischer Schiedsrichter für die Durchsetzung der durch den konstitutionellen Kontrakt definierten individuellen Rechte zu sorgen, vor allem für den Schutz der Eigentumsrechte und der Austauschbeziehungen. In Wirklichkeit aber zeige sich, daß die Einrichtungen des protektiven Staates nicht nur oft in die Rechte der Bürger eingreifen und ohne deren Zustimmung die rechtliche Grundstruktur verändern, sondern daß sie vielfach auch legislative Funktionen übernehmen, indem sie Entscheidungen über öffentliche Güter treffen. Obwohl dieser Aspekt der Drohung des staatlichen Leviathan nach Buchanans Auffassung logisch ganz unabhängig von der Expansion des öffentlichen Sektors ist, glaubt er historisch doch einen signifikanten Zusammenhang zwischen dem wachsenden Staatshaushalt einerseits und einer zunehmend unverantwortlichen Interpretation des Rechts andererseits zu erkennen. Denn beide Seiten der Ausweitung staatlicher Macht fänden Nahrung durch ein und dieselbe falsche Philosophie, der zu widerstehen uns Buchanan nicht ohne Emphase auffordert:

„Die ständig wachsenden Budgets sind eine Folge der liberalen Tradition Amerikas, die der Regierung die Aufgabe zuweist, die ‚gute Gesellschaft‘ zu schaffen. Die Anmaßung der administrativen und im besonderen der richterlichen Elite, die rechtliche Grundstruktur durch Machtspruch zu ändern, hat dieselbe Quelle. Wenn die ‚gute Gesellschaft‘ nicht nur zuerst durch den Staat definiert, sondern dann auch durch ihn hergestellt werden kann, dann halten sich die Menschen, die sich – sei es in der Legislative, Exekutive oder in der Gerichtsbarkeit – mit Machtbefugnissen ausgestattet sehen, gewissermaßen für moralisch verpflichtet, die Gesellschaft dem gesteckten Ziel näherzubringen.

Hier liegt eine grundlegende philosophische Konfusion vor, die es auszuräumen gilt, wenn der Leviathan gebändigt werden soll. Eine ‚gute Gesellschaft‘, die unabhängig von den Entscheidungen ihrer Mitglieder, u. zw. *aller* ihrer Mitglieder, definiert wird, steht im Widerspruch zu einer sozialen Ordnung, die sich aus individuellen Werten herleitet. Im postkonstitutionellen Stadium des Kontrakts sind diejenigen Ergebnisse ‚gut‘, die aus den Entscheidungen der Menschen resultieren, und zwar sowohl im privaten wie auch im öffentlichen Bereich. Ob ein Ergebnis ‚gut‘ ist, bemißt sich an prozeduralen Kriterien, die bei seinem Zustandekommen einzuhalten sind, und nicht an substantiellen Kriterien, die einem solchen Ergebnis inhärent wären. Der Politiker, der – wenn auch nur im allgemeinen und unvollkommen – die Bürgerschaft vertritt, sucht stets einen Konsens zu erreichen und annehmbare Kompromisse zwischen konfligierenden individuellen und Gruppeninteressen zu finden. Er ist nicht auf der Suche nach der ‚Wahrheit‘ und er verhält sich nicht richtig, wenn er irgendein vorgegebenes Ideal verfolgt, das den Hirnen seiner akademischen Mentoren entstammt. Der Richter befindet sich in einer ganz anderen Position. Er sucht die ‚Wahrheit‘, nicht einen Kompromiß. Aber er sucht die Wahrheit nur in den Grenzen der konstitutionellen Struktur. Er sucht und findet ‚das Recht‘. Er legt aber nicht neue Regeln fest. In dem Maße, in dem er den grundlegenden konstitutionellen Kontrakt willkürlich zu ändern versucht, um ihn seinen selbstherrlich definierten Idealen anzupassen, irrt er in seinem ganzen Verständnis seiner gesellschaftlichen Funktion, und zwar mehr noch als der gewählte Politiker, der den liberalen Gral sucht.

Falsche philosophische Lehren, die so weitgehend vertreten werden, können nicht leicht überwunden werden. Wenn unser Leviathan unter Kontrolle gehalten werden soll, müssen Politiker und Richter dazu kommen, ihre Grenzen zu respektieren. Ihre fortgesetzten Bemühungen, die ihnen eingeräumte Autorität dafür einzusetzen, um naive Vorstellungen sozialer Ordnung durchzusetzen, müssen zu einem Niedergang ihres eigenen Ansehens führen. (...)

Es mag sein, daß der Leviathan sich durch Gewalt am Leben hält; es mag sein, daß der Hobbes'sche Souverän unsere Zukunft ist. Andere Entwicklungsmöglichkeiten können jedoch beschrieben und gedacht werden, und vielleicht ist der Staat noch nicht gänzlich außer Kontrolle geraten. Aus der gegenwärtigen Desillusionierung kann ein konstruktiver Konsensus über eine neue Struktur von checks and balances erwachsen." (S. 164 f.; vgl. dt. Ausg. S. 233 f.).

2. Kritik an Buchanans Theorie

Während Rawls' „Theorie der Gerechtigkeit" einen wahren Sturm im philosophischen Blätterwald entfesselt und Nozicks Buch immerhin noch reichlich Wind verursacht hat, ist es – soweit ich sehe – um Buchanans „The Limits of Liberty" relativ still geblieben. Zumindest in fachphilosophischen Kreisen hat Buchanans Theorie ungleich weniger Beachtung gefunden als die Theorien von Rawls und Nozick. Dennoch scheint mir, daß diese im Ansatz ebenso radikale, wie in der Durchführung wohldurchdachte Theorie ungeachtet ihrer politischen Implikationen gerade auch vom philosophischen Standpunkt Aufmerksamkeit verdient. Denn zum einen liefert sie uns, eben weil sie das Hobbes'sche Modell des Sozialkontrakts neuerlich als Mittel der politischen Rechtfertigung zum Einsatz zu bringen versucht, ein schönes Pendant zu den an Kant bzw. Locke orientierten Theorien von Rawls und Nozick; sie versetzt uns damit in die Lage, auch Hobbes' Version des Sozialkontrakts in einer dem heutigen Problemverständnis angemessenen Ausgestaltung zu studieren. Zum anderen bietet uns die Theorie Buchanans gerade wegen ihrer bis zur Selbstenthüllung konsequenten Anwendung des individualistischen Ansatzes eine gute Grundlage, um die Implikationen und Konsequenzen dieses Ansatzes klar und deutlich nachzuvollziehen und um die Annehmbarkeit dieses Modells rationaler politischer Rechtfertigung zu prüfen[10a].

Was die politische Zielrichtung betrifft, die Buchanan verfolgt, so ist offensichtlich, daß er – ähnlich wie Nozick – eine extrem liberalistische Position vertritt, die individuelle Freiheit vor allem als Freiheit der ökonomischen Produktions- und Austauschbeziehungen von öffentlichen Eingriffen versteht, eine Position, die seit Adam Smith zum politischen Credo des ökonomischen Liberalismus gehört und die unter dem Namen „Libertarianism" von Amerika ausgehend neuerdings wieder stark an Popularität zu

---

[10a] Eine ebenfalls von Hobbes ausgehende, individualistisch-rationale Vertragskonzeption politischer Rechtfertigung, die – soweit ersichtlich – derjenigen von Buchanan im Ansatz weitgehend entspricht, wird von David Gauthier vertreten. Siehe dazu vor allem: *Gauthier,* The Social Contract as Ideology (1976/77); *ders.,* Social Choice and Distributive Justice (1978a); *ders.,* The Social Contract: Individual Decision or Collective Bargain (1978b). Da Gauthier in diesen Arbeiten (die eigenartigerweise keinerlei Hinweis auf die – zeitlich vorangehenden – einschlägigen Schriften von Buchanan enthalten) allerdings wenig mehr als eine allgemeine Exposition einer derartigen Vertragskonzeption liefert, ohne sie im Detail auszuführen, erscheint eine nähere Auseinandersetzung damit kaum lohnend.

gewinnen scheint[11]. Doch obwohl Buchanans Vorstellung einer legitimen sozialen Ordnung im Ergebnis weitgehend der traditionellen Doktrin des Laissez-faire-Kapitalismus entspricht, ist seine Art der theoretischen Begründung dieser Doktrin neu[12]. Die vorherrschenden Rechtfertigungsmuster, welcher sich der ökonomische Liberalismus bisher meist zu bedienen pflegte, erweisen sich entweder als Spielarten einer utilitaristischen Begründung der freien Marktgesellschaft (wie z.B. bei Smith, Mill und in der Wohlfahrtsökonomie) oder aber als Versionen einer Konzeption der persönlichen Freiheit (wie z.B. bei Locke, Kant und Hayek). Buchanans Konzeption einer vertragstheoretischen Begründung der liberalen Marktwirtschaft auf der Grundlage des Hobbes'schen Ansatzes fügt diesen Begründungsweisen des Laissez-faire-Kapitalismus eine neue hinzu. Es bleibt zu untersuchen, ob sie einer kritischen Prüfung standzuhalten vermag.

2.1. Die Hobbes'sche Anarchie als Ausgangspunkt

Buchanans Konzeption der politischen Rechtfertigung läßt sich mit einem Satz vereinfacht etwa so zusammenfassen: Als gerechtfertigt kann eine soziale Ordnung dann und nur dann gelten, wenn ihre Rechte und Institutionen als aus einem konstitutionellen Kontrakt hervorgegangen gedacht werden können, dem alle Beteiligten unter Bedingungen des Naturzustandes Hobbes'scher Prägung in ihrem eigenen Selbstinteresse zugestimmt haben würden. Der Ausgangspunkt, bei dem die Rechtfertigung politischer Institutionen dieser Konzeption zufolge anzusetzen hat, ist die Anarchie des Hobbes'schen Naturzustandes, ein Zustand völliger Rechtlosigkeit, in dem niemand in seinem Handeln durch Verhaltensregeln ‚natürlicher‘ oder konventioneller Art beschränkt ist und in dem daher jeder alles tun kann, was ihm im Rahmen seiner physischen Möglichkeiten zur Verfolgung seiner Interessen nützlich erscheint. Während Hobbes allerdings glaubte, die Gleichheit der physischen und geistigen Kräfte der Menschen als ein empirisches Faktum voraussetzen zu können, ist Buchanan Realist genug, um diese willkürliche Annahme fallen zu lassen. Anders als Hobbes will er die Möglichkeit nicht ausschließen, daß die Menschen sich in ihren körperlichen und geistigen Fähigkeiten erheblich unterscheiden[13]. Die Frage, die sich ange-

---

[11] Die unter dem Namen „Libertarianism" auftretende freiheitliche Position darf nicht verwechselt werden mit dem in Amerika als „liberal" bezeichneten Standpunkt, der mehr oder minder dem entspricht, was man bei uns als „linksliberal" kennzeichnet. Zu den intellektuellen Wortführern des Libertarianism gehören u.a. Milton Friedman, Ayn Rand, Murray Rothbard, John Hospers und Robert Nozick. Siehe dazu den Sammelband von *Machan,* The Libertarian Reader (1982 b).

[12] Siehe dazu auch Buchanans politisches Glaubensbekenntnis: Criteria for a Free Society (1977 h).

[13] Für einige weitere – für den vorliegenden Zusammenhang nicht unmittelbar relevante – Unterschiede zwischen den Konzeptionen von Hobbes und Buchanan siehe *Kodalle,* Zwischen Anarchie und Leviathan (1979).

sichts dieser revidierten Konstruktion des Hobbes'schen Naturzustandes
sofort erhebt, ist, ob die Vorstellung einer regellosen Anarchie überhaupt
einen angemessenen Ausgangspunkt für eine moralisch akzeptable, intersubjektiv verbindliche Rechtfertigung sozialer Institutionen darstellt. Mit
dieser Frage möchte ich mich daher zuallererst auseinandersetzen[14].

Hobbes und Buchanan stellen sich den Naturzustand als einen Zustand
vor, in dem die Menschen in ihrem gegenseitigen Verhalten keinerlei vorgängigen Rechten und Pflichten unterliegen. Diese Vorstellung schließt
zwar anfängliche Freiheit und Gleichberechtigung aller Menschen in dem
Sinne ein, daß in Ermangelung jedweder normativer Schranken jedermann
berechtigt ist, seine persönlichen Ziele zu verfolgen, nicht aber in dem
Sinne, daß jeder Mensch einen *positiven* Anspruch auf die Achtung seiner
Freiheit durch die anderen hätte. Freiheit und Gleichberechtigung bedeuten
im Rahmen des Hobbes-Buchanan'schen Naturzustandes demnach nicht ein
,natürliches' Recht jedes Menschen auf Freiheit in den Grenzen der gleichen
Freiheit jedes anderen, sondern nur die *Abwesenheit jeglicher Pflichten,*
durch die jemand in seinem Handeln beschränkt wäre. Damit erweist sich
die Annahme anfänglicher Freiheit und Gleichberechtigung der Menschen
bei Hobbes und Buchanan als eine gänzlich *negative* Bedingung der Legitimität sozialer Institutionen: Sie schließt aus, daß verbindliche Regeln des
zwischenmenschlichen Verhaltens anders als durch Übereinkunft der beteiligten Individuen gerechtfertigt werden können, aber sie beschränkt in keiner Weise die Art des gegenseitigen Verhaltens, durch das eine solche Übereinkunft herbeigeführt wird. Im Rahmen der Vertragskonzeption, die
Buchanan in Übereinstimmung mit Hobbes entwickelt, kommt es daher für
die Legitimität von Regeln des sozialen Zusammenlebens nur darauf an, *daß*
sie aus einer Übereinkunft aller Beteiligten hervorgehen, gleichgültig *wie*
diese Übereinkunft zustandekommt. Ob eine solche Übereinkunft unter
Bedingungen der Gleichheit und Freiwilligkeit aller Beteiligten erfolgt oder
ob sie unter Bedingungen eines extremen Machtungleichgewichts zwischen
den Beteiligten zustandekommt, macht dabei keinen Unterschied[15].

Schon hier drängen sich Zweifel auf, ob ein derartiges Vertragsmodell
überhaupt einen angemessenen Rahmen für eine Konzeption politischer
Rechtfertigung zu liefern vermag, deren Resultate Anerkennung im Sinne
intersubjektiver Zustimmungsfähigkeit beanspruchen können. Mit der Vorstellung einer intersubjektiv verbindlichen Rechtfertigung von Normen
durch Übereinkunft aller Betroffenen verbinden wir gewöhnlich die

---

[14] Eine andere Frage ist, ob der Hobbes'sche Naturzustand ein brauchbares Modell
für die theoretische *Erklärung* der Herausbildung sozialer Normen und der staatlichen Autorität ist. Zu dieser Frage siehe beispielsweise *Watkins*, Conditio humana.
Zwei kritische Anmerkungen zu Hobbes (1976).

[15] Ähnlich: *Lehning*, Social Contract and Property Rights: A Comparison between
John Rawls and James M. Buchanan (1978), S. 286 ff.; *Bund*, Die Ökonomische Theorie der Verfassung (1984), S. 61 f.

Annahme, daß die Zustimmung der Beteiligten freiwillig und zwanglos erfolgt. So pflegen wir Normen, für die jemand allgemeine Verbindlichkeit beansprucht, nur dann als intersubjektiv gerechtfertigt anzuerkennen, wenn wir ihnen *frei von Zwang, Einschüchterung oder Gewalt* zustimmen können. Damit ist zwar noch nicht gesagt, worin die Bedingungen freiwilliger Übereinstimmung, die für die Rechtfertigung intersubjektiv verbindlicher Normen hinreichend sind, im einzelnen genau bestehen, doch soviel scheint immerhin festzustehen, daß eine solche Rechtfertigung nicht auf Akte der ‚Zustimmung' gestützt werden kann, die das Ergebnis von Täuschung, Zwang oder Gewaltanwendung sind.

Bei Hobbes selbst wird dieser problematische Punkt seines Ansatzes durch die Annahme gleicher physischer und geistiger Fähigkeiten der Menschen weitgehend verdeckt. Denn da Hobbes sich aufgrund dieser Annahme berechtigt glaubte, von einer *symmetrischen Ausgewogenheit der Ausgangspositionen* der Beteiligten im Naturzustand auszugehen, war es ihm möglich, die Einhaltung gewisser Vernunftregeln oder „natürlicher Gesetze" als im vernünftigen Selbstinteresse aller gelegen zu postulieren, die der üblichen Vorstellung eines fairen Verhaltens zwischen freien und gleichberechtigten Partnern im großen und ganzen entsprechen. Doch da die Annahme der Gleichheit sich als *empirische Behauptung,* als die sie Hobbes offenbar verstanden hat, nicht aufrechterhalten läßt, und als *normatives Postulat* nicht in den Rahmen einer Vorstellung paßt, die die Legitimität sozialer Verhaltensregeln auf das tatsächliche Selbstinteresse der Menschen zurückführen will, bleibt – sofern man diese Vorstellung nicht preisgeben möchte – nur die Möglichkeit, diese Annahme fallen zu lassen. Und genau dies hat Buchanan konsequenterweise getan. Dieser Schritt ist allerdings mit Folgen verbunden, die den Hobbes'schen Ansatz in Widerspruch zu fundamentalen Voraussetzungen des moralischen Diskurses bringen und ihn vollends jeglicher Plausibilität berauben.

Im Gegensatz zu Hobbes setzt Buchanan also nicht voraus, daß die ‚natürliche Verteilung' als der anfängliche Zustand, von dem aus vertragliche Vereinbarungen zwischen Individuen zustandekommen, durch eine symmetrische Verteilung von Ressourcen und Machtpositionen gekennzeichnet ist. Angesichts der in der Realität beobachtbaren Unterschiede zwischen den Kräften, Fähigkeiten und Anstrengungen der Menschen scheint es ihm vielmehr durchaus naheliegend anzunehmen, die natürliche Verteilung weise *Ungleichheiten der individuellen Positionen* auf, die ihrerseits eine ungleiche Zuteilung konstitutioneller Rechte und Pflichten nach sich ziehen. Ja, Buchanan räumt ein, daß diese Ungleichheiten solche Formen der Übermacht der Starken über die Schwachen annehmen können, daß sich die letzteren genötigt sehen mögen, um den Preis ihres bloßen Überlebens in ihre Versklavung durch die Starken einzuwilligen.

Daraus geht deutlich hervor, daß das Konzept vertraglicher ‚Übereinstimmung', worauf Buchanans ganze Theorie beruht, mit der Vorstellung einer Rechtfertigung sozialer Institutionen durch die *freie Zustimmung* gleichberechtigter Individuen, wie sie das übliche Verständnis der moralischen Rechtfertigung sozialer Beziehungen präsupponiert, so gut wie nichts gemein hat. Denn unter den genannten Voraussetzungen besteht, wie Derek L. Phillips völlig zurecht bemerkt, keinerlei Gewähr, daß – sofern ein konstitutioneller Kontrakt überhaupt zustandekommt – dieser Kontrakt der freiwilligen Zustimmung aller Beteiligten entspringt[16]. Da nämlich Buchanan ebenso wie Hobbes annimmt, daß im vorkonstitutionellen Zustand der Anarchie niemand ein ‚natürliches' Recht habe, dem irgendeine Pflicht eines anderen korrespondiert, sondern daß vielmehr jeder ein uneingeschränktes ‚Recht auf alles' habe, bedeutet es in diesem Zustand kein Unrecht, andere zur Einwilligung in eine vertragliche Übereinkunft gewaltsam zu zwingen oder sie im Falle ihrer Weigerung zu bestrafen, ja zu töten. Sofern eine Vorstellung vertraglicher Übereinstimmung, die dies zuläßt, überhaupt als Grundlage irgendeiner Art von Rechtfertigung sozialer Normen gelten kann, eine taugliche Grundlage der *moralisch vertretbaren* Rechtfertigung solcher Normen ist sie gewiß nicht. Eine derartige Rechtfertigung setzt vielmehr voraus, daß die Menschen einander als *gleichberechtigte Wesen* respektieren, die bereit sind, soziale Normen aus freien Stücken zu akzeptieren, weil gute Gründe für sie sprechen, und nicht nur deswegen, weil der Zwang der Verhältnisse ihnen keine andere Wahl läßt.

Obwohl Buchanan den Prozeß der vertraglichen Einigung in der Anarchie im großen und ganzen so darstellt, als handle es sich dabei um einen realen Vorgang, ist er sich dessen vollkommen bewußt, daß die Vorstellung eines anarchischen Zustands, in dem das Zusammenleben der Menschen durch keinerlei Normen des zwischenmenschlichen Verhaltens geregelt ist, nicht mehr als ein hypothetisches Konstrukt ist, das heuristischen Zwecken dient. Seine Aufgabe ist es, uns die Annehmlichkeiten bestimmter Regeln des sozialen Zusammenlebens vor Augen zu führen, indem wir uns eine Welt ohne solche Regeln vergegenwärtigen. Da wir uns in Wirklichkeit immer schon in gesellschaftlichen Verhältnissen befinden, die durch gewisse Normen des gegenseitigen Verhaltens gestaltet sind, müssen wir ein Gedankenexperiment vollziehen, um uns in den Zustand der Anarchie zu versetzen. Ein solches Gedankenexperiment stellt uns allerdings eine hinreichende Grundlage für eine komparative Bewertung verschiedener Formen sozialen Zusammenlebens nur dann bereit, wenn wir 1. irgendeine *Annahme über unsere relative Ausgangsposition* im Zustand der Anarchie treffen und 2.

---

[16] Siehe *Phillips,* Equality, Justice and Rectification (1979), S. 215; ähnlich: *Strasser,* Notwendigkeit eines Gerechtigkeitsbegriffs in einer Gesellschaftsvertragstheorie (1981), S. 290 f.; *Zintl,* Individualistische Theorien und die Ordnung der Gesellschaft (1983), S. 89 ff.

eine *Präferenzfunktion* annehmen, aufgrund der wir diese Bewertung vornehmen.

Hobbes' diesbezügliche Annahmen waren, wie wir wissen, 1. daß alle Menschen im wesentlichen die *gleiche Ausgangsposition* haben, und 2. daß die Menschen in erster Linie danach streben, ihre *egoistischen Interessen* zu verfolgen. Während Buchanan die zweite Annahme in Übereinstimmung mit dem in der Ökonomie vorherrschenden Modell des *homo oeconomicus* weitgehend teilt, lehnt er die erste Annahme aus Gründen, von denen schon die Rede war, ab. Stattdessen nimmt er an, die anfängliche Position jeder Person hänge davon ab, in welchem Grade sie imstande sei, sich im anarchischen Kampf gegen andere zu behaupten, also sich gegen die Interessen der anderen in den Besitz knapper Güter zu setzen und ihren Besitz zu verteidigen. Die Ausgangsposition, von der ein jedes Individuum bei der Entscheidung über die Annehmbarkeit sozialer Normen auszugehen habe, sei daher seine Position, die es unter Bedingungen der Anarchie im Zustand des *‚natürlichen Gleichgewichts'* innehabe, d. i. ein Zustand, in dem niemand einen Anreiz verspüre, sein Verhalten gegenüber den anderen zu ändern, weil jedermann die bestmögliche Position einnehme, die für ihn unter den Bedingungen der Anarchie erreichbar sei.

Abgesehen davon, daß Buchanans Modell des natürlichen Gleichgewichts in dieser allgemeinen Form schwerlich als ein angemessener Ausgangspunkt der moralischen Rechtfertigung sozialer Normen betrachtet werden kann, hat dieses ganze Modell einen zusätzlichen Pferdefuß: Es gibt uns keine klare Auskunft darüber, *welche* Ausgangssituation wir denn nun konkret annehmen sollen, wenn wir die Akzeptabilität sozialer Normen und Institutionen beurteilen wollen. Das Konzept des natürlichen Gleichgewichts lieferte uns zwar vielleicht ein Kriterium, um den Gleichgewichtszustand zu identifizieren, von dem aus eine einmütige Übereinkunft über die sozialen Regeln stattfinden könnte, wenn wir uns im Dschungel der Anarchie befänden. Weil wir uns jedoch zum Glück nicht wirklich darin befinden, können wir den natürlichen Gleichgewichtszustand nicht feststellen und das Konzept des natürlichen Gleichgewichts läßt uns über diesen Zustand völlig im dunkeln. Da die konkrete Beschaffenheit des natürlichen Gleichgewichts von kontingenten Umständen abhängt (so von den Fähigkeiten, Anstrengungen und Präferenzen der Beteiligten), über die Buchanans Theorie nichts aussagt, bleibt die Ausgangsposition des konstitutionellen Kontrakts durch diese Theorie *gänzlich unbestimmt.* Ist aber die Ausgangslage unbestimmt, von der aus der konstitutionelle Kontrakt zustandekommt, so bleibt auch dessen *Inhalt* unbestimmt: denn wenn die konkreten Kräfteverhältnisse im Zustand des natürlichen Gleichgewichts nicht bekannt sind, dann lassen sich auch keine begründeten Vermutungen darüber anstellen, auf welche Regeln des sozialen Zusammenlebens sich die Beteiligten in diesem Zustand einigen würden. Daraus folgt jedoch, daß Buchanans Konzept des natürlichen Gleichgewichts für sich allein überhaupt kein normatives Kriterium liefert, aus dem sich inhaltliche Forderungen hinsichtlich der Ausgestaltung des konstitionellen Kontrakts ableiten ließen. Reinhard Zintl trifft daher den Nagel auf den Kopf, wenn er in seinem Buch „Individualistische Theorien und die Ordnung der Gesellschaft" gegen Buchanan meint: „Bleibt man also dabei, den vorvertraglichen Zustand ‚realistisch' zu modellieren, läßt man entsprechend alles zu, was rationale Individuen sich einfallen lassen, so folgt kein bestimmtes Argument, sondern vertragstheoretischer Nihilismus: Alles ist möglich."[17]

2.2. Konstitutioneller Kontrakt und sozialer Status quo

Wenn der Variabilität der Ausgangspositionen im anarchischen Naturzustand keine Grenzen gesetzt sind, so läßt sich zu jeder Struktur von Rechten und Pflichten *irgendeine Gleichgewichtskonstellation* finden, aus der diese Struktur durch einen Akt vertraglicher Übereinkunft hervorgegangen sein könnte. Dessen ungeachtet will Buchanan die Gestaltung des konstitutionellen Kontrakts einer ganzen Reihe von allgemeinen Einschränkungen unterworfen wissen, zu denen neben mehreren *formalen Erfordernissen* auch einige weitgehende *Einschränkungen inhaltlicher Art* gehören. So stellt er unter anderem die Forderung auf, der konstitutionelle Kontrakt dürfe die Bereitstellung öffentlicher Güter nur durch ein Verfahren kollektiver Willensbildung regeln, welches dem *Ideal der Einmütigkeit* so weit wie möglich nahekomme, und verbittert konstatiert er, daß die Politik des demokratischen Wohlfahrtsstaates diese Forderung ständig verletze. Wie aber kann Buchanan dies fordern, ohne gleichzeitig gewisse Annahmen über individuelle Präferenzen und über die Beschaffenheit des dem Kontrakt zugrundeliegenden natürlichen Gleichgewichts vorauszusetzen[18]? Wenn unter bestimmten Umständen sogar die Institution der Sklaverei den Rang einer durch konstitutionellen Kontrakt geheiligten Einrichtung beanspruchen können soll, wie Buchanan ungeniert zugesteht, warum sollte dann nicht auch die wohlfahrtsstaatliche Demokratie als Ergebnis eines konstitutionellen Kontrakt möglich sein? Es scheint fast, als glaubte Buchanan, der demokratische Wohlfahrtsstaat sei mit unerträglicheren Eingriffen in die menschliche Freiheit verbunden als die Sklaverei.

---

[17] *Zintl,* Individualistische Theorien und die Ordnung der Gesellschaft (1983), S. 90. Im gleichen Sinne auch *Bund,* Die Ökonomische Theorie der Verfassung (1984), S. 62 f.

[18] Wie R. Zintl im Detail zeigt, setzt Buchanan in der Tat eine ganze Reihe von Annahmen stillschweigend voraus, um die von ihm angestrebten Ergebnisse des konstitutionellen Kontrakts als plausibel erscheinen zu lassen. Siehe dazu die vorzügliche Analyse bei *Zintl,* Individualistische Theorien und die Ordnung der Gesellschaft (1983), S. 90 ff.

Buchanans Auffassung, die Anwendung der demokratischen Mehrheitsregel bei kollektiven Entscheidungen über öffentliche Güter komme einer Einschränkung individueller Rechte gleich, welcher rationale Personen im Rahmen eines konstitutionellen Kontrakt niemals zustimmen würden, stützt sich – wenn ich recht sehe – im wesentlichen auf zwei Argumente: Das erste Argument bezieht sich auf den Umstand, daß die Mehrheitsregel Entscheidungen generieren kann, durch die einige Mitglieder des Kollektivs *gegen ihren Willen schlechter gestellt* werden können, als wenn diese Entscheidungen nicht zustandekämen; die Mehrheitsregel lasse es daher zu, den Individuen Güter zu entziehen, auf die sie aufgrund des konstitutionellen Kontrakts ein Recht hätten. Buchanans zweites Argument geht dahin, daß ein von der Einstimmigkeit abweichendes Verfahren kollektiver Entscheidungsfindung, dem keine konstitutionellen Grenzen gesetzt seien, mit der Vorstellung eines konstitutionellen Kontrakts *unvereinbar* sei; denn ein solches Verfahren verschaffe dem Kollektiv die Möglichkeit, Entscheidungen zu treffen, die den einmütig vereinbarten Rechten des konstitutionellen Kontrakts widersprechen.

Was das erste Argument betrifft, so geht es offenbar davon aus, daß das ,Eigentum' an Gütern und Ressourcen, welches die Beteiligten einander im konstitutionellen Kontrakt einräumen, notwendig ein unwiderrufliches, unbeschränktes Eigentumsrecht im klassischen Sinn verkörpern müsse; denn nur unter dieser Bedingung gilt, daß jede kollektive Entscheidung, die jemandes Verfügungsmöglichkeiten über Güter und Ressourcen irgendwie beschneidet, ihn damit eines konstitutionell verbürgten Rechts beraubt. Doch diese Annahme macht nicht nur von einer ganz willkürlichen Einschränkung des Eigentumsbegriffs Gebrauch, sondern sie setzt auch eine bestimmte Form individueller Verfügungsrechte als notwendig voraus, die nur eine mögliche Variante der konstitutionellen Gestaltung persönlicher ,Eigentumsrechte' darstellt. Denn was spricht eigentlich dagegen, durch konstitutionellen Kontrakt eine Menge von Besitz- und Verfügungsrechten festzulegen, die dem Vorbehalt bestimmter Änderungen oder Einschränkungen durch spätere Mehrheitsentscheidungen unterliegen[19]?

Man kann vielleicht sagen, unser langfristiges Selbstinteresse gebiete uns, eine Struktur konstitutioneller Rechte nur unter der Bedingung zu akzeptieren, daß sie unser Besitztum gegen spätere Eingriffe vollständig sichert. Das setzt allerdings voraus, daß unser Erwartungsnutzen hinsichtlich der Güter und Ressourcen, für die wir uns ein uneingeschränktes Eigentumsrecht zu sichern vermögen, stets größer ist als der Erwartungsnutzen, der für uns mit einem System widerruflicher Verfügungsrechte verbunden sein mag. Es

---

[19] Vgl. hierzu *Lehning*, Social Contract and Property Rights (1978), S. 292 f. Dieser Artikel bietet im übrigen einen interessanten Vergleich zwischen den Vertragskonzeptionen von Rawls einerseits und von Buchanan andererseits.

besteht jedoch gerade dann, wenn *beliebige Präferenzen* und *beliebige Ausgangszustände* für den konstitutionellen Kontrakt zugelassen sind, wenig Grund anzunehmen, daß dies notwendig der Fall sein muß. Eine vertragliche Vereinbarung freien Eigentums mit uneingeschränkter Dispositionsbefugnis ist – wie Zintl im einzelnen dargetan hat – unter den Bedingungen der realistischen Vertragskonzeption vielmehr

„nur zu erwarten, wenn die Individuen neben wechselseitigem Respekt, exogenen und instrumentellen Präferenzen auch einheitliche Risikoneigungen aufweisen und wenn die Lageanalyse, die sie anstellen, für diese Verfassung allen Individuen die vergleichsweise höchsten Erwartungswerte sichert. Daß solche Annahmen ‚realistischer‘ sind als vorab unterstellte Präferenzen für ein ‚Fairness-Prinzip‘, ein ‚Verdienst-Prinzip‘ oder ein ‚Bedarfs-Prinzip‘ kann nicht ohne weiteres unterstellt werden – solche Prinzipien können ja durchaus als Ausdruck von Risikominimierungsstrategien gedeutet werden. ... Hier geht es nur um die Frage, ob sich über die zu *einem* Zeitpunkt zu treffende Institutionenwahl rationaler Individuen Verbindliches behaupten lasse. Dies ist offensichtlich unter der bloßen Voraussetzung inhaltlich unbestimmter Rationalität *nicht* der Fall."[20]

Es kann daher keine Rede davon sein, daß jedermann ganz unabhängig von seiner Stellung im natürlichen Gleichgewicht sein Interesse darin sehen muß, ein System von Eigentumsregeln zu etablieren, das den Berechtigten eine *uneingeschränkte* Verfügungsbefugnis über ihre Besitztümer verschafft. Angesichts unterschiedlicher Interessen bleibt es vielmehr ganz dem Belieben der Beteiligten überlassen, ein geeignetes Arrangement von unbedingten oder eingeschränkten Eigentumsrechten zu vereinbaren, das ihren Präferenzen unter den besonderen Umständen am besten Rechnung trägt. Die Beteiligten können dabei zu einem Arrangement konstitutioneller Rechte gelangen, in dem die Ausübung mancher privater Verfügungsrechte durch die Befugnis des Kollektivs begrenzt ist, diese Verfügungsrechte unter bestimmten Umständen einzuschränken oder überhaupt aufzuheben[21].

Buchanans zweites Argument gegen die Zulässigkeit der ‚Enteignung‘ individueller Besitzrechte durch nicht-einmütige kollektive Entscheidungen besteht in der Feststellung, ein Verfahren kollektiver Willensbildung, dem keine konstitutionellen Grenzen gesetzt seien, stehe in einem *inneren Widerspruch* zum Konzept des konstitutionellen Kontrakts. Diese Feststellung ist zwar vollkommen zutreffend, doch sie ergibt für sich allein genommen keinen Einwand gegen einen Prozeß kollektiver Willensbildung, in dem über die Bereitstellung öffentlicher Güter auf der Grundlage der Mehrheitsregel entschieden wird. Denn aus dem Umstand, daß der nicht-einmütigen kollektiven Entscheidungsfindung durch den konstitutionellen Kontrakt irgendwelche Grenzen gesetzt sein müssen, wenn nicht die Vorstellung des

---

[20] *Zintl,* Individualistische Theorien und die Ordnung der Gesellschaft (1983), S. 108f.

[21] So auch *Blankart,* Grenzen der konstitutionellen Eigentumsgarantie (1975), S. 17f.

konstitutionellen Kontrakts als einer einmütigen Vereinbarung aller Beteiligten ad absurdum geführt werden soll, folgt noch gar nichts darüber, wo
diese Grenzen liegen sollen. Man kann daher nicht sagen, die im modernen
Wohlfahrtsstaat geübte Praxis der mehrheitsdemokratischen Willensbildung in öffentlichen Angelegenheiten verletzte die konstitutionellen Grenzen kollektiver Entscheidungsfindung, wenn man nicht a priori annimmt,
daß der konstitutionelle Kontrakt kollektive Entscheidungen über öffentliche Güter aufgrund der Mehrheitsregel ausschließt. Doch diese Annahme
entbehrt – wie wir vorhin gesehen haben – im Rahmen des Buchanan'schen
Ansatzes jeder Begründung. Ob ein bestimmtes Verfahren der kollektiven
Willensbildung über öffentliche Güter dem konstitutionellen Kontrakt entspricht oder nicht, hängt vielmehr gänzlich von der besonderen Beschaffenheit desjenigen konstitutionellen Kontrakts ab, der den zur Debatte stehenden gesellschaftlichen Verhältnissen zugrundeliegt. Die konstitutionellen
Grenzen kollektiver Entscheidungen, die keine einhellige Zustimmung
erfordern, müssen daher ohne nähere Kenntnis dieses besonderen Kontrakts
völlig offen bleiben.

Da Buchanan einerseits die Legitimität sozialer und politischer Verhältnisse davon abhängig macht, inwieweit sie dem ihnen zugrundeliegenden
konstitutionellen Kontrakt entsprechen, da er aber andererseits die
Beschaffenheit dieses Kontrakts unbestimmt läßt, vermag seine Theorie für
sich allein *überhaupt kein Kriterium* für die Zulässigkeit oder Unzulässigkeit bestimmter Verhaltensregeln zu liefern. Ohne eine inhaltliche Spezifikation des konstitutionellen Kontrakts schließt sie keine soziale Ordnung
aus, wie unmenschlich und unmoralisch sie auch immer sein mag, und ohne
eine solche Spezifikation rechtfertigt sie nichts. Um die Legitimität
bestimmter gesellschaftlicher Verhältnisse beurteilen zu können, müssen
wir daher stets den besonderen Inhalt des konstitutionellen Kontrakts angeben, der diesen Verhältnissen zugrundeliegt. Doch wie können wir den
Inhalt eines Kontrakts angeben, der – wie Buchanan einräumt – bloß eine
hypothetische Konstruktion ist und tatsächlich gar nicht besteht? Damit
sind wir auf ein weiteres Problem gestoßen, das uns die ganze Fragwürdigkeit von Buchanans Rechtfertigungskonzeption deutlich vor Augen führt.

Das Konzept des natürlichen Gleichgewichts hilft uns wenig weiter, um
den Inhalt des konstitutionellen Kontrakts konkret zu bestimmen. Wenn wir
uns im Zustand der Anarchie befänden, dann könnte uns dieses Konzept
vielleicht helfen, um die Ausgangskonstellation zu finden, in der wir uns auf
einen konstitutionellen Kontrakt einigen würden; aber da wir uns in Wirklichkeit nicht in einem solchen Zustand befinden, muß uns diese Ausgangskonstellation ebenso verborgen bleiben wie der konstitutionelle Kontrakt
selbst. Um sich aus dieser ziemlich verfahrenen Situation zu manövrieren,
macht Buchanan einen Zug, der auf den ersten Blick genial erscheinen mag,
sich aber letztlich doch erst recht als verhängnisvoll erweist: Dieser Zug

besteht in der Annahme, daß der grundlegende konstitutionelle Kontrakt jeder Gesellschaft in deren *Status quo* zum Ausdruck komme, weshalb die Beurteilung der Legitimität sozialer Normen und Institutionen einfach vom jeweiligen Status quo der betreffenden Gesellschaft auszugehen habe. Diese Präsumtion hat im Kontext von Buchanans Ansatz sicherlich eine gewisse Plausibilität für sich, da man gewiß sagen kann, daß die natürlichen Kräfteverhältnisse zwischen den sozialen Gruppen im gesellschaftlichen Status quo irgendwie ihren Niederschlag finden; diese Annahme hat überdies den Vorzug, daß sie das Problem der mangelnden Bestimmtheit des konstitutionellen Kontrakts auf eine höchst einfache Weise zu lösen scheint. Bei näherer Betrachtung zeigt sich jedoch, daß diese Annahme letztlich mit Konsequenzen verbunden ist, die für Buchanans Theorie fatal sind. Wenn der Status quo einer jeden Gesellschaft den ihr zugrundeliegenden konstitutionellen Kontrakt definiert, dann geht die Vorstellung des Gesellschaftsvertrags überhaupt jedes kritischen Potentials verlustig und sie gerät zur *bloßen Apologie des Bestehenden*. Welche gesellschaftlichen oder politischen Verhältnisse auch immer obwalten mögen, sie müssen als gerechtfertigt gelten, weil wir sie nach Buchanans Annahme stets so zu betrachten haben, als wären sie aus einem konstitutionellen Kontrakt hervorgegangen[22].

Damit wird auch Buchanans Anspruch hinfällig, seine Konzeption für die Kritik der bestehenden Verfassung des modernen Wohlfahrtsstaates nutzbar zu machen. Da nämlich Buchanan aufgrund seiner eigenen Annahme genötigt ist, diese Verfassung, wie beklagenswert sie ihm auch immer erscheinen mag, allein aufgrund ihres Vorhandenseins als eine durch konstitutionelle Übereinkunft legitimierte Ordnung anzuerkennen, entzieht er seiner Kritik selbst den Boden. Es ist daher nicht gerade konsequent, wenn Buchanan einerseits die fortschreitende Ausweitung des öffentlichen Sektors als illegitimen Übergriff des staatlichen Leviathan auf die konstitutionell gesicherten Rechte der Bürger beklagt, und andererseits rät, diesen Zustand kraft seiner Faktizität als Ergebnis eines impliziten konstitutionellen Kontrakts anzusehen. Denn entweder trifft es zu, daß dieser Zustand auf einem konstitutionellen Kontrakt beruht, dann gibt es vom Standpunkt seiner Konzeption keinen Grund, die produktive Tätigkeit des modernen Staates als Verletzung eben dieses Kontrakts anzuprangern; oder Buchanan möchte auf seiner Kritik an den bestehenden politischen Verhältnissen beharren, dann muß er entgegen seiner eigenen Annahme die Existenz einer konstitutionellen Übereinkunft voraussetzen, die vom gesellschaftlichen Status quo abweicht. Aber welche Übereinkunft könnte das sein und woher will Buchanan wissen, worin diese Übereinkunft besteht?

---

[22] In ähnlichem Sinne auch *Fritsch*, Ökonomische Ansätze zur Legitimation kollektiven Handelns (1983), S. 161 f., u. *ders.*, Zur Behandlung des Legitimationsproblems im Rahmen ökonomischer Sozialtheorie (1984), S. 200, wo auf die Zirkularität von Buchanans Argumentation hingewiesen wird.

Man hat den Eindruck, daß Buchanan dem Konzept des Status quo einfach willkürlich eine bestimmte Vorstellung des konstitutionellen Kontrakts unterschiebt, die seinen libertären politischen Idealen entspricht. Er erweckt damit den Anschein, als gehe aus seiner Theorie zwingend hervor, daß nur eine libertäre Verfassung der sozialen Ordnung Legitimität beanspruchen könne. Daß es ihm relativ leicht fällt, diesen Anschein zu erwecken, mag auch an der erheblichen Dehnbarkeit und Vagheit des Begriffs des Status quo liegen. Meint dieser Begriff die faktisch bestehende Praxis des sozialen Zusammenlebens oder vielmehr die weitgehend anerkannten Normen und Regeln, die dieser Praxis zugrundeliegen? Zwischen diesen beiden Größen besteht, wie jeder Soziologe weiß, in der Regel keine Übereinstimmung. Wenn der Status quo den geltenden Bestand an weitgehend anerkannten Regeln und Normen des sozialen Zusammenlebens umfaßt, stellt sich wieder die Frage, welche Menge von Regeln diesen Bestand ausmachen soll: die Regeln der kodifizierten Rechtsordnung oder vielmehr diejenigen Regeln, an denen sich die legislativen und vollziehenden Organe tatsächlich orientieren? Buchanan läßt alle diese Fragen unbeantwortet.

2.3. Die Idee der Einmütigkeit und ihre Schwierigkeiten

Ist ein konstitutioneller Kontrakt einmal etabliert, der den Besitzstand und die gegenseitigen Rechte und Pflichten der Individuen definiert, so stehen den Beteiligten nach Buchanan zwei Arten von Übereinkünften offen, um ihre Nutzenposition weiter zu verbessern: (1) durch den Austausch privater Güter im Wege zweiseitiger Transaktionen, die einzelne Individuen zu ihrem beiderseitigen Vorteil eingehen, sowie (2) durch die Bereitstellung öffentlicher Güter im Wege kollektiver Übereinkünfte (postkonstitutioneller Kontrakte).

Was die erste Art vertraglicher Übereinkünfte betrifft, so scheint sie Buchanan vom Standpunkt der individualistisch-demokratischen Methode für weitgehend unproblematisch zu halten. Da zweiseitige Tauschbeziehungen die freiwillige Übereinstimmung der beteiligten Transaktionspartner erfordern, stellen sie nach seiner Ansicht nicht nur sicher, daß durch sie niemand gegen seinen Willen schlechter gestellt werden kann, sondern sie führen bei Abwesenheit externer Effekte auch zu einer pareto-optimalen Allokation teilbarer Güter. Während also zweiseitige Austauschbeziehungen dem Erfordernis einmütiger Zustimmung stets entsprächen, gelte dies für kollektive Entscheidungen über öffentliche Güter nur unter der Bedingung ihrer Einstimmigkeit. Denn im Prinzip gebe nur die Einstimmigkeitsregel jedem Beteiligten die Gewähr, durch eine kollektive Entscheidung nicht schlechter gestellt zu werden, als wenn die betreffende Entscheidung nicht zustandekäme. Nun räumt Buchanan zwar ein, daß in der Praxis gewisse

Abstriche vom Erfordernis vollkommener Einstimmigkeit notwendig sind, um ein effizientes Verfahren kollektiver Willensbildung zu gewährleisten, aber das ändert nichts daran, daß der normative Maßstab, an dem sich für ihn die Legitimität jedes kollektiven Entscheidungsverfahrens bemißt, die *Einstimmigkeit* bleibt[23].

Wie ich bereits in den vorigen Abschnitten ausgeführt habe, liefert Buchanan keinen stichhaltigen Grund für die Annahme, daß der konstitutionelle Kontrakt die Bereitstellung öffentlicher Güter notwendig durch ein Verfahren kollektiver Willensbildung regeln müsse, das eine so weitgehende Übereinstimmung der Beteiligten erfordert wie die Einstimmigkeitsregel. Doch abgesehen davon kann man auch argumentieren, daß es höchst *unklug* wäre, sich im konstitutionellen Kontrakt auf ein solches Verfahren kollektiver Entscheidungsfindung festzulegen[24].

Man kann die Einstimmigkeitsregel in dem *schwachen* Sinne verstehen, daß eine Alternative als kollektiv gewählt gelten soll, wenn sie von allen Beteiligten bevorzugt wird (*reine Einstimmigkeitsregel*); so verstanden, ist die Einstimmigkeitsregel zwar völlig unproblematisch, aber sie reicht nicht aus, um in jedem Fall eine eindeutige kollektive Entscheidung herbeizuführen; denn da die Einstimmigkeitsregel in dieser Form nur dann zu einer kollektiven Entscheidung führt, wenn unter den Beteiligten vollkommene Übereinstimmung über die bevorzugte Alternative besteht, bleibt sie in allen Fällen der Nichtübereinstimmung ohne Ergebnis[25]. Die Einstimmigkeitsregel kann jedoch auch in dem *stärkeren* Sinne verstanden werden, daß immer dann, wenn eine einstimmige Entscheidung zugunsten einer anderen Alternative nicht zustandekommt, der Status quo beibehalten werden soll (*Einstimmigkeitsregel mit Status-quo-Klausel*). Wird die Einstimmigkeitsregel mit dieser Klausel verbunden verstanden – was offensichtlich für Buchanan zutrifft –, so vermag sie zwar in jedem Fall eine eindeutige kollektive Entscheidung zu liefern, aber als Verfahrensregel in öffentlichen Angelegenheiten erscheint sie wenig attraktiv.

In Verbindung mit der Status-quo-Klausel bedeutet die Einstimmigkeitsregel nämlich nichts anderes als ein Vetorecht jeder Person gegen jede für

---

23 Diese Auffassung wird im übrigen nicht nur von Buchanan allein vertreten, sondern sie ist typisch für die meisten Proponenten der sog. Public-Choice-Schule, die sich im Buchanan und Tullock gruppiert. Siehe dazu die ausführliche Darstellung und Kritik dieser Schule bei *Müller-Plantenberg*, Mehrheit und Minderheiten zwischen Macht und Markt. Die Abwertung des Mehrheitsprinzips in der Theorie des Public Choice (1982).

24 Siehe ergänzend zum Folgenden die an Buchanans Vertragsmodell orientierten, im Ergebnis aber davon stark abweichenden Erörterungen von *R. Eschenburg*, Der ökonomische Ansatz zu einer Theorie der Verfassung (1977), Kap. 10, S. 156 ff.; *ders.*, Vertragstheoretisches Denken in der Ökonomie (1978).

25 Zu den beiden Arten der Einstimmigkeitsregel siehe *Wesche*, Tauschprinzip – Mehrheitsprinzip – Gesamtinteresse (1979), S. 85 ff.

sie unerwünschte Veränderung[26]. Denn schon eine einzige Person, die eine Veränderung ablehnt, kann auf der Grundlage der Einstimmigkeitsregel mit Status-quo-Klausel diese Veränderung verhindern, gleichgültig, was alle anderen wollen. So hätte Marie Antoinette mithilfe dieser Entscheidungsregel die Monarchie in Frankreich bewahren können, wie Amartya Sen lapidar bemerkt, und die Welt hätte sich seither wahrscheinlich wenig verändert[27]. Eberhard Wesche faßt in seinem Buch „Tauschprinzip – Mehrheitsprinzip – Gesamtinteresse" die Einwände gegen die Einstimmigkeitsregel mit Status-quo-Klausel folgendermaßen zusammen:

> „Gegenüber der reinen Einstimmigkeits- bzw. Paretoregel bedeutet die Einführung einer Status-quo-Klausel eine entscheidende Veränderung durch die damit einhergehende Bevorzugung derjenigen Individuen, die mit dem jeweiligen Status quo zufrieden sind, gegenüber denjenigen, die damit unzufrieden sind. Der ‚konservative Bias' der Status-quo-Klausel wirkt sich in Verbindung mit Einstimmigkeitsregeln besonders schwerwiegend aus. Während für eine Veränderung des Status quo die Stimmen sämtlicher Individuen erforderlich sind, reicht für die Beibehaltung des Status quo bereits eine einzige Stimme: Selbst wenn der bestehende Zustand für sehr viele Individuen unerträglich ist, kann eine Alternative, die ihre Lage verbessern würde, durch das Veto eines einzigen Individuums verhindert werden. ...
>
> Zwischen der reinen Einstimmigkeits- bzw. Paretoregel und ihrer konservativen Modifikation, der Veto-Regel, besteht also unter dem Gesichtspunkt ihrer normativen Anerkennbarkeit ein schwerwiegender Unterschied. Während bei den reinen Einstimmigkeits-Regeln im Falle einer Entscheidung immer die Alternative des maximalen Gesamtnutzens sich durchsetzte, muß dies bei der Veto-Regel keineswegs der Fall sein, denn hier setzt sich nicht diejenige Alternative durch, die die Spitzenalternative sämtlicher Individuen ist, sondern im Extremfall diejenige Alternative, die nur die Spitzenalternative eines einzigen Individuums ist, sofern es sich um den Status quo handelt."[28]

Angesichts dieses Befundes erscheint Buchanans Behauptung, die Beteiligten würden im konstitutionellen Kontrakt ausgerechnet die Einstimmigkeitsregel mit Status-quo-Klausel (bzw. eine etwas abgeschwächte Version derselben) als Verfahrensregel für die Entscheidung öffentlicher Angelegenheiten beschließen, nicht gerade überzeugend. Zumindest diejenigen, die bei der anfänglichen Zuteilung von Gütern und Ressourcen im natürlichen Gleichgewicht wenig abbekommen, täten schlecht daran, in eine solche Verfahrensregel einzuwilligen. Denn während es ihnen im Naturzustand immerhin freigestellt ist, alles zu tun, um die natürlichen Kräfteverhältnisse zu ihren Gunsten zu verändern, wären ihnen unter konstitutionellen Verhältnissen, in denen die Einstimmigkeitsregel mit Status-quo-Klausel gilt, die Hände gebunden, da ihnen der konstitutionelle Kontrakt Verhaltenswei-

---

[26] Siehe hierzu und zum Folgenden: *Sen*, Collective Choice and Social Welfare (1970a), S. 24 ff.; *Faber*, Einstimmigkeitsregel und Einkommensverteilung (1973); *Rae*, The Limits of Consensual Decision (1975b); *Wesche*, Tauschprinzip – Mehrheitsprinzip – Gesamtinteresse (1979), S. 88 ff.

[27] Vgl. *Sen*, Collective Choice and Social Welfare (1970a), S. 25.

[28] *Wesche*, Tauschprinzip – Mehrheitsprinzip – Gesamtinteresse (1979), S. 91.

sen wie Zwang, Drohung und Erpressung, die in der Anarchie erlaubt sind, verwehrt und die Begünstigten einer Umverteilung freiwillig wohl kaum zustimmen werden.

Die Vorbehalte, die Buchanan gegen eine von der Einstimmigkeit abweichende kollektive Willensbildung über öffentliche Angelegenheiten geltend macht, stehen in einem auffälligen Kontrast zu dem geradezu naiven Standpunkt, den er gegenüber *zweiseitigen Austauschbeziehungen* einnimmt. Was diese angeht, so unterstellt er einfach, daß sie nach dem Pareto-Prinzip allgemeiner Zustimmung ohnehin sicher seien, da jeder freiwillige Austausch privater Güter die wechselseitige Übereinstimmung der Beteiligten voraussetze. Diese Unterstellung ist jedoch nur dann plausibel, wenn die privaten Transaktionen *nicht mit unerwünschten Nebenwirkungen* für Personen verbunden sind, die an ihnen nicht unmittelbar beteiligt sind, und wenn die Außenstehenden allen Änderungen der Güterverteilung, die aus solchen Austauschbeziehungen resultieren, indifferent gegenüberstehen[29]. Ist dies nicht der Fall, so ist es auch nicht möglich, aus der beiderseitigen Zustimmung der beteiligten Transaktionspartner kurzerhand auf die einmütige Zustimmung aller zu schließen. Denn wenn sich aus einer vertraglichen Übereinkunft, die A und B in ihrem beiderseitigen Interesse treffen, unwillkommene Nebenwirkungen für C ergeben, so kann man nicht vermuten, daß C diesem Vertrag zustimmen würde, falls er gefragt würde.

Daß bilaterale Austauschbeziehungen mit Nebenwirkungen verbunden sind, die von einigen Außenstehenden als negativ empfunden werden, ist angesichts der vielfältigen indirekten Interdependenzen und faktischen Verflechtungen, die zwischen den Verfügungsbereichen verschiedener Personen gewöhnlich bestehen, eher die Regel als die Ausnahme[30]. So kann der Kauf einer Eintrittskarte durch eine Person, die sich vor mir an der Kasse anstellt und die letzte Karte für ein Konzert erwirbt, die unwillkommene Auswirkung für mich haben, daß mein Bedürfnis, dieses Konzert zu erleben, unbefriedigt bleiben muß. Ebenso kann der Umstand, daß ein ruhiger Wohnungsnachbar aus der Wohnung nebenan auszieht und sie jemandem überläßt, der es liebt, den ganzen Tag Trompete zu blasen, höchst unerfreuliche Begleiterscheinungen für mich haben. Wenn das Zustandekommen privater Transaktionen nicht nur die Übereinstimmung der beteiligten Vertragspartner erforderte, sondern, wie Buchanan suggeriert, auch der Zustimmung aller übrigen Mitglieder der Gesellschaft bedürfte, dann würden wahrscheinlich viele der zweiseitigen Tauschbeziehungen, die wir tagtäglich ein-

---

[29] Siehe hierzu *Davis & Kamien*, Externalities, Information and Alternative Collective Action (1970), insbes. S. 76 f.

[30] Für eine genauere Analyse der indirekten Interdependenzen und faktischen Wirkungszusammenhänge zwischen individuellen Verfügungsbereichen siehe: *Wesche*, Tauschprinzip – Mehrheitsprinzip – Gesamtinteresse (1979), S. 112 f.; *Zintl*, Individualistische Theorien und die Ordnung der Gesellschaft (1983), S. 103 f. u. 111 f.

zugehen pflegen, gar nicht zustandekommen können. Denn da eine Zustimmung zumindest derjenigen Personen, die durch solche Beziehungen irgendwie negativ betroffen sind, nicht stillschweigend vorausgesetzt werden
kann, müßten diese Personen um ihre Zustimmung gefragt werden; und
manche von ihnen würden ihre Zustimmung wohl verweigern.

Daran zeigt sich, daß zweiseitige Vertragsbeziehungen, wenn man sie an
denselben Anforderungen der Einmütigkeit mißt, die Buchanan bezüglich
kollektiver Entscheidungen stellt, mit ebenso großen Schwierigkeiten verbunden sind wie ein Verfahren kollektiver Entscheidungsfindung aufgrund
der Einstimmigkeitsregel. Des weiteren erweist sich die von Buchanan mit
Berufung auf Wicksell vertretene These als unhaltbar, das institutionelle
Analogon zu freiwilligen Vertragsbeziehungen im privaten Bereich sei im
Bereich öffentlicher Entscheidungen die Einstimmigkeitsregel. Diese These
ließe sich nur unter der Voraussetzung aufrechterhalten, daß außer den an
privaten Tauschbeziehungen unmittelbar beteiligten Vertragspartnern auch
alle anderen Personen diesen Beziehungen stets positiv oder wenigstens
indifferent gegenüberstehen. Doch diese Voraussetzung ist angesichts der
unerwünschten Nebenwirkungen, die mit den meisten privaten Vertragsver-
hältnissen unvermeidlich verbunden sind, einfach illusorisch[30a].

Das Kriterium der einmütigen Zustimmung führt, wie sich zeigt, nicht nur
im Bereich der kollektiven Willensbildung in öffentlichen Angelegenheiten,
sondern auch bei vertraglichen Übereinkünften betreffend den Austausch
privater Güter zu unannehmbaren Konsequenzen. Es bleibt daher – soweit
ich sehe – nur der Schluß übrig, daß dieses Kriterium als Maßstab der Legitimität sozialer Beziehungen im postkonstitutionellen Stadium ungeeignet
ist. Das bedeutet aber, daß, unabhängig davon, ob Buchanans Vorstellung
des konstitutionellen Kontrakts für sich genommen akzeptabel ist oder
nicht, seine ganze Konzeption des postkonstitutionellen Kontrakts in sich
zusammenbricht.

2.4. Buchanans Kritik des produktiven Staates

Buchanan knüpft an seine Theorie der politischen Rechtfertigung eine
Reihe bemerkenswerter Überlegungen zu spezielleren Themen, so etwa zum
Begriff des Rechts, zur Theorie der Strafe und zu einigen Aspekten der Ausübung staatlicher Herrschaft. Von besonderem Interesse scheint mir dabei
vor allem seine (im ersten Teil dieses Kapitels gerafft dargestellte) Analyse
der Funktionsweise und der Entwicklungstendenzen des produktiven Staates, die ihn zu einer weitreichenden Kritik bestimmter Mängel und Gefahren

---

[30a] Für eine weitergehende Kritik von Buchanans Konzeption des Marktes siehe
Bund, Die Ökonomische Theorie der Verfassung (1984), S. 80 ff.

des modernen Wohlfahrtsstaates führt[31]. Da sich diese Kritik teilweise auf Überlegungen stützt, die nicht unmittelbar an Buchanans normative Konzeption gebunden sind, kommt ihr auch unabhängig von der Angemessenheit dieser Konzeption Bedeutung zu.

Buchanans Hinweise auf die vielfältigen Reibungsverluste und Effizienzmängel öffentlicher Entscheidungsprozesse aufgrund des demokratischen Mehrheitsprinzips erscheinen mir ebenso wie seine Bemerkungen über die Expansionstendenzen und Machtinteressen der staatlichen Bürokratie im großen und ganzen durchaus zutreffend[32]. Doch da er die Defizienzen und Fehlleistungen des marktgesteuerten Systems privater Austauschbeziehungen weitgehend unterspielt, sind die Konsequenzen, die er aus dieser Analyse zieht, alles andere als überzeugend. Buchanan räumt zwar ein, daß ein System zweiseitiger Austauschbeziehungen unfähig ist, die Nachfrage nach allgemein erwünschten öffentlichen Gütern hinreichend zu befriedigen, und daß wir daher ein Verfahren zur Bereitstellung solcher Güter brauchen[33]; zugleich aber suggeriert er, daß wir angesichts der Gefahren und Mängel öffentlicher Entscheidungsprozesse, die keine Einstimmigkeit erfordern, diese Prozesse auf ein Minimum beschränken sollten, indem wir entweder auf weitestgehende Übereinstimmung pochen oder die Anwendung des Mehrheitsprinzips auf wenige klar definierte Aufgaben begrenzen. Das bedeutet jedoch nach Buchanans Vorstellung nichts anderes, als daß die Produktion und Verteilung des gesellschaftlichen Reichtums im großen und ganzen einem marktwirtschaftlichen System privater Austauschbeziehungen auf der Grundlage unantastbarer individueller Eigentumsrechte überlassen bleiben sollte. Dem Staat fällt dabei die Aufgabe zu, die für das Funktionieren dieses Systems unabdingbaren Rahmenbedingungen sicherzustellen.

Diese Konsequenz mag vielleicht plausibel scheinen, solange man die Fehlleistungen und Mängel des Marktsystems ignoriert, wie Buchanan das tut. Sie verliert jedoch sofort an Überzeugungskraft, wenn man die Mängel des Marktes ebenso in Rechnung stellt wie das Versagen demokratischer Entscheidungsprozesse. Einige dieser Mängel habe ich bereits im vorigen

---

[31] Diese Kritik weist übrigens mitunter erstaunliche Ähnlichkeiten mit der Analyse des kapitalistischen Staates seitens mancher marxistischer Theoretiker auf. Ich verweise hier nur auf *Ralph Miliband,* Der Staat in der kapitalistischen Gesellschaft (1969), dessen Darstellung der Funktionsweise der staatlichen Bürokratie derjenigen von Buchanan sehr nahekommt; ferner auf *James O'Connor,* Die Finanzkrise des Staates (1973), wo die Expansionstendenzen des öffentlichen Sektors in vieler Hinsicht ähnlich beschrieben werden wie bei Buchanan. Siehe dazu auch den Sammelband von *Guggenberger / Offe,* An den Grenzen der Mehrheitsdemokratie (1984).

[32] Siehe hierzu auch: *Tullock,* Problems of Majority Voting (1959), sowie *Buchanan / Tullock,* The Calculus of Consent (1962 a), Kap. 10 - 12, S. 131 ff.

[33] Zu den Ursachen der vor allem in großen Gruppen bestehenden Tendenz, kollektive Güter in einem suboptimalen Ausmaß bereitzustellen, siehe vor allem *Olson,* Die Logik des kollektiven Handelns (1965), S. 8 ff.

Kapitel gegen Nozicks Apologie des Marktsystems zur Sprache gebracht[34]. Ich möchte hier allerdings noch auf einen weiteren Punkt aufmerksam machen, der die von Buchanan suggerierte Leistungsfähigkeit dieses Systems in Frage stellt.

Buchanan weist mit Recht auf die Gefahr einer ineffizienten Ausweitung der öffentlichen Haushalte hin, die bei einer demokratischen Willensbildung über die Bereitstellung kollektiver Güter vor allem dann besteht, wenn über einzelne Vorhaben getrennt entschieden wird. Denn da das mehrheitsdemokratische Verfahren schon einer knappen Mehrheit, der am Angebot bestimmter öffentlicher Güter gelegen ist, die Möglichkeit gibt, die Bereitstellung dieser Güter gegen den erklärten Willen der Minorität zu erzwingen und einen Teil der Bereitstellungskosten zu ‚externalisieren‘, d.h. auf die Minorität zu überwälzen, kann der Fall eintreten, daß mehrere Vorhaben, von denen jedes einzelne bei getrennter Abstimmung eine Mehrheit findet, zusammengenommen für jeden Beteiligten einen Nettoverlust ergeben: Alle stehen am Ende schlechter da, als wenn keines der betreffenden Kollektivgüter angeboten würde[35]. Buchanan ist zwar zuzustimmen, daß diese Gefahr durchaus besteht, es gilt aber zu sehen, daß im Rahmen eines marktwirtschaftlichen Prozesses privater Entscheidungen dasselbe Problem in analoger Weise in Erscheinung tritt und dort nicht weniger nachteilige Konsequenzen zeitigt.

Der Markt läßt sich geradezu als der Prototyp eines sozialen Entscheidungsverfahrens beschreiben, welches die Allokation sozialer Güter und Lasten vermittels einer Vielzahl individueller Transaktionen aufgrund lauter getrennter privater Entscheidungen bewerkstelligt[36]. Diese privaten Entscheidungen werden dabei von den einzelnen Individuen in der Regel nicht in der Absicht getroffen, um ein bestimmtes Gesamtergebnis herbeizuführen, sondern um im Rahmen der ihnen zur Verfügung stehenden Handlungsmöglichkeiten ihre persönlichen Ziele zu verfolgen. Der Markt ist, wie Friedrich A. von Hayek unermüdlich zu betonen pflegt, eine *spontane Ordnung*, die sich wie von selbst aus dem Zusammenwirken zahlloser selbständiger Einzelhandlungen vieler verschiedener Personen ergibt, die im Rahmen der bestehenden Eigentumsrechte jeweils ihren Interessen nachgehen,

---

[34] Siehe dazu ferner die vorzügliche Übersicht über die verschiedenen Mängel des Marktsystems bei: *Lindblom,* Jenseits von Markt und Staat (1977), S. 134 ff.; *Gäfgen,* Wirtschaftsordnung und Marktversagen (1976).

[35] Für eine Bestandsaufnahme weiterer Mängel und Mißbrauchsmöglichkeiten des demokratischen Systems siehe: *Bernholz,* Grundlagen der Politischen Ökonomie, 1. Bd. (1972), S. 207 ff.; *Usher,* Die ökonomischen Grundlagen der Demokratie (1981). Eine knappe Übersicht über diverse Ursachen der Ineffizienz des öffentlichen Sektors liefert z.B. *Recktenwald,* Unwirtschaftlichkeit im Staatssektor (1978).

[36] Für eine sehr anschauliche Darstellung des Marktsystems als eines Prozesses sozialer Entscheidungsfindung in Gegenüberstellung zu kollektiven Wahlverfahren siehe *Streissler,* Eigentumsrechte und politische Wahlprozesse als soziale Entscheidungsfindungen (1976).

ohne daß sie die aggregierten Folgen ihres Handelns zu beabsichtigen oder auch nur vorherzusehen brauchen[37]. Obwohl die individuellen Entscheidungen, die die Marktordnung generieren, in Umfang und Reichweite sehr stark variieren, gemessen an dem Gesamtergebnis, das sie zusammen hervorbringen, erscheint jede einzelne von ihnen als ‚klein'. Entgegen Hayeks Meinung, die Marktordnung gereiche langfristig allen Beteiligten zum gößtmöglichen Nutzen, kann man feststellen, daß die vielen kleinen Entscheidungen, die die Individuen in Verfolgung ihrer verschiedenartigen Zwecke treffen, insgesamt vielfach zu Ergebnissen führen, die für alle Beteiligten schlechter sind, als wenn ihr Entscheidungshorizont ein größerer gewesen wäre. Denn da fast alle diese kleinen Einzelentscheidungen mit externen Kosten verbunden sind, die von den Handelnden nicht in Rechnung gestellt werden, kommt gerade in der Marktökonomie leicht das zustande, was Alfred E. Kahn treffend als „Tyrannei der kleinen Entscheidungen" charakterisiert hat[38]: Wenn viele Personen eine Marktentscheidung x treffen und dieser Umstand führt am Markt zum Gesamtergebnis X (wobei X die aggregierten Folgen aller Entscheidungen x repräsentiert), so bedeutet das nicht notwendig, daß dieselben Personen auch dieses Gesamtergebnis wählen würden, wenn ihnen die Entscheidung hierüber anheimgestellt würde.

An aktuellen Beispielen, die diese Tyrannei der kleinen Entscheidungen im Rahmen der Marktökonomie belegen, besteht in der Tat kein Mangel. Man denke nur an die Explosion des Individualverkehrs, an die fortschreitende Zerstörung der natürlichen Umwelt, an die Verödung städtischer Regionen: lauter Erscheinungen, die in den letzten Jahrzehnten als Folgen zahlloser kleiner Entscheidungen vieler Individuen zustandegekommen sind. Wie die Tyrannei der kleinen Entscheidungen im einzelnen arbeitet, hat Kahn auf unnachahmliche Weise am Beispiel der Einstellung des Personenzugverkehrs zwischen Ithaca und New York illustriert, weshalb ich es mir gestatten möchte, seine Schilderung dieses Beispiels hier in aller Länge zu zitieren.

„Gehen wir davon aus, daß der Personenverkehr eingestellt wurde, weil die individuellen Entscheidungen, die die Reisenden eine hinreichend lange Zeitperiode hindurch bezüglich ihrer Fahrten von und nach Ithaca trafen, den Eisenbahnen nicht genug Gewinn sicherten, um die Bahnlinie rentabel zu machen. Wenn man den Komfort und die Geschwindigkeit der konkurrierenden Beförderungsmittel vergleicht, waren diese Entscheidungen sicher nicht irrational: die Bahn war vergleichsweise langsam und unkomfortabel.

---

[37] Zum Konzept der spontanen Ordnung siehe *Hayek,* Regeln und Ordnung (1973), S. 60 ff.; zur Deutung des Marktes als einer spontanen Ordnung siehe auch *Hayek,* Die Illusion der sozialen Gerechtigkeit (1976), S. 149 ff.

[38] Siehe dazu und zum Folgenden: *Kahn,* The Tyranny of Small Decisions: Market Failures, Imperfections, and the Limits of Economics (1966); zu dieser Thematik siehe insbesondere auch: *Kapp,* Soziale Kosten der Marktwirtschaft (1950); *Hirsch,* Die sozialen Grenzen des Wachstums (1976).

Welchen Grund könnte es dann aber geben, um die aggregierte Folge dieser individuellen Entscheidungen – die Einstellung des Zugverkehrs – in Frage zu stellen? Tatsache ist, daß die Bahn das einzige verläßliche Mittel bereitstellte, um bei jeder Art von Wetter von und nach Ithaca zu kommen; und diese unzureichend in Anspruch genommene Möglichkeit, diese nicht hinreichend benützte Alternative war etwas, wofür ich bereit gewesen wäre, etwas zu zahlen, um sie aufrechtzuerhalten. Diese Art, das Ergebnis zu sehen, legt einen einfachen, obgleich unglücklicherweise subjektiven und daher nicht unbedingt praktisch durchführbaren Test nahe, um zu prüfen, ob die Einstellung der Bahnlinie ökonomisch korrekt war: jeder Reisende oder potentielle Reisende sollte sich selbst fragen, wieviel er bereit gewesen wäre, regelmäßig für jeweils eine bestimmte Zeitperiode, sagen wir jährlich, durch den Erwerb von Vorverkaufskarten auszugeben, um den Personenzugsverkehr nach Ithaca zu gewährleisten. In dem Maße, in dem der Betrag, den jemand (sich selbst gegenüber) angeben würde, denjenigen Betrag, den er in dieser Periode tatsächlich gezahlt hat, übersteigt – und was mich selbst betrifft, so trifft das zu –, wäre das Verschwinden des Personenverkehrs von Ithaca ein Fall von Marktversagen.

Die Ursache dieses Versagens war die Diskrepanz zwischen den Zeitperspektiven der Entscheidungen einerseits, die zu treffen ich Gelegenheit hatte, indem ich bei jeder Reise immer wieder entschied, ob ich mit dem Zug fahren soll oder nicht, und der relevanten Entscheidung der Eisenbahnen andererseits, die eine langfristige, im wesentlichen eine Alles-oder-nichts- und Ein-für-allemal-Entscheidung war, den Personenzugsverkehr aufrechtzuerhalten oder einzustellen. Zu dem Zeitpunkt, als jeder Reisende oder potentielle Reisende zwischen der lokalen Luftlinie, seinem eigenen Automobil und der Eisenbahn wählte, hatte seine individuelle Wahl einen bloß vernachlässigbaren Effekt auf die weitere Verfügbarkeit der letzten Möglichkeit; daher wäre es für ihn irrational gewesen, diese mögliche Konsequenz seiner Entscheidung in Rechnung zu stellen. Doch das Faktum bleibt bestehen, daß jede Wahl von x gegenüber y auch eine Stimme für die Eliminierung der Möglichkeit darstellt, später wieder y wählen zu können; wenn hinreichend viele Leute für x stimmen, *stets in der Annahme, y werde weiterbestehen,* dann mag es in Wirklichkeit passieren, daß y verschwindet. Und sein Verschwinden kann einen wirklichen Verlust bedeuten, für dessen Vermeidung die Kunden vielleicht gerne etwas bezahlt hätten. Die Wahl, die der Markt uns Reisenden ließ, um die langfristige Entscheidung der Eisenbahnen zu beeinflussen, war daher in ihrer Zeitperspektive enger und die Gesamtsumme, die unsere individuellen Käufe von Zugfahrkarten ergaben, war kleiner als unser *tatsächliches kombiniertes Interesse* an der weiteren Verfügbarkeit des Zugsverkehrs. Wir waren Opfer der Tyrannei der kleinen Entscheidungen."[39]

Wie wir sehen, bringt die Tyrannei der kleinen Entscheidungen im Rahmen der marktförmigen Allokation von Gütern durch private Austauschbeziehungen Konsequenzen mit sich, die nicht weniger problematisch sind als die Effizienzverluste, welche das mehrheitsdemokratische Verfahren kollektiver Entscheidungsfindung zeitigen kann. Denn obschon das demokratische Verfahren mitunter ineffiziente Resultate liefern mag, die im Rahmen privater Austauschbeziehungen vielleicht nicht auftreten würden, bringt auf der anderen Seite auch die privatwirtschaftliche Marktordnung infolge des engen Entscheidungshorizonts, unter dem sie die Individuen agieren läßt, unerwünschte Ergebnisse hervor, die durch eine kollektive Willensbil-

---

[39] *Kahn,* The Tyranny of Small Decisions (1966), S. 25 f.

dung vermieden werden könnten. Die Einstimmigkeitsregel (oder eine etwas abgeschwächte Version derselben) kann dabei als Verfahrensregel einer solchen Willensbildung außer Betracht bleiben, da sie die Wirkungsweise eines rein marktwirtschaftlichen Systems de facto kaum verändern würde. Das System privater Austauschbeziehungen kann daher ebensowenig wie der demokratische Entscheidungsprozeß als ein Allheilmittel betrachtet werden, das für sich allein schon hinreichende Effizienz der Verwendung von Gütern und Ressourcen garantiert, wobei es gleichgültig ist, ob man Effizienz im Sinne des Pareto-Kriteriums oder im Sinne eines utilitaristischen Kosten-Nutzen-Kalküls versteht. Da sowohl der Markt als auch die kollektive Willensbildung vom Gesichtspunkt der Effizienz unvollkommen sind, erscheint es auch von diesem Gesichtspunkt aus als zweckmäßig, eine Mischform beider Entscheidungsverfahren zu suchen, die deren Vorzüge verbindet und ihre Mängel so gut wie möglich vermeidet.

2.5. Zusammenfassende Würdigung

Die Bedeutsamkeit von Buchanans Theorie der politischen Rechtfertigung liegt meines Erachtens nicht darin begründet, daß diese Theorie wirklich eine überzeugende und akzeptable Konzeption der sozialen Gerechtigkeit bereitstellen würde, sondern vielmehr darin, daß sie uns ein ebenso wohldurchdachtes wie konsequent ausgeführtes Beispiel einer Theorie liefert, die einige der einflußreichsten und interessantesten Denkmuster der politischen Philosophie in sich vereinigt. Einmal zielt sie darauf ab, eine rein *individualistische,* ausschließlich auf das rationale Selbstinteresse der Menschen bezogene Begründung sozialer Institutionen in der Tradition des Hobbesschen Ansatzes zu geben. Buchanans Theorie bietet sich daher geradezu als ein Testfall dafür an, ob dieser Ansatz eine tragfähige Grundlage für eine angemessene Konzeption der rationalen moralischen Rechtfertigung von Regeln des sozialen Zusammenlebens darstellt oder nicht. Nach meinem Dafürhalten fällt dieser Test negativ aus. Im Grunde scheint mir das Programm einer rein individualistisch-zweckrationalen Rechtfertigung sozialer Normen, wie sie Buchanan versucht, schon deshalb zu scheitern, weil dieses Programm von Voraussetzungen ausgeht, die mit grundlegenden Erfordernissen einer moralischen, intersubjektiv verbindlichen Rechtfertigung in Widerspruch geraten; und zwar selbst dann, wenn man einen sehr schwachen Begriff von Moral unterstellt.

Während die moralische Verbindlichkeit von Normen voraussetzt, daß *diese Normen von allen Beteiligten unter der Bedingung ihrer wechselseitigen Achtung als freier und gleichberechtigter Individuen vernünftigerweise akzeptiert werden* würden, geht das individualistisch-zweckrationale Rechtfertigungsmodell vom rationalen Selbstinteresse der Beteiligten unter den realen Bedingungen ihres Zusammenlebens aus. Doch diese Bedingungen können so beschaffen sein, daß es unserem rationalen Selbstinteresse entsprechen mag, andere zu töten oder sie uns gewaltsam für unsere Zwecke gefügig zu machen. Unter entsprechenden kontingenten Bedingungen läßt das individualistisch-zweckrationale Modell damit Handlungsweisen und Normen als gerechtfertigt erscheinen, die mit unseren Vorstellungen von Moral gänzlich unvereinbar sind[40].

Man wird vielleicht sagen, daß es gar nicht in Buchanans Absicht lag, eine Theorie der *moralischen* Rechtfertigung sozialer Institutionen zu liefern. Das mag zwar richtig sein, doch kommt es bei der Beurteilung seiner Theorie nicht darauf an, unter welcher Etikette er sie verkauft, sondern welchen Geltungsanspruch er mit ihr verbindet. Buchanan mißt seiner Konzeption eine ausschließliche Geltung zu, welcher gegenüber die Moral keine höherrangige Bedeutung hat. Er nimmt somit für seine Konzeption den Rang einer moralischen Vorstellung in Anspruch und seine Theorie muß daher so beurteilt werden, als ob sie eine Theorie der moralischen Rechtfertigung wäre.

Die Theorie Buchanans läßt sich weiters auch als ein theoretischer Versuch verstehen, die Tragfähigkeit einer *realistischen* Konzeption des Gesellschaftsvertrags zu erweisen, d.h. einer Vertragskonzeption, die statt von der *fiktiven* Annahme eines *normativ* idealisierten Urzustandes auszugehen, eine möglichst *realistische* Vorstellung eines als *Tatsache* betrachteten Zustands zum Ausgangspunkt wählt[41]. Daß sich Buchanan hierbei hypothetischer Annahmen und idealisierter Modelle bedient, tut dem realistischen Charakter seiner Konzeption keinen Abbruch; worauf es ankommt, ist, daß die beteiligten Individuen darin nicht als fiktive Personen hinter einem Schleier des Nichtwissens oder dergleichen in Erscheinung treten, sondern einander als Menschen mit ihren tatsächlichen Eigenschaften und Präferenzen gegenüberstehen. Nun, auch in dieser Hinsicht sind Buchanans Bemü-

---

[40] Um Mißverständnissen vorzubeugen, ist es an dieser Stelle vielleicht angebracht, ausdrücklich zu betonen, daß, wenn ich von individualistischen Konzeptionen spreche, ich den Ausdruck „individualistisch" stets in einem *engen* Sinne verstehe, nämlich im Sinne eines *individualistischen Reduktionismus,* der die Erklärung bzw. Rechtfertigung sozialer Phänomene vollständig auf individuelles Verhalten bzw. individuelle Präferenzen *zurückführen* will. Der Ausdruck „individualistisch" wird demgegenüber mitunter auch in einem *weiteren* Sinne gebraucht, demzufolge er die *Bezugnahme* auf individuelles Verhalten bzw. auf individuelle Präferenzen bedeutet, ohne aber auf einen individualistischen Reduktionismus hinauszulaufen. In dieser zweiten, weiteren Bedeutung wird der Ausdruck gebraucht bei *Zintl,* Individualistische Theorien und die Ordnung der Gesellschaft (1983), S. 24 ff. Die von mir geäußerte Kritik am Individualismus betrifft wohlgemerkt nur individualistische Konzeptionen, die – wie z.B. Buchanan – ein reduktionistisches Programm vertreten, nicht aber individualistische Konzeptionen im weiteren Sinne (wozu ja auch die Theorie von Rawls und die Social Choice-Theorie zu rechnen sind).

[41] Zur genaueren Bestimmung der Merkmale einer ‚realistischen' Vertragstheorie siehe *Cornides,* Die Denkmöglichkeit einer „realistischen" Theorie vom Gesellschaftsvertrag (1979), S. 625 ff.; *ders.,* Der Gesellschaftsvertrag als Tatsache betrachtet (1980). Siehe in diesem Zusammenhang auch die Unterscheidung zwischen ‚echten' und ‚unechten' Vertragstheorien bei *Zintl,* Individualistische Theorien und die Ordnung der Gesellschaft (1983), S. 29.

hungen, so glaube ich, als gescheitert anzusehen. Wenn seine Theorie etwas beweist, dann das Gegenteil dessen, worauf Buchanan abzielt: nämlich die *Unmöglichkeit* einer realistischen Vertragskonzeption der politischen Rechtfertigung. Während die Idee der vertraglichen Rechtfertigung sozialer Normen und Institutionen ihre normative Attraktivität gerade der Vorstellung verdankt, eine derartige Rechtfertigung setze die *freiwillige Zustimmung* aller Beteiligten als freier und gleichberechtigter Personen voraus, führt uns Buchanans Theorie mit aller Deutlichkeit vor Augen, daß diese Voraussetzung unter realen Bedingungen menschlicher Koexistenz nicht schon automatisch erfüllt ist. Um so etwas wie eine vertragliche Übereinkunft aller Beteiligten unter realen Bedingungen überhaupt als denkbar erscheinen zu lassen, war Buchanan vielmehr genötigt, alle Nebenbedingungen für die moralische Verbindlichkeit von Akten vertraglicher Zustimmung gänzlich zu mißachten und eine solche Zustimmung immer schon dort zu unterstellen, wo sich faktisch – aufgrund welcher Umstände immer – irgendeine Art der Abgrenzung individueller Handlungsbereiche in Form zwischenmenschlicher Verhaltensregeln etabliert hat; eine Unterstellung, die schließlich zum *Status quo* als dem letztlich maßgeblichen Kriterium für die Legitimität sozialer Beziehungen führt. Ich sehe allerdings nicht, wozu eine normative Theorie der politischen Rechtfertigung gut sein sollte, deren wichtigstes substanzielles Ergebnis in der Botschaft besteht, daß alles richtig ist, so wie es ist, gleichgültig wie die Verhältnisse immer beschaffen sein mögen. Wenn wir uns diese Ansicht zu eigen machen würden, wüßten wir genausowenig wie vorher, nach welchen Grundsätzen wir die sozialen Verhältnisse eigentlich gestalten sollten, denn wie immer wir sie auch gestalten, das Ergebnis hätten wir stets als gerechtfertigt anzusehen. Im übrigen dürften die meisten Leute eine solche Ansicht für gänzlich unannehmbar halten, Buchanan nicht ausgenommen.

Buchanan versucht mit seiner Theorie überdies, eine neuartige, *vertragstheoretische Fundierung des kapitalistischen Marktsystems* bzw. einer libertären Gesellschaftsverfassung zu liefern, eine Begründung, die sich – anders als die bisher üblichen Argumentationsmuster zugunsten der liberalen Marktordnung – auf die Vorstellung eines verfassunggebenden Grundvertrags, eben des konstitutionellen Kontrakts, stützt[42]. Da er dabei jedoch von theoretischen Voraussetzungen ausgeht, die – wie ich gezeigt zu haben hoffe – nicht nur moralisch inakzeptabel, sondern auch nicht zureichend sind, um irgendein bestimmtes Ergebnis zu rechtfertigen, schlägt Buchanans Begründung des Liberalismus *in doppelter Weise* fehl: Abgesehen davon, daß die individualistisch-realistische Vertragskonzeption, die ihm als Grundlage seiner Argumentation dient, kein akzeptabler Ausgangs-

---

[42] Man kann die Konzeption Buchanans daher als „vertragstheoretischen Konstitutionalismus" bezeichnen, wie Viktor Vanberg dies getan hat; siehe dazu *Vanberg*, Liberaler Evolutionismus oder vertragstheoretischer Konstitutionalismus (1981).

punkt einer intersubjektiv konsensfähigen Rechtfertigung ist, gäbe es selbst dann, wenn wir sie annehmen würden, keinen Grund, eine libertäre Gesellschaftsordnung für eine notwendige oder auch nur wahrscheinliche Folge dieser Vertragskonzeption zu halten. Buchanan scheint es entgangen zu sein, daß die Vorstellung eines solchen Sozialkontrakts unter entsprechenden Umständen ein sozialistisches Gesellschaftssystem, eine Feudalordnung oder eine Sklavenhaltergesellschaft ebensogut möglich erscheinen läßt, wie eine faschistische Militärdiktatur, den liberalen Nachtwächterstaat oder die wohlfahrtsstaatliche Demokratie[43].

Obwohl Buchanans Theorie, gemessen an den Zielen, die ihr Schöpfer mit ihr verfolgt, sich in jeder Hinsicht als ein gigantischer Fehlschlag erweist, gehört sie nach meinem Dafürhalten doch zu jener Art von Irrtümern, die unsere theoretische Einsicht nicht weniger bereichern als die größten unserer intellektuellen Erfolge. Die Bereicherung, die wir durch diese Theorie erfahren, liegt vor allem darin, daß wir nun wesentlich besser sehen als zuvor, wie eine Konzeption der politischen Rechtfertigung arbeitet, die von rein individualistisch-realistischen Voraussetzungen ausgeht, und welche verheerenden Konsequenzen daraus erwachsen könnten, wenn wir uns diese Voraussetzungen als normative Grundlage unseres Handelns zu eigen machten. Die Einsichten, die uns Buchanan vermittelt, lassen sich daher geradezu als ein Beweis dafür betrachten, daß eine adäquate Theorie der politischen Rechtfertigung entgegen seiner Ansicht nicht auf der Basis rein individualistisch-realistischer Voraussetzungen errichtet werden kann. Wenn es ihm auch versagt war, das zu leisten, was er leisten wollte, so hat Buchanan damit doch etwas geleistet, was für die politische Philosophie einen erheblichen Erkenntnisgewinn bedeutet.

---

[43] In diesem Sinne auch *Bund,* Die Ökonomische Theorie der Verfassung (1984), S. 63 ff.

Schlußbemerkungen

Der von uns unternommene Versuch, der Idee des Gesellschaftsvertrags für den Zweck der rationalen Rechtfertigung von Grundsätzen des sozialen Zusammenlebens eine annehmbare Interpretation abzugewinnen, hat uns ausgehend von der rein individualistischen Vertragsvorstellung Hobbesscher Provenienz über das freiheitlich-besitzindividualistische Vertragsmodell von Locke schließlich zu einer universalistischen Deutung des Sozialkontrakts geführt, die ein einigermaßen akzeptables Modell der Legitimation politischer Institutionen abzugeben scheint. Die universalistische Vertragskonzeption, die in rudimentärer Form bereits von Rousseau und Kant vertreten wurde und die im Rahmen der zeitgenössischen politischen Philosophie durch Rawls' Theorie der Gerechtigkeit repräsentiert wird, konstruiert den Gesellschaftsvertrag als einen vollends fiktiven Vorgang kollektiver Entscheidungsfindung auf der Grundlage weitgehender normativer Idealisierungen, die eine einmütige Übereinstimmung aller Beteiligten als freier, gleicher und vernünftiger Personen gerade dadurch ermöglichen, daß sie den individuellen Entscheidungskalkül jeder einzelnen Person mit dem jeder anderen in eins fallen lassen. Die Gründe, die diese Idealisierungen notwendig machen, ergeben sich aus dem Bestreben, eine Vorstellung des Gesellschaftsvertrags zu entwickeln, die weithin anerkannten Forderungen der Moral Rechnung trägt.

Wie aber der weitere Verlauf unserer Untersuchungen gezeigt hat, löst sich die der Idee des Gesellschaftsvertrags eigentlich zugrundeliegende Vorstellung einer *vertraglichen* Begründung sozialer Normen zunehmend auf, je weiter man das Konzept des Gesellschaftsvertrags verfolgt, bis sie sich schließlich im Rahmen der universalistischen Vertragskonzeption vollends zur leeren Metapher verdünnt. Da nämlich das universalistische Vertragsmodell die Ausgangsposition, von der aus die Wahl der verbindlichen Grundsätze des sozialen Zusammenlebens erfolgen soll, für alle Beteiligten gänzlich gleich macht, faßt es diese gleichsam zu einer einzigen Person zusammen, die stellvertretend für alle Betroffenen steht und die mit ihrer Entscheidung das gemeinsame Interesse aller vertritt. Von einer *vertraglichen* Aushandelung der Grundsätze der sozialen Ordnung kann hier schwerlich noch die Rede sein. Was die universalistische Vertragskonzeption mit der ursprünglichen Idee der Begründung sozialer Grundsätze durch eine vertragliche Übereinkunft aller Betroffen gemein hat, ist nur noch der Gedanke, daß eine intersubjektiv rationale Rechtfertigung solcher

Grundsätze den Nachweis ihrer *allgemeinen Zustimmungsfähigkeit* unter der Bedingung der wechselseitigen Anerkennung aller Beteiligten als freier und gleicher Personen verlangt. Doch da dieser Bedingung vollständig erst dann Genüge getan zu sein scheint, wenn wir uns – kontrafaktisch – einen Zustand hergestellt denken, in dem die realen Unterschiede zwischen den Menschen aufgehoben und diese ihrer partikularen Interessen entkleidet sind, gelangen wir zu einem nicht nur hypothetischen, sondern überhaupt bloß gedanklich vorstellbaren Modell kollektiver Willensbildung, die mit der Form einer vertraglichen Übereinstimmung kaum noch etwas zu tun hat. Sofern eine solche Vorstellung Gründe für sich hat, die sie uns als Ausgangspunkt der Rechtfertigung sozialer Normen annehmbar erscheinen lassen, so liegt das jedenfalls nicht an der Unterstellung eines vertraglichen Prozesses, sondern daran, daß diese Vorstellung im wesentlichen unserer Auffassung des moralischen Standpunkts entspricht. Wenn dem aber so ist, dann scheint es unnötig, zur Rechtfertigung sozialer Normen auf die Kategorie des Vertrags zurückzugreifen, anstatt gleich mit dem Standpunkt der Moral zu operieren, und die Konstruktion eines Gesellschaftsvertrags erscheint als entbehrlich. Die Idee des Sozialkontrakts erweist sich damit sozusagen als eine gedankliche Krücke, die uns gute Dienste leistet, um zu einer klareren Vorstellung über die Bedingungen einer intersubjektiv konsensfähigen Rechtfertigung von Grundsätzen des sozialen Lebens zu gelangen, eine Krücke, der wir aber nicht mehr bedürfen, sobald wir uns eine solche Vorstellung gebildet haben.

Die kritische Betrachtung der Theorien von Rawls, Nozick und Buchanan, die wohl zu den bemerkenswertesten Bemühungen der rezenten politischen Philosophie gehören, die Problematik politischer Legitimität in methodisch tiefgreifender und thematisch umfassender Weise zu bearbeiten, hat uns zwar zu keiner vollends befriedigenden Antwort auf die Frage nach allgemein vertretbaren Grundsätzen des sozialen Zusammenlebens geführt, aber sie hat uns, wie ich hoffe, immerhin eine Reihe von wesentlichen Einsichten vermittelt. Denn obwohl keine der genannten Theorien sich als hinreichend unanfechtbar erwiesen hat, um ohne weiteres akzeptierbar zu sein, scheint mir doch jede von ihnen etwas Richtiges und Wahres zu enthalten, das im Rahmen einer angemessenen Konzeption von Freiheit und Gerechtigkeit Berücksichtigung verlangt. Dies gilt im besonderen für Rawls' Theorie der Gerechtigkeit, die mit dem Konzept des Urzustandes nicht nur einen im großen und ganzen akzeptablen Ausgangspunkt für die Rechtfertigung moralisch vertretbarer Grundsätze des sozialen Zusammenlebens bereitstellt, sondern auch eine Vorstellung sozialer Gerechtigkeit liefert, die in ihren wesentlichen Bestandselementen durchaus plausibel erscheint. Rawls war aber offenbar im Irrtum, wenn er meinte, das Konzept des Urzustandes sei tragfähig genug, um daraus universell gültige Grundsätze mit einem so

hohen Bestimmtheitsgrad ableiten zu können, wie ihn seine Grundsätze aufweisen.

Demgegenüber stellt Nozicks Anspruchstheorie zurecht einen von den
meisten Gerechtigkeitstheorien etwas vernachlässigten Aspekt heraus, dem
in unserem Alltagsverständnis sozialer Gerechtigkeit in der Tat große
Bedeutung zukommt: nämlich die Vorstellung, daß wohlerworbene Rechte
und Ansprüche zu wahren sind und daß die Menschen im Rahmen der ihnen
zustehenden Rechte größtmögliche Handlungsfreiheit haben sollen, um ihr
Leben autonom zu gestalten. Wenn Nozick jedoch versucht, diesen Aspekt
zum alleinigen Bestimmungsgrund sozialer Gerechtigkeit zu erheben, so
übersieht er, daß der Erwerb und die Ausübung von Rechten an Grundsätze
gebunden sein müssen, die ihrerseits eine gerechte Verteilung sozialer Güter
erfordern, wenn sie allgemeine Zustimmung finden sollen.

Was schließlich die Theorie von Buchanan betrifft, so liefert sie eine
durchaus aufschlußreiche Zustandsanalyse einer (fiktiven) sozialen Situation, die sich ergibt, wenn alle nur ihr individuelles Selbstinteresse verfolgen; sie führt uns damit die Bedingungen menschlicher Existenz vor Augen,
aus welchen heraus der Bedarf nach universell verbindlichen Richtlinien
des sozialen Zusammenlebens erwächst. Und wenn auch die Theorie Buchanans schwerlich als eine moralisch vertretbare Konzeption der Rechtfertigung politischer Grundsätze angesehen werden kann, so legt sie doch eine
wichtige Dimension zwischenmenschlichen Handelns frei, die mit der moralischen Dimension in vielfältiger Weise interferiert und die daher innerhalb
einer wertenden Betrachtung sozialer Verhältnisse jedenfalls Beachtung
verdient: die Dimension des strategischen Handelns der Menschen aufgrund
ihres selbstinteressierten Nutzenkalküls. Darüber hinaus aber ist auch
Buchanans Analyse der Funktionsmängel und Grenzen der Mehrheitsdemokratie von Interesse, und zwar ganz unabhängig davon, was man von seiner
Konzeption der politischen Rechtfertigung sonst halten mag.

Literaturverzeichnis

Die auf den Namen des Autors folgende Jahreszahl bezieht sich in der Regel auf das Jahr des ersten Erscheinens des betreffenden Titels, in manchen Fällen auch auf das Erscheinungsjahr der verwendeten Auflage. Mehrfach publizierte Arbeiten werden, wenn nicht anders angegeben, nach der jeweils zuletzt angeführten Quelle zitiert. Verweise und Zitate mit Bezug auf fremdsprachige Titel, die in deutscher Übersetzung vorliegen, beziehen sich, sofern nicht anders vermerkt, auf die deutsche Übersetzung.

Abendroth, Wolfgang (1965): Sozialgeschichte der europäischen Arbeiterbewegung, Frankfurt (Suhrkamp) 1965, 10. Aufl. 1975.

Ackerman, Bruce A. (1980 a): Social Justice in the Liberal State, New Haven – London (Yale UP) 1980.

— (1980 b): Four Questions for Legal Theory, in: Pennock & Chapman (1980), S. 351 - 375.

Acton, H. B. (1956): Political Justification, in: Contemporary British Philosophy, hrsg. von H. D. Lewis, London (George Allen & Unwin) 1956, S. 21 - 44; wiederabgedruckt in: Bedau (1969), S. 220 - 239.

— (1971): The Morals of Markets. An Ethical Exploration, London (Longman) 1971.

Ake, Christopher (1975/76): Justice as Equality, in: Philosophy & Public Affairs 5 (1975 - 76), S. 69 - 89.

Albert, Hans (1967): Marktsoziologie und Entscheidungslogik, Neuwied – Berlin (Luchterhand) 1967.

— (1978): Traktat über rationale Praxis, Tübingen (J. C. B. Mohr) 1978.

Alexander, Sidney S. (1974): Social Evaluation trough Notional Choice, in: The Quarterly Journal of Economics 88 (1974), S. 597 - 624.

Alexy, Robert (1978 a): Theorie der juristischen Argumentation, Frankfurt (Suhrkamp) 1978.

— (1978 b): Eine Theorie des praktischen Diskurses, in: Oelmüller (1978 b): S. 22 - 58.

— (1979): Zum Begriff des Rechtsprinzips, in: Argumentation und Hermeneutik in der Jurisprudenz, Rechtstheorie Beiheft 1 (1979), S. 59 - 87.

— (1981): Die Idee einer prozeduralen Theorie der juristischen Argumentation, in: Rechtstheorie Beiheft 2 (1981), S. 177 - 188.

Altham, J. E. J. (1973): Rawls's Difference Principle, in: Philosophy 48 (1973), S. 75 - 78.

Arrow, Kenneth J. (1950): A Difficulty in the Concept of Social Welfare, in: The Journal of Political Economy 58 (1950), S. 328 - 346; wiederabgedruckt in: Arrow / Scitovsky (1969), S. 147 - 168.

— (1951): Social Choice and Individual Values, New Haven – London (Yale UP) 1951, 2., erweiterte Aufl. 1963.

— (1967 a): Values and Collective Decision-Making, in: Philosophy, Politics and Society, Third Series, hrsg. von Peter Laslett & W. G. Runciman, Oxford (Blackwell) 1967, S. 215 - 232; dt.: Werte und kollektives Entscheiden, in: Fach / Degen (1978), S. 61 - 80.

— (1967 b): Public and Private Values, in: Human Values and Economic Policy, hrsg. von Sidney Hook, New York 1967, S. 3 - 21; dt.: Öffentliche und private Wertvorstellungen, in: Pommerehne / Frey (1979), S. 130 - 149.

— (1970): The Organization of Economic Activity: Issues Pertinent to the Choice of Market versus Nonmarket Allocation, in: Haveman / Margolis (1970), S. 59 - 73.

— (1971/72): Gifts and Exchanges, in: Philosophy & Public Affairs 1 (1971 - 72), S. 343 -362.

— (1973): Some Ordinalist-Utilitarian Notes on Rawls' Theory of Justice, in: The Journal of Philosophy 70 (1973), S. 245 - 263; dt.: Einige ordinal-utilitaristische Bemerkungen über Rawls' Theorie der Gerechtigkeit, in: Höffe (1977 a), S. 199 - 223.

— (1977 a): Extended Sympathy and the Possibility of Social Choice, in: The American Economic Review 67 (1977), Papers and Proceedings, S. 219 - 225; erweiterte Fassung in: Philosophia 7 (1978), S. 223 - 236.

— (1977 b): Current Developments in the Theory of Social Choice, in: Social Research 44 (1977), S. 607 - 622.

— (1978): Nozick's Entitlement Theory of Justice, in: Philosophia 7 (1978), S. 265 - 279.

Arrow, Kenneth J. / Tibor *Scitovsky*, Eds. (1969): Readings in Welfare Economics, London (George Allen & Unwin) 1969.

Arthur, John / William H. *Shaw*, Eds. (1978): Justice and Economic Distribution, Englewood Cliffs, N. J. (Prentice-Hall) 1978.

Baechler, Jean (1980): Liberty, Property and Equality, in: Pennock & Chapman (1980), S. 269 - 288.

Baier, Kurt (1954): The Point of View of Morality, in: Australasian Journal of Philosophy 32 (1954), S. 104 - 135; dt.: Der moralische Standpunkt, in: Grewendorf & Meggle (1974), S. 285 - 316.

— (1958): The Moral Point of View, Ithaca – London (Cornell UP) 1958; dt.: Der Standpunkt der Moral, Düsseldorf (Patmos) 1974.

— (1972): Justification of Governmental Authority, in: The Journal of Philosophy 69 (1972), S. 700 - 716.

— (1973): Ethical Egoism and Interpersonal Compatibility, in: Philosophical Studies 24 (1973), S. 357 - 368.

Ballestrem, Karl G. (1977): Methodologische Probleme in Rawls' Theorie der Gerechtigkeit, in: Höffe (1977 a), S. 108 - 127.

— (1983): Vertragstheoretische Ansätze in der politischen Philosophie, in: Zeitschrift für Politik 30 (1983), S. 1 - 17.

Banner, William A. (1980): Distributive Justice and Welfare Claims, in: Social Research 47 (1980), S. 383 - 398.

Barber, Benjamin (1975): Justifying Justice: Problems of Psychology, Politics and Measurement in Rawls, in: Daniels (1975 a), S. 292 - 318; dt.: Die Rechtfertigung der Gerechtigkeit: Probleme der Psychologie, Politik und der Messung bei Rawls, in: Höffe (1977 a), S. 224 - 258.

Barber, Bernard (1977): Absolutization of the Market: Some Notes on How We Got from There to Here, in: Dworkin / Bermant / Brown (1977), S. 15 - 31.

Barry, Brian (1960/61): Justice and the Common Good, in: Analysis 21 (1960/61), S. 86 - 90; wiederabgedruckt in: Quinton (1967), S. 189 - 193.

— (1964): The Public Interest, in: Proceedings of the Aristotelian Society, Suppl. Vol. 38 (1964), S. 1 - 18; wiederabgedruckt in: Quinton (1967), S. 112 - 126.

— (1965): Political Argument, London (Routledge & Kegan Paul) 1965.

— (1967): On Social Justice, in: The Oxford Review 1967, S. 33 - 43; wiederabgedruckt unter dem Titel: Reflections on "Justice as Fairness", in: Bedau (1971), S. 103 - 115.

— (1972/73): John Rawls and the Priority of Liberty, in: Philosophy & Public Affairs 2 (1972 - 73), S. 274 - 290.

— (1973 a): The Liberal Theory of Justice. A Critical Examination of the Principle Doctrines in "A Theory of Justice" by John Rawls, Oxford (Clarendon Press) 1973.

— (1973 b): Liberalism and Want-Satisfaction. A Critique of John Rawls, in: Political Theory 1 (1973), S. 134 - 153.

— (1977): Das Wesen der Herleitung: Eine Kritik (dt. Übersetzung von Kap. 11 aus Barry (1973 a), S. 116 - 127), in: Höffe (1977 a), S. 43 - 56.

— (1978): Critical Notice on Wolff, Understanding Rawls, in: Canadian Journal of Philosophy 8 (1978), S. 753 - 783.

Bates, Stanley (1975/75): The Motivation to Be Just, in: Ethics 85 (1974 - 75), S. 1 - 17.

Bauer, Otto (1925): Der Kampf um Wald und Weide. Studien zur österreichischen Agrargeschichte und Agrarpolitik, Wien (Verlag der Wiener Volksbuchhandlung) 1925; wiederabgedruckt in: Otto Bauer Werkausgabe, Bd. 3, Wien (Europaverlag) 1976, S. 31 - 248.

Beauchamp, Tom L., Ed. (1975): Ethics and Public Policy, Englewood Cliffs, N. J. (Prentice-Hall) 1975.

— (1980): Distributive Justice and the Difference Principle, in: Blocker / Smith (1980), S. 132 - 161.

Becker, Lawrence C. (1976): The Labor Theory of Property Acquisition, in: The Journal of Philosophy 73 (1976), S. 653 - 664.

— (1977): Property Rights. Philosophic Foundations, London – Henley – Boston (Routledge & Kegan Paul) 1977.

— (1978/79): Economic Justice: Three Problems, in: Ethics 89 (1978 - 79), S. 385 - 393.

— (1980): The Moral Basis of Property Rights, in: Pennock & Chapman (1980), S. 187 - 220.

— (1982): Against the Supposed Difference Between Historical and End-State Theories, in: Philosophical Studies 41 (1982), S. 267 - 272.

Bedau, Hugo A. (1963): Justice and Classical Utilitarianism, in: Friedrich & Chapman (1963), S. 284 - 305.

— (1967): Egalitarianism and the Idea of Equality, in: Pennock & Chapman (1967), S. 3 - 27; revidierte Version unter dem Titel: Radical Egalitarianism, in: Bedau (1971), S. 168 - 180.

— Ed. (1969): Civil Disobedience. Theory and Practice, New York (Pegasus) 1969.

— Ed. (1971): Justice and Equality, Englewood Cliffs, N. J. (Prentice-Hall) 1971.

— (1978): Social Justice and Social Institutions, in: Midwest Studies in Philosophy 3 (1978), S. 159 - 175.

Beitz, Charles R. (1980): Justice and International Relations, in: Blocker / Smith (1980), S. 211 - 238.

Bell, Nora K. (1978/79): Nozick and the Principle of Fairness, in: Social Theory and Practice 5 (1978 - 79), S. 65 - 73.

Benditt, Theodore M. (1972/73): The Public Interest, in: Philosophy & Public Affairs 2 (1972 - 73), S. 291 - 311.

Benhabib, Seyla (1982): The Methodological Illusions of Modern Political Theory: The Case of Rawls and Habermas, in: Neue Hefte für Philosophie, Heft 21: Politikbegriffe, Göttingen 1982, S. 47 - 74.

Benn, Stanley I. (1967 a): Justice, in: The Encyclopedia of Philosophy, hrsg. von Paul Edwards, New York – London (Macmillan) 1967, Vol. IV, S. 298 - 302.

— (1967 b): Egalitarianism and the Equal Consideration of Interests, in: Pennock & Chapman (1967), S. 61 - 78; wiederabgedruckt in: Bedau (1971), S. 152 - 167.

— (1971): Privacy, Freedom and Respect for Persons, in: Pennock & Chapman (1971), S. 1 - 26.

— (1979): The Problematic Rationality of Political Participation, in: Laslett & Fishkin (1979), S. 291 - 312.

Benn, S. I. / R. S. Peters (1959): Social Principles and the Democratic State, London (George Allen & Unwin) 1959, 9. Aufl. 1973.

Benson, John (1983): Who is the Autonomous Man?, in: Philosophy 58 (1983), S. 5 - 17.

Bentham, Jeremy (1789): An Introduction to the Principles of Morals and Legislation, 1. Ausgabe 1789, wiederabgedruckt im Rahmen der "Collected Works of Jeremy Bentham", hrsg. von J. H. Burns und H. L. A. Hart, London (Athlone) 1970.

Bentley, D. J. (1973): John Rawls: A Theory of Justice, in: University of Pennsylvania Law Review 121 (1973), S. 1070 - 1078.

Berger, F. R. (1979): John Stuart Mill on Justice and Fairness, in: Cooper / Nielsen / Patten (1979), S. 115 - 136.

Berger, Peter L. / Thomas Luckmann (1966): The Social Construction of Reality, New York (Doubleday) 1966; dt.: Die gesellschaftliche Konstruktion der Wirklichkeit, Frankfurt (S. Fischer) 1970.

Berlin, Isaiah (1955/56): Equality, in: Proceedings of the Aristotelian Society N.S. 56 (1955 - 56), S. 301 - 326.

— (1958): Two Concepts of Liberty, Oxford (Clarendon Press) 1958; wiederabgedruckt in: Berlin (1969), S. 118 - 172.

— (1969): Four Essays on Liberty, London (Oxford UP) 1969.

Bermant, Gordon / Peter G. *Brown* / Gerald *Dworkin* (1977): An Introduction to Markets and Morals, in: Dworkin / Bermant / Brown (1977), S. 1 - 14.

Bermbach, Udo / Klaus M. *Kodalle*, Hrsg. (1982): Furcht und Freiheit. Leviathan-Diskussion 300 Jahre nach Thomas Hobbes, Opladen (Westdeutscher Verlag) 1982.

Bernholz, Peter (1972): Grundlagen der Politischen Ökonomie, 1. Bd., Tübingen (Mohr, UTB) 1972.

— (1973): Logrolling, Arrow-Paradox and Cyclical Majorities, in: Public Choice 14 (1973), S. 87 - 95; dt.: Stimmentausch, Arrow-Paradox und zyklische Majoritäten, in: Pommerehne / Frey (1979), S. 171 - 179.

— (1974a): Logrolling, Arrow-Paradox and Decision Rules – A Generalization, in: Kyklos 27 (1974), S. 49 - 62.

— (1974 b): Is a Paretian Liberal Really Impossible?, in: Public Choice 20 (1974), S. 99 - 107.

Berry, Christopher J. (1980): Property and Possession: Two Replies to Locke – Hume and Hegel, in: Pennock & Chapman (1980), S. 89 - 100.

Birnbacher, Dieter / Norbert *Hoerster*, Hrsg. (1976): Texte zur Ethik, München (dtv) 1976.

Birnbaum, Pierre / Jack *Lively* / Geraint *Parry*, Eds. (1978): Democracy, Consensus- & Social Contract, London – Beverly Hills (Sage) 1978.

Bittner, Rüdiger (1983): Moralisches Gebot oder Autonomie, Freiburg – München (Alber) 1983.

Black, Duncan (1948): On the Rationale of Group Decision Making, in: The Journal of Political Economy 56 (1948), S. 23 - 34; wiederabgedruckt in: Arrow / Scitovsky (1969), S. 133 - 146.

Blankart, Beat (1975): Grenzen der konstitutionellen Eigentumsgarantie, in: Jahrbuch für Sozialwissenschaft 26 (1975), S. 10 - 21.

Block, Walter (1980): On Robert Nozick's 'On Austrian Methodology', in: Inquiry 23 (1980), S. 397 - 444.

Blocker, H. Gene / Elizabeth H. *Smith*, Eds. (1980): John Rawls' Theory of Social Justice. An Introduction, Athens (Ohio UP) 1980.

Bloom, Allan (1975): Justice: John Rawls vs. The Tradition of Political Philosophy, in: The American Political Science Review 69 (1975), S. 648 - 662.

Blum, Lawrence A. (1980): Friendship, Altruism and Morality, London (Routledge & Kegan Paul) 1980.

Bödecker, Wilhelm (1972): Allokations- und Distributionsprobleme bei Kollektivgütern, Meisenheim am Glan (Hain) 1972.

Böhr, Christoph (1985): Liberalismus und Minimalismus. Kritische Anmerkungen zur philosophischen und politischen Entfaltung einer zeitgenössischen Minimalstaatskonzeption, Heidelberg (Decker) 1985.

Bohnen, Alfred (1964): Die utilitaristische Ethik als Grundlage der modernen Wohlfahrtsökonomik, Göttingen (Schwartz) 1964.

Bonus, Holger (1978): Ordnungspolitische Aspekte öffentlicher Güter, in: Helmstädter (1978), S. 51 - 73.

Boudon, Raymond (1976): A Theory of Justice, in: Contemporary Sociology 2 (1976), S. 102 - 109.

— (1982): The Unintended Consequences of Social Action, London (Macmillan Press) 1982.

Boulding, Kenneth E. (1958 a): Principles of Economic Policy, Englewood Cliffs, N. J. (Prentice-Hall) 1958.

— (1958 b): Gerechtigkeit im Wirtschaftsleben, dt. Übersetzung von Kap. 4 (Economic Justice) aus Boulding (1958 a), in: Soziale Sicherheit, hrsg. von Bernhard Külp u. Wilfried Schreiber, Köln – Berlin (Kiepenheuer & Witsch) 1971, S. 136 - 157.

— (1962): Social Justice in Social Dynamics, in: Brandt (1962), S. 73 - 92.

Bowie, Norman E. (1971): Towards a New Theory of Distributive Justice, Amherst (The University of Massachusetts Press) 1971.

— (1974): Some Comments on Rawls' Theory of Justice, in: Social Theory and Practice 3 (1974), S. 65 - 74.

— (1978/79): Welfare and Freedom, in: Ethics 89 (1978 - 79), S. 254 - 268.

— (1980): Equal Basic Liberty for All, in: Blocker / Smith (1980), S. 110 - 131.

Bowles, Samuel / Herbert *Gintis* (1976): Schooling in Capitalist America. Educational Reform and the Contradictions of Economic Life, New York (Basic Books) 1976; dt.: Pädagogik und die Widersprüche der Ökonomie. Das Beispiel USA, Frankfurt (Suhrkamp) 1978.

Braithwaite, R. B. (1963): Theory of Games as a Tool for the Moral Philosopher, Cambridge (Cambridge UP) 1963.

Brandom, Robert (1982): Points of View and Practical Reasoning, in: Canadian Journal of Philosophy 12 (1982), S. 321 - 333.

Brandt, Reinhard (1973): Rousseaus Philosophie der Gesellschaft, Stuttgart - Bad Cannstatt (Frommann-Holzboog) 1973.

— (1974): Eigentumstheorien von Grotius bis Kant, Stuttgart - Bad Cannstatt (Frommann-Holzboog) 1974.

Brandt, Richard B. (1959): Ethical Theory, Englewood Cliffs, N. J. (Prentice-Hall) 1959.

— Ed. (1962): Social Justice, Englewood Cliffs, N. J. (Prentice-Hall) 1962.

— (1963): Toward a Credible Form of Utilitarianism, in Castañeda / Nakhnikian (1963), S. 107 - 143.

— (1967): Some Merits of One Form of Rule-Utilitarianism, in: University of Colorado Studies in Philosophy 3 (1967), S. 39 - 65; dt.: Einige Vorzüge einer bestimmten Form des Regelutilitarismus, in: Höffe (1975 b), S. 133 - 162.

— (1979): A Theory of the Good and the Right, Oxford (Clarendon Press) 1979.

Braybrooke, David (1973): Utilitarianism with a Difference: Rawls's Position in Ethics, in: Canadian Journal of Philosophy 3 (1973), S. 303 - 331.

— (1978): Variety among Hierarchies of Preference, in: Hooker / Leach / McClennen (1978), Vol. I, S. 55 - 65.

Brehmer, Karl (1980): Rawls' „Original Position" oder Kants „Ursprünglicher Kontrakt", Königstein / Ts. (Hain) 1980.

Breyer, Friedrich (1978): Das Liberale Paradox. Eine wohlfahrts- und spieltheoretische Untersuchung, Meisenheim am Glan (Hain) 1978.

Brock, Dan W. (1971): Contractualism, Utilitarianism and Social Inequalities, in: Social Theory and Practice 1 (1971), S. 33 - 44.

Brock, Horace W. (1978): A Critical Discussion of the Work of John C. Harsanyi, in: Theory and Decision 9 (1978), S. 349 - 367.

— (1979): A Game Theoretic Account of Social Justice, in: Theory and Decision 11 (1979), S. 239 - 265.

Buchanan, Allen (1975 a): Distributive Justice and Legitimate Expectations, in: Philosophical Studies 28 (1975), S. 419 - 425.

— (1975 b): Revisability and Rational Choice, in: Canadian Journal of Philosophy 5 (1975), S. 395 - 408.

— (1977): Categorical Imperatives and Moral Principles, in: Philosophical Studies 31 (1977), S. 249 - 260.

— (1980): A Critical Introduction to Rawls' Theory of Justice, in: Blocker / Smith (1980), S. 5 - 41.

— (1982): Marx and Justice. The Radical Critique of Liberalism, Totowa, N. J. (Rowman and Littlefield) 1982.

— (1984): The Right to a Decent Minimum of Health Care, in: Philosophy & Public Affairs 13 (1984), S. 55 - 78.

Buchanan, James M. (1954): Social Choice, Democracy, and Free Markets, in: The Journal of Political Economy 62 (1954), S. 114 - 123.

— (1965/66): Ethical Rules, Expected Values, and Large Numbers, in: Ethics 76 (1965 - 66), S. 1 - 13; wiederabgedruckt in: Buchanan (1977 a), S. 151 - 168.

— (1968): The Demand and Supply of Public Goods, Chicago (Rand McNally) 1968.

— (1969): Pragmatic Reform and Constitutional Revolution, in: Ethics 79 (1969), S. 95 - 104; wiederabgedruckt in: Buchanan (1977 a), S. 273 - 268.

— (1970/71): Equality as Fact and Norm, in: Ethics 81 (1970 - 71), S. 228 - 240.

— (1972 a): Before Public Choice, in: Explorations in the Theory of Anarchy, hrsg. von Gordon Tullock, Blacksburg, Va. 1972; wiederabgedruckt in: Buchanan (1977 a), S. 81 - 93.

— (1972 b): Politics, Property and the Law, in: Journal of Law and Economics 15 (1972), S. 439 - 452; wiederabgedruckt in: Buchanan (1977 a), S. 94 - 109.

— (1975 a): The Limits of Liberty. Between Anarchy and Leviathan, Chicago (University of Chicago Press) 1975 [dt.: Die Grenzen der Freiheit. Zwischen Anarchie und Leviathan, Tübingen (J. C. B. Mohr) 1984].

— (1975 b): A Contractarian Paradigm for Applying Economic Theory, in: The American Economic Review 65 (1975), Papers and Proceedings, S. 225 - 230; wiederabgedruckt in: Buchanan (1977 a), S. 235 - 242.

— (1976 a): A Hobbesian Interpretation of the Rawlsian Difference Principle, in: Kyklos 29 (1976), S. 5 - 25; wiederabgedruckt in: Buchanan (1977 a), S. 194 - 211.

— (1976 b): The Justice of Natural Liberty, in: The Journal of Legal Studies 5 (1976), S. 1 - 16.

— (1977a): Freedom in Constitutional Contract. Perspectives of a Political Economist, College Station - London (Texas A & M UP) 1977.

— (1977b): A Contractarian Perspective on Anarchy, in: Buchanan (1977a), S. 11 - 24.

— (1977c): Law and the Invisible Hand, in: Buchanan (1977a), S. 25 - 39.

— (1977d): The Libertarian Legitimacy of the State, in: Buchanan (1977a), S. 50 - 63.

— (1977e): Notes on Justice in Contract, in: Buchanan (1977a), S. 123 - 134.

— (1977f): The Use and Abuse of Contract, in: Buchanan (1977a), S. 135 - 147.

— (1977g): Democratic Values in Taxation, in: Buchanan (1977a), S. 243 - 253.

— (1977h): Criteria for a Free Society: Definition, Diagnosis, and Prescription, in: Buchanan (1977a), S. 287 - 299.

— (1977i): Political Equality and Private Property: The Distributional Paradox, in: Dworkin / Bermant / Brown (1977), S. 69 - 84.

— (1978): Markets, States, and the Extent of Morals, in: The American Economic Review 68 (1978), Papers and Proceedings, S. 364 - 368.

Buchanan, James M. / Winston C. *Bush* (1974): Political Constraints on Contractual Redistribution, in: The American Economic Review 64 (1974), Papers and Proceedings, S. 153 - 157; wiederabgedruckt in: Buchanan (1977a), S. 186 - 193.

Buchanan, James M. / Roger L. *Faith* (1980): Subjective Elements in Rawlsian Contractual Agreement on Distributional Rules, in: Economic Inquiry 18 (1980), S. 23 - 38.

Buchanan, James M. / Wm. Craig *Stubblebine* (1962): Externality, in: Economica 29 (1962), S. 371 - 384; wiederabgedruckt in: Arrow / Scitovsky (1969), S. 199 - 212.

Buchanan, James M. / Robert D. *Tollison*, Eds. (1972): Theory of Public Choice. Political Applications of Economics, Ann Arbor (The University of Michigan Press) 1972.

Buchanan, James M. / Gordon *Tullock* (1962a): The Calculus of Consent. Logical Foundations of Constitutional Democracy, Ann Arbor (The University of Michigan Press) 1962, Paperback 1965.

— (1962b): Eine allgemeine ökonomische Theorie der Verfassung, dt. Übersetzung von Kap. 6 (A Generalized Theory of Constitutions) aus Buchanan / Tullock (1962a), in: Widmaier (1974), S. 67 - 87.

Bund, Dorothee (1984): Die Ökonomische Theorie der Verfassung. J.M. Buchanans Modell des Verfassungsvertrags und evolutionstheoretische Kritik, Baden - Baden (Nomos) 1984.

Bush, Winston C. / Lawrence S. *Mayer* (1974): Some Implications of Anarchy for the Distribution of Property, in: Journal of Economic Theory 8 (1974), S. 401 - 412.

Campbell, T.D. (1974): Rights Without Justice, in: Mind 83 (1974), S. 445 - 448.

Care, Norman S. (1969/70): Contractualism and Moral Criticism, in: The Review of Metaphysics 23 (1969 - 70), S. 85 - 101.

Castañeda, Hector - Neri / George *Nakhnikian*, Eds. (1963): Morality and the Language of Conduct, Detroit (Wayne State UP) 1963.

Chapman, Bruce (1983): Rights as Constraints: Nozick versus Sen, in: Theory and Decision 15 (1983), S. 1 - 10.

Chapman, John W. (1963): Justice and Fairness, in: Friedrich & Chapman (1963), S. 147 - 169

— (1967): Natural Rights and Justice in Liberalism, in: Raphael (1967a), S. 27 - 42.

— (1970): The Moral Foundations of Political Obligation, in: Pennock & Chapman (1970), S. 142 - 176.

— (1975): Rawls's Theory of Justice, in: American Political Science Review 69 (1975), S. 588 - 593.

— (1980): Justice, Freedom, and Property, in: Pennock & Chapman (1980), S. 289 - 324.

Chipman, Lauchlan (1981): Formal Justice and Rational Individualism, in: ARSP 67 (1981), S. 145 - 156.

Choptiany, Leonard (1972/73): A Critique of John Rawls's Principles of Justice, in: Ethics 83 (1972 - 73), S. 146 - 150.

Christie, George C. (1977): The Moral Legitimacy of the Minimal State, in: Arizona Law Review 19 (1977), S. 31 - 43.

Christoff, Daniel / Hans *Saner*, Hrsg. (1979): Gerechtigkeit in der komplexen Gesellschaft, Studia Philosophica Vol. 38, Basel - Stuttgart (Schwabe) 1979.

Clark, Barry / Herbert *Gintis* (1977/78): Rawlsian Justice and Economic Systems, in: Philosophy & Public Affairs 7 (1977/78), S. 302 - 325.

Clarke, Dean H. (1978): Marxism, Justice and the Justice Model, in: Contemporary Crisis 2 (1978), S. 27 - 62.

Coase, R.H. (1960): The Problem of Social Coast, in: Journal of Law and Economics 3 (1960), S. 1 - 44.

Cohen, G.A. (1977a): Robert Nozick and Wilt Chamberlain: How Patterns Preserve Liberty, in: Erkenntnis 11 (1977), S. 5 - 23; wiederabgedruckt in: Arthur / Shaw (1978), S. 246 - 262.

— (1977b): Labor, Leisure, and a Distinctive Contradiction of Advanced Capitalism, in: Dworkin / Bermant / Brown (1977), S. 107 - 136.

Coleman, James S. (1972): Collective Decisions and Collective Actions, in: Laslett / Runciman / Skinner (1972), S. 208 - 219.

— (1974): Power and the Structure of Society, New York (Norton & Comp.) 1974; dt.: Macht und Gesellschaftsstruktur, Tübingen (J. C. B. Mohr) 1979.

— (1974/75): Inequality, Sociology, and Moral Philosophy, in: American Journal of Sociology 80 (1974 - 75), S. 739 - 764.

— (1977): The Balance Between Rights Individually Held and Rights Collectively Held, in: Arizona Law Review 19 (1977), S. 180 - 192.

Cooper, W. E. (1977/78): The Perfectly Just Society, in: Philosophy and Phenomenological Research 38 (1977 - 78), S. 46 - 55.

Cooper, Wesley E. / Kai *Nielsen* / Steven C. *Patten*, Eds. (1979): New Essays on John Stuart Mill and Utilitarianism, Canadian Journal of Philosophy, Suppl. Vol. V, Guelph, Ontario 1979.

Copp, David (1974/75): Justice and the Difference Principle, in: Canadian Journal of Philosophy 4 (1974/75), S. 229 - 240.

Cornides, Thomas (1979): Die Denkmöglichkeit einer „realistischen" Theorie vom Gesellschaftsvertrag (contrât social), in: Reformen des Rechts. FS zur 200-Jahr-Feier der Rechtswissenschaftlichen Fakultät der Universität Graz, Graz (Leykam) 1979, S. 625 - 641.

— (1980): Der Gesellschaftsvertrag als Tatsache betrachtet, in: Wissenschaften und Philosophie als Basis der Jurisprudenz, hrsg. von F. Rotter, O. Weinberger u. F. Wieacker, ARSP Beiheft N. F. 13 (1980), S. 36 - 46.

Corrado, Gail (1980): Rawls, Games and Economic Theory, in: Blocker / Smith (1980), S. 71 - 109.

Cox, Richard H. (1963): Justice as the Basis of Political Order in Locke, in: Friedrich & Chapman (1963), S. 243 - 261.

Crocker, Lawrence (1976/77): Equality, Solidarity, and Rawls' Maximin, in: Philosophy & Public Affairs 6 (1976 - 77), S. 262 - 266.

Cunningham, Robert L. (1971): Justice: Efficiency or Fairness?, in: The Personalist 52 (1971), S. 253 - 281.

Daniels, Norman (1974): On Liberty and Inequality in Rawls, in: Social Theory and Practice 3 (1974), S. 149 - 159.

— Ed. (1975 a): Reading Rawls. Critical Studies on Rawls' "A Theory of Justice", Oxford (Blackwell) 1975.

— (1975 b): Equal Liberty and Unequal Worth of Liberty, in: Daniels (1975 a), S. 253 - 281.

— (1977/78): Merit and Meritocracy, in: Philosophy & Public Affairs 7 (1977 - 78), S. 206 - 223.

— (1978): Meritocracy, in: Arthur / Shaw (1978), S. 164 - 178.

— (1979): Wide Reflective Equilibrium and Theory Acceptance in Ethics, in: The Journal of Philosophy 76 (1979), S. 256 - 282.

— (1980): Reflective Equilibrium and Archimedian Points, in: Canadian Journal of Philosophy 10 (1980), S. 83 - 103.

— (1981): Health-Care Needs and Distributive Justice, in: Philosophy 8 Public Affairs 10 (1981), S. 146 - 179.

Danielson, Peter (1973): Theories, Intuitions and the Problem of World-Wide Distributive Justice, in: Philosophy of the Social Sciences 3 (1973), S. 331 - 338.

Darwall, Stephen L. (1975/76): A Defense of the Kantian Interpretation, in: Ethics 86 (1975 - 76), S. 164 - 170.

— (1980): Is There a Kantian Foundation for Rawlsian Justice?, in: Blocker / Smith (1980), S. 311 - 345.

Dasgupta, Partha (1974 a): On Some Problems Arising from Professor Rawls' Conception of Distributive Justice, in: Theory and Decision 4 (1974), S. 325 - 344.

— (1974 b): On Some Alternative Criteria for Justice Between Generations, in: Journal of Economics 3 (1974), S. 405 - 423.

D'Aspremont, Claude / Louis *Gevers* (1977): Equity and the Informational Basis of Collective Choice, in: Review of Economic Studies 44 (1977), S. 303 - 322.

Daudt, Hans / Douglas W. *Rae* (1978): Social Contract and the Limits of Majority Rule, in: Birnbaum / Lively / Parry (1978), S. 335 - 357.

Davis, Lawrence (1976): Comments on Nozick's Entitlement Theory, in: The Journal of Philosophy 73 (1976), S. 836 - 844; wiederabgedruckt in: Paul (1981), S. 344 - 354.

— (1977): Prisoners, Paradox, and Rationality, in: American Philosophical Quarterly 14 (1977), S. 319 - 327.

Davis, Morton D. (1970): Game Theory - A Nontechnical Introduction, New York - London (Basic Books) 1970; dt.: Spieltheorie für Nichtmathematiker, München - Wien (Oldenbourg) 1972.

Davis, Otto A. & Morton J. *Kamien* (1970): Externalities, Information and Alternative Collective Action, in: Haveman / Margolis (1970), S. 74 - 95.

Day, J.P. (1977): Threats, Offers, Law, Opinion and Liberty, in: American Philosophical Quarterly 14 (1977), S. 257 - 272.

De Gregori, Thomas R. (1979): Market Morality: Robert Nozick and the Question of Economic Justice, in: American Journal of Economics and Sociology 38 (1979), S. 17 - 30.

Delaney, C.F. (1977): Rawls on Method, in: Nielsen & Shiner (1977), S. 153 - 161.

Del Vecchio, Giorgio (1960): Über die verschiedenen Bedeutungen der Lehre vom Gesellschaftsvertrag, in: Philosophie und Recht. FS zum 70. Geburtstag von Carl August Emge, hrsg. von Ulrich Klug, Wiesbaden (Steiner) 1960, S. 20 - 27.

De Marco, Joseph P. (1973): Some Problems in Rawls' Theory of Justice, in: Philosophy in Context 2 (1973), S. 41 - 48.

— (1980): Rawls and Marx, in: Blocker / Smith (1980), S. 395 - 430.

De Marco, Joseph P. / Samuel A. *Richmond* (1976/77): A Note on the Priority of Liberty, in: Ethics 87 (1976 - 77), S. 272 - 275.

Demsetz, H. (1967): Toward a Theory of Property Rights, in: American Economic Review 57 (1967), S. 347 - 359.

Deschamps, Robert / Louis *Gevers* (1978): Leximin and Utilitarian Rules: A Joint Characterization, in: Journal of Economic Theory 17 (1978), S. 143 - 163.

Deutsch, Morton (1975): Equity, Equality, and Need: What Determines Which Value Will Be Used as the Basis of Distributive Justice?, in: Journal of Social Issues 31 (1975), S. 137 - 149.

Dick, James C. (1974/75): How to Justify a Distribution of Earnings, in: Philosophy & Public Affairs 4 (1974 - 75), S. 248 - 272.

Diggs, B. J. (1976/77): Liberty without Fraternity, in: Ethics 87 (1976 - 77), S. 97 - 112.

— (1981): A Contractarian View of Respect for Persons, in: American Philosophical Quarterly 18 (1981), S. 273 - 283.

Dobb, Maurice (1946): Studies in the Development of Capitalism, London (Routledge & Kegan Paul) 1946, 2. Aufl. 1963; dt.: Entwicklung des Kapitalismus, Köln (Kiepenheuer & Witsch) 1972.

— (1973): Theories of Value and Distribution since Adam Smith, London (Cambridge UP) 1973; dt.: Wert- und Verteilungstheorien seit Adam Smith, Frankfurt (Suhrkamp) 1977.

Doppelt, Gerald (1981): Rawls' System of Justice: A Critique from the Left, in: Noûs 15 (1981), S. 259 - 307.

Dunn, John (1977): Robert Nozick, Anarchy, State, and Utopia (Rezension), in: Ratio 19 (1977), dt. Ausgabe S. 76 - 84.

Dworkin, Gerald (1972): Paternalism, in: The Monist 56 (1972), S. 64 - 84; wiederabgedruckt in: Laslett & Fishkin (1979), S. 78 - 96.

— (1974): Non - Neutral Principles, in: The Journal of Philosophy 71 (1974), S. 491 - 506; wiederabgedruckt in: Daniels (1975 a), S. 124 - 140.

— (1981): The Concept of Autonomy, in: Grazer Philosophische Studien 12/13 (1981), S. 203 - 213.

Dworkin, Gerald / Gordon *Bermant* / Peter G. *Brown*, Eds. (1977): Markets and Morals, Washington - London (Hemisphere Publ.) 1977.

Dworkin, Ronald (1967): The Model of Rules, in: University of Chicago Law Review 35 (1967), S. 14 ff.; wiederabgedruckt unter dem Titel: The Model of Rules I, als Kap. 2 in: Dworkin (1977), S. 14 - 45, dt. Ausgabe S. 42 - 90.

— (1971/72): Social Rules and Legal Theory, in: The Yale Law Journal 81 (1971 - 72), S. 855 - 890; wiederabgedruckt unter dem Titel: The Model of Rules II, als Kap. 3 in: Dworkin (1977), S. 46 - 80, dt. Ausgabe S. 91 - 143.

— (1973): The Original Position, in: University of Chicago Law Review 40 (1973), S. 500 - 533; wiederabgedruckt in und zitiert nach: Daniels (1975 a), S. 16 - 53; ferner unter dem Titel: Justice and Rights, als Kap. 6 in: Dworkin (1977), S. 150 - 183, dt. Ausgabe S. 252 - 302.

— (1977): Taking Rights Seriously, London (Duckworth) 1977; dt.: Bürgerrechte ernstgenommen, Frankfurt (Suhrkamp) 1984.

Dybikowski, James (1981): Civil Liberty, in: American Philosophical Quarterly 18 (1981), S. 339 - 346.

Dyke, Vernon van (1975): Justice as Fairness: For Groups?, in: The American Political Science Review 69 (1975), S. 607 - 614.

Ehmann, Robert (1980): Rawls and Nozick: Justice Without Well-Being, in: The Journal of Value Inquiry 14 (1980), S. 7 - 21.

Elias, Norbert (1939): Über den Prozeß der Zivilisation, 2 Bde, 1. Aufl. 1939; 2., verm. Aufl. Bern (Francke) 1969; 5. Aufl. Frankfurt (Suhrkamp) 1978.

Ellsworth, Leon (1978): Decision-Theoretic Analysis of Rawls' Original Position, in: Hooker / Leach / McClennen (1978), Vol. II, S. 29 - 45.

Eschenburg, Rolf (1977): Der ökonomische Ansatz zu einer Theorie der Verfassung. Die Entwicklung einer liberalen Verfassung im Spannungsverhältnis zwischen Produktivität und Effektivität der Kooperation, Tübingen (J. C. B. Mohr) 1977.

— (1978): Vertragstheoretisches Denken in der Ökonomie, in: Hamburger Jahrbuch für Wirtschafts- und Gesellschaftspolitik 23 (1978), S. 221 - 236.

Esheté, Andreas (1974/75): Contractarianism and the Scope of Justice, in: Ethics 85 (1974 - 75), S. 38 - 49.

Euchner, Walter (1969): Naturrecht und Politik bei John Locke, Frankfurt (EVA) 1969, 2. Aufl. Frankfurt (Suhrkamp) 1979.

Exdell, John (1976/77): Distributive Justice: Nozick on Property Rights, in: Ethics 87 (1976 - 77), S. 142 - 149.

— (1981): Liberty, Equality and Capitalism, in: Canadian Journal of Philosophy 11 (1981), S. 457 - 471.

Faber, Malte (1973): Einstimmigkeitsregel und Einkommensumverteilung, in: Kyklos 26 (1973), S. 36 ff.; gekürzte und überarbeitete Fassung abgedruckt in: Widmaier (1974), S. 108 - 117.

Fach, Wolfgang / Ulrich *Degen*, Hrsg. (1978): Politische Legitimität, Frankfurt - New York (Campus) 1978.

Farrell, Daniel M. (1980): Dealing with Injustice in a Reasonably Just Society: Some Observations on a Rawls' Theory of Political Duty, in: Blocker / Smith (1980), S. 187 - 210.

Farrell, M.J. (1976): Liberalism in the Theory of Social Choice, in: Review of Economic Studies 43 (1976), S. 3 - 10.

Feinberg, Joel (1963): Justice and Personal Desert, in: Friedrich & Chapman (1963), S. 69 - 97.

— (1971/72): Justice, Fairness and Rationality, in: Yale Law Journal 81 (1971 - 72), S. 1004 - 1031.

— (1973a): Social Philosophy, Englewood Cliffs, N. J. (Prentice-Hall) 1973.

— (1973b): Duty and Obligation in the Non-ideal World, in: The Journal of Philosophy 70 (1973), S. 263 - 275; wiederabgedruckt in: Feinberg (1980), S. 252 - 264.

— (1975): Rawls and Intuitionism, in: Daniels (1975a), S. 108 - 124.

— (1980): Rights, Justice, and the Bounds of Liberty. Essays in Social Philosophy, Princeton, N. J. (Princeton UP) 1980.

Feldman, Paul (1971): Efficiency, Distribution, and the Role of Government in a Market Economy, in: Journal of Political Economy 79 (1971), S. 508 - 526.

Fellner, William (1965): Probability and Profit, Homewood, Ill. (Irwin) 1965.

Ferejohn, John A. (1978): The Distribution of Rights in Society, in: Gottinger & Leinfellner (1978), S. 119 - 131.

Fetscher, Iring (1960): Rousseaus politische Philosophie, 1. Aufl. Neuwied (Luchterhand) 1960; 3., überarbeitete Aufl. Frankfurt (Suhrkamp) 1975.

— (1966): Thomas Hobbes und der soziale Standort seiner politischen Philosophie, zuerst als Einleitung zu der von Fetscher hrsg. Ausgabe von Hobbes (1651), S. IX - LXIV.

Finnis, John (1980): Natural Law and Natural Rights, Oxford (Clarendon Press) 1980.

Firth, Roderick (1952): Ethical Absolutism and the Ideal Observer, in: Philosophy and Phenomenological Research 12 (1952), S. 317 - 345.

Fishkin, James S. (1975): Justice and Rationality: Some Objections to the Central Argument in Rawls's Theory, in: American Political Science Review 69 (1975), S. 615 - 629.

— (1979): Tyranny and Legitimacy. A Critique of Political Theories, Baltimore (The Johns Hopkins UP) 1979.

Fisk, Milton (1975): History and Reason in Rawls' Moral Theory, in: Daniels (1975a), S. 53 - 80.

— (1980): Property and the State: A Discussion of Robert Nozick's "Anarchy, State, and Utopia", in: Noûs 14 (1980), S. 99 - 108.

Flew, Antony (1976): A Theory of Social Justice, in: Lewis (1976), S. 69 - 85.

— (1982): Libertarians versus Egalitarians, in: Machan (1982b), S. 252 - 263.

Forschner, Maximilian (1977): Rousseau, Freiburg - München (Alber) 1977.

Fowler, Mark (1980): Self-Ownership, Mutual Aid, and Mutual Respect: Some Counterexamples to Nozick's Libertarianism, in: Social Theory and Practice 6 (1980), S. 227 - 245.

Francis, Leslie Pickering (1980): Responses to Rawls from the Left, in: Blocker / Smith (1980), S. 463 - 493.

Frankel, Charles (1969): Justice and Rationality, in: Philosophy, Science and Method. Essays in Honor of Ernest Nagel, hrsg. von S. Morgenbesser, P. Suppes u. M. White, New York (St. Martin's Press) 1969, S. 400 - 414.

— (1970/71): Equality of Opportunity, in: Ethics 81 (1970 - 71), S. 191 - 211.

— (1974): Justice, Utilitarianism, and Rights, in: Social Theory and Practice 3 (1974), S. 27 - 46.

Fressola, Anthony (1981): Liberty and Property. Reflections on the Right of Appropriation in the State of Nature, in: American Philosophical Quartlery 18 (1981). S. 315 - 322.

Fried, Charles (1963): Justice and Liberty, in: Friedrich & Chapman (1963), S. 126 - 146.

— (1977): Difficulties in the Economic Analysis of Rights, in: Dworkin / Bermant / Brown (1977), S. 175 - 195.

Friedrich, Carl J. & John W. *Chapman,* Eds. (1963): Justice, Nomos VI, New York (Atherton Press) 1963.

Fritsch, Michael (1983): Ökonomische Ansätze zur Legitimation kollektiven Handelns, Berlin (Duncker & Humblot) 1983.

— (1984): Zur Behandlung des Legitimationsproblems im Rahmen ökonomischer Sozialtheorie, in: ARSP 70 (1984), S. 190 - 203.

Fullinwider, Robert K. (1976): Hare on Rawls: A Worry about Possible Persons, in: Philosophical Studies 29 (1976), S. 199 - 205.

Gäfgen, Gérard (1976): Wirtschaftsordnung und Marktversagen, in: ders., Soziale Herausforderung der Marktwirtschaft, Limburg (Lahn) 1976, S. 9 - 37; wiederabgedruckt in: Praktische Philosophie/Ethik. Reader zum Funk-Kolleg, Bd. 2, hrsg. von O. Höffe, G. Kadelbach u. G. Plumpe, Frankfurt (Fischer Taschenbuch) 1981, S. 98 - 117.

Gärdenfors, Peter (1981a): Rights, Games and Social Choice, in: Noûs 15 (1981), S. 341 - 356.

— (1981b): Game Theory and Ethics, in: Morscher / Stranzinger (1981), S. 194 - 198.

Gaertner, Wulf (1977): Zum Problem der Existenz von Sozialen Wohlfahrtsfunktionen im Sinne von Arrow, in: Zeitschrift für die gesamte Staatswissenschaft 133 (1977), S. 61 - 74.

Gagern, Michael (1977): Das Sparprinzip. Politisch-ökonomische Betrachtungen zur Rawlsschen Gerechtigkeitstheorie, in: Höffe (1977a), S. 259 - 282.

Gastil, Raymond D. (1974/75): Beyond a Theory of Justice, in: Ethics 85 (1974 - 75), S. 183 - 194.

Gaus, Gerald F. (1981/82): The Convergence of Rights and Utility: The Case of Rawls and Mill, in: Ethics 92 (1981 - 82), S. 57 - 72.

— (1983): The Modern Liberal Theory of Man, London - New York (Croom Helm – St. Martin's Press) 1983.

Gauthier, David P. (1963): Practical Reasoning. The Structure and Foundations of Prudential and Moral Arguments and their Exemplification in Discourse, Oxford (Clarendon Press) 1963.

— (1974a): Justice and Natural Endowment: Toward A Critique of Rawls' Ideological Framework, in: Social Theory and Practice 3 (1974), S. 3 - 26.

— (1974b): The Impossibility of Rational Egoism, in: The Journal of Philosophy 71 (1974), S. 439 - 456.

— (1974c): Rational Cooperation, in: Noûs 8 (1974), S. 53 - 65.

— (1974/75): Reason and Maximization, in: Canadian Journal of Philosophy 4 (1974 - 75), S. 411 - 433.

— (1976/77): The Social Contract as Ideology, in: Philosophy & Public Affairs 6 (1976 - 77), S. 130 - 164.

— (1978a): Social Choice and Distributive Justice, in: Philosophia 7 (1978), S. 239 - 253.

— (1978b): The Social Contract: Individual Decision or Collective Bargain?, in: Hooker / Leach / McClennen (1978), Vol. II, S. 47 - 67.

Gibbard, Allan (1974): A Pareto-Consistent Libertarian Claim, in: Journal of Economic Theory 7 (1974), S. 388 - 410.

— (1978): Social Decision, Strategic Behavior, and Best Outcomes, in: Gottinger & Leinfellner (1978), S. 153 - 168.

— (1979): Disparate Goods and Rawls' Difference Principle. A Social Choice Theoretic Treatment, in: Theory and Decision 11 (1979), S. 267 - 288.

Gibson, Mary (1976/77): Rationality, in: Philosophy & Public Affairs 6 (1976 - 77), S. 193 - 225.

— (1978): Three Books on Rawls, in: Theory and Decision 9 (1978), S. 369 - 383.

Giddens, Anthony (1973): The Class Structure of the Advanced Societies, London (Hutchinson) 1973; dt.: Die Klassenstruktur fortgeschrittener Gesellschaften, Frankfurt (Suhrkamp) 1979.

Gijsel, Peter de (1984): Individuum und Gerechtigkeit in ökonomischen Verteilungstheorien, in: Ökonomie und Gesellschaft, Jahrbuch 2: Wohlfahrt und Gerechtigkeit, Frankfurt - New York (Campus) 1984, S. 14 - 66.

Gill, Emily R. (1979): Nontraditional Consent and Coercion in Rawls and Nozick, in: ARSP Beiheft N.F. 12 (1979), S. 1 - 18.

Goerlich, Helmut (1978): Rawls oder rationales Naturrecht, in: Rechtstheorie 9 (1978), S. 484 - 504.

Goff, Edwin L. (1983): Justice as Fairness: The Practice of Social Science in a Rawlsian Model, in: Social Research 50 (1983), S. 81 - 97.

Goldman, Alan H. (1976 a): The Entitlement Theory of Distributive Justice, in: The Journal of Philosophy 73 (1976), S. 823 - 835.

— (1976 b): Rawls' Original Position and the Difference Principle, in: The Journal of Philosophy 73 (1976), S. 845 - 849.

— (1977 a): Rights, Utilities and Contracts, in: Nielsen & Shiner (1977), S. 121 - 135.

— (1977 b): Can a Utilitarian's Support of Nonutilitarian Rules Vindicate Utilitarianism?, in: Social Theory and Practice 4 (1977), S. 333 - 345.

— (1980): Responses to Rawls from the Political Right, in: Blocker / Smith (1980), S. 431 - 462.

Goldman, Alvin J. & Jaegwon *Kim,* Eds. (1978): Values and Morals. Essays in Honor of William Frankena, Charles Stevenson, and Richard Brandt, Dordrecht - Boston - London (Reidel) 1978.

Goldman, Holly Smith (1980): Rawls and Utilitarianism, in: Blocker / Smith (1980), S. 364 - 394.

Goodin, Robert E. (1974/75): How to Determine Who Should Get What, in: Ethics 85 (1974 - 75), S. 310 - 321.

— (1981): The Political Theories of Choice and Dignity, in: American Philosophical Quarterly 18 (1981), S. 91 - 100.

Goodrum, Craig R. (1976/77): Rawls and Egalitarianism, in: Philosophy and Phenomenological Research 37 (1976 - 77), S. 386 - 393.

Gordon, Scott (1973): John Rawls's Difference Principle, Utilitarianism, and the Optimum Degree of Inequality, in: The Journal of Philosophy 70 (1973), S. 275 - 280.

— (1976): The New Contractarians, in: Journal of Political Economy 84 (1976), S. 573 - 590.

— (1980): Welfare, Justice and Freedom, New York (Columbia UP) 1980.

Gorr, M. (1977): Nozick and the Opposed Preferences Theory of Exchange, in: Theory and Decision 8 (1977), S. 289 - 292.

Gottinger, Hans W. & Werner *Leinfellner,* Eds. (1978): Decision Theory and Social Ethics, Dordrecht (Reidel) 1978.

Gough, J. W. (1936): The Social Contract. A Critical Study of its Development, 1. Aufl. 1936, 2. Aufl. Oxford (Clarendon Press) 1957.

— (1950): John Locke's Political Philosophy. Eight Studies, Oxford (Clarendon Press) 1950, 3. Nachdruck 1968.

Granrose, John T. (1975): Robert Nozick, Anarchy, State, and Utopia (Rezensionsaufsatz), in: Social Theory and Practice 3 (1975), S. 487 - 496.

Gray, John N. (1978): Social Contract, Community and Ideology, in: Birnbaum / Lively / Parry (1978), S. 225 - 243.

Grewendorf, Günther / Georg *Meggle,* Hrsg. (1974): Sprache und Ethik. Zur Entwicklung der Metaethik, Frankfurt (Suhrkamp) 1974.

Grey, Thomas C. (1976): Property and Need: The Welfare State and Theories of Distributive Justice, in: Stanford Law Review 28 (1976), S. 877 - 902.

— (1980): The Disintegration of Property, in: Pennock & Chapman (1980), S. 69 - 85.

Gross, Barry R. (1978/79): R. P. Wolff, Understanding Rawls (Rezension), in: Ethics 89 (1978 - 79), S. 115 - 120.

Guggenberger, Bernd / Claus *Offe,* Hrsg. (1984): An den Grenzen der Mehrheits-demokratie. Politik und Soziologie der Mehrheitsregel, Opladen (Westdeutscher Verlag) 1984.

Habermas, Jürgen (1963 a): Die klassische Lehre von der Politik in ihrem Verhältnis zur Sozialphilosophie, in: ders., Theorie und Praxis, 1. Aufl. Neuwied - Berlin (Luchterhand) 1963; 4., erweiterte Aufl. Frankfurt (Suhrkamp) 1971, S. 48 - 88.

— (1963 b): Naturrecht und Revolution, in: ders., Theorie und Praxis, 1. Aufl. Neuwied - Berlin (Luchterhand) 1963; 4. Aufl. Frankfurt (Suhrkamp) 1971, S. 89 - 127.

— (1973 a): Legitimationsprobleme im Spätkapitalismus, Frankfurt (Suhrkamp) 1973.

— (1973 b): Wahrheitstheorien, in: Wirklichkeit und Reflexion. Walter Schulz zum 60. Geburtstag, hrsg. von Helmut Fahrenbach, Pfullingen (Neske) 1973, S. 211 - 265.

— (1979): Zwei Bemerkungen zum praktischen Diskurs, in: Konstruktionen versus Positionen. Beiträge zur Diskussion um die Konstruktive Wissenschaftstheorie, hrsg. von Kuno Lorenz, Bd. II, Berlin - New York (de Gruyter) 1979, S. 107 - 114.

— (1983): Moralbewußtsein und kommunikatives Handeln, Frankfurt (Suhrkamp) 1983.

Hackmann, Johannes (1974): Das Pareto-Prinzip: eine allgemein akzeptierbare Grundlage für wohlfahrtstheoretische Untersuchungen?, in: Zeitschrift für Wirtschafts- und Sozialwissenschaften 94 (1974), S. 239 - 265.

Haksar, Vinit (1971/72): Rawls' Theory of Justice, in: Analysis 32 (1971 - 72), S. 149 - 153.

— (1978): The Nature of Rights, in: ARSP 64 (1978), S. 183 - 204.

— (1979): Equality, Liberty, and Perfectionism, Oxford (Oxford UP) 1979.

Hall, Everett W. (1957): Justice as Fairness: A Modernized Version of the Social Contract, in: The Journal of Philosophy 54 (1957), S. 662 - 670.

Hammond, Peter J. (1975): A Note on Extreme Inequality Aversion, in: Journal of Economic Theory 11 (1975), S. 465 - 467.

— (1976 a): Equity, Arrow's Conditions, and Rawls' Difference Principle, in: Econometrica 44 (1976), S. 793 - 804.

— (1976 b): Why Ethical Measures of Inequality Need Interpersonal Comparisons, in: Theory and Decision 7 (1976), S. 263 - 274.

— (1982): Utilitarianism, Uncertainty and Information, in: Sen & Williams (1982), S. 85 - 102.

Hampton, Jean (1980): Contracts and Choices: Does Rawls Have a Social Contract Theory?, in: The Journal of Philosophy 77 (1980), S. 315 - 338.

Hansson, Bengt (1973): The Independence Condition in the Theory of Social Choice, in: Theory and Decision 4 (1973), S. 25 - 49.

— (1975): The Appropriateness of the Expected Utility Model, in: Erkenntnis 9 (1975), S. 175 - 193.

— (1981): The Decision Game – The Conceptualisation of Risk and Utility, in: Morscher / Stranzinger (1981), S. 187 - 193.

Hanula, Robert W. / Peter Waverly *Hill* (1977): Using Metaright Theory to Ascribe Kantian Rights to Animals Within Nozick's Minimal State, in: Arizona Law Review 19 (1977), S. 242 - 283.

Hare, R. M. (1954/55): Universalisability, in: Proceedings of the Aristotelian Society 55 (1954 - 55), S. 295 - 312; dt.: Universalisierbarkeit, in: Grewendorf / Meggle (1974), S. 198 - 216.

— (1973): Rawls' Theory of Justice, in: Philosophical Quarterly 23 (1973), S. 144 - 155, 241 - 251; wiederabgedruckt in: Daniels (1975 a), S. 81 - 107.

— (1978 a): Justice and Equality, in: Arthur / Shaw (1978), S. 116 - 131.

— (1978 b): Relevance, in: Goldman & Kim (1978), S. 73 - 90.

Harsanyi, John C. (1953): Cardinal Utility in Welfare Economics and in the Theory of Risk-Taking, in: Journal of Political Economy 61 (1953), S. 434 - 35; wiederabgedruckt in: Harsanyi (1976), S. 3 - 5.

— (1955): Cardinal Welfare, Individualistic Ethics, and Interpersonal Comparisons of Utility, in: Journal of Political Economy 63 (1955), S. 309 - 321; wiederabgedruckt in: Harsanyi (1976), S. 6 - 23.

— (1958): Ethics in Terms of Hypothetical Imperatives, in: Mind 47 (1958), S. 305 - 316; wiederabgedruckt in: Harsanyi (1976), S. 24 - 36.

— (1975 a): Can the Maximin Principle Serve as a Basis for Morality? A Critique of John Rawls's Theory, in: The American Political Science Review 69 (1975), S. 594 - 606; wiederabgedruckt in: Harsanyi (1976), S. 37 - 63.

— (1975 b): Nonlinear Social Welfare Functions, in: Theory and Decision 6 (1975), S. 311 - 332.

— (1976): Essays on Ethics, Social Behavior, and Scientific Explanation, Dordrecht - Boston (Reidel) 1976.

— (1977 a): Rule Utilitarianism and Decision Theory, in: Erkenntnis 11 (1977), S. 25 - 53.

— (1977 b): Morality and the Theory of Rational Behavior, in: Social Research 44 (1977), S. 623 - 656; wiederabgedruckt in: Sen & Williams (1982), S. 39 - 62.

— (1977 c): Liberty Under Socialism and the New Socialist Man: Comments on Cohen's Paper (zu G. A. Cohen 1977 a), in: Erkenntnis 11 (1977), S. 427 - 428.

— (1978 a): Bayesian Decision Theory and Utilitarian Ethics, in:·The American Economic Review 68 (1978), Papers and Proceedings, S. 223 - 228.

— (1978 b): Sneed on Rawls's Theory of Social Institutions: Some Comments (zu Sneed 1976), in: Erkenntnis 13 (1978), S. 225 - 230.

Hart, H. L. A. (1955): Are There Any Natural Rights?, in: Philosophical Review 64 (1955), S. 175 - 191; wiederabgedruckt in: Quinton (1967), S. 53 - 66.

— (1973): Rawls on Liberty and its Priority, in: University of Chicago Law Review 40 (1973), S. 534 - 555; dt.: Freiheit und ihre Priorität bei Rawls, in: Höffe (1977 a), S. 131 - 161.

— (1979): Between Utility and Rights, in: Columbia Law Review 79 (1979), S. 828 - 846.

Haveman, Robert H. / Julius *Margolis,* Eds. (1970): Public Expenditures and Policy Analysis, Chicago (Markham Publ.) 1970.

Hayek, Friedrich August v. (1944): The Road to Serfdom, New York 1944; dt.: Der Weg zur Knechtschaft, 1. Aufl. Zürich 1946, 3. Aufl. München (dtv) 1976.

— (1960): The Constitution of Liberty, London (Routledge & Kegan Paul) 1960; dt.: Die Verfassung der Freiheit, Tübingen (J. C. B. Mohr) 1971.

— (1973): Law, Legislation and Liberty, Vol. 1: Rules and Order, London (Routledge & Kegan Paul) 1973; dt.: Recht, Gesetzgebung und Freiheit, Bd. 1: Regeln und Ordnung, München (Verlag Moderne Industrie) 1980.

— (1976): Law, Legislation and Liberty, Vol. 2: The Mirage of Social Justice, London (Routledge & Kegan Paul) 1976; dt.: Recht, Gesetzgebung und Freiheit, Bd. 2: Die Illusion der sozialen Gerechtigkeit, Landsberg am Lech (Verlag Moderne Industrie) 1981.

Held, Virginia (1965/66): Rationality and Social Value in Game-Theoretical Analyses, in: Ethics 76 (1965 - 66), S. 215 - 220.

— (1973): Reasonable Progress and Self-Respect, in: The Monist 57 (1973); wiederabgedruckt in: Beauchamp (1975), S. 31 - 43.

— (1976): John Locke on Robert Nozick, in: Social Research 43 (1976), S. 169 - 195.

— (1977): Rationality and Reasonable Cooperation, in: Social Research 44 (1977), S. 708 - 744.

— (1979): Property Rights and Interests, in: Social Research 46 (1979), S. 550 - 579.

— (1980a): Property, Profits, and Economic Justice, Belmont, Cal. (Wadsworth) 1980.

— (1980b): Ethics, in: Social Research 47 (1980), S. 635 - 648.

Helmstädter, Ernst, Hrsg. (1978): Neuere Entwicklungen in den Wirtschaftswissenschaften. Verhandlungen auf der Arbeitstagung des Vereins für Socialpolitik in Münster 1977, Berlin (Duncker & Humblot) 1978.

Hill, Christopher (1967): Reformation to Industrial Revolution. The Making of Modern English Society, London (Weidenfeld & Nicolson) 1967; dt.: Von der Reformation zur Industriellen Revolution. Sozial- und Wirtschaftsgeschichte Englands 1530 - 1780, Frankfurt - New York (Campus) 1977.

Hillinger, Claude / Manfred Joseph *Holler,* Hrsg. (1979): Ökonomische Theorie der Politik, München (Verlag Moderne Industrie) 1979.

Hirsch, Fred (1976): Social Limits to Growth, Cambridge, Mass. (Harvard UP) 1976; dt.: Die sozialen Grenzen des Wachstums, Reinbek bei Hamburg (Rowohlt) 1980.

Hirschman, Albert O. (1970): Exit, Voice and Loyalty, Cambridge, Mass. (Harvard UP) 1970; dt.: Abwanderung und Widerspruch, Tübingen (J. C. B. Mohr) 1974.

Hobbes, Thomas (1651): Leviathan, erste englische Ausgabe 1651; dt.: Leviathan, hrsg. u. eingel. von Iring Fetscher, 1. Aufl. Neuwied (Luchterhand) 1966, Nachdrucke: Frankfurt - Berlin - Wien (Ullstein) 1976, Frankfurt (Suhrkamp) 1984.

Hobsbawm, Eric J. (1975): The Age of Capital. 1848 - 1875, London (Weidenfeld & Nicolson) 1975; dt.: Die Blütezeit des Kapitals, München (Kindler) 1977.

Hodson, John D. (1977a): Nozick, Libertarianism, and Rights, in: Arizona Law Review 19 (1977), S. 212 - 227.

— (1977b): The Principle of Paternalism, in: American Philosophical Quarterly 14 (1977), S. 61 - 69.

Höffe, Otfried (1975a): Strategien der Humanität. Zur Ethik öffentlicher Entscheidungsprozesse, Freiburg - München (Alber) 1975.

— Hrsg. (1975b): Einführung in die utilitaristische Ethik, München (C. H. Beck) 1975.

— Hrsg. (1977a): Über John Rawls' Theorie der Gerechtigkeit, Frankfurt (Suhrkamp) 1977.

— (1977b): Kritische Einführung in Rawls' Theorie der Gerechtigkeit, in: Höffe (1977a), S. 11 - 40; überarbeitete Fassung in: Höffe (1979a), S. 160 - 194.

— (1977c): Zur Rolle der Entscheidungstheorie bei der Rechtfertigung von Gerechtigkeitsprinzipien – Kritische Überlegungen im Anschluß an Rawls, in: Erkenntnis 11 (1977), S. 411 - 425; wiederabgedruckt in: Höffe (1979a), S. 227 - 242.

— (1979a): Ethik und Politik, Frankfurt (Suhrkamp) 1979.

— (1979b): Zur vertragstheoretischen Begründung politischer Gerechtigkeit: Hobbes, Kant und Rawls im Vergleich, in: Höffe (1979a), S. 195 - 226.

— (1979c): Sind Moral- und Rechtsbegründung kommunikations-(konsens-, diskurs-)theoretisch möglich? – Einige Thesen, in: Höffe (1979a), S. 243 - 250.

— (1981a): Sittlich-politische Diskurse. Philosophische Grundlagen, politische Ethik, biomedizinische Ethik, Frankfurt (Suhrkamp) 1981.

— Hrsg. (1981b): Thomas Hobbes. Anthropologie und Staatsphilosophie, Freiburg, Schweiz (Universitätsverlag Freiburg) 1981.

— (1981c): Widersprüche im Leviathan: Zum Gelingen und Versagen der Hobbesschen Staatsbegründung, in: Höffe (1981b), S. 113 - 142.

— (1982a): Minimalstaat oder Sozialrechte – eine philosophische Problemskizze, in: Studia Philosophica 41 (1982), S. 91 - 114.

— (1982b): Kantische Skepsis gegen die transzendentale Kommunikationsethik, in: Kuhlmann / Böhler (1982), S. 518 - 539.

— (1982c): Wissenschaft im Dienst freier Selbsterhaltung? Zum Theorie-Praxis-Verhältnis in Thomas Hobbes' Staatsphilosophie, in: Bermbach / Kodalle (1982), S. 30 - 64.

— (1984): Sittlichkeit als Rationalität des Handelns?, in: Rationalität. Philosophische Beiträge, hrsg. von Herbert Schnädelbach, Frankfurt (Suhrkamp) 1984, S. 141 - 174.

Hoernke, Hubertus (1971): Politische Entscheidung als Sozialwahl, in: Zeitschrift für die gesamte Staatswissenschaft 127 (1971), S. 529 - 546.

Hoerster, Norbert (1971): Utilitaristische Ethik und Verallgemeinerung, Freiburg - München (Alber) 1971.

— (1977): John Rawls' Kohärenztheorie der Normenbegründung, in: Höffe (1977a), S. 57 - 76.

Hohm, Larry (1983): Formulating Rawls's Principles of Justice, in: Theory and Decision 15 (1983), S. 337 - 347.

Holmes, Robert L. (1977): Nozick on Anarchism, in: Political Theory 5 (1977), S. 247 - 256; wiederabgedruckt in: Paul (1981), S. 57 - 67.

Holzhey, Helmut (1983): Lockes Begründung des Privateigentums in der Arbeit, in: Holzhey / Kohler (1983), S. 19 - 34.

Holzhey, Helmut / Georg *Kohler,* Hrsg. (1983): Eigentum und seine Gründe / La propriété et ses fondements, Studia Philosophica Supplementum 12, Bern - Stuttgart (Haupt) 1983.

Honderich, Ted (1975): The Use of the Basic Proposition of a Theory of Justice, in: Mind 84 (1975), S. 63 - 78.

— (1981): The Question of Well-being and the Principle of Equality, in: Mind 90 (1981), S. 481 - 504.

Honoré, Antony M. (1962): Social Justice, in: McGill Law Journal 8 (1962), S. 78 - 105; revidierte Version in: Essays in Legal Philosophy, hrsg. von Robert S. Summers, Oxford (Blackwell) 1970, S. 61 - 94.

Hook, Sidney, Ed. (1964a): Law and Philosophy. A Symposium, New York (New York UP) 1964.

— (1964b): Law, Justice, and Obedience, in: Hook (1964a), S. 56 - 60.

— (1970a): In Defense of "Justice', in: Kiefer / Munitz (1970), S. 75 - 84.

— (1970b): Reflections on Human Rights, in: Kiefer / Munitz (1970), S. 252 - 281.

Hooker, C. A. / J. J. *Leach* / E. F. *McClennen,* Eds. (1978): Foundations and Applications of Decision Theory, 2 Vols, Dordrecht - Boston (Reidel) 1978.

Howe, Roger E. / John E. *Roemer* (1981): Rawlsian Justice as the Core of A Game, in: The American Economic Review 71 (1981), S. 880 - 895.

Hubbard, F. Patrick (1977/78): Justice, Limits to Growth, and an Equilibrium State, in: Philosophy & Public Affairs 7 (1977 - 78), S. 326 - 345.

Hubin, D. Clayton (1976/77): Justice and Future Generations, in: Philosophy & Public Affairs 6 (1976 - 77), S. 70 - 83.

— (1979/80): The Scope of Justice, in: Philosophy & Public Affairs 9 (1979 - 80), S. 3 - 24.

— (1980): Prudential Reasons, in: Canadian Journal of Philosophy 10 (1980), S. 63 - 81.

Hume, David (1939/40): A Treatise of Human Nature, 1. Ausgabe London 1739 (Buch I u. II), 1740 (Buch III); dt.: Ein Traktat über die menschliche Natur, 2 Bde., neu hrsg. von Reinhard Brandt, Hamburg (Meiner) 1973.

— (1748): Of the Original Contract, erstmals erschienen 1748, abgedruckt in: David Hume, The Philosophical Works, Bd. 3, Aalen (Scientia) 1964, S. 443 - 460; auszugsweise dt. Übersetzung: Die wertlose Fiktion vom Gesellschaftsvertrag, in: Klassische Texte der Staatsphilosophie, hrsg. von Norbert Hoerster, München (dtv) 1976, S. 163 - 176.

— (1751): An Enquiry Concerning the Principles of Morals, 1. Ausgabe London 1751; dt.: Eine Untersuchung über die Prinzipien der Moral, hrsg. von Gerhard Streminger, Stuttgart (Reclam) 1984.

Hunt, E. K. / Howard J. *Sherman* (1972): Economics: An Introduction to Traditional and Radical Views, New York (Harper & Row) 1972; dt.: Ökonomie. Aus traditioneller und radikaler Sicht, 2 Bde., Frankfurt (Athenäum-Fischer) 1974.

Jencks, Christopher (1972): Inequality – A Reassessment of the Effect of Family and Schooling in America, New York (Basic Books) 1972; dt.: Chancengleichheit, Reinbek bei Hamburg (Rowohlt) 1973.

Johnson, Conrad (1975): Actual – V. (Rawlsian) Hypothetical-Consent, in: Philosophical Studies 28 (1975), S. 41 - 48.

— (1981): Brandt's Ideally Rational Moral Legislation, in: Social Theory and Practice 7 (1981), S. 205 - 221.

Johnson, Oliver A. (1974/75): The Kantian Interpretation, in: Ethics 85 (1974 - 75), S. 58 - 66.

— (1976/77): Autonomy in Kant and Rawls: A Reply, in: Ethics 87 (1976 - 77), S. 251 - 254.

Jones, Hardy (1980): A Rawlsian Discussion of Discrimination, in: Blocker / Smith (1980), S. 270 - 288.

Kahn, Alfred E. (1966): The Tyranny of Small Decisions: Market Failures, Imperfections, and the Limits of Economics, in: Kyklos 19 (1966), S. 23 - 47.

Kant, Immanuel (1785): Grundlegung zur Metaphysik der Sitten, 1785, in: Kant, Werke in zwölf Bänden, hrsg. von Wilhelm Weischedel, Bd. VII, Frankfurt (Suhrkamp) 1968.

— (1788): Kritik der praktischen Vernunft, 1788, in: Kant, Werke in zwölf Bänden, hrsg. von Wilhelm Weischedel, Bd. VII, Frankfurt (Suhrkamp) 1968.

— (1793): Über den Gemeinspruch: Das mag in der Theorie richtig sein, taugt aber nicht für die Praxis, 1793, in: Kant, Werke in zwölf Bänden, hrsg. von Wilhelm Weischedel, Bd. XI, Frankfurt (Suhrkamp) 1968.

— (1797): Die Metaphysik der Sitten, 1797, in: Kant, Werke in zwölf Bänden, hrsg. von Wilhelm Weischedel, Bd. VIII, Frankfurt (Suhrkamp) 1968.

Kaplan, Morton A. (1976): Justice, Human Nature, and Political Obligation, New York (Free Press) 1976.

Kapp, K. William (1950): The Social Costs of Private Enterprise, Cambridge, Mass. (Harvard UP) 1950; 2., revidierte Aufl. unter dem Titel: Social Costs of Business Enterprise, Bombay - London (Asia Publishing House) 1963; dt.: Soziale Kosten der Marktwirtschaft, Frankfurt (Fischer Taschenbuch) 1979.

Katzner, Louis J. (1970/71): Presumptivist and Nonpresumptivist Principles of Formal Justice, in: Ethics 81 (1970 - 71), S. 253 - 258.

— (1980): The Original Position and the Veil of Ignorance, in: Blocker / Smith (1980), S. 42 - 70.

Kaye, David H. (1980): Playing Games with Justice: Rawls and the Maximin Rule, in: Social Theory and Practice 6 (1980), S. 33 - 51.

Kearl, J. R. (1977/78): Do Entitlements Imply That Taxation Is Theft?, in: Philosophy & Public Affairs 7 (1977 - 78), S. 74 - 81.

Keat, Russell / David *Miller* (1974): Understanding Justice, in: Political Theory 2 (1974), S. 3 - 31.

Kern, Lucian (1977 a): Neuere Ergebnisse der Theorie kollektiver Entscheidungen, in: Zeitschrift für die gesamte Staatswissenschaft 133 (1977), S. 652 - 680.

— (1977 b): Diskussionsbeitrag zu Höffe (zu Höffe 1977 c), in: Erkenntnis 11 (1977), S. 449 - 450.

— (1978): Comparative Distributive Ethics, in: Gottinger & Leinfellner (1978), S. 187 - 200.

— (1980 a): Neue Vertragstheorie. Zur rationalen Rekonstruktion politisch-ethischer Grundprinzipien, Königstein/Ts. (Hain) 1980.

— (1980 b): Zur axiomatischen Charakterisierung alternativer Vertragsprinzipien, in: Erkenntnis 15 (1980), S. 1 - 31.

— (1984): Das Diktat des besseren Arguments: Eine entscheidungslogische Rekonstruktion des praktischen Diskurses, in: Conceptus 18 (1984), Nr. 43, S. 33 - 45.

Keyt, David (1974/75): The Social Contract as an Analytic, Justificatory, and Polemic Device, in: Canadian Journal of Philosophy 4 (1974 - 75), S. 241 - 251.

Kiefer, Howard E. / Milton K. *Munitz,* Eds. (1970): Ethics and Social Justice, Albany (State University of New York Press) 1970.

Kirsch, Guy (1974): Ökonomische Theorie der Politik, Tübingen - Düsseldorf (J. C. B. Mohr – Werner) 1974.

Kirsch, Guy / Jürg *Theiler* (1976/77): Zur Verallgemeinerung von Buchanan-Tullocks allgemeiner ökonomischer Verfassungstheorie, in: Finanzarchiv N.F. 35 (1976 - 77), S. 35 - 65.

Kirzner, Israel M. (1978): Entrepreneurship, Entitlement, and Economic Justice, in: Eastern Economic Journal 4 (1978); wiederabgedruckt in: Paul (1981), S. 383 - 411.

Kitschelt, Herbert (1980): Moralisches Argumentieren und Sozialtheorie. Prozedurale Ethik bei John Rawls und Jürgen Habermas, in: ARSP 66 (1980), S. 391 - 429.

Kliemt, Hartmut (1979): John Rawls' Theorie der Gerechtigkeit und Robert Nozick's Theorie des Minimalstaates, in: Hillinger / Holler (1979), S. 196 - 223.

— (1980): Zustimmungstheorien der Staatsrechtfertigung, Freiburg - München (Alber) 1980.

Koch, Frank-Alexander (1978): Gerechtigkeit als Gedankenexperiment – Rawls und Aristoteles, in: Zeitschrift für philosophische Forschung 32 (1978), S. 239 - 253.

Kodalle, Klaus-Michael (1972): Thomas Hobbes – Logik der Herrschaft und Vernunft des Friedens, München (C. H. Beck) 1972.

— (1979): Zwischen Anarchie und Leviathan. Eine kritische Paraphrase zu James M. Buchanan: „The Limits of Liberty", in: Der Staat 18 (1979), S. 563 - 676.

Körner, Stephan (1955): Kant, engl. Original 1955; dt.: Göttingen (Vandenhoeck & Ruprecht) 1967.

— Ed. (1974): Practical Reason, New Haven (Yale UP) 1974.

— (1976): Experience and Conduct, Cambridge (Cambridge UP) 1976.

Kötter, Rudolf (1984): Distributive Gerechtigkeit und Wohlfahrt – Zum Grundproblem einer utilitaristischen Ethik und Wohlfahrtsökonomie, in: Ökonomie und

Gesellschaft, Jahrbuch 2: Wohlfahrt und Gerechtigkeit, Frankfurt - New York (Campus) 1984, S. 14 - 66.

Kohlberg, Lawrence (1979): Justice as Reversibility, in: Laslett & Fishkin (1979), S. 257 - 272.

Koller, Peter (1979 a): Die Subkultur als Medium politischer Bewußtseinsbildung, in: Österreichische Zeitschrift für Soziologie 4 (1979), Heft 3 - 4, S. 68 - 78.

— (1979 b): Probleme der utilitaristischen Strafrechtfertigung, in: Zeitschrift für die gesamte Strafrechtswissenschaft 91 (1979), S. 45 - 95.

— (1981 a): Die Idee des Sozialkontrakts als Begründung sozialer Gerechtigkeit, in: Morscher / Stranzinger (1981), S. 265 - 270.

— (1981 b): Die Konzeption des Überlegungs-Gleichgewichts als Methode der moralischen Rechtfertigung, in: Conceptus 15 (1981), Nr. 35/36, S. 129 - 142.

— (1981 c): Zur Kritik der libertären Eigentumskonzeption. Am Beispiel der Theorie von Robert Nozick, in: Analyse & Kritik 3 (1981), S. 139 - 154.

— (1983 a): Rawls' Differenzprinzip und seine Deutungen, in: Erkenntnis 20 (1983), S. 1 - 25.

— (1983 b): Rationalität und Moral, in: Grazer Philosophische Studien Vol. 20 (1983), S. 265 - 305.

— (1984 a): Die Idee der sozialen Gerechtigkeit. Ihre Bedeutung und ihre moralische Rechtfertigung, in: Objektivierung des Rechtsdenkens. GS für Ilmar Tammelo, hrsg. von W. Krawietz, T. Mayer-Maly u. O. Weinberger, Berlin (Duncker & Humblot) 1984, S. 97 - 135.

— (1984 b): Theorien des Sozialkontrakts als Rechtfertigungsmodelle politischer Institutionen, in: Theorie der Normen. Festgabe für Ota Weinberger zum 65. Geburtstag, hrsg. von W. Krawietz, H. Schelsky, G. Winkler u. A. Schramm, Berlin (Duncker & Humblot) 1984, S. 241 - 275.

— (1984 c): J. M. Buchanans Versuch einer ökonomischen Begründung rechtlicher Institutionen, in: Recht als Sinn und Institution, hrsg. von D. Mayer-Maly, O. Weinberger u. M. Strasser, Rechtstheorie Beiheft 6 (1984), S. 187 - 208.

Kolm, Serge Ch. (1969): The Optimal Production of Social Justice, in: Margolis / Guitton (1969), S. 145 - 200.

Koslowski, Peter (1982 a): Ethik des Kapitalismus, Tübingen (J. C. B. Mohr) 1982.

— (1982 b): Gesellschaft und Staat. Ein unvermeidlicher Dualismus, Stuttgart (Klett-Cotta) 1982.

Krüger, Lorenz / Wulf *Gaertner* (1983): Alternative Libertarian Claims and Sen's Paradox, in: Theory and Decision 15 (1983), S. 211 - 229.

Kuhlmann, Wolfgang / Dietrich *Böhler,* Hrsg. (1982): Kommunikation und Reflexion. Zur Diskussion der Transzendentalpragmatik. Antworten auf Karl-Otto Apel, Frankfurt (Suhrkamp) 1982.

Kulenkampff, Arend (1979): Methodenfragen der Gerechtigkeitstheorie, in: Analyse & Kritik 1 (1979), S. 90 - 104.

Kummerow, Walther (1979): Vertrag und Vertragstreue als Bedingungen der Legitimität des Staates, in: Rechtstheorie 10 (1979), S. 462 - 501.

Kutschera, Franz von (1977): Subjective Preferences, Rationality, and Justice, in: Erkenntnis 11 (1977), S. 97 - 111.

— (1981 a): Criteria for Justice, in: Grazer Philosophische Studien Vol. 12/13 (1981), S. 267 - 280.

— (1981 b): Generalisierbarkeit und Unparteilichkeit, in: Logik, Ethik und Sprache. FS für Rudolf Freundlich, hrsg. von Kurt Weinke, München - Wien (Oldenbourg) 1981, S. 118 - 124.

— (1982): Grundlagen der Ethik, Berlin - New York (de Gruyter) 1982.

Ladenson, Robert F. (1975): Rawls' Principle of Equal Liberty, in: Philosophical Studies 28 (1975), S. 49 - 54.

La Follette, Hugh (1978): Why Libertarianism Is Mistaken, in: Arthur / Shaw (1978), S. 194 - 206.

Lafrance, Guy (1978): Les Deux Principes de la Justice selon Rawls, in: Dialectica 32 (1978), S. 115 - 123.

Lambert, Peter / Albert *Weale* (1981): Equality, Risk-Aversion and Contractarian Social Choice, in: Theory and Decision 13 (1981), S. 109 - 127.

Laslett, Peter (1979): The Conversation Between the Generations, in: Laslett & Fishkin (1979), S. 36 - 56.

Laslett, Peter & James *Fishkin,* Eds. (1979): Philosophy, Politics and Society, Fifth Series, Oxford (Blackwell) 1979.

Laslett, Peter / W. G. *Runciman* / Quentin *Skinner,* Eds. (1972): Philosophy, Politics and Society. Fourth Series, Oxford (Blackwell) 1972.

Lehner, Franz (1981): Einführung in die Neue Politische Ökonomie, Königstein/Ts. (Athenäum) 1981.

Lehning, Percy N. (1978): Social Contract and Property Rights: A Comparison between John Rawls and James M. Buchanan, in: Birnbaum / Lively / Parry (1978), S. 279 - 294.

Lenski, Gerhard (1966): Power and Privilege. A Theory of Social Stratification, New York 1966; dt.: Macht und Privileg, Frankfurt (Suhrkamp) 1973.

Lessnoff, Michael (1971): John Rawls' Theory of Justice, in: Political Studies 19 (1971), S. 63 - 80.

— (1974/75): Barry on Rawls' Priority of Liberty, in: Philosophy & Public Affairs 4 (1974 - 75), S. 100 - 114.

— (1978): Capitalism, Socialism and Justice, in: Arthur / Shaw (1978), S. 139 - 149.

Levin, Michael E. (1981): Equality of Opportunity, in: The Philosophical Quarterly 31 (1981), S. 110 - 125.

— (1982): A Hobbesian Minimal State, in: Philosophy & Public Affairs 11 (1982), S. 338 - 353.

Levine, Andrew (1974): Rawls' Kantianism, in: Social Theory and Practice 3 (1974), S. 47 - 63.

Lindbeck, Assar (1971): The Political Economy of the New Left, New York (Harper & Row) 1971; dt.: Die Politische Ökonomie der Neuen Linken, Göttingen (Vandenhoeck & Ruprecht) 1973.

Lindblom, Charles E. (1977): Politics and Markets. The World's Political-Economic Systems, New York (Basic Books) 1977; dt.: Jenseits von Markt und Staat. Eine Kritik der politischen und ökonomischen Systeme, Frankfurt - Berlin (Ullstein) 1983.

Lindley, Dennis V. (1971): Making Decisions, Chichester (John Wiley) 1971; dt.: Einführung in die Entscheidungstheorie, Frankfurt (Herder & Herder) 1974.

Little, I. M. D. (1950): A Critique of Welfare Economics, Oxford (Clarendon Press) 1950, 2. Aufl. London (Oxford UP) 1957.

— (1952): Social Choice and Individual Values, in: The Journal of Political Economy 60 (1952), S. 422 - 432; wiederabgedruckt in: Phelps (1973 a), S. 137 - 152.

Locke, John (1686): A Letter concerning Toleration, verfaßt 1686; dt.: Ein Brief über Toleranz, Hamburg (Meiner) 1957.

— (1690): Two Treatises of Government, 1690; dt.: Zwei Abhandlungen über die Regierung, hrsg. u. eingeleitet von Walter Euchner, Frankfurt (Suhrkamp) 1977.

Luce, R. Duncan & Howard *Raiffa* (1957): Games and Decisions, New York - London - Sydney (Wiley) 1957.

Lübbe, Gertrude (1977): Die Auferstehung des Sozialvertrags. John Rawls' Gerechtigkeitstheorie, in: Rechtstheorie 8 (1977), S. 185 - 196.

— (1978): Robert Nozicks Naturrechtsidealismus. Zu einer Karikatur des klassischen Liberalismus, in: Rechtstheorie 9 (1978), S. 217 - 228.

Lyons, David (1965): Forms and Limits of Utilitarianism, Oxford (Clarendon Press) 1965.

— (1972): Rawls Versus Utilitarianism, in: The Journal of Philosophy 69 (1972), S. 535 - 545.

— (1974): The Nature of the Contract Argument, in: Cornell Law Review 59 (1974), S. 1064 - 1076.

— (1975 a): Nature and Soundness of the Contract and Coherence Arguments, in: Daniels (1975 a), S. 141 - 167.

— (1975 b): Grenzen der Nützlichkeit: Fairneß-Argumente (dt. Übersetzung von Kap. V, Abschn. A aus Lyons 1965), in: Höffe (1975 b), S. 163 - 178.

— (1976 a): Rights Against Humanity, in: The Philosophical Review 85 (1976), S. 208 - 215.

— (1976 b): Mill's Theory of Morality, in: Noûs 10 (1976), S. 101 - 120.

— (1976/77): Human Rights and the General Welfare, in: Philosophy & Public Affairs 6 (1976 - 77), S. 113 - 129.

— (1977): The New Indian Claims and Original Rights to Land, in: Social Theory and Practice 4 (1977), S. 249 - 272; wiederabgedruckt in: Paul (1981), S. 355 - 379.

McClennen, Edward F. (1974): Brian Barry, The Liberal Theory of Justice (Rezension), in: Social Theory and Practice 3 (1974), S. 117 - 122.

McCloskey, H. J. (1966): Egalitarianism, Equality and Justice, in: Australasian Journal of Philosophy 44 (1966), S. 50 - 69.

— (1968): Some Arguments for a Liberal Society, in: Philosophy 43 (1968), S. 324 - 344.

McDonald, Virginia (1977): Rawlsian Contractarianism: Liberal Equality or Inequality?, in: Nielsen & Shiner (1977), S. 71 - 94.

Machan, Tibor R. (1982 a): A Reconsideration of Natural Rights Theory, in: American Philosophical Quarterly 19 (1982), S. 61 - 72.

— Ed. (1982 b): The Libertarian Reader, Totowa, N. J. (Rowman & Littlefield) 1982.

Mack, Eric (1975/76): Distributionism Versus Justice, in: Ethics 86 (1975 - 76), S. 145 - 153.

— (1978): Liberty and Justice, in: Arthur / Shaw (1978), S. 183 - 193.

— (1981 a): Nozick on Unproductivity: The Unintended Consequences, in: Paul (1981), S. 169 - 190.

— (1981 b): How to Derive Libertarian Rights, in: Paul (1981), S. 286 - 302.

Mackay, Alfred F. (1975): Interpersonal Comparisons, in: The Journal of Philosophy 72 (1975), S. 535 - 549.

Mackenzie, Nollaig (1977): A Note on Rawls' 'Decision-Theoretic' Argument for the Difference Principle, in: Theory and Decision 8 (1977), S. 381 - 385.

Macpherson, C. B. (1962): The Political Theory of Possessive Individualism. Hobbes to Locke, London (Oxford UP) 1962; dt.: Die politische Theorie des Besitzindividualismus. Von Hobbes bis Locke, Frankfurt (Suhrkamp) 1967.

— (1967): Natural Rights in Hobbes and Locke, in: Raphael (1967 a), S. 1 - 15.

— (1973 a): Democratic Theory, London 1973; dt.: Demokratietheorie (C. H. Beck) 1977.

— (1973 b): Rawls' Models of Man and Society, in: Philosophy of the Social Sciences 3 (1973), S. 341 - 347.

Maluschke, Günther (1978): Universalisierbarkeit und Institutionalisierbarkeit sittlicher und politischer Normen, in: Oelmüller (1978), S. 99 - 117.

— (1982): Philosophische Grundlagen des demokratischen Verfassungsstaates, Freiburg - München (Alber) 1982.

Margolis, Julius (1957): Secondary Benefits, External Economies, and the Justification of Public Investment, in: The Review of Economics and Statistics 39 (1957), S. 284 - 291; wiederabgedruckt in: Arrow / Scitovsky (1969), S. 372 - 383.

Margolis, J. & H. *Guitton,* Eds. (1969): Public Economics. An Analysis of Public Production and Consumption and their Relations to the Private Sectors. Proceedings of a Conference held by the International Economic Association, London - New York (Macmillan - St. Martin's Press) 1969.

Marshall, John (1973): The Proof of Utility and Equity in Mill's Utilitarianism, in: Canadian Journal of Philosophy 3 (1973), S. 13 - 26.

— (1975): The Failure of Contract as Justification, in: Social Theory and Practice 3 (1975), S. 441 - 459.

Marx, Karl (1867): Das Kapital. Kritik der politischen Ökonomie, 1. Bd., Erstausgabe 1867, in: Marx-Engels-Werke Bd. 23, Berlin-Ost (Dietz) 1962, 10. Aufl. 1974.

— (1894): Das Kapital. Kritik der politischen Ökonomie, 3. Bd., 1. Aufl. Hamburg 1894, hrsg. von Friedrich Engels, in: Marx-Engels-Werke Bd. 25, Berlin-Ost (Dietz) 1964, 6. Aufl. 1973.

Marx, Karl / Friedrich *Engels* (1845/46): Die deutsche Ideologie, verfaßt 1845 - 46, 1. vollst. Ausg. 1932, in: Marx-Engels-Werke Bd. 3, Berlin-Ost (Dietz) 1958, 4. Aufl. 1969.

Maslow, Abraham H. (1954): Motivation and Personality, New York (Harper & Row) 1954; 2., revidierte Aufl. 1970; dt.: Motivation und Persönlichkeit, Reinbek bei Hamburg (Rowohlt) 1981.

Matzka, Rudolf F. / Eberhard *Scholz* (1979): Das Unmöglichkeitstheorem von Arrow, in: Hillinger / Holler (1979), S. 49 - 60.

May, Kenneth O. (1952): A Set of Independent Necessary and Sufficient Conditions for Simple Majority Decision, in: Econometrica 20 (1952), S. 680 - 684.

Mazurek, Per (1981): Ronald Dworkins konstruktive Methode im Test des reflektiven Äquilibriums, in: Rechtstheorie Beiheft 2 (1981), S. 213 - 222.

Meyer-Abich, Klaus M. / Dieter *Birnbacher,* Hrsg. (1979): Was braucht der Mensch, um glücklich zu sein. Bedürfnisforschung und Konsumkritik, München (C. H. Beck) 1979.

Michelman, Frank (1973): In Pursuit of Constitutional Welfare Rights: One View of Rawls' Theory of Justice, in: University of Pennsylvania Law Review 211 (1973), S. 962 - 1019.

— (1975): Constitutional Welfare Rights and "A Theory of Justice" (gekürzte u. überarb. Fassung von Michelman 1973), in: Daniels (1975 a), S. 319 - 347.

Miliband, Ralph (1969): The State in Capitalist Society, London 1969; dt.: Der Staat in der kapitalistischen Gesellschaft, Frankfurt (Suhrkamp) 1972.

Mill, John Stuart (1859): On Liberty, 1859; dt.: Über die Freiheit, hrsg. von Manfred Schlenke, Stuttgart (Reclam) 1974.

— (1871): Utilitarianism, 1871; dt.: Der Utilitarismus, hrsg. von Dieter Birnbacher, Stuttgart (Reclam) 1976.

Miller, David (1976): Social Justice, Oxford (Clarendon Press) 1976.

— (1978): Democracy and Social Justice, in: The British Journal of Political Science 8 (1978); wiederabgedruckt in: Birnbaum / Lively / Parry (1978), S. 75 - 100.

Miller, Richard W. (1975 a): Rawls and Marxism, in: Daniels (1975 a), S. 206 - 230; dt.: Rawls und der Marxismus, in: Höffe (1977 a), S. 162 - 196.

— (1975 b): Rawls, Risk, and Utilitarianism, in: Philosophical Studies 28 (1975), S. 55 - 61.

Minogue, Kenneth R. (1978): Social Contract and Social Breakdown, in: Birnbaum / Lively / Parry (1978), S. 133 - 145.

— (1980): The Concept of Property and its Contemporary Significance, in: Pennock & Chapman (1980), S. 3 - 27.

Mironesco, Christine (1978): Individual and Collective Interests in Game Theory, in: Birnbaum / Lively / Parry (1978), S. 317 - 334.

Mises, Ludwig (1927): Liberalismus, Jena (G. Fischer) 1927.

Mishan, E. J. (1960): A Survey of Welfare Economics 1939 - 1959, in: The Economic Journal 70 (1960), S. 197 - 265; dt.: Ein Überblick über die Wohlfahrtsökonomik 1939 - 1959, in: Grundlagen der Wirtschaftspolitik, hrsg. von Gérard Gäfgen, Köln - Berlin (Kiepenheuer & Witsch) 1970, 3. Aufl., S. 110 - 176.

Monissen, Hans G. (1980): Externalitäten und ökonomische Analyse, in: Streißler / Watrin (1980), S. 342 - 377.

Moore, Barrington (1966): Social Origins of Dictatorship and Democracy, engl. Original 1966; dt.: Soziale Ursprünge von Diktatur und Demokratie, Frankfurt (Suhrkamp) 1969.

Morano, Donald V. (1978): The Contradictory Homo Sapiens of Rawls in "A Theory of Justice", in: The Journal of Value Inquiry 13 (1978), S. 283 - 293.

Morgenthau, Hans J. (1974): Justice and Power, in: Social Research 41 (1974), S. 163 - 175.

Morscher, Edgar / Rudolf *Stranzinger,* Hrsg. (1981): Ethik. Grundlagen, Probleme und Anwendungen, Akten des 5. Int. Wittgenstein-Symposiums 1980, Wien (Hölder-Pichler-Tempsky) 1981.

Mueller, Dennis C. (1973): Constitutional Democracy and Social Welfare, in: The Quarterly Journal of Economics 87 (1973), S. 60 - 80.

— (1974): Achieving the Just Polity, in: The American Economic Review 64 (1974), Papers and Proceedings, S. 147 - 152.

— (1976): Public Choice: A Survey, in: Journal of Economic Literature 14 (1976), S. 395 - 433.

— (1979): Public Choice, Cambridge (Cambridge UP) 1979.

Mueller, Dennis C. / Robert D. *Tollison* / Thomas D. *Willett* (1974): The Utilitarian Contract: A Generalization of Rawls' Theory of Justice, in: Theory and Decision 4 (1974), S. 345 - 367.

Müller-Plantenberg, Urs (1982): Mehrheit und Minderheiten zwischen Macht und Markt. Die Abwertung des Mehrheitsprinzips in der Theorie des Public Choice, in: Leviathan 10 (1982), S. 239 - 253.

Murphy, Cornelius (1972): Distributive Justice, Modern Significance, in: The American Journal of Jurisprudence 17 (1972), S. 153 - 165.

— (1981): Liberalism and Political Society, in: The American Journal of Jurisprudence 26 (1981), S. 125 - 158.

Murphy, Jeffrie G. (1977): Rights and Borderline Cases, in: Arizona Law Review 19 (1977), S. 228 - 241; wiederabgedruckt in: Murphy (1979), S. 26 - 39.

— (1978): Hume and Kant on the Social Contract, in: Philosophical Studies 33 (1978), S. 65 - 79; wiederabgedruckt in: Murphy (1979), S. 58 - 73.

— (1979): Retribution, Justice, and Therapy, Dordrecht - Boston - London (Reidel), 1979.

Murray, John Courtney (1964): The Problem of Mr. Rawls's Problem, in: Hook (1964a), S. 29 - 34.

Musgrave, R. A. (1974): Maximin, Uncertainty, and the Leisure Trade-off, in: The Quarterly Journal of Economics 88 (1974), S. 625 - 632.

Musgrave, Richard A. / Peggy B. *Musgrave* (1973): Public Finance in Theory and Practice, New York (McGraw-Hill) 1973.

Musgrave, Richard A. / Peggy B. *Musgrave* / Lore *Kullmer* (1975): Die öffentlichen Finanzen in Theorie und Praxis, 4 Bde (veränderte dt. Ausgabe von Musgrave / Musgrave 1973), Bd. 1, Tübingen (J. C. B. Mohr/UTB) 1975.

Myrdal, Gunnar (1932): Das politische Element in der nationalökonomischen Doktrinbildung, 1. dt. Ausgabe Berlin (Junker und Dünnhaupt) 1932; 2. dt. Ausgabe (auf der Grundlage der 1. dt. Fassung anhand der engl. Ausgabe neu bearbeitet): Bonn - Bad Godesberg (Verlag Neue Gesellschaft) 1962, 2. Aufl. 1976.

Nagel, Thomas (1970): The Possibility of Altruism, Oxford (Clarendon Press) 1970.

— (1972/73): Equal Treatment and Compensatory Discrimination, in: Philosophy & Public Affairs 2 (1972 - 73), S. 348 - 363.

— (1973): Rawls on Justice, in: The Philosophical Review 82 (1973), S. 220 - 234; wiederabgedruckt in: Daniels (1975 a), S. 1 - 16.

— (1975): Libertarianism Without Foundations, in: The Yale Law Journal 85 (1975), S. 136 - 149; wiederabgedruckt in: Paul (1981), S. 191 - 205.

Narveson, Jan (1967 a): Morality and Utility, Baltimore (Johns Hopkins Press) 1967.

— (1967 b): Utilitarianism and New Generations, in: Mind 76 (1976), S. 62 - 72.

— (1976 a): A Puzzle about Economic Justice in Rawls' Theory, in: Social Theory and Practice 4 (1976), S. 1 - 27.

— (1976 b): Utilitarianism, Group Actions, and Coordination or, Must the Utilitarian be a Buridan's Ass?, in: Noûs 10 (1976), S. 173 - 194.

— (1978 a): Rawls on Equal Distribution of Wealth, in: Philosophia 7 (1978), S. 281 - 292.

— (1978 b): Robert Paul Wolff, Understanding Rawls (Rezensionsaufsatz), in: Social Theory and Practice 4 (1978), S. 483 - 503.

— (1979): Rights and Utilitarianism, in: Cooper / Nielsen / Patten (1979), S. 137 - 160.

Nathan, N. M. L. (1970): Some Prerequisites for a Political Casuistry of Justice, in: Inquiry 13 (1970), S. 376 - 393.

— (1971 a): The Concept of Justice, London (Macmillan) 1971.

— (1971 b): On the Justification of Democracy, in: The Monist 55 (1971), S. 89 - 120.

Nelson, William N. (1973/74): Special Rights, General Rights, and Social Justice, in: Philosophy & Public Affairs 3 (1973 - 74), S. 410 - 430.

— (1979/80): The Very Idea of Pure Procedural Justice, in: Ethics 90 (1979 - 80), S. 502 - 511.

Neumann, Michael (1982): Side Constraint Morality, in: Canadian Journal of Philosophy 12 (1982), S. 131 - 143.

Ng, Yew-Kwang (1979): Welfare Economics. Introduction and Development of Basic Concepts, London and Basingstoke (Macmillan) 1979.

Nielsen, Kai (1977 a): Rawls and Classist Amoralism, in: Mind 86 (1977), S. 19 - 30.

— (1977 b): Our Considered Judgments (dt.: Unsere wohlerwogenen Urteile), in: Ratio 19 (1977), S. 30 - 36 (engl. Ausgabe), S. 40 - 48 (dt. Ausgabe).

— (1978 a): Class and Justice, in: Arthur / Shaw (1978), S. 225 - 245.

— (1978 b): Equality, Justice and Class: Comments on "Les Deux Principes de la Justice selon Rawls" (Lafrance 1978), in: Dialectica 32 (1978), S. 125 - 133.

— (1978/79: Radical Egalitarian Justice: Justice as Equality, in: Social Theory and Practice 5 (1978 - 79), S. 209 - 226.

— (1980 a): Rawls and the Left: Some Left Critiques of Rawls' Principles of Justice, in: Analyse & Kritik 2 (1980), S. 74 - 97.

— (1980 b): Marxism, Ideology, and Moral Philosophy, in: Social Theory and Practice 6 (1980), S. 53 - 68.

Nielsen, Kai & Roger A. Shiner, Eds. (1977): New Essays on Contract Theory, Canadian Journal of Philosophy, Suppl. Vol. III, Guelph, Ontario 1977.

Norton, David L. (1974/75): Rawls's Theory of Justice: A "Perfectionist" Rejoinder, in: Ethics 85 (1974 - 75), S. 50 - 57.

— (1976/77): Individualism and Productive Justice, in: Ethics 87 (1976 - 77), S. 113 - 125.

Nowell-Smith, P. H. (1954): Ethics, Harmondsworth, Middlesex (Penguin Books) 1954.

— (1973): A Theory of Justice?, in: Philosophy of the Social Sciences 3 (1973), S. 315 - 329; dt.: Eine Theorie der Gerechtigkeit?, in: Höffe (1977 a), S. 77 - 107.

Nozick, Robert (1968): Moral Complications and Moral Structures, in: Natural Law Forum 13 (1968), S. 1 - 50.

— (1969 a): Coercion, in: Philosophy, Science, and Method. Essays in Honor of Ernest Nagel, hrsg. von S. Morgenbesser, P. Suppes u. M. White, New York (St. Martin's Press) 1969, S. 440 - 472.

— (1969 b): Newcomb's Problem and Two Principles of Choice, in: Essays in Honor of Carl G. Hempel, hrsg. von Nicholas Rescher, Dordrecht (Reidel) 1969, S. 114 - 146.

— (1971): On the Randian Argument, in: The Personalist 52 (1971); wiederabgedruckt in: Paul (1981), S. 206 - 231.

— (1973/74): Distributive Justice, in: Philosophy & Public Affairs 3 (1973 - 74), S. 45 - 126 (identisch mit Kap. 7 von Nozick 1974).

— (1974): Anarchy, State, and Utopia, New York (Basic Books) 1974; dt.: Anarchie, Staat, Utopia, München (Moderne Verlagsgesellschaft) o. J. (1976).

— (1977): On Austrian Methodology, in: Synthese 36 (1977), S. 353 - 392.

Nurmi, Hannu (1977): Public Goods and the Analytic Theory of State, in: ders., Rationality and Public Goods. Essays in Analytic Political Theory, Helsinki 1977; wiederabgedruckt in: Birnbaum / Lively / Parry (1978), S. 245 - 277.

O'Connor, James (1973): The Fiscal Crisis of the State, engl. Original 1973; dt.: Die Finanzkrise des Staates, Frankfurt (Suhrkamp) 1974.

O'Connor, John (1968): Wolff, Rawls, and the Principles of Justice, in: Philosophical Studies 19 (1968), S. 93 - 95.

Oelmüller, Willi, Hrsg. (1978 a): Transzendentalphilosophische Normenbegründungen, Materialien zur Normendiskussion Bd. 1, Paderborn (Schönigh/UTB) 1978.

— (1978 b): Normenbegründung – Normendurchsetzung, Materialien zur Normendiskussion Bd. 2, Paderborn (Schöningh/UTB) 1978.

— (1979): Normen und Geschichte, Materialien zur Normendiskussion Bd. 3, Paderborn (Schöningh/UTB) 1979.

Olson, Mancur Jr. (1965): The Logic of Collective Action. Public Goods and the Theory of Groups, Cambridge, Mass. (Harvard UP) 1965; dt.: Die Logik des kollektiven Handelns. Kollektivgüter und die Theorie der Gruppen, Tübingen (J. C. B. Mohr) 1968.

O'Neill, Onora (1976): Nozick's Entitlements, in: Inquiry 1976, S. 468 - 481; wiederabgedruckt in: Paul (1981), S. 305 - 322.

Ott, Walter (1981): Grundzüge der Gerechtigkeitstheorie von John Rawls, in: Festschrift zum 70. Geburtstag von Hans Nef, hrsg. von U. Häfelin, W. Haller, G. Müller u. D. Schindler, Zürich (Schulthess) 1981, S. 249 - 262.

Pahel, Kenneth / Marvin *Schiller*, Eds. (1970): Readings in Contemporary Ethical Theory, Englewood Cliffs, N.J. (Prentice-Hall) 1970.

Paton, H. J. (1947): The Categorical Imperative, London (Hutchinson) 1947; dt.: Der Kategorische Imperativ, Berlin (de Gruyter) 1962.

Pattanaik, Prasanta K. (1968): Risk, Impersonality and the Social Welfare Function, in: The Journal of Political Economy 1968; wiederabgedruckt in: Phelps (1973 a), S. 298 - 318.

Paul, Jeffrey (1980): The Withering of Nozick's Minimal State, in: Philosophy Research Archives 1980; wiederabgedruckt in: Paul (1981), S. 68 - 76.

— Ed. (1981): Reading Nozick. Essays on "Anarchy, State, and Utopia", Totowa, N.J. (Rowman & Littlefield) 1981, Oxford (Blackwell) 1982.

Pazner, Elisha A. (1977 a): Entitlement Principles and the Original Position: A Rawlsian Approach to Distributive Justice, in: Arizona Law Review 19 (1977), S. 169 - 179.

— (1977 b): Pitfalls in the Theory of Fairness, in: Journal of Economic Theory 14 (1977), S. 458 - 466.

— (1979): Individual Rationality and the Concept of Social Welfare, in: Theory and Decision 10 (1979), S. 281 - 292.

Pazner, Elisha A. & David *Schmeidler* (1976): Social Contract Theory and Ordinal Distributive Equity, in: Journal of Public Economics 5 (1976), S. 261 - 268.

Pejovich, Svetozar, Ed. (1983): Philosophical and Economic Foundations of Capitalism, Lexington, Mass. – Toronto (Lexington Books) 1983.

Pence, G. E. (1977): Fair Contracts and Beautiful Intuitions, in: Nielsen & Shiner (1977), S. 137 - 152.

Pennock, J. Roland & John W. *Chapman*, Eds. (1967): Equality, Nomos IX, New York (Atherton Press) 1967.

— (1970): Political and Legal Obligation, Nomos XII, New York (Atherton Press) 1970.

— (1971): Privacy, Nomos XIII, New York (Atherton Press) 1971.

— (1980): Property, Nomos XXII, New York (New York UP) 1980.

— (1981): Human Rights, Nomos XXIII, New York - London (New York UP) 1981.

Perelli-Minetti, C. R. (1977): Nozick on Sen: A Misunderstanding, in: Theory and Decision 8 (1977), S. 387 - 393.

Pettit, Philip (1974 a): A Theory of Justice?, in: Theory and Decision 4 (1974), S. 311 - 324.

— (1974 b): Brian Barry, The Liberal Theory of Justice (Rezension), in: Theory and Decision 4 (1974), S. 379 - 382.

— (1977): Robert Nozick, Anarchy, State, and Utopia (Rezensionsaufsatz), in: Theory and Decision 8 (1977), S. 399 - 411.

— (1980): Judging Justice. An Introduction to Contemporary Political Philosophy, London (Routledge & Kegan Paul) 1980.

Phelps, Edmund S., Ed. (1973 a): Economic Justice. Selected Readings, Harmondsworth, Middlesex (Penguin) 1973.

— (1973 b): Introduction, in: Phelps (1973 a), S. 9 - 31.

— (1976): Social Policy and Uncertain Careers: Beyond Rawls's Paradigm Case, in: Public and Urban Economics. Essays in Honor of William S. Vickrey, hrsg. von R. E. Grieson u. D. C. Heath, Lexington, Mass. 1976, S. 159 - 178.

— (1979): Justice in the Theory of Public Finance, in: The Journal of Philosophy 76 (1979), S. 677 - 692.

Phillips, Derek L. (1979): Equality, Justice and Rectification. An Exploration in Normative Sociology, London - New York - San Francisco (Academic Press) 1979.

Plott, Charles R. (1976): Axiomatic Social Choice Theory: An Overview and Interpretation, in: American Journal of Political Science 20 (1976), S. 511 - 596.

— (1978): Rawls's Theory of Justice: An Impossibility Result, in: Gottinger & Leinfellner (1978), S. 201 - 214.

Pogge, Thomas (1982): The Interpretation of Rawls' First Principle of Justice, in: Grazer Philosophische Studien Vol. 15 (1982), S. 119 - 147.

Polanyi, Karl (1957): The Great Transformation, 1. englische Ausgabe 1957; dt.: The Great Transformation. Politische und ökonomische Ursprünge von Gesellschaften und Wirtschaftssystemen, Wien (Europaverlag) 1977.

Polin, Raymond (1963): Justice in Locke's Philosophy, in: Friedrich & Chapman (1963), S. 262 - 283.

— (1967): The Rights of Man in Hobbes and Locke, in: Raphael (1967 a), S. 16 - 26.

Pollock, Lansing (1971): A Dilemma for Rawls?, in: Philosophical Studies 22 (1971), S. 37 - 43.

— (1975/76): The Freedom Principle, in: Ethics 86 (1975 - 76), S. 332 - 342.

Pommerehne, Werner W. / Bruno S. *Frey*, Hrsg. (1979): Ökonomische Theorie der Politik, Berlin - Heidelberg - New York (Springer) 1979.

Posner, Richard A. (1981): The Economics of Justice, Cambridge, Mass. – London (Harvard UP) 1981.

Postema, Gerald J. (1980): Nozick on Liberty, Compensation, and the Individual's Right to Punish, in: Social Theory and Practice 6 (1980), S. 311 - 337.

Prichard, H. A. (1949): The Obligation To Keep a Promise, in: Ders., Moral Obligation, Oxford 1949, S. 169 - 179.

Pritchard, Michael S. (1971/72): Human Dignity and Justice, in: Ethics 82 (1971 - 72), S. 299 - 313.

Quinton, Anthony, Ed. (1967): Political Philosophy, London (Oxford UP) 1967.

Rabinowitz, Joshua T. (1977): Emergent Problems and Optimal Solutions, in: Arizona Law Review 19 (1977), S. 61 - 157.

Rachels, James (1978): What People Deserve, in: Arthur / Shaw (1978), S. 150 - 163.

Radcliff, Peter, Ed. (1966): Limits of Liberty: Studies of Mill's "On Liberty", Belmont, Cal. (Wadsworth Publ.) 1966.

Rae, Douglas W. (1969): Decision-Rules and Individual Values in Constitutional Choice, in: American Political Science Review 63 (1969), S. 40 - 56; dt. (leicht gekürzt): Entscheidungsregeln und individuelle Werthaltungen bei der Wahl einer Verfassung, in: Pommerehne / Frey (1979), S. 183 - 208.

— (1975 a): Maximin Justice and an Alternative Principle of General Avantage, in: The American Political Science Review 69 (1975), S. 630 - 647.

— (1975 b): The Limits of Consensual Decision, in: The American Political Science Review 69 (1975), S. 1270 - 1294.

— (1979): A Principle of Simple Justice, in: Laslett & Fishkin (1979), S. 134 - 154.

Raiffa, Howard (1968): Decision Analysis. Introductory Lectures on Choices under Uncertainty, Reading, Mass. (Addison-Wesley) 1968; dt.: Einführung in die Entscheidungstheorie, München - Wien (Oldenbourg) 1973.

Rapaport, Elizabeth (1977): Classical Liberalism and Rawlsian Revisionism, in: Nielsen & Shiner (1977), S. 95 - 119.

— (1981): Ethics and Social Policy, in: Canadian Journal of Philosophy 11 (1981), S. 285 - 308.

Raphael, D. D. (1946): Equality and Equity, in: Philosophy 21 (1946), S. 118 - 132; wiederabgedruckt in: Raphael (1980), S. 1 - 17.

— Ed. (1967 a): Political Theory and the Rights of Man, London (Macmillan) 1967.

— (1967 b): The Rights of Man and the Rights of the Citizen, in: Raphael (1967 a), S. 101 - 118.

— (1970): Problems of Political Philosophy, London (Macmillan) 1970.

— (1974): John Rawls, A Theory of Justice (Critical Notice), in: Mind 83 (1974), S. 118 - 127.

— (1980): Justice and Liberty, London (Athlone Press) 1980.

Rapoport, Anatol (1960): Fights, Games, and Debates, Ann Arbor (University of Michigan Press) 1960; dt.: Kämpfe, Spiele und Debatten, Darmstadt (Verlag Darmstädter Blätter) 1976.

Rawls, John (1951): Outline of a Decision Procedure for Ethics, in: The Philosophical Review 60 (1951), S. 177 - 190; dt.: Ein Entscheidungsverfahren für die normative Ethik, in: Birnbacher / Hoerster (1976), S. 124 - 138.

— (1955): Two Concepts of Rules, in: The Philosophical Review 64 (1955), S. 3 - 32; dt.: Zwei Regelbegriffe, in: Höffe (1975 b), S. 96 - 120.

— (1958): Justice as Fairness, in: The Philosophical Review 67 (1958), S. 164 - 194; dt.: Gerechtigkeit als Fairneß, in: Rawls (1977 a), S. 34 - 83.

— (1963 a): The Sense of Justice, in: The Philosophical Review 72 (1963), S. 281 - 305; dt.: Der Gerechtigkeitssinn, in: Rawls (1977 a), S. 125 - 164.

— (1963 b): Constitutional Liberty and the Concept of Justice, in: Friedrich & Chapman (1963), S. 98 - 125.

— (1964): Legal Obligation and the Duty of Fair Play, in: Hook (1964 a), S. 3 - 18.

— (1967 a): Distributive Justice, in: Philosophy, Politics and Society, Third Series, hrsg. von P. Laslett u. W. G. Runciman, Oxford (Blackwell) 1967, S. 58 - 82; auszugsweise dt.: Eine Vertragstheorie der Gerechtigkeit, in: Recht und Moral, hrsg. von Norbert Hoerster, München (dtv) 1977, S. 167 - 179.

— (1967 b): Distributive Justice: Some Addenda, in: Natural Law Forum 12 (1967), S. 51 - 71; dt.: Distributive Gerechtigkeit – Zusätzliche Bemerkungen, in: Rawls (1977 a), S. 84 - 124.

— (1969): The Justification of Civil Disobedience, in: Bedau (1969), S. 240 - 255; dt.: Die Rechtfertigung bürgerlichen Ungehorsams, in: Rawls (1977 a), S. 165 - 191.

— (1971): A Theory of Justice, Cambridge, Mass. (Harvard UP) 1971, Paperback: London (Oxford UP) 1973.

— (1972): Reply to Lyons and Teitelman, in: The Journal of Philosophy 69 (1972), S. 556 - 557.

— (1974 a): Reply to Alexander and Musgrave, in: The Quarterly Journal of Economics 88 (1974), S. 633 - 655.

— (1974 b): Some Reasons for the Maximin Criterion, in: The American Economic Review 64 (1974), Papers and Proceedings, S. 141 - 146.

— (1975 a): Eine Theorie der Gerechtigkeit (Übersetzung einer vom Autor revidierten Fassung von „A Theory of Justice"; aus dem Amerikanischen von Hermann Vetter), Frankfurt (Suhrkamp) 1975.

— (1975 b): Fairness to Goodness, in: The Philosophical Review 84 (1975), S. 536 - 554.

— (1975 c): A Kantian Conception of Equality, in: The Cambridge Review, February 1975, S. 94 - 99; wiederabgedruckt unter dem Titel: A Well-Ordered Society, in: Laslett & Fishkin (1979), S. 6 - 20.

— (1977 a): Gerechtigkeit als Fairneß, hrsg. von Otfried Höffe, Freiburg - München (Alber) 1977.

— (1977 b): The Basic Structure as Subject, in: American Philosophical Quarterly 14 (1977); revidierte Fassung in: Goldman & Kim (1978), S. 47 - 71.

— (1980): Kantian Constructivism in Moral Theory, in: The Journal of Philosophy 77 (1980), S. 515 - 572.

— (1982): Social Unity and Primary Goods, in: Sen & Williams (1982), S. 159 - 185.

Recktenwald, Horst Claus (1978): Unwirtschaftlichkeit im Staatssektor. Elemente einer Theorie des ökonomischen Staats„versagens", in: Hamburger Jahrbuch für Wirtschafts- und Gesellschaftspolitik 23 (1978), S. 155 - 166.

Regan, Tom / Donald *Van De Veer,* Eds. (1982): And Justice for All. New Introductory Essays in Ethics and Public Policy, Totowa, N. J. (Rowman & Littlefield) 1982.

Reiman, Jeffrey H. (1973/74): A Reply to Choptiany on Rawls on Justice, in: Ethics 84 (1973 - 74), S. 262 - 265.

— (1981/82): The Fallacy of Libertarian Capitalism, in: Ethics 92 (1981 - 82), S. 85 - 95.

— (1983): The Labor Theory of the Difference Principle, in: Philosophy & Public Affairs 12 (1983), S. 133 - 159.

Rempel, Henry David (1968/69): Justice as Efficiency 79 (1968 - 69), S. 150 - 155.

Rescher, Nicholas (1966): Distributive Justice. A Constructive Critique of the Utilitarian Theory of Distribution, Indianapolis - New York - Kansas City (Bobbs-Merrill) 1966.

— (1972): Welfare. The Social Issues in Philosophical Perspective. London (University of Pittsburgh Press) 1972.

— (1979): Economics vs. Moral Philosophy, in: Theory and Decision 10 (1979), S. 169 - 179.

Richards, David A. J. (1971): A Theory of Reasons for Action, Oxford (Clarendon Press) 1971.

— (1981/82): Rights and Autonomy, in: Ethics 92 (1981 - 82), S. 3 - 20.

— (1982): Justice and Equality, in: Regan / VanDeVeer (1982), S. 241 - 263.

Riedel, Manfred (1970): Die Aporie von Herrschaft und Vereinbarung in Kants Idee des Sozialvertrags, in: Philosophische Perspektiven, Bd. 2, hrsg. von R. Berlinger u. E. Fink, Frankfurt (Klostermann) 1970, S. 209 - 224.

— Hrsg. (1972): Rehabilitierung der praktischen Philosophie, Bd. I, Freiburg (Rombach) 1972.

— Hrsg. (1974a): Rehabilitierung der praktischen Philosophie, Bd. II, Freiburg (Rombach) 1974.

— (1974b): Herrschaft und Gesellschaft. Zum Legitimationsproblem des Politischen in der Philosophie, in: Riedel (1974a), S. 235 - 258.

Riker, William H. (1980): Implications from the Disequilibrium of Majority Rule for the Study of Institutions, in: The American Political Science Review 74 (1980), S. 432 - 446.

Riley, Patrick (1973): On Kant as the Most Adequate of the Social Contract Theorists, in: Political Theory 1 (1973), S. 450 - 471.

Roche, Timothy D. (1982): Utilitarianism versus Rawls: Defending Teleological Moral Theory, in: Social Theory and Practice 8 (1982), S. 189 - 212.

Röhrich, Wilfried (1972): Sozialvertrag und bürgerliche Emanzipation. Von Hobbes bis Hegel, Darmstadt (Wissenschaftliche Buchgesellschaft) 1972, 2. Aufl. 1983.

Rosen, Frederick (1977): Basic Needs and Justice, in: Mind 86 (1977), S. 88 - 94.

Ross, Geoffrey (1974): Utilities for Distributive Justice, in: Theory and Decision 4 (1974), S. 239 - 258.

Ross, W. D. (1930): The Right and the Good, Oxford (Clarendon Press) 1930.

Rothbard, Murray N. (1970): Power and Market. Government and the Economy, Kansas City (Sheed Andrews and McMeel) 1970, 2. Aufl. 1977.

Rothkirch, Christoph von (1981): Rationales Handeln im öffentlichen Interesse. Theorien kollektiver Entscheidungen, Frankfurt - New York (Campus) 1981.

Rothschild, Kurt W. (1980): Kritik marktwirtschaftlicher Ordnungen als Realtypus, in: Streißler / Watrin (1980), S. 13 - 37.

Rousseau, Jean-Jacques (1762): Du contrat social ou principes du droit politique, erste französische Ausgabe 1762; dt.: Vom Gesellschaftsvertrag oder Grundsätze des Staatsrechts, hrsg. von Hans Brockard, Stuttgart (Reclam) 1977.

Rowley, Charles K. / Alan T. *Peacock* (1975): Welfare Economics. A Liberal Restatement, London (Robertson) 1975.

Ruh, Hans (1981): Gerechtigkeitstheorien, in: Wildermuth / Jäger (1981), S. 55 - 69.

Runciman, W. G. (1966): Relative Deprivation and Social Justice, 1. Aufl. 1966, 2. Aufl. Harmondsworth, Middlesex (Penguin) 1972.

— (1967): „Social" Equality, in: The Philosophical Quarterly 17 (1967), S. 221 - 230.

Runciman, W. G. / Amartya K. *Sen* (1965): Games, Justice and the General Will, in: Mind 74 (1965), S. 554 - 562.

Ryan, Alan (1981a): John Rawls and his Theory of Justice, in: New Society, 5. 2. 1981, S. 228 - 230.

— (1981b): The New Libertarians: A Gauntlet to Both Left and Right, in: New Society, 11. 6. 1981, S. 427 - 430.

Ryan, Cheyney C. (1976/77): Yours, Mine, and Ours: Property Rights and Individual Liberty, in: Ethics 87 (1976 - 77), S. 126 - 141; wiederabgedruckt in: Paul (1981), S. 323 - 343.

— (1980): The Normative Concept of Coercion, in: Mind 89 (1980), S. 481 - 498.

Sampson, Edward E. (1975): On Justice as Equality, in: Journal of Social Issues 31 (1975), S. 45 - 64.

Samuelson, Paul A. (1970): Economics. An Introductory Analysis, New York (McGraw-Hill) 1970, 8. Aufl.; dt.: Volkswirtschaftslehre, 2 Bde., Köln (Bund-Verlag) 1972, 5. Aufl.

Sandel, Michael J. (1982): Liberalism and the Limits of Justice, Cambridge (Cambridge UP) 1982.

Sarkar, Husain (1982): The Lockean Proviso, in: Canadian Journal of Philosophy 12 (1982), S. 47 - 59.

Scaff, Lawrence A. (1977): How not to Do Political Theory: Nozick's Apology for the Minimal State, in: Arizona Law Review 19 (1977), S. 193 - 211.

Scanlon, Thomas M. (1971/72): A Theory of Freedom of Expression, in: Philosophy & Public Affairs 1 (1971/72), S. 204 - 226.

— (1973): Rawls' Theory of Justice, in: University of Pennsylvania Law Review 121 (1973), S. 1020 - 1069; teilweise wiederabgedruckt in: Daniels (1975a), S. 169 - 205.

— (1975): Preference and Urgency, in: The Journal of Philosophy 72 (1975), S. 655 - 670.

— (1976/77): Nozick on Rights, Liberty, and Property, in: Philosophy & Public Affairs 6 (1976/77), S. 3 - 25; wiederabgedruckt in: Paul (1981), S. 107 - 129.

— (1977a): Rights, Goals, and Fairness, in: Erkenntnis 11 (1977), S. 81 - 95.

— (1977b): Liberty, Contract, and Contribution, in: Dworkin / Bermant / Brown (1977), S. 43 - 67.

— (1982): Contractualism and Utilitarianism, in: Sen & Williams (1982), S. 103 - 128.

Schaar, John H. (1967): Equality of Opportunity, and Beyond, in: Pennock & Chapman (1967), S. 228 - 249.

— (1974): Reflections on Rawls' Theory of Justice, in: Social Theory and Practice 3 (1974), S. 75 - 100.

— (1980): Equality of Opportunity and the Just Society, in: Blocker / Smith (1980), S. 162 - 184.

Schanz, Günther (1979): Ökonomische Theorie als sozialwissenschaftliches Paradigma?, in: Soziale Welt 30 (1979), S. 257 - 274.

Schauenberg, Bernd (1978): Zur Logik kollektiver Entscheidungen, Wiesbaden (Gabler) 1978.

Scheffler, Samuel (1976): Natural Rights, Equality, and the Minimal State, in: Canadian Journal of Philosophy 6 (1976); wiederabgedruckt in: Paul (1981), S. 148 - 168.

Schick, Frederic (1980): Toward a Logic of Liberalism, in: The Journal of Philosophy 77 (1980), S. 80 - 98.

Schild, Wolfgang (1981): Freiheit – Gleichheit – „Selbständigkeit" (Kant): Strukturmomente der Freiheit, in: Menschenrechte und Demokratie, hrsg. von Johannes Schwartländer, Kehl am Rhein - Straßburg 1981, S. 135 - 176.

— (1983): Begründungen des Eigentums in der Politischen Philosophie des Bürgertums. Locke – Kant – Hegel, in: Das Recht des Menschen auf Eigentum, hrsg. von J. Schwartländer u. D. Willoweit, Kehl am Rhein - Straßburg (Engel) 1983, S. 33 - 60.

Schnorr, D. (1970): Don't Get Sick in America, Nashville, Tenn. 1970.

Schnur, Roman, Hrsg. (1964): Zur Geschichte der Erklärung der Menschenrechte, Darmstadt (Wissenschaftliche Buchgesellschaft) 1964.

Schotter, Andrew (1981): The Economic Theory of Social Institutions, Cambridge (Cambridge UP) 1981.

Schottky, Richard (1976): Die staatsphilosophische Vertragstheorie als Theorie der Legitimation des Staates, in: Legitimationsprobleme politischer Systeme, hrsg. von Peter Graf Kielmannsegg, Politische Vierteljahresschrift Sonderheft 7 (1976), S. 81 - 107.

Schumpeter, Joseph A. (1942): Capitalism, Socialism and Democracy, New York 1942; dt.: Kapitalismus, Sozialismus und Demokratie, München (Francke) 1950, 3. Aufl. 1972.

Schwartz, Adina (1972/73): Moral Neutrality and Primary Goods, in: Ethics 83 (1972 - 73), S. 294 - 307.

Schweickart, David (1978/79): Should Rawls Be a Socialist? A Comparison of his Capitalism with Worker-Controlled Socialism, in: Social Theory and Practice 5 (1978 - 79), S. 1 - 27.

Scitovsky, Tibor (1954): Two Concepts of External Economies, in: The Journal of Political Economy 17 (1954), S. 143 - 151, wiederabgedruckt in: Arrow / Scitovsky (1969), S. 242 - 252.

— (1976): The Joyless Economy, New York (Oxford UP) 1976; dt.: Psychologie des Wohlstands. Die Bedürfnisse des Menschen und der Bedarf des Verbrauchers, Frankfurt - New York (Campus) 1977.

Seidl, Christian (1975): On Liberal Values, in: Zeitschrift für Nationalökonomie 35 (1975), S. 257 - 292.

— (1976a): Das Arrow-Paradoxon, in: Wirtschaftswissenschaftliches Studium 5 (1976), S. 120 - 122.

— (1976b): Soziale Wohlfahrtsfunktion (Social Welfare Function), in: Wirtschaftswissenschaftliches Studium 5 (1976), S. 134 - 138.

— (1980): Die Individual- versus die Kollektiventscheidung: Freiheit in marktwirtschaftlichen Ordnungen, in: Streißler / Watrin (1980), S. 386 - 435.

Sen, Amartya K. (1969): Planner's Preferences: Optimality, Distribution and Social Welfare, in: Margolis & Guitton (1969), S. 201 - 221.

— (1970a): Collective Choice and Social Welfare, San Francisco (Holden-Day) 1970.

— (1970b): The Impossibility of a Paretian Liberal, in: Journal of Political Economy 78 (1970), S. 152 - 157.

— (1971): The Impossibility of Paretian Liberal: Reply, in: Journal of Political Economy 79 (1971), S. 1406 - 1407.

— (1973a): On Economic Inequality, Oxford (Claredon Press) 1973; dt.: Ökonomische Ungleichheit, Frankfurt (Campus) 1975.

— (1973b): Behaviour and the Concept of Preference, in: Economica 40 (1973), S. 241 - 259.

— (1974a): Rawls versus Bentham: An Axiomatic Examination of the Pure Distribution Problem, in: Theory and Decision 4 (1974), S. 301 - 309; dt.: Rawls versus Bentham: Eine axiomatische Untersuchung des reinen Verteilungsproblems, in: Höffe (1977a), S. 283 - 295.

— (1974b): Choice, Orderings and Morality, in: Körner (1974), S. 54 - 67.

— (1974c): Informational Bases of Alternative Welfare Approaches. Aggregation and Income Distribution, in: Journal of Public Economics 3 (1974), S. 387 - 403.

— (1976a): Welfare Inequalities and Rawlsian Axiomatics, in: Theory and Decision 7 (1976), S. 243 - 262.

— (1976b): Liberty, Unanimity and Rights, in: Economica 43 (1976), S. 217 - 245.

— (1976/77): Rational Fools: A Critique of the Behavioral Foundations of Economic Theory, in: Philosophy & Public Affairs 6 (1976/77), S. 317 - 344.

— (1977a): On Weights and Measures: Informational Constraints in Social Welfare Analysis, in: Econometrica 45 (1977), S. 1539 - 1572.

— (1977b): Social Choice Theory: A Re-Examination, in: Econometrica 45 (1977), S. 53 - 89.

— (1979a): Utilitarianism and Welfarism, in: The Journal of Philosophy 76 (1979), S. 463 - 489.

— (1979b): Personal Utilities and Public Judgements: Or What's Wrong With Welfare Economics?, in: The Economic Journal 89 (1979), S. 537 - 558.

— (1981/82): Rights and Agency, in: Philosophy & Public Affairs 11 (1981 - 82), S. 3 - 39.

— (1983a): Liberty and Social Choice, in: The Journal of Philosophy 80 (1983), S. 5 - 28.

— (1983b): Evaluator Relativity and Consequential Evaluation, in: Philosophy & Public Affairs 12 (1983), S. 113 - 132.

Sen, Amartya / Prasanta K. *Pattanaik* (1969): Necessary and Sufficient Conditions for Rational Choice under Majority Decision, in: Journal of Economic Theory 1 (1969), S. 178 - 202.

Sen, Amartya & Bernard *Williams,* Eds. (1982): Utilitarianism and beyond, Cambridge - Paris (Cambridge UP – Editions de la Maison des Sciences de l'Homme) 1982.

Senter, Nell Walton (1977): Nozick on Property Rights: To Each According to Marginal Productivity, in: Arizona Law Review 19 (1977), S. 158 - 168.

Sessions, William Lad (1981): Rawls's Concept and Conception of Primary Good, in: Social Theory and Practice 7 (1981), S. 303 - 324.

Sher, George (1981): Ancient Wrongs and Modern Rights, in: Philosophy & Public Affairs 10 (1981), S. 3 - 17.

— (1983): Our Preferences, Ourselves, in: Philosophy & Public Affairs 12 (1983), S. 34 - 50.

Shope, Robert K. (1978): Rawls, Brandt, and the Definition of Rational Desires, in: Canadian Journal of Philosophy 8 (1978), S. 329 - 340.

Shubik, Martin, Ed. (1964a): Game Theory and Related Approaches to Social Behavior, New York (Wiley) 1964; dt.: Spieltheorie und Sozialwissenschaften, Frankfurt (S. Fischer) 1965.

— (1964b): Spieltheorie und die Untersuchung des sozialen Verhaltens: Eine einführende Darstellung, in: Shubik (1964a), S. 13 - 85.

Shue, Henry (1974): The Current Fashions: Trickle-Downs by Arrow and Close-Knits by Rawls, in: The Journal of Philosophy 71 (1974), S. 319 - 327.

— (1974/75): Liberty and Self-Respect, in: Ethics 85 (1974 - 75), S. 195 - 203.

Sidgwick, Henry (1907): The Methods of Ethics, 7. Aufl. London (Macmillan) 1907; dt.: Die Methoden der Ethik, 2 Bde., Leipzig (Klinkhardt) 1909.

Siep, Ludwig (1977): Eine exakte Lösung des Gerechtigkeitsproblems? Bemerkungen zur Rawls-Diskussion, in: Zeitschrift für Politik N.F. 24 (1977), S. 342 - 349.

— (1982): Vertragstheorie – Ermächtigung und Kritik von Herrschaft?, in: Bermbach / Kodalle (1982), S. 129 - 145.

Sikora, R. J. (1975): Utilitarianism: the Classical Principle and the Average Principle, in: Canadian Journal of Philosophy 5 (1975), S. 409 - 419.

Simmons, A. John (1978/79): The Principle of Fair Play, in: Philosophy & Public Affairs 8 (1978 - 79), S. 307 - 337.

— (1983): Inalienable Rights and Locke's Treatises, in: Philosophy & Public Affairs 12 (1983), S. 175 - 204.

Simon, Josef, Hrsg. (1977): Freiheit. Theoretische und praktische Aspekte des Problems, Freiburg - München (Alber) 1977.

Simon, Robert L. (1973/74): Egalitarian Redistribution and the Significance of Context, in: Ethics 84 (1973 - 74), S. 339 - 345.

— (1974): Equality, Merit, and the Determination of Our Gifts, in: Social Research 41 (1974), S. 492 - 514.

Simpson, Evan (1976/77): Socialist Justice, in: Ethics 87 (1976 - 77), S. 1 - 17.

— (1979/80): The Subjects of Justice, in: Ethics 90 (1979 - 80), S. 490 - 501.

Singer, Marcus George (1961): Generalization in Ethics, New York 1961; dt.: Verallgemeinerung in der Ethik, Frankfurt (Suhrkamp) 1975.

— (1977): The Principle of Consequences Reconsidered, in: Philosophical Studies 31 (1977), S. 391 - 410.

Singer, Peter (1973): Democracy and Disobedience, Oxford (Clarendon Press) 1973.

— (1974): Sidgwick and Reflective Equilibrium, in: The Monist 58 (1974), S. 490 - 517.

— (1975): The Right to be Rich or Poor, in: The New York Review of Books, March 6 (1975); wiederabgedruckt in: Paul (1981), S. 37 - 53.

— (1977): Freedoms and Utilities in the Distribution of Health Care, in: Dworkin / Bermant / Brown (1977), S. 149 - 173.

— (1978): Rights and the Market, in: Arthur / Shaw (1978), S. 207 - 221.

Slote, Michael A. (1972/73): Desert, Consent, and Justice, in: Philosophy & Public Affairs 2 (1972 - 73), S. 323 - 347.

Smart, J. J. C. (1967): Utilitarianism, in: The Encyclopedia of Philosophy, hrsg. von Paul Edwards, New York - London (Macmillan) 1967, Vol. VIII, S. 206 - 212.

— (1973): An Outline of a System of Utilitarian Ethics, in: J. J. C. Smart & Bernard Williams, Utilitarianism: For and Against, Cambridge (Cambridge UP) 1973, S. 1 - 74.

— (1978): Distributive Justice and Utilitarianism, in: Arthur / Shaw (1978), S. 103 - 115.

— (1980): Utilitarianism and Generalized Benevolence, in: Pacific Philosophical Quarterly 61 (1980), S. 115 - 121.

Smith, Adam (1776): An Inquiry into the Nature and Causes of the Wealth of Nations, Erstausgabe 1776; dt.: Der Wohlstand der Nationen, München (dtv) 1978.

Smith, A. Anthony (1982): Robert Nozick's Critique of Marxian Economics, in: Social Theory and Practice 8 (1982), S. 165 - 188.

Smith, M. B. E. (1977): Rawls and Intuitionism, in: Nielsen & Shiner (1977), S. 163 - 178.

Snare, Frank (1975/76): John Rawls and the Methods of Ethics, in: Philosophy and Phenomenological Research 36 (1975 - 76), S. 100 - 112.

— (1977): Dissolving the Moral Contract, in: Philosophy 52 (1977), S. 301 - 312.

Sneed, Joseph D. (1976): John Rawls and the Liberal Theory of Society, in: Erkenntnis 10 (1976), S. 1 - 19.

— (1979): Political Institutions as Means to Economic Justice: A Critique of Rawls' Contractarianism, in: Analyse & Kritik 1 (1979), S. 125 - 146.

Stefanik, Richard J. (1981): Harsanyi's Critical Rule Utilitarianism, in: Theory and Decision 13 (1981), S. 71 - 80.

Steiner, Hillel (1974a): The Natural Right to Equal Freedom, in: Mind 83 (1974), S. 194 - 210.

— (1974b): Der Begriff der Gerechtigkeit, in: Ratio 16 (1974), dt. Ausgabe, S. 191 - 209.

— (1976/77): Justice and Entitlement, in: Ethics 87 (1976 - 77), S. 150 - 152; wiederabgedruckt in: Paul (1981), S. 380 - 382.

— (1977): Robert Nozick, Anarchy, State, and Utopia (Critical Notice), in: Mind 86 (1977), S. 120 - 129.

— (1978): Can a Social Contract be Signed by an Invisible Hand?, in: Birnbaum / Lively / Parry (1978), S. 295 - 316.

— (1980): Slavery, Socialism, and Private Property, in: Pennock & Capman (1980), S. 244 - 265.

Steiner, Peter O. (1970): The Public Sector and the Public Interest, in: Haveman / Margolis (1970), S. 21 - 58.

Sterba, James P. (1974): Justice as Desert, in: Social Theory and Practice 3 (1974), S. 101 - 116.

— (1976): Prescriptivism and Fairness, in: Philosophical Studies 29 (1976), S. 141 - 148.

— (1977a): Retributive Justice, in: Political Theory 5 (1977); wiederabgedruckt in: Sterba (1980), S. 63 - 83.

— (1977b): Distributive Justice, in: The American Journal of Jurisprudence 22 (1977), S. 55 - 79; in teilweise stark veränderter Form wiederabgedruckt in: Sterba (1980), S. 29 - 62.

— (1978a): Neo-Libertarianism, in: American Philosophical Quarterly 15 (1978); revidierte Fassung wiederabgedruckt in: Sterba (1980), S. 106 - 125.

— (1978b): In Defense of Rawls Against Arrow and Nozick, in: Philosophia 7 (1978), S. 293 - 303.

— (1980): The Demands of Justice, Notre Dame - London (University of Notre Dame Press) 1980.

— (1981): The Welfare Rights of Distant People and Future Generations: Moral Side-Constraints on Social Policy, in: Social Theory and Practice 7 (1981), S. 99 - 119.

— (1982): A Marxist Dilemma for Social Contract Theory, in: American Philosophical Quarterly 19 (1982), S. 51 - 59.

Strasnick, Steven (1975/76): The Problem of Social Choice: Arrow to Rawls, in: Philosophy & Public Affairs 5 (1975 - 76), S. 241 - 273.

— (1976): Social Choice and the Derivation of Rawls's Difference Principle, in: The Journal of Philosophy 73 (1976), S. 85 - 99.

— (1977): Ordinality and the Spirit of the Justified Dictator, in: Social Research 44 (1977), S. 669 - 690.

— (1979a): Extended Sympathy Comparisons and the Basis of Social Choice, in: Theory and Decision 10 (1979), S. 311 - 328.

— (1979b): Moral Structures and Axiomatic Theory, in: Theory and Decision 11 (1979), S. 195 - 206.

— (1979c): R. P. Wolff, Understanding Rawls (Rezensionsaufsatz), in: The Journal of Philosophy 76 (1979), S. 496 - 510.

Strasser, Michaela (1981): Notwendigkeit eines Gerechtigkeitsbegriffes in einer Gesellschaftsvertragstheorie, in: Rechtstheorie Beiheft 3 (1981), S. 281 - 291.

Streißler, Erich (1976): Preissystem, Eigentumsrechte und politische Wahlprozesse als soziale Entscheidungsfindungen, in: Wirtschaftspolitische Blätter 23 (1976), S. 47 - 73.

— (1980): Kritik des neoklassischen Gleichgewichtsansatzes als Rechtfertigung marktwirtschaftlicher Ordnungen, in: Streißler / Watrin (1980), S. 38 - 69.

Streißler, Erich / Christian *Watrin,* Hrsg. (1980): Zur Theorie marktwirtschaftlicher Ordnungen, Tübingen (J. C. B. Mohr) 1980.

Studer, Herlinde (1984): Ansätze der Begründung moralischer Normen: Habermas, Hare und Rawls, in: Theorie der Normen. Festgabe für Ota Weinberger zum 65. Geburtstag, hrsg. von W. Krawietz, H. Schelsky, G. Winkler u. A. Schramm, Berlin (Duncker & Humblot) 1984? S. 323 - 345.

Sullivan, Daniel (1974/75): Rules, Fairness, and Formal Justice, in: Ethics 85 (1974 - 75), S. 322 - 331.

Sumner, L. W. (1977): Rawls and the Contract Theory of Civil Disobedience, in: Nielsen & Shiner (1977), S. 1 - 48.

— (1979): The Good and the Right, in: Cooper / Nielsen / Patten (1979), S. 99 - 114.

Suppes, Patrick (1966): Some Formal Models of Grading Principles, in: Synthese 16 (1966), S. 284 - 306.

— (1977): The Distributive Justice of Income Inequality, in: Erkenntnis 11 (1977), S. 233 - 250.

Taylor, Paul W. (1970): Universalizability and Justice, in: Kiefer / Munitz (1970), S. 142 - 163.

Teitelman, Michael (1972): The Limits of Individualism, in: The Journal of Philosophy 69 (1972), S. 545 - 556.

Thomas, D. A. Lloyd (1977a): Competitive Equality of Opportunity, in: Mind 86 (1977), S. 388 - 404.

— (1977b): E Pluribus Unum, in: Nielsen & Shiner (1977), S. 49 - 70.

Thomson, Judith Jarvis (1977): Some Ruminations on Rights, in: Arizona Law Review 19 (1977), S. 45 - 60; wiederabgedruckt in: Paul (1981), S. 130 - 147.

— (1980): Rights and Compensation, in: Noûs 14 (1980), S. 3 - 15.

Thomson, Judith J. / Gerald *Dworkin,* Eds. (1968): Ethics, New York - Evanston - London (Harper & Row), 1968.

Thurow, Lester (1973): Toward a Definition of Economic Justice, in: The Public Interest 31 (1973), S. 56 - 80.

— (1980): The Zero-Sum Society – Distribution and the Possibilities for Economic Change, New York (Basic Books) 1980; dt.: Die Null-Summen- Gesellschaft. Einkommensverteilung und Möglichkeiten wirtschaftlichen Wandels, München (Vahlen) 1981.

Tideman, T. Nicolaus / Gordon *Tullock* (1976): A New and Superior Process for Making Social Choices, in: Journal of Political Economy 84 (1976), S. 1145 - 1159.

Tugendhat, Ernst (1979): Comments on some Methodological Aspects of Rawls' „Theory of Justice", in: Analyse & Kritik 1 (1979), S. 77 - 89.

— (1980): Zur Entwicklung von moralischen Begründungsstrukturen im modernen Recht, in: ARSP Beiheft N.F. 14 (1980), S. 1 - 20.

Tullock, Gordon (1959): Problems of Majority Voting, in: The Journal of Political Economy 67 (1959), S. 571 - 579; wiederabgedruckt in: Arrow / Scitovsky (1969), S. 169 - 178.

— (1967): The General Irrelevance of the General Impossibility Theorem, in: The Quarterly Journal of Economics 81 (1967), S. 256 - 270.

Tversky, Amos (1975): A Critique of Expected Utility Theory: Descriptive and Normative Consideration, in: Erkenntnis 9 (1975), S. 163 - 173.

Ullman-Margalit, Edna (1977a): The Emergence of Norms, Oxford (Claredon Press) 1977.

— (1977b): Coordination Norms and Social Choice, in: Erkenntnis 11 (1977), S. 143 - 155.

Usher, Dan (1981): The Economic Prerequisite to Democracy, Oxford (Blackwell) 1981; dt.: Die ökonomischen Grundlagen der Demokratie, Frankfurt - New York (Campus) 1983.

Vanberg, Viktor (1981): Liberaler Evolutionismus oder vertragstheoretischer Konstitutionalismus? Zum Problem institutioneller Reformen bei F. A. von Hayek und J. M. Buchanan, mit einem ergänzenden Beitrag von J. M. Buchanan, Tübingen (J. C. B. Mohr) 1981.

— (1982): Markt und Organisation. Individualistische Sozialtheorie und das Problem korporativen Handelns, Tübingen (J. C. B. Mohr) 1982.

Varian, Hal R. (1974): Equity, Envy, and Efficiency, in: Journal of Economic Theory 9 (1974), S. 63 - 91.

— (1974/75): Distributive Justice, Welfare Economics, and the Theory of Fairness, in: Philosophy & Public Affairs 4 (1974 - 75), S. 223 - 247.

Vickrey, William (1960): Utility, Strategy, and Social Decision Rules, in: The Quarterly Journal of Economics 74 (1960), S. 507 - 535.

— (1961): Risk, Utility and Social Policy, in: Social Research 1961; wiederabgedruckt in: Phelps (1973a), S. 286 - 297.

— (1977): Economic Rationality and Social Choice, in: Social Research 44 (1977), S. 691 - 707.

— (1979): Justice, Economics, and Jurisprudence, in: Social Research 46 (1979), S. 272 - 281.

Voigt, Alfred (1948): Geschichte der Grundrechte, Stuttgart (Spemann-Verlag) 1948.

— Hrsg. (1965): Der Herrschaftsvertrag, Neuwied (Luchterhand) 1965.

Wallace, G. & A. D. M. *Walker,* Eds. (1970): The Definition of Morality, London (Methuen) 1970.

Watkins, John W. N. (1970): Imperfect Rationality, in: Explanations in the Behavioural Sciences, hrsg. von R. Borger u. F. Cioffi, Cambridge (Cambridge UP) 1970, S. 167 - 217; dt.: Unvollkommene Rationalität, in: Watkins (1978), S. 29 - 87.

— (1974): Self-interest and Morality (Comment zu Sen 1974b), in: Körner (1974), S. 67 - 77.

— (1975): The Views Concerning Human Freedom, in: Nature and Conduct, hrsg. von R. S. Peters, London (Macmillan) 1975, S. 200 - 228; dt.: Drei Auffassungen menschlicher Freiheit, in: Watkins (1978), S. 177 - 208.

— (1976): The Human Condition: Two Criticisms of Hobbes, in: Essays in Memory of Imre Lakatos, hrsg. von R. S. Cohen, P. K. Feyerabend u. M. W. Wartofsky, Dordrecht - Boston (Reidel) 1976, S. 691 - 716; dt.: Conditio humana. Zwei kritische Anmerkungen zu Hobbes, in: Watkins (1978), S. 1 - 28.

— (1977): Towards a Unified Theory: a Non-Bayesian Approach, in: Foundational Problems in the Special Sciences, hrsg. von R. Butts u. J. Hintikka, Dordrecht - Boston (Reidel) 1977, S. 345 - 380; dt.: Vollkommene Rationalität, in: Watkins (1978), S. 88 - 123.

— (1978): Freiheit und Entscheidung, Tübingen (J. C. B. Mohr) 1978.

Watrin, Christian (1976): Eine liberale Interpretation der Idee der sozialen Gerechtigkeit. Bemerkungen zum Buch von John Rawls „Eine Theorie der Gerechtigkeit", in: Hamburger Jahrbuch für Wirtschafts- und Gesellschaftspolitik 21 (1976), S. 45 - 61.

— (1980): Zur sozialen Dimension marktwirtschaftlicher Ordnungen, in: Streißler / Watrin (1980), S. 476 - 501.

Weber, Max (1921): Wirtschaft und Gesellschaft. Grundriß der verstehenden Soziologie, 1. Aufl. 1921; 5., revidierte Aufl., besorgt von Johannes Winckelmann, Tübingen (J. C. B. Mohr), 1972.

Weinberger, Ota (1977a): Begründung oder Illusion. Erkenntniskritische Gedanken zu John Rawls' Theorie der Gerechtigkeit, in: Zeitschrift für philosophische Forschung 31 (1977), S. 234 - 251; wiederabgedruckt in: Weinberger (1979a), S. 195 - 216.

— (1977b): Gleichheit in Freiheit: Komplementäre oder widerstreitende Ideale, in: Equality & Freedom. Comparative Jurisprudence, Vol. II, New York - Leiden (Oceana Publ., Inc. Dobbs Ferry - Sijthoff) 1977, S. 641 - 654.

— (1979a): Logische Analyse in der Jurisprudenz, Berlin (Duncker & Humblot) 1979.

— (1979b): ‚Wissen' und ‚Nicht-Wissen' in der praktischen Argumentation, in: Rechtstheorie 10 (1979), S. 391 - 408.

— (1981a): Die Rolle des Konsenses in der Wissenschaft, im Recht und in der Politik, in: Rechtstheorie Beiheft 2 (1981), S. 147 - 165.

— (1981b): Analytisch-dialektische Gerechtigkeitstheorie. Skizze einer handlungstheoretischen und non-kognitivistischen Gerechtigkeitslehre, in: Rechtstheorie Beiheft 3 (1981), S. 307 - 330.

Wellmer, Albrecht (1979): Praktische Philosophie und Theorie der Gesellschaft, Konstanz (Universitätsverlag) 1979; abgedruckt auch in: Oelmüller (1979), S. 140 - 174.

Wesche, Eberhard (1978): Arrows „Allgemeines Unmöglichkeits-Theorem" im Lichte einer Methodologie normativer Erkenntnis, in: Fach / Degen (1978), S. 81 - 92.

— (1979): Tauschprinzip – Mehrheitsprinzip – Gesamtinteresse. Zur Methodologie normativer Ökonomie und Politik, Stuttgart (Klett-Cotta) 1979.

Wettstein, Harri (1979a): Über die Ausbaufähigkeit von Rawls' Theorie der Gerechtigkeit, Basel (Social Strategies Publishers Co-operative Society) 1979.

— (1979b): Ein Erweiterungsvorschlag zu Rawls' Theorieentwurf, in: Christoff / Saner (1979), S. 33 - 47.

Wicclair, Mark R. (1980): Rawls and the Principle of Nonintervention, in: Blocker / Smith (1980), S. 289 - 308.

Wicksell, Knut (1896): Über ein neues Prinzip der gerechten Besteuerung, in: Finanztheoretische Untersuchungen nebst Darstellung und Kritik des Steuerwesens Schwedens, Jena (Gustav Fischer) 1896, S. 76 - 164.

Widmaier, Hans Peter, Hrsg. (1974): Politische Ökonomie des Wohlfahrtsstaates, Frankfurt (Athenäum-Fischer) 1974.

Wildermuth, Armin / Alfred *Jäger*, Hrsg. (1981): Gerechtigkeit. Themen der Sozialethik, Tübingen (J. C. B. Mohr) 1981.

Williams, Bernard (1962): The Idea of Equality, in: Philosophy, Politics and Society, Second Series, hrsg. von P. Laslett, W. G. Runciman, Oxford (Blackwell) 1962; dt.: Der Gleichheitsgedanke, in: Williams, Probleme des Selbst. Philosophische Aufsätze 1956 - 1972, Stuttgart (Reclam) 1978, S. 366 - 397.

— (1972): Morality, New York (Harper & Row), 1972; dt.: Der Begriff der Moral, Stuttgart (Reclam) 1978.

— (1973): A Critique of Utilitarianism, in: J. J. C. Smart & Bernard Williams, Utilitarianism: For and Against, Cambridge (Cambridge UP) 1973), S. 75 - 150; dt.: Kritik des Utilitarismus, Frankfurt (Klostermann) 1979.

— (1975): The Minimal State, in: Times Literary Supplement, January 17 (1975); wiederabgedruckt in: Paul (1981), S. 27 - 36.

Willms, Bernard (1970a): Die Antwort des Leviathan. Thomas Hobbes' politische Theorie, Neuwied - Berlin (Luchterhand) 1970.

— (1970b): Gesellschaftsvertrag und Rollentheorie, in: Die Funktion des Rechts in der modernen Gesellschaft, hrsg. von R. Lautmann, W. Maihofer u. H. Schelsky, Bielefeld (Bertelsmann Universitätsverlag) 1970, S. 275 - 298.

Wimmer, Reiner (1976): Zur Verallgemeinerungsproblematik in der Ethik, in: Philosophische Rundschau 23 (1976), S. 36 - 48.

— (1980): Universalisierung in der Ethik. Analyse, Kritik und Rekonstruktion ethischer Rationalitätsansprüche, Frankfurt (Suhrkamp) 1980.

Wittman, Donald (1979): A Diagrammatic Exposition of Justice, in: Theory and Decision 11 (1979), S. 207 - 237.

Wolff, Robert Paul (1966): A Refutation of Rawls' Theorem on Justice, in: The Journal of Philosophy 63 (1966), S. 179 - 190.

— (1976): On Strasnick's „Derivation" of Rawls's „Difference Principle", in: The Journal of Philosophy 73 (1976), S. 849 - 858.

— (1977a): Understanding Rawls. A Reconstruction and Critique of „A Theory of Justice", Princeton, N. J. (Princeton UP) 1977.

— (1977b): Robert Nozick's Derivation of the Minimal State, in: Arizona Law Review 19 (1977), S. 7 - 30; wiederabgedruckt in: Paul (1981), S. 77 - 104.

Wood, David (1977/78): Nozick's Justification of the Minimal State, in: Ethics 88 (1977 - 78), S. 260 - 262.

Young, Gary (1978): Justice and Capitalist Production: Marx and Bourgeois Ideology, in: Canadian Journal of Philosophy 8 (1978), S. 421 - 455.

Young, Iris M. (1981): Toward a Critical Theory of Justice, in: Social Theory and Practice 7 (1981), S. 279 - 302.

Zeckhauser, Richard (1970): Uncertainty and the Need for Collective Action, in: Haveman / Margolis (1970), S. 96 - 116.

Zimmerman, David (1981): Coercive Wage Offers, in: Philosophy & Public Affairs 10 (1981), S. 121 - 145.

Zintl, Reinhard (1983): Individualistische Theorien und die Ordnung der Gesellschaft. Untersuchungen zur politischen Theorie von James M. Buchanan und Friedrich A. v. Hayek, Berlin (Duncker & Humblot) 1983.

Personenregister

Sachregister

Schriften zur Rechtstheorie

Seit Herbst 1976 sind erschienen:

76. **Die Einheit der Verfassung.** Von F. Müller. 268 S. 1979. DM 68,—.

77. **Die Bedeutung der Präjudizien im Verständnis der deutschen Rechtswissenschaft.** Von H. Weller. 126 S. 1979. DM 44,—.

78. **Kodifikationsgerechte Rechtsprechung.** Von D. Rethorn. 184 S. 1979. DM 66,—.

79. **Die juristische Fragestellung des Naturrechts.** Von G. Paulus. 51 S. 1979. DM 28,—.

80. **Rechtstheorie und Strafrechtsdogmatik Adolf Merkels.** Von G. Dornseifer. 135 S. 1979. DM 48,—.

81. **Die Bindung des verfassungsändernden Gesetzgebers an den Willen des historischen Verfassungsgebers.** Von E. Tosch. 148 S. 1979. DM 49,60.

82. **Die finnische Rechtstheorie unter dem Einfluß der Analytischen Philosophie.** Von W. Mincke. 101 S. 1979. DM 48,—.

83. **Logische Analyse in der Jurisprudenz.** Von O. Weinberger. 220 S. 1979. DM 68,—.

84. **Soziologische Feststellungen in der Rechtsprechung des Bundesgerichtshofs in Zivilsachen.** Von F. Jost. 186 S. 1979. DM 59,60.

85. **Wortbedeutung und Rechtserkenntnis.** Von P. Schiffauer. 265 S. 1979. DM 78,—.

86. **Die Allgemeine Rechtstheorie Santi Romanos.** Von M. Fuchs. 161 S. 1979. DM 58,—.

87. **Die symbolische Natur des Rechts.** Von A. Zielcke. 145 S. 1980. DM 58,—.

88. **Die Bedeutung des Naturrechts für die Ausbildung der Allgemeinen Lehren des deutschen Privatrechts.** Von M. Lipp. 168 S. 1980. DM 54,—.

89. **Wahrheit und Legitimation im Recht.** Von R. De Giorgi. 252 S. 1980. DM 78,—.

90. **Der Begriff der intentionalen Handlung.** Von U. K. Kindhäuser. 232 S. 1980. DM 76,—.

91. **Die Intersubjektivität von Wertungen.** Von H. Schreiner. 193 S. 1980. DM 69,—.

92. **Ethik und Rechtswissenschaft.** Von E. Winter. 474 S. 1980. DM 128,—.

93. **Paradigma und Regel.** Von P. Emmerich. 221 S. 1980. DM 74,—.

94. **Fiktionen im öffentlichen Recht, insbesondere im Beamtenrecht.** Von M. Pfeifer. 228 S. 1980. DM 76,—

95. **Normentheorie als Grundlage der Jurisprudenz und Ethik.** Von O. Weinberger. 208 S. 1981. DM 78,—.

96. **Das Strafrecht in der Rechtslehre J. G. Fichtes.** Von R. Zaczyk. 136 S. 1981. DM 48,—.

97. **Die Aufklärung und ihr Gegenteil.** Von M. W. Fischer. 348 S. 1982. DM 118,—.

98. **Verhaltensforschung und Recht.** Von F.-H. Schmidt. 183 S. 1982. DM 76,—.

99. **Der Gedanke einer Kollektivschuld in juristischer Sicht.** Von F. W. Rothenpieler. 310 S. 1982. DM 98,—.

100. **Die Rechtsordnung als Rechtsverhältnisordnung.** Von N. Achterberg. 159 S. 1982. DM 60,—.